周策纵论学书信集

陈致　孟飞　黎汉杰　整理

中华书局

图书在版编目(CIP)数据

周策纵论学书信集/陈致,孟飞,黎汉杰整理. —北京:中华书局,2020.1
ISBN 978-7-101-14248-8

Ⅰ.周… Ⅱ.①陈…②孟…③黎… Ⅲ.周策纵(1916~2007)-书信集 Ⅳ.K825.81

中国版本图书馆 CIP 数据核字(2019)第 269762 号

书　　名　周策纵论学书信集
整 理 者　陈　致　孟　飞　黎汉杰
责任编辑　黄飞立
出版发行　中华书局
　　　　　（北京市丰台区太平桥西里 38 号　100073）
　　　　　http://www.zhbc.com.cn
　　　　　E-mail:zhbc@zhbc.com.cn
印　　刷　北京市白帆印务有限公司
版　　次　2020 年 1 月北京第 1 版
　　　　　2020 年 1 月北京第 1 次印刷
规　　格　开本/920×1250 毫米　1/32
　　　　　印张 19　插页 3　字数 520 千字
印　　数　1-3000 册
国际书号　ISBN 978-7-101-14248-8
定　　价　88.00 元

葦灣先生道席，往剛之前次來信，豐稱先生多才，然適因忌修在美國南部及里毫西亭芳都，歸來收到大札及厚葺，无任戚荷，專作逗吉告在明報月刊抒讀二部分，愛不忍釋，今讀全書，豊知先生于詩書重占曲藝，无所不精，誠可難佩，弟子欽佩，多年前以楊君世彭為作有二宗剩書目，能未絟完備，西俊搶查，另另封寄奉一冊，尚乞方家指正，匆此，布改謝忱，並頌

著安

同第纵拜上

月 三十合一九八〇年

棄
園

周策纵书信手迹

周策纵自刻印

整理前言

　　周策纵,谱名绪偶,字幼琴,号丝竹、弃园。1916 年 1 月 7 日生于湖南祁阳,2007 年 5 月 7 日逝于美国加州爱尔巴尼寓所。先生学贯中西,兼综文史,诗词书法无不精擅,是国际知名的汉学大家。出于对先生道德文章的景仰,友朋弟子常尊称他为"周公"①。

一

　　周策纵先生一生经历丰富,充满了传奇色彩。他大学毕业于中央政治大学行政系(1938—1942),其后留校担任《新认识》月刊主编,同时指导在校学生的写作和文化活动。因受到时任政大教育长的陈果夫赏识,其后担任过战时首都重庆市政府专员、秘书以及编审室主任等职。"抗战"胜利后,周策纵获颁政府胜利勋章,又在陈果夫、陈布雷等人安排之下,担任蒋介石的侍从编审,掌管记录补写讲稿、新闻发布、宾客接见记录等事宜,在"主席官邸"住了两三年,并因此结识了党、政、军、文化、学术各界诸多知名人士。这段"不平凡"的从政经历,使周策纵"逐渐认识到政治多么黑暗,派系如何纷争,党政何等瘫痪",他的思想因此发生改变。其后,1948 年 5 月,周先生登上"美琪"号赴美留学,就读于密歇根大学政治系,以五四运动之研究获得政治学博士学位,从此开始了自己的学术生涯。
　　周策纵先生以一部《五四运动史》闻名国际学术界。"五四"对周先生这

---

① 对此称呼,周策纵先生曾在信中向友人解释:"非敢高攀古人,特三十余年来久为友朋戏呼作绰号或混名耳。"(《致翁同文》,1975 年 3 月 31 日)"岂敢妄拟古人,但三十多年来,自从当学生的时代,就成了绰号或混名,也就自开玩笑而已。"(《致王润华》,1975 年 4 月 5 日)

代人来说,可以说是永远的心愫。根据周先生的自述,他最早研究"五四",可以追溯到 1946 年。他的第一首新诗,就叫《五四,我们对得住你了》,这首诗曾在郭沫若和田汉合办的《抗战日报》上发表。1947 年 5 月 4 日,他在上海《大公报》发表了第一篇研究"五四"的文章——《依旧装,评新制:论五四运动的意义及其特征》。同版还有胡适先生、该报主笔王芸生先生和中国农工党领导人董时进先生纪念"五四"的文章。1942 年,周策纵刚从中央政治大学毕业后,经人介绍,在时任重庆市市长的其乡人贺耀祖手下任职。"抗战"胜利后,乃入蒋介石侍从室任编审,时为 1945 年。故其研究"五四"即始于此时,当时是撰文检讨五四运动的意义。周策纵自云:

> 早在三十五年(1946),我曾在上海《大公报》写文检讨五四运动的意义,谈到五四对中国文化衔接的意义。因为当时我想写一本《中国文化运动史》,也包括五四运动,希望说明知识分子对中国文化之看法与对西方文化之反映。这只是本书中的一节,节录在《大公报》,论点比较偏重文化方面,较不注重政治观点,到美国后更专门讨论这类问题。[1]

故留学密歇根大学期间,其博士论文就是一部五四运动史。[2] 1955 年,周策纵以"优等"获美国密歇根大学(University of Michigan)哲学博士学位以后,留校任密歇根大学行政学院(Institute of Public Administration)及密歇根州市政学会(Michigan Municipal League)助理研究员及研究员。1956 年至 1962 年,周策纵任哈佛大学(Harvard University)研究员,并曾兼任哥伦比亚大学(Columbia University)研究员。1963 年,周策纵应聘到美国威斯康星大学(University of Wisconsin)中文系担任访问讲师,翌年改为专任副教授,1966 年升为正教授,其后任教于威大东亚语言文学系(1969 年起兼任历史系教授)长达三十年(1964—1994),并于 1973

---

[1] 黄清连:《五四运动的潮流和点滴——周策纵先生访谈录》,《中华文化复兴月刊》第 9 卷第 5 期(1970 年),第 64 页。
[2] 其博士论文题为:《五四运动及其对中国社会政治的影响》("The May Fourth Movement and Its Influence upon China's Socio-political Development", Ph.D. Thesis, University of Michigan, 1955)。

年至 1979 年间担任东亚语言文学系系主任。周策纵任教期间不仅培养了大批优秀汉学人才，也通过多种形式（如主编学术刊物《文林》、筹办大型国际学术研讨会等）积极推动汉学研究及东西方文化交流，最终奠定了威斯康星大学作为西方汉学研究重镇的学术地位。

此外，周策纵还曾任国际《红楼梦》研究会主席、国际中国现代文学讨论会主席，美国丹福大学、新加坡国立大学、香港中文大学、台湾"中央研究院"客座教授等，获得过美国福特基金会国际奖学金（Ford Foundation International Fellowships Program）、卡耐基基金会学术奖（Andrew Carnegie Fellows Program）、古根汉学术奖（Guggenheim Fellowships）、美国科学院学术奖等，可谓誉流海外、名重学林。

二

关于周策纵的学术成就，王润华等先生曾作过全面而中肯的评价。[1] 总结而言，周策纵治学有以下几个重要特点：

第一，格局宏大，学术精深。周策纵曾针对"汉学"（Sinology）与"中国学"（Chinese Studies）的讨论，提出"华学"的概念，认为应当涵括两者[2]，他毕生致力于此，其学问也呈现出云蒸霞蔚、岳峻渊渟的气象。周策纵去世之前，曾将自己的论著编辑分类，厘为二十七卷，卷目包括文学理论、红学研究、中国现代社会文化思想、古今语言文字训诂考释、新旧诗文评论、古文献与医学、杂体旧诗研究、书法篆刻、旧诗创作集、新诗创作集、翻译、英文编著等，其学术研究涉猎领域之广，由此可窥一斑。2010 年，其门弟子及后学何文汇、王润华、钟玲、洪铭水、周昌龙、陈致、严志雄等人将其著作编辑为《周策纵文集》出版，分上下两卷：上卷计有"自

① 参看王润华《周策纵之汉学研究新典范》（台北：文史哲出版社，2010 年）、《华裔汉学家周策纵的汉学研究》（北京：学苑出版社，2011 年）等书。周策纵去世之后，台湾"中央研究院"中国文哲研究所曾出专刊纪念（《中国文哲研究通讯》第 17 卷第 3 期[2007 年]），其中有周昌龙《从五四到古典：周策纵先生的学术观》、洪铭水《学者诗人周策纵教授》等文。
② 陈致：《"不"以有涯随无涯，殆已——周策纵先生访谈录》，《原学》第 4 辑，北京：中国广播电视出版社，1996 年，第 14—32 页。

传与人事忆记""《红楼梦》研释""五四与近代思潮"三部分；下卷有"经典与训诂""诗词与其人其事""文史宗哲篇"三部分。虽非全璧，大约亦可窥见先生学术之崖略。① 难能可贵的是，周先生的学术不仅广博，而且精深，他在历史、政治、艺术、哲学、语言、文字、文学等诸多领域的研究论著，都备受学界推重，在中国近代史、古文字及名物考释、文学理论、《红楼梦》研究等领域的卓绝建树更是有目共睹。

第二，多元思维，交叉研究。周策纵学术视野广阔，学术研究纵横多个领域，以渊博的学问和通达的思想突破了学科之间的界限，因此常能独树一帜，发前人所未发，堪称跨学科、跨领域研究的典范。如其论文《从古代的亲迎、郊祀与巫医论〈诗经〉与〈楚辞〉》②《中国古代的巫医与祭礼、历史、乐舞及诗的关系》③及其后出版之《古巫医与"六诗"考》④《诗歌·党争与歌妓：周邦彦〈兰陵王〉词考释》⑤等，仅从题目便可见作者交叉研究的旨趣。又如其所著《五四运动史》(The May Fourth Movement: Intellectual Revolution in Modern China)⑥，是一部综合历史学、政治学、经济学、思想史等诸多学科研究的论著，至今仍被西方学术界公认为研究五四运动的权威著作。⑦

① 周策纵：《周策纵文集》，香港：商务印书馆，2010 年。
② 1972 年 5 月 26 日在香港中文大学中文系演讲（未刊稿）。
③ 载《清华学报》新 12 卷第 1、2 期合刊（1979 年），第 1—59 页。
④ 《古巫医与"六诗"考：中国浪漫文学探源》，台北：联经出版事业有限公司，1986 年。
⑤ 载《中国文哲研究集刊》第 4 期（1994 年），第 37—83 页。
⑥ Chow Tse-tsung, *The May Fourth Movement: Intellectual Revolution in Modern China*, Cambridge, Mass: Harvard University Press, 1960; Stanford University Press, 1967.中译本有：丁爱真、王润华、洪铭水、陈永明、陈博文、钟玲合译《五四运动史（上册）》(香港：明报出版社，1980 年)、周子平等译《五四运动：现代中国的思想革命》(南京：江苏人民出版社，1996 年)、陈永明等译《五四运动史》(长沙：岳麓书社，1999 年)等。最新全译本为陈永明、张静等译，欧阳哲生审校《五四运动史：现代中国的知识革命》(北京：世界图书出版公司，2016 年)。
⑦ 《五四运动史》出版后曾再版过七次，西方学界很多重要学术刊物的书评都曾作出高度评价，如《美国东方学会学报》(*Journal of American Oriental Society*)称赞此书"把历史细节和广大的社会政治背景巧妙地交织起来，造成一种完美的有解释性的关于中国的研究，实在是前所未有"(见周策纵：《翻译缘起》，《五四运动史》，香港：明报出版社，1980 年，第 4 页)。英国著名哲学家罗素(Bertrand Russell)的夫人 Dora Winifred Black Russell 读完此书后曾致信周策纵，感谢作者真实反映了她和罗素 1920 年访问中国时"感觉到那个时代的，和当时中国青年的精神与气氛"(《罗素夫人勃拉克女士致周策纵书》，《明报月刊》总第 161 期[1979 年 5 月]，第 19 页)。

第三,不主故常,守正出新。周策纵曾在其自选集序中自述著述宗旨,其中有言:"立定志愿,凡自己所写的,必求有新的发现。"①这种求新的追求,促使周策纵不断超越传统,在绳墨规矩之外另辟蹊径,正如其所自言:"凡古今中外的校勘、训诂、考证之术,近代人文、社会、自然科学之理论、方法与技术,皆不妨比照实情,斟酌适可而用之。"②这种通达无碍、不拘一格的研究方法与其跨学科、跨领域研究的路向相结合,使周策纵的论著充满了探索精神和创新色彩。例如考证《红楼梦》后四十回作者问题,周策纵最早采用了以计算机分析小说词汇出现的频率的方法来鉴定作者的异同,另外他根据清代木刻印刷术来考察从文献考证所得结论的可靠性,对于《红楼梦》研究而言可谓别开生面,在研究方法上具有重要的启示意义。又如他从古代医学的角度对《易经》中与针灸相关的卦爻辞进行解读③,论证严密,信而有征,也令人耳目一新。

第四,文化使者,交流中西。周策纵不仅在中国传统文化领域深造独得,同时精通外语,对西方文化及文学也有深入的研究。周策纵一生都在坚持译介东西方文学作品。他曾翻译过西方短篇小说④,翻译出版过泰戈尔的诗集《失群的鸟》(Stray Birds)和《萤》(Fireflies)⑤。另有《西诗译萃》(未刊),翻译了英、美、德、法、俄、希腊、罗马等国诗歌约150首。此外,还有拜伦、叶慈、普希金、墨克里西等人的诗歌翻译,发表于《中美周刊》《海外论坛》《联合报》等报刊。同时,他也不遗余力地将中国古典诗歌翻译为英文,以推动海外汉学研究。例如,他曾选译《诗经》、陶渊明、杜甫、柳永等人的诗词作品26首,结集为《古诗语译集锦》(未刊),又

① 周策纵:《周策纵自选集》,济南:山东教育出版社,2005年,第1页。
② 周策纵:《如何从古文字与经典探索古代社会与思想史》,《周策纵作品集2:文史杂谈》,北京:世界图书出版公司北京公司,2014年,第4页。
③ 周策纵:《〈易经〉里的针灸医术记录考释》,《人文中国》创刊号(1995年),第1—54页。周策纵按语云:"关于《易经》与医学的关系,过去已有许多人研讨过,但我未见有人提到其中有针灸的资料。"
④ 如德莱赛:《降格而求》(合译),《和平日报》(重庆),约1942年;莫泊桑:《我的妻》,《中美周刊》(纽约),1950年11月等。
⑤ 《失群的鸟》,台北:晨钟出版社,1971年;《萤》,台北:晨钟出版社,1971年。

曾与人合译《敦煌曲子词》①等。

第五，重视创作，学艺双携。学者而外，周策纵还兼有诗人、书法家等身份。他创作的旧体诗词"瑰奇历落，圆转铿锵"②，无愧为一代作手，今有《周策纵旧诗存》行世，其中收录诗词作品逾千首，蔚为大观。周策纵不仅创作旧体诗词，其于新诗创作亦多鼓荡开拓之功。1930年至2003年，他共创作新诗116首，后结集为《胡说草：周策纵新诗全集》③。其所作新诗熔冶古今，自成一格，余光中曾有"意象逼人，匠心独造"④的评语。此外，周策纵书法造诣也极高，他的书法遒美，"字向纸上皆轩昂"，一向为人所称道。他还撰有多篇关于书法的论文⑤，并曾主编书法展览集《民初书法：走过五四时代》⑥。周策纵在篆刻、绘画等方面亦有研究，精于治印，著有《书法与篆刻论稿》（未定稿）等。

周策纵治学贯通古今中外，堪称"百科全书"式的学者，其学识之渊博广大，材艺之兼善尽美，在近现代学者中诚不多见。同时他又能在传承中不断追求创新，融合中国传统考据学与西方汉学的优秀传统，开拓出古典人文学研究的新视野和新领域，树立了超越东西方文化研究的新范式，可谓影响深远，沾溉无穷。

---

① 《敦煌出土菩萨蛮词英译十首》，与 Wayne Schlepp（施文林）合译，载 Roger T. Ames（安乐哲）、陈善伟、吴茂生编：《文化诠释与翻译：刘殿爵教授荣休纪念论文集》，香港：香港中文大学出版社，1991 年，第 87—100 页。又有《敦煌曲子词选译》（合译，未刊稿）、古典汉诗英译三首（未刊稿）等。
② 陈致：《弃园周策纵教授幼琴先生诗集序》，《周策纵旧诗存》，香港：汇智出版有限公司，2006 年，第 i 页。
③ 周策纵：《胡说草：周策纵新诗全集》，台北：文史哲出版社，2008 年。
④ 余光中、萧萧等编：《八十五年诗选》，台北：现代诗季刊社，1997 年，第 31 页。
⑤ 如《中文单字连写区分刍议》（《南洋商报》1968 年"新年特刊"）、《小篆对称字联》（《书谱》第 31 期[1979 年]）、《论中国书法：一种最普及人生的"定形线条"抽象美术》（《民初书法：走过五四时代》，台北：何创时书法艺术文教基金会，1995 年，第 4—9 页）、《论章炳麟梁启超墨迹释文书》（《学术集林》第十卷，上海：远东出版社，1997 年，第 338—342 页）等。
⑥ 《民初书法：走过五四时代》，台北：何创时书法艺术文教基金会，1995 年。上册为书法作品复印，下册为书家小传及释文，共收录民国初年文人王闿运、沈从文等 124 人的书法作品。

三

周策纵毕生沉浸学术，不务声华，是一位纯粹的学者。然而他又精力绝人，富于思辨，不满于独善其身、自得其乐。他对中国传统文化有着真挚深厚的感情，对海外汉学的发展有着"舍我其谁"的使命感，对华文文学的前途走向也寄予了殷切的关怀。除了学术研究上取得的杰出成就，他生前还曾建立一系列"事功"，兹举其荦荦大者，以彰不朽。

第一，召集筹办国际《红楼梦》学术研讨会，推动"红学"研究及国际汉学交流。1980 年 6 月 16 日至 20 日，首届国际《红楼梦》研讨会在美国麦迪逊市威斯康星大学召开。作为会议召集人和大会主席的周策纵，为筹备此次会议，精心策划，斡旋调度，前后共花费了三年时间。时当改革开放之初，在海峡两岸以及中外交流尚罕的情况下，周策纵召集了来自中国大陆、台湾、香港，以及美国、英国、加拿大、日本、新加坡、韩国等国家和地区的学者 88 人，世界各地"红学"研究的著名学者几乎都躬临盛会，如中国大陆周汝昌、冯其庸、陈毓罴三位红学专家①，台湾学者潘重规，日本学者伊藤漱平，英国学者霍克思（David Hawkes），加拿大学者叶嘉莹，美国学者韩南（Patrick D. Hanan）、芮效卫（David T. Roy）、米乐山（Lucien Miller）、余英时、浦安迪（Andrew Plaks）、李欧梵、赵冈、余国藩、梅维恒（Victor Mair）、李田意、王靖宇、沈怡、马幼垣、白先勇、余定国、余孝玲、余珍珠、洪铭水、陈炳藻等，可谓名家云集，盛况空前。会议举行的同时，还举办了有关曹雪芹和《红楼梦》版本、图片、书画等文物的展览。因为筹备得非常充分，研讨会举办得相当成功，在海内外学界引起了巨大的反响。

关于召开此次国际《红楼梦》研讨会的意义，当时学者曾评价说："这无疑的是中国和世界文学研究史和文化交流史上一件破天荒的重要事件。"②

---

① 大陆俞平伯先生、香港宋淇先生、台湾高阳先生当时虽已接受邀请，皆因身体原因，最终无法参会，但也都撰写了文章，浼人代读。

② 周策纵：《首届国际〈红楼梦〉研讨会论文集编者序》，《首届国际〈红楼梦〉研讨会论文集》，香港：香港中文大学出版社，1983 年。

"红学"著名学者周汝昌先生回忆此事,也多次作出高度评价:"(周策纵)有胆有识,首创了在美召开的大型国际红学会,此一创举,影响巨大,可以说不仅是与国内研红事业互为响应,拓展了红学园地与影响,也对国内红学水平的提高不无裨益。"[①]"1980年夏的国际红学大会,是创举,也是壮举盛会,为红学的声价之远播四海五洲,建有丰功,则策纵兄首倡之力也。"[②]新加坡诗人兼书法家潘受先生赠周策纵诗云:"是非聚讼苦悠悠,识曲端推顾曲周。能使一书天下重,白头海外说《红楼》。""能使一书天下重",实至名归,的非虚誉。此后,他还促成了在哈尔滨、扬州、台北和北京举行的第二、三、四、五届国际《红楼梦》研讨会,其于"红学"研究之推动功不可没。

第二,鼓励推动海外新诗创作,倡导建构现代诗学新体式。"五四"新文化运动以来,新诗创作蓬勃发展,其中1949年后的海外新诗创作,在继承和阐扬早年"五四"精神与传统的道路方面作了许多可贵的探索,但常被视为"边缘文学"而为现代文学史书写所忽略。周策纵对海外华人的文艺运动一向保持密切关注和积极参与,1954年一批美国纽约的华人留学生自发组织了"白马文艺社"[③],曾被胡适先生誉为"中国新文学在海外的第三个中心"[④],周策纵就是其主要成员之一。他大胆试验不断创新,在此期间创作颇丰,后于1961年结集出版了新诗集《海燕》[⑤],共收诗68首,风气相扇,极大地鼓舞了"白马社"诗人的创作热情。此外,早在20世纪50年代,他就有意识地收集海外新诗,希望将来编选一部《海外新诗钞》,以保存和表彰海外新诗创作所取得的成果,但因计划太大,始终未能告藏,生前仅与心笛合编出版了《纽约楼客——白马社新诗选》[⑥],后来

---

① 龙协涛:《红学应定位于"新国学"——访著名红学家周汝昌先生》,《北京大学学报》(哲学社会科学版)1999年第2期,第86页。
② 周汝昌:《天地人我:周汝昌自传》,南京:江苏文艺出版社,2011年,第351页。
③ 主要成员有唐德刚、心笛(浦丽琳)、艾山(林振述)、黄伯飞、周策纵、李经(卢飞白)、鹿桥(吴纳孙)、黄克孙、顾献梁、王方宇、陈其宽、陈三苏、何灵琰、周文中、黄庚、蔡宝瑜、王季迁、王济远、邬劲侣等,并曾创办刊物《白马文艺》《海外论坛》等。
④ 唐德刚:《胡适杂忆》,台北:传记文学丛刊,1979年,第77页。
⑤ 周策纵:《海燕》,香港:求自出版社,1961年。
⑥ 心笛、周策纵合编:《纽约楼客——白马社新诗选》,台北:汉艺色研出版社,2004年。

在心笛、王润华两位先生的努力之下,最终实现了未竟的遗愿①。

此外,周策纵还与世界各地的华文作家保持着密切的联系,他对青年作家从来不吝奖誉和鼓励,对他们的创作多有指导与建议。"很多年轻作家后来都到威大教书或深造……如台湾有丁爱真、洪铭水、陈博文、钟玲、高辛勇、王晓薇、黄碧端、痖弦、高信疆、罗志成②、古蒙人、周昌龙、蔡振念、范铭如、王万象、严志雄,马来西亚/新加坡有王润华、淡莹、黄森同、蔡志礼,香港有何文汇、吴瑞卿(两人均没有在威大读书,但来往密切)、陈永明,大陆有陈祖言、陈致等"③,这一长串名单之中,现在已经有不少人成为著名的作家或学者。

周策纵对于海外新诗运动的另外一个贡献就是倡导建构现代诗学新体式。他认为基于汉字语音、句法的特点,格律始终是中国诗的一个重要因素。新诗格律问题虽然自"戊戌""五四"以来不断有人注意和实验(如黄遵宪、梁启超、胡适、刘半农、闻一多等),但还只停留在初步发展的阶段。周策纵从形、声、情、意等方面系统论述了创制新诗格律应注意的原则和规律,并试作了几种定型新诗体,以作示范。其中一种为"太空体",或称"五三体"④,即一诗以八句为度,上五下三,每句字数不定,须押韵但可自由换韵。这种新诗体,"是根据70多位中国新诗人的作品里选出的结构类似的诗句,一千多行,加以比较,然后才确定这些行式"⑤。周策纵关于定型新诗体的倡议,在当时就曾得到诗界同仁的积极响应⑥,其新诗理论对于今天的创作而言仍不无启示意义⑦。

第三,周策纵海外任教三十余年,滋兰树蕙,培养了大批优秀人才。

---

① 周策纵、心笛、王润华合编:《海外新诗钞》,台北:新地文化艺术有限公司,2010 年。
② 疑为翟志成之误。
③ 王润华:《周策纵之汉学研究新典范》,第 172 页。
④ 详见周策纵:《定形新诗体的提议》,原载《海外论坛》第 3 卷第 9 期(1962 年 9 月),重刊于《八方文艺丛刊》第 1 辑(1979 年 9 月),第 283—300 页,及《诗学》第 3 辑,台北:成文出版社,1980 年,第 147—199 页。
⑤ 王润华:《华裔汉学家周策纵的汉学研究》,第 112 页。
⑥ 如顾一樵先生曾采用周策纵创制的新诗体填制了好几首诗,收入其诗集《樵歌》中。
⑦ 周策纵有关定型新诗体的论文主要有《新诗格律问题》《中国新诗的三种现象》《定形诗体五要点》《定形诗体的提议》等。

曾经追随周先生读书的学生，具体数字现已难以统计了。据周策纵回忆："中外学生跟我念硕士、博士的不算太少。他（她）们在美国、加拿大、新加坡、马来西亚、台湾、香港等地十多间大学当教授或讲师，也有担任中文系、比较文学系、历史系、宗教系和哲学系系主任，人文社会科学研究所和外文研究所所长的，有担任图书馆主任和教务主任的，还有当美国大学副校长的。有些人已出版了不少学术性著作。当然也有些人改而经商，或做律师，或其他工作的。"周先生的学生遍布寰宇，真正可谓桃李满天下。

四

周策纵交游遍于天下，所与邮筒往还、反复论学者多为近现代学术名家，正如其所自言："中外重要红学家几乎都和我有些接触，许多研究中国古典文学和近代史的学者也和我有些往来。"另外，他与门生弟子、青年学人也多有通信，启诱奖掖，不遗余力，其生平所写之书信不计其数。周策纵在世时，曾经有遗愿要把收藏的部分名人字画、书信和手稿通过学生陈致交给浸会大学图书馆。为此，香港浸会大学吴清辉校长、周策纵的学生、文学院院长钟玲教授，特地赶往麦迪逊周策纵寓所表达谢忱；陈致教授和图书馆陈启仙副馆长还两次奔赴麦迪逊帮助周先生整理资料。周策纵过世之后，其部分遗物由家人分批赠予香港浸会大学，其中包括他生前大部分往来通信，非常珍贵。

周策纵的通信内容非常丰富，或研析诗词，或考辨文字，或评骘著作，或商榷疑义，其中隽语纷陈，如碎玉零玑，俯拾即是，而先生真率诙谐的性情也隐然可见于字里行间。这些书信既是周策纵与朋友、门生之间情谊的见证，本身也极具学术价值。将其整理出版，不仅有助于读者了解周策纵的生平事业和学术脉络，也将会为学界提供一部研究近现代海外汉学翔实而生动的重要历史资料。

我们此次整理的《周策纵论学书信集》，即以香港浸会大学所藏的周策纵书信为主，同时多方收集（包括部分热心友人惠示的书信），然后选取其中有关论学的书信予以整理。共计通信者 150 余人(或单位),信件 342 封。我们从便利学术研究的角度考虑,决定采用编年的形式,即按照通信时间的先后进行编次。同时,我们利用香港浸会大学图书馆所藏周策纵资料(包括书信、稿本、图书、族谱等)之便,对书信出现的人物、文章、事件等作了简单的注释,希望尽可能多地提供有效信息,以便读者更好地阅读。其中或有繁简失当或体例不纯之处,尚祈读者谅宥。以下对本书的注释体例作简要的说明:

一、对书信中出现的人名,主要是周策纵同时代的人物(包括其朋友、同事、学生等)进行注释,注释内容主要包括生(卒)年、字号(笔名)、籍贯、任职等。对通信人(与周策纵通信者)及与周策纵关系密切者(如亲人、学生等),适当详细出注,增加其生平履历、代表著作等内容,庶免读者翻检之劳。

二、为避免赘复,书信中的人名均于书中首次出现时出注;如为通信人,则于首封通信名下出注,务请读者留意。

三、对书信中出现的周策纵论著,一般注明其发表或出版的相关信息(刊名、出版社、出版时间等),以便读者检索查考。

四、对周策纵书信中提及的重要事件,我们也酌情钩稽材料,简要出注,以提供线索,帮助读者还原历史语境。

五、由于其他各种原因(如资料不全),部分人物信息现已无从查考,如此则暂付阙如,容后续补。

六、周策纵有些用字习惯和所用习语与今天通行用法、规范容或有异,为保留信件原貌,除明显讹误外,一仍其旧,不作改动。

另外,此次整理虽已尽量网罗放佚,惜仍搜集未广,难免有遗珠之憾。尚望海内外同仁不吝赐寄,以便将来陆续增补。

五

《周策纵论学书信集》的整理出版,托蒙周先生女儿聆兰、琴霓两位女士的信赖和授权,同时得到了香港浸会大学"蔡德允教学及研究基金"

的鼎力支持和慷慨赞助。整理过程中，除整理者外，陈竹茗、谈仁、周康桥三位同事不辞辛苦，协助录入、编次、注释，都付出了大量的时间和精力。其中陈竹茗先生蒐讨遗珠，核补注释，出力尤多。我们还曾多次到香港浸会大学图书馆特藏部提调、核校原件，工作人员特别是特藏部主任黄淑薇女士不厌其烦的热情帮助，令我们非常感动。中华书局上海公司对于本书出版的重视和支持，对本书体例提出的宝贵建议以及认真负责的编辑工作，也是本书得以较高质量顺利出版的重要保障。在此一并表示衷心感谢！

　　斯人云逝，斯文不朽，谨以此书的出版，用志我们永远的怀念。

整理者

2019 年 10 月

目　录

致林咏泉^①,1942 年 9 月

饮 马 篇
——答别咏泉

随塞外马蹄得得而来的

一叶边愁落贴在我故土焦土

萧萧,苍苍,舞一万缕柳丝

啸歌中你和高头大马和孔雀的骄矜

又去了 这回赠一管玉笛,当酒筵之尾

剑佩飘飘零落几点隽韵

是翩翩沙漠少年该饮马长城

冷,我们共噤过这俗界

所以傲冰雪于千里外

我期约,射虎敌后者的神句

霜草琼根深啮,种国魂而抚养着

更待十年后西窗夜雨

在蜀道外,或剑南,向巫峡和潇湘

参商杯酒如今夕

——一九四二年九月于重庆小温泉

---

① 林咏泉(1911—2005),本名林永泉。1930 年考入南京中央军校第八期步兵一班,官至上校。曾加入土星笔会及中国诗艺社,自称"丘八诗人"。著有《塞上吟》(1943 年初版,1948年再版)。

载《幼狮文艺》，43 卷 6 期（270 期），1976 年 6 月，台北。（*Youth Literature*，Taipei，June 1976）

林咏泉，东北辽宁人，时任中央政治学校上校军训中队长。在此之前，《大公报》已为他出了"新诗"集，我在政校当学生时，常和他谈诗。（那时在政校任总队长的是中将王辅。二〇〇三年八月于陌地生①市。）

---

① 通译为麦迪逊，余同。

致林语堂^①,1953 年 8 月 13 日

语堂先生:

　　近来拜读大作英文《苏东坡传》(*The Gay Genius*),至为钦佩。苏氏一家,天才辈出,在中国古今作家中,实已无双,而东坡如此多方面的成就,更是中外所罕见。自南宋以来,诸家记载东坡事迹者固极多,但能综述其生平,刻划其个性的传记,自然还是以先生大作为第一。我很喜欢这本传记,因为大作具有创作性,史迹有据而叙述生动,像读一部传奇小说,处处引人入胜。我曾买了好些本分赠外国朋友,也都获得过一致的称赏。

　　这儿我偶然有一两个小问题请教你。你在这书里意译东坡底《朝云诗》第一首(p.360),把末了两句解释作: When the pill should be formed, she was going to say goodbye to him and enter the fairy mountains. No longer would she be like the fairy maiden of the Wu Gorges, tied to a mortal union. 但我记得原诗末了两句是:"丹成逐我三山去,不作巫山云雨仙。"我这儿没有他底诗集,如果我没记错,那"逐我"两个字底意思似乎该是"随着我"到蓬莱三神山去,同作小游仙,而不是"to say goodbye

---

① 林语堂(1895—1976),乳名和乐,本名玉堂,后改今名,福建龙溪(今漳州)人,文学家、语言学家、思想家。上海圣约翰大学毕业,美国哈佛大学比较文学研究所硕士,德国莱比锡大学语言学博士。回国后历任北京大学、北京师范大学、北平女子师范大学等校教授。早年创办《论语》《人间世》和《宇宙风》三份半月刊,提倡晚明公安派性灵文学和幽默文学,寓激愤于幽默。1936 年移居美国,曾任联合国教科文组织艺术文学组长。笔耕不辍,用英文将中国文学、艺术和生活哲学介绍到国外,著有 *My Country and My People*(《吾国吾民》,1935)、*The Importance of Living*(《生活的艺术》,1937)、*Moment in Peking*(《京华烟云》,1939)、*The Gay Genius: The Life and Times of Su Tungpo*(《苏东坡传》,1947)等。1966 年定居台湾阳明山,生前出任香港中文大学研究教授、《国语日报》董事、"中华民国笔会会长"、世界笔会副会长。

3

to him"。我不知道你对这原文文意作何解释或者你依据了什么版本？又"舞衫歌板旧姻缘"及"不作巫山云雨仙"等句似可作朝云为杭州妓之一证。你在 pp.217－218 所说的似乎还是有些疑问。其次，在 192－193 页里，你说到东坡狱中寄子由诗的故事，说是因他儿子托人误送腌鱼而起。可是东坡在原诗题目里自己说是因为"狱吏稍见侵，自度不能堪，死狱中，不得一别子由，故作二诗授狱卒梁成以遗子由"云云。不知你是否觉得别的记载比他这儿自己所说的更可靠？或有其他更确实的证据？我以为你在这儿如果把他自己记载的也记上一笔，以备一说，证据似乎更完备些，不知尊意如何？

近来中国大陆秧歌很流行，有一种传说，秧歌就是苏东坡创编的，或至少是他拟作过的。据张世文《定县的秧歌》中说："据定县一般人传说，秧歌是宋朝苏东坡创编的。定县黑龙泉附近的苏泉、东板、西板、大西涨、小西涨等村的农民，多种水稻。在苏东坡治定州的时候，看见种稻的农民在水田里工作，非常劳苦，因此就为他们编了许多歌曲，教他们在插秧的时候唱，使他们精神快活，忘了疲倦，这便是'秧歌'名称的起源。后来不久秧歌就传遍了全县，定县的男女老幼差不多就都会唱了。农民多不认识字，秧歌便一代一代地用口传下来。东坡先生也万没有想到后来秧歌竟变成了戏剧。"[1]杨荫深在《中国俗文学概论》一书中也引到这点。这传说是否可信当然成问题，不过倒是很有趣的传说。即使是附会的，也可反映出苏氏留给老百姓印象的深刻，也许在定县对诗和歌舞真的尽力拟作过，至少才有这种附会也说不定。不知你对这点注意到么？

这儿附带告诉先生一件事，我之前就注意到苏东坡，是因为先父一生顶喜欢他，无论对他底诗、文、字、画、做人、思想、治事，以及他底一切生活态度，都非常推崇。因此我从小也就时常听到他谈起过苏氏底一些故事。两年前还从国内寄来他近作小诗数首，其中一首是：

---

[1] 原载《民间》第 2 卷第 21 期(1936 年)，第 11—15 页，转引自杨荫深：《中国俗文学概论》，上海：世界书局，1946 年，第 78 页。另参李景汉、张世文合编：《定县秧歌选·秧歌的沿革》，北平：中华平民教育促进会，1933 年，第 1 页，文字稍有不同。

笔舌一首

倜傥俶伟之画策,嬉笑怒骂亦成文。
鲁连舌与髯苏笔,我愿黄金铸两君。①

此外,他又画了一张赤壁图,自己在上面题了两首诗和小序说:

> 余于千古文人,独推坡公,谓其既擅众长,兼达治理,豪情逸致,
> 远轶群伦。而公瑾少年英发,交若饮醇,雅能顾曲,又为自古武人所
> 仅见。偶读坡公《赤壁赋》,云"江流有声,断岸千尺,山高月小,水落
> 石出"等句,寄迹清景,仿佛在目。偶写是幅,以寄遐想,而二公之流
> 风余韵,后先照耀,俯仰古今,不知向往之无端也。即题二诗:

> 阿瞒俊语欺人耳,未必英雄属使君。
> 赤壁依然天堑在,我家公瑾定三分。

> 余艺十人差足了,众长一手自来无。
> 杜诗韩笔终孤特,只合风流拜大苏。②

我告诉先生这些,因为我很爱先父,也很爱他所爱的一切,我读了你
底大著,无形中引起我许多从小孩时就带来的一些"偏爱"和快感,就冒
昧地写了这信给你,不知你是否已感到我太噜苏了。

八,13,1953

---

① 此诗见于作者手钞自定之《庚辛之际杂诗》(收 1950—1951 两年间所作,原稿现藏香港
浸会大学图书馆特藏部)。
② 二诗并序亦见于《庚辛之际杂诗》,题为《画赤壁》,其中序文后段文字有所不同,现录如
下:"……仿佛在目。因写是帧,以托遐想,而二公之流风余韵,至今未泯,俯仰汉宋,不知向
往之无端也。"

附诗：

1.《我看见过黄河》。

2.《风云二首》。

3.《山歌》(Heinrich Heine)。

4.《野心》(W. H. Davies)。

致罗素①,1954 年 8 月 20 日

August 20，1954

Dear Mr. Russell：

I am writing a Ph.D. dissertation on the subject "The May Fourth Movement（this includes the Chinese student movement of 1919，and the new literary and new thought movements of 1917‐1923）and Its Influence upon China's Political and Social Development".

It is well known that you were in China from October，1920 to the fall of 1921，and that your lectures then influenced greatly the later development of the whole Movement. About November，1920，Ch'en Tu-hsiu②，then editor of the Chinese *New Youth*（*La Jeunesse*）*Monthly* and later founder of the Chinese Communist Party，wrote a letter to you，asking you to clarify a statement attributed to you that China should develop first education and then industry，and should pay little

---

① 罗素(1872—1970),英国哲学家、数学家、逻辑学家,毕业于剑桥大学,政治上主张和平主义。1920 年 10 月至 1921 年 7 月到中国讲学,在当时中国学术界引起不少回响。主要著作有 *The Problem of Philosophy*(《哲学问题》,1912)、*The Problem of China*(《中国问题》,1922)、*The Conquest of Happiness*(《幸福之路》,1930)、*A History of Western Philosophy: And Its Connection with Political and Social Circumstances from the Earliest Times to the Present Day*(《西方哲学史: 及其与从古代到现代的政治、社会情况的联系》,1945)等。
② 陈独秀(1879—1942),原名庆同,字仲甫,号实庵,安徽怀宁(今安庆)人,五四运动先驱、中国共产党创立者之一。1915 年创办《青年杂志》,翌年第二卷第一号改名为《新青年》(*La Jeunesse*,1915—1926)。1920 年与人创立上海共产主义小组,为中国共产党前身,《新青年》亦改为机关刊物。主要著作收入《独秀文存》。

attention to socialism.[①] It is said that you answered Ch'en with a letter in English, but I cannot find it in the libraries here in the United States.

The May Fourth Movement was essentially a movement of re-evaluation of the traditional Chinese civilization in the light of Western democracy and science. When you were in China, you praised highly some aspects of the traditional Chinese civilization. That praise may be justified from a long-range point of view. It was, however, as shown by progressive and radical Chinese intellectuals, distorted and utilized by some Chinese conservatives as a theoretical justification for attempting to halt the contemporary influx of Western learning into China. You are of course not held responsible for this, since you had repeatedly advised that the most urgent things China should learn from the West were science and scientific technical skill. It is interesting to note that, while your criticism of the materialistic, aggressive Western civilization in science was in fact an unconventional and progressive view in the West, it might be used as pretext for conservatism in China. The diehards said, apparently, that Western civilization based on science was a bankrupt; and that, consequently, the Chinese study their own "national heritage."

You also said, "What we have to teach the Chinese is not morals, or ethical maxims about government, but science and technical skill. The real problem for the Chinese intellectuals is to acquire Western knowledge without acquiring the mechanistic outlook." (*The Problem of China*, chap. IV, p.81) This view seems to be very close to the opinions of some Chinese in the latter part of the last century. It was later criticized by many Chinese especially during the May Fourth Period, and

---

① 陈独秀于《新青年》第八卷第四号(1920年12月1日)发表《关于社会主义的讨论》,其中"(六)独秀致罗素先生底信"云:"……近来中国有些资本家的政党的机关报屡次称赞你主张'中国第一宜讲教育,第二宜开发实业,不必提倡社会主义',我们不知道这话真是你说的,还是别人弄错了呢?"(第8页)

also by the late Prof. John Dewey. They thought that democracy as an idea and way of life and the Western philosophies and ethics were as important to China as science and technique. Dewey cited Japan as an example of the dangers of only learning science and technique from the West. We may of course answer him that traditional Chinese ethics were not similar to those of Japan. The question might be posed thus: Since the pacific and passive characteristics of China's ethics were indispensable only to an agricultural civilization, how could China preserve them after she was industrialized?

I would be extremely grateful if you would be so kindly as to furnish me with the text of your letter to Ch'en Tu-hisu, or explain briefly what you said in it if you do not have the text; and answer the following questions:

(1) Were you aware that your remarks on the Chinese and Western Civilizations in China had been somewhat misunderstood or distorted by the conservatives; or do you think that the charge that the conservatives distorted your views was false?

(2) Do you think that the concepts of democracy and socialism might be profitably studied by the Chinese at this time?

(3) Would you please make some comments on the intellectual or student movement in China based on the personal impression you got when you stayed there?

May I add that, since my high school days, I have read almost all the Chinese translations of your works. During World War II, I had published a few articles, in Chinese, on your political and social philosophy. Since I came to the United States in 1948 I have read some more of your books and articles, and once write a short book review in

English on your *Authority and the Individual* . I need hardly say I am one
of your greatest admirers.

Very sincerely yours,
Tse-Tsung Chow

附　周策纵日记(1954 年 9 月 2 日)

晴,凉

上午收到罗素先生(Bertrand Russell)底回信①,这老头儿很有趣,在信底末了对现在世界大局发了一顿小牢骚。本来目前世界战祸滔滔,也实在使人悲观。他所说的,正反映人类底愚蠢。问题是:谁该负这罪责呢? 怎么办呢? 现在把罗素原信译成中文如下:

美国密西根②东安娜堡
帕克嶋街 2481 号但尼尔生先生转交
周策纵先生

策纵先生:

谢谢你底来信,很对不起,我实在记不起任何有关陈独秀先生

---

① 罗素回信发出日期为 8 月 26 日。周策纵在《五四运动史》第九章"观念与政治上的分歧(1920—1922)"中摘引此信,附注罗素忘记陈独秀写信问他有关资本主义的言论原意为何及覆信时如何作答。同时指出陈独秀原信见于《新青年》同卷第四号,另外在同刊第八卷第五号(1921 年 1 月 1 日)《编辑室杂记》中暗示罗素的回信会于下期刊出("本志记者陈独秀先生前期致罗素先生底信,罗素先生已有回信寄出,可惜路上失落了,所以这期不及译登"),但第六号及其后未刊。见 Tse-tsung Chow, *The May Fourth Movement: Intellectual Revolution in Modern China* , Cambridge:Harvard University Press, 1960, p.238。另外,中文全译本有此信节录本译文(钟玲译),理解和表述上与周公略有不同,参见周策纵著,陈永明、张静等译,欧阳哲生审校:《五四运动史:现代中国的知识革命》,北京:世界图书出版公司北京公司,2016 年,第 235—236 页。
② 通译为密歇根,余同。

于 1920 年给我一信及我回信的事了。我对你所说的关于我底意见在中国给误解的事很感兴趣。我可以想象到,我底意见可能被反动派利用,然而这完全违反我底本意。我所认为中国应该做的,我都已在北京的一次临别赠言和拙著《中国的问题》一书中说明过了。我承认中国已经决定尽可能快地工业化。现在世界上工业化较落后的部分也都正在这么做。很快地工业生产品将大量的过剩而食物大量地缺乏。这两个毛病将在一次大战争里救济,在那大战争里工业生产品会用来减少那要吃饭的人底嘴巴的数目。这,我在三十年前,以及在目前,都认为不是一件一千年以后的遥远的道路。敬祝

大安

罗素

1954 年八月二十六日

于英国,沙雷州,累乞忙市皇后路 41 号

致林振述^①,1961 年 8 月 25 日

艾山先生：

你八月十九日的信和赐赠的大著《暗草集》与《埋沙集》都已收到了，非常感谢！前些时我正要买《埋沙集》来拜读，所以你寄来后我一连读了两遍。中间有好些诗篇都是我很喜欢的。我们应该为海外新诗界庆幸。十多年来，我总怀着一个期望，我们的新诗会不断地发展的，而这些远适异国的中国知识分子，总不致以只做些历史或科学的研究或教书匠而满足。我们还有感觉，有情绪，有想象，总会用诗歌自然流露出来的。孟轲说："王者之迹熄而《诗》亡，《诗》亡然后《春秋》作。"其实《春秋》作不作也没大关系，只要那原有的史料还保存着，不加褒贬，正是客观。至于王者之迹熄不熄，在我看来也无所谓，根本上这王者之迹是什么，是好是坏，也还大成问题。可是诗却是亡不得的。所以自五四以来我们的新诗必须发展下去，尤待我们今后的努力，本来近代中国的文学思想改革运动，近多半是从"诗界革命"开始的呢。

你的诗，就我看来，以描写乡村和大自然的最美。在《暗草集》中我就最爱《一天的工作》《五月》《老舟子》《住居》《初夏》《雨前》《乡居》《树》等，他如《山居小草》《天心阁》《天马图》《冬日的愿望》《失眠夜》《羽之歌》《病》《残秋》《独裁的把戏》也各有其好处。在《埋沙集》里我最喜欢《四月》《死》《夜雨》《珊瑚的形成》《待题》，而《种子》与《蝉》中更有不朽的句

---

① 林振述(1912—1996)，笔名艾山、林蒲等，原籍福建永春，旅美诗人、学者，哥伦比亚大学哲学博士，曾任教于路易斯安那州南方大学哲学系。著有《暗草集》(1956)、《埋沙集》(1960)、《美国大烟山纪行》(1965)、*A Translation of Lao Tzu's Tao te ching and Wang Pi's Commentary*(《老子道德经及王弼注英译》,1977)等。

子。其他如《水上表演》《中途》《日暮》《石林》《盲人之歌》《夜航》《季候病者》《秋天的孩子》《重逢》《海王星》《破绽》《泪》《台风》等也是好诗。这完全是凭我读时的直觉,照着我的偏好而说的。

附上短诗数首,聊供一粲。《海燕》更欢迎你作详细的批评指正。匆匆草此,即祝

著安

弟周策纵　手启

八月廿五日 1961

嫂夫人羽音①女士均此问候。

---

① 羽音,林振述夫人陈三苏的笔名。详见《致陈三苏》(1996 年 5 月 18 日)注。

致蒋彝[①],1962年7月14日

重哑我兄:

前接来片,适因他事纠缠,致稽奉覆,然时以尊况为念也。

暑假中计划如何? 有重游波城之意否? 如来,祈早告,当迎接大驾来舍下一叙。波城自多"古"迹,更多此邦旧时作家诗人之故居。弟尝有意以中文作一较详细之游记,但不知诸胜地尚能给我一丝灵感否耳。将来如能执笔,必先读大著《波士顿画记》以作楷模也。弟如来纽约,自当拜访不误。

尊况近来如何? 尚时时作画否? 舍间壁上如能得大作增辉,当至为感幸。可否请大笔挥一风景或其他? 弟偶然亦自绘数幅自补其壁,皆因过去所藏全已弃置国内,无法另得。为之奈何!

去年拟创新诗体数种,盖觉数十年来中国新诗作者虽亦曾努力于格律之创造,但鲜有自创一体而重复为之者。附呈"五三体"数首,乃弟"新诗实验室"中之毛坯也。请指正之。匆祝

著安

弟周策纵
七月十四日 1962

---

① 蒋彝(1903—1977),字仲雅,一字重哑,笔名哑行者,原籍江西九江,画家、诗人、作家、书法家,曾任教于美国哥伦比亚大学。著有 The Silent Traveller: A Chinese Artist in Lakeland(《湖区画记》,1937)、The Silent Traveller in Boston(《波士顿画记》,1959)、A Chinese Childhood(《儿时琐忆》,1940)、《香港竹枝词五十首》(1973)、China Revisited, After Forty-two Years(《重访中国》,1977)等。

致顾毓琇^①,1962 年 8 月 9 日

一樵先生：

　　承惠赠大著《海外集》,已于大前天由唐德刚^②兄寄到,至为感谢！德刚来信称,他曾嘱其夫人代为付邮,而其夫人则以为他早已自寄了,以致延误,要我在此代为致歉。

　　拜读大著后,至佩多才。和陶诸作,尤为难得。"天寿比南山",是真能于不着力处美化寻常词汇。而"雷电自有言",更如赤子语,有类画中之 Paul Klee^③矣。他如"日月称我意""人静常似夜",当非常人所能道。和杜诸诗,当称五律。若"月影逼人来",情景两真。少陵七律似最不易和,不仅其气象难,抑且音节特异。尊作诚间有得其遗响处,惟于所和《秋兴》中杂用拗体,觉略有损失耳。太白诗"不可和",正如尊论。良以其境界之高,色彩感之鲜绮,俱难几及。先生所和,我较喜《秋浦歌》。

　　往时吾湘湘绮老人喜拟古。先叔祖尝与唱酬,湘绮集中所谓"竹香诗客"^④者是也。纵小时读《湘绮楼诗集》,固觉其古玉渊渊,然每病其失去个性。惟赓和古人名作,则意存学习,事颇不同,实与翻译同为最佳之训练方法,不知尊意以为如何？

　　大著中创制诸诗,五言似亦特胜。如《岁暮有怀鼋渚》及《天籁》第一

① 顾毓琇(1902—2002),字一樵,号古樵,笔名蕉舍,原籍江苏无锡,科学家、诗人、戏剧家、音乐家。曾任教于中央大学、交通大学、宾夕法尼亚大学等。著有诗词集《海外集》(1960)、《松风集》(1964)、《太湖集》(1973)等,2000 年出版《顾毓琇全集》(全十六册)。
② 详见《致唐德刚》(1973 年 1 月 12 日)注。
③ 保罗·克利(1879—1940),瑞士裔德国画家。
④ 见《湘绮楼诗集》卷十三。诗题为《祁阳周竹香见访,买饭自食而去,云将游衡山,走笔追赠。祁人不轻食于人,余凡四留客而四辞矣》。

首,皆不可及。而题画诸作,佳构尤多。如"从来人不见,惟有读书声","明月过千载,古松到六朝","峰峦天地尽,涧壑有无分","浮云心事白,秋梦月光寒","霞妍新雨后,山色夕阳边","松林疏落叶,凉意亦纷纷。如入无人境,秋山卧晚云","山色含烟重,溪声带雨寒"及"流水夕阳还",皆名句也。鄙意《赠王英保》第二首本极清丽,惟觉第一句"红袖添香暖"或失之太易,与余句未能相称。

长短句中我甚喜《卜算子》(二首)、《蝶恋花》《西江月》《浣溪纱》("飞瀑垂虹"及"谷雨清明")、《境界三首》诸作之沉丽。而《垂钓丝近》《苏幕遮》《望海潮》及《八声甘州》,则境近华严,苍凉无尽矣。

尊著自序中称:"以重、大、拙为一切中西文学艺术之批评标准。"按况周颐亦曾谓:"作词有三要:曰重、拙、大。南渡诸贤不可及处在是。"可谓与尊论巧合。惟彼谓:"重者,沉着之谓,在气格,不在字句。"固亦有理。然尚少明确精深之分析,且不及尊论之广。

鄙意旧诗词偶亦可作。但对年轻一代,总鼓励其创作新诗,以其可发展之领域更大也。质之高明,以为然否?

妄论高深,定无一当。只以不欲作泛泛语,故率尔言之。还乞教正。

匆祝

著安

周策纵　敬上

八月九日 1962 年

五月份《海外论坛》追悼胡适之先生专号系暂由我编,顷已印出,想纽约方面李和生兄已寄尊处矣,该刊甚盼赐稿也。又及。

致顾毓琇，1962 年 10 月 23 日

一樵先生：

手示及新制大作，并复印小简，均已拜收，至以为谢！日前略患感冒，不克即覆，近已全愈矣。

尊作中"青春如酒"句，意象绝佳，纵数年前有"十月枫林似酒红"之句，不及大作浑圆多矣！"野花清气"虽是寻常语，却能引起吾人一种清新敏感，可见有时好句不在刻画，正于不着力处得之。

艾山兄大作已拜读，借见先生一生努力方向之广大。先生论译诗及认"新诗必须创造"，意极精审，纵意岂止新诗宜为此，即旧体诗词及一切文学作品，皆必须有创造方有存在之价值。若前人已有而不能超过之，则何必多此一举？（重哑绝句往往清新，我颇喜之。）写旧体诗亦不过用其旧体，若意境词藻，求新乃属必要，如用旧词藻，则必须有不同之组合与运用，以出新意境；如用旧意境，则至少须以新词藻出之，以求胜于旧。总之，凡文学艺术，用蓝必须青于蓝，用旧必须胜于旧，否则至多只有"再版"品之价值耳，不知高见以为如何？

前次论及大著之信，迟日拟略加补充交《海外论坛》发表，惜所论殊不周耳。

《人生》杂志中虽间亦有佳作，惟该刊编者及多数作者对中西文明及一般思想之态度，较偏于保守。试就其二七七期末编者答读者一信言之，彼既自称不赞成"复古"，却同时又说要恢复"孝悌忠信、仁恕和平、礼义廉耻"等"固有的那些美德"。殊不知此所谓固有的"孝悌忠信"等，其中固亦有适于现代者，但不适于现代者更多，倘欲行之于现代，势非全盘经过新的批判即不能接受。既须如此，则问题乃在如何建立新时代之道

德规律，根本无所用其恢复也。彼又要学孔子"将自己心中所怀抱之理想远景，客观化于古人的身世"。此种托古之法，在今日看来，实是欺世而歪曲历史，何可再学？古有野蛮时代，若所谓古之"黄金时代"云者，亦不过就更古之时代比较而说耳。希腊时代诚为辉煌，然彼时所知所能者，后人多已知之能之，即有不能，继后人又有超过希腊者。就全部文明而论，实无"复古"之必要。而该刊许多老辈作者，往往未经近代思想之严格训练，所论多失。保守派在过去已贻误中国大局，在今后更不足以挽救大局。作自我陶醉固无不可，然不足以号召时代也。适之先生比此辈高明多矣，今日检讨起来，犹觉不足而须就其已有之建树作不断之改进与创新。若台港守旧份子，徒然拖住时代之脚耳。偶论及此，不知其言之过当，幸进而教之。

前读尊作《悼适之先生》词（《论坛》三卷四期）有说"但先开风气，不为人师"。自注称："适之先生语：'但开风气不为师。'"按此系其引龚定庵诗句，不知先生注意及之否？《己亥杂诗》称："河汾房杜有人疑，名位千秋处士卑。一事平生无龂龁，但开风气不为师。"龚氏自注云："予生平不蓄门弟子。"适之先生自已做到前半句，于后半句大约只做到了一部分。不知先生以为然否？

尊作论白石词文如已脱稿，尤盼寄下交《论坛》发表也。

匆此，敬祝

教安

周策纵　手上

十月六日 1962 年

廿三日改写寄出

致声泰[①],1963 年 11 月 14 日

声泰兄:

多时未见,正以近况为念,承寄赠《中国时报》,十分感谢,能读到一些老朋友的言论,更自高兴。创办报纸,非常不易,正可想见你的艰苦奋发。初印的几天字迹似乎还不清晰,后来已大有进步,可喜可贺! 拿《纽约时报》做标准,很有远见,正所谓"取法乎上得乎中,取法乎中得乎下",目前华侨界的中文报纸虽然已不少,但多未能使人满意,希望你们能打破传统习惯,建立新的作风,做到:(一)消息力求确实,尊重事实,最好要有历史家的态度。(二)新闻多而得要。(三)立论公正合理,不作过份的褒贬。(四)多替被压迫者打抱不平,雪中送炭宜重于锦上添花。(五)文字最好能浅显简洁,现在侨界报纸有不少滥调套语和庸俗词藻,最好能避免,如记宴会必说"开怀畅饮",原无必要;说男女之间的事又难于有风致。以上几点,一时想到便写给你,愧无高见,以答故人,目的不过在于华侨言论界能有一些新生的气象,且想兄等都在进步中也。匆草致谢,不尽一一,即祝
近安

弟策纵　手上
十一月十四日 一九六三年

---

① 声泰,不详。

致顾毓琇,1963 年

一樵先生：

　　承示大作,拜读甚佩。前次所示集句及此次《太空》诗①已抄出转寄李和生②兄,并加有拙跋,希望能于不久后刊出也,《论坛》③近复脱期,先生如有论文,祈能赐刊。

　　此次寄来之尊稿,复印精美,不知是何种 copier 所印? 友人称可能是 xerox duplicator,不知价格如何? 通常可印多少份,每份需成本多少? 如承赐告,至为感激! 因纵颇欲自购一件,觉可省抄写之劳也。

　　今年上半年纵已受聘将去 The University of Wisconsin 教书半年。

　　大作《太空》极有意思,以科学家之观感写新诗,中国亦不甚多,Emerson 有句云：

> Atom from atom yawns as far
>
> As moon from earth, or star from star.
>
> Of science, and in little have the whole ——
>
> Even as the redness and the rose are one,
>
> So with the body one thing is the soul.

---

① 1963 年 1 月 2 日作,收入《樵歌》(1963)卷四"新体诗歌",第 71 页。作者于抄稿(未刊)上自题："周君策纵近倡新诗'五三体'或'太空体',戏集句成三首(按即《暮草》《星光》及《大树》)并再试作一首。"响应周策纵《定形新诗体的提议:并介绍"太空体"》(《海外论坛》第 3 卷第 9 期[1962 年])一文的倡议。

② 李和生,曾就读于哥伦比亚大学,并任校内文学团体晨边社(Morningside Literary Society)社长,后与周策纵等于纽约创办《海外论坛》(1960—1963),并任后期主编。

③ 指与友人创办的《海外论坛》,1962 年起李和生负责编务。周策纵曾于此刊第 4 卷第 1 期(1963 年)发表《为〈顾一樵新诗:用"太空体"〉所作按语》一文,即此处提到转寄李氏之文。

较与公孙龙所云"白者非马也。白马者,马与白也,马与白马也,故曰白马非马也"相较,亦颇有趣。中国似无 Lucretius 式咏物理之长诗。

诗人于宇宙自然现象,自有一种敏锐感,前读拉丁诗人 Lucretius (95 B.C.—52 B.C.)咏自然之诗作,中有云:

> And when the qualities like bees on wing,
>
> Having a moment clustered, cease to cling,
>
> As the thing dies without its qualities,
>
> So die the qualities without the thing.

此与中国第五世纪左右之神灭论颇相似。《弘明集》所引称:"犹火之在木,其生必存,其毁必灭。形离则神散而罔寄,木朽则火寂而靡托,理之然矣。"其后范缜所谓:"舍利无刀,舍刀无利。未闻刀没而利存,岂容形亡而神在。"Lucretius 又云:

> Where is the coolness when no cool winds blow?
>
> Where is the music when the lute lies low?
>
> Are not the redness and red rose one.
>
> And the snow's whiteness one thing with the snow?

> Even so, now mark me, here we reach the goal

(整理者按:原信至此)

致张充和[①]，1964 年 2 月 26 日

戏 与 诗
　　——给张充和，在她表演昆曲后

这般骗人的身手
连自己也在内
就弄假成真了
哭，笑，都消失在
人与人之间，因为
林子是我们的敏感
所吹响的

有场才可作戏么
诗便在我们之中了
水仙发芽的时候
你别唱啊，我晃到
那野性的女郎
狂奔在江南风雨里

　　　　　——一九六四年二月二十六日
　　　　　　于威斯康辛[②]陌地生市

---

① 张充和（1914—2015），原籍安徽合肥，书法家、昆曲家，曾执教于美国哈佛大学、耶鲁大学等。著有《张充和小楷》（2002）、《张充和诗书画选》（2010）、《"曲人鸿爪"本事》（2010）等。
② 通译为威斯康星，余同。

致谢扶雅^①,1964 年 6 月 17 日

扶雅先生：

五月廿二日手示及承赠之《自由中华》^②已于回寓时拜读,谢谢! 纵年初复曾去威士康辛大学^③任教。现因暑假暂返波士顿家中小住,秋间仍将去威大。该校教席,系永久任期。惟该处中文参考资料颇缺乏,栖身多久,亦难定计。尊函中所称《中华杂志》载有纵之行止等,未曾见到,如承寄一读,自所感盼。

《留学生季刊》前曾寄来创刊号,此后未见。似尚不如友人与纵等以前所办之《海外论坛》,惟此种刊物亦值得鼓励耳,《论坛》后由李和生兄主持,久未出刊,殊属可惜。年前在纽约时,曾约集德刚等,嘱以协力续刊,而各因事忙,迄未能实现。纵于此事,颇为海外学术思想界忧念不已。

近年来尝觉,凡政治多系比较的,若反对者之所表现,在另方面无更合理更光明之 alternative 以为吸引,则有效之反抗潮流,殊难造成。能战而后能和,自系不刊之论,然不能于和平竞赛中求胜者,亦未必能以战争胜;且即战而胜亦必不能收胜利之果,故如何求平民利益、人权保障及社会正义之实现,如何求思想学术文化之华茂,初视之乃迂缓之论,实则为人心转向之机也。质之高明,以为如何? 如有大作赐示,自当拜嘉。

匆草即祝

---

① 谢扶雅(1892—1991),又名惟大、乃壬,浙江绍兴人,宗教哲学家,曾执教于岭南大学、中山大学、金陵大学、台湾东吴大学等。著有《宗教哲学》(1928)、《中国文史述评》(1957)、《中国三教的共同本质》(1966)等。
② 《自由中华》,疑为《自由中国》之误书,1949 年在台北创刊,前后共出刊 260 期。
③ 即威斯康星大学。

著安

周策纵　手上
六月十七日 1964

致蒋彝, 1964 年 6 月 18 日

重哑我兄:

　　前在威大时得读来示, 本欲于六月廿日前趁游纽约便, 获吃大饼、油条、豆腐浆, 无奈因看小孩等故, □七月下旬无缘南行, 彼时又不知尊驾云游何处矣。前月在西部展览大作, 但未悉何时可锡我一帧也。每见好江山便思若重哑到此, 庶不负斯造化之意。弟即以字行, 暑假家居, 秋间仍去威大。该校教席有永久任期, 其地湖水清且涟漪, 景绝雅丽, 奈无好句奇笔何。匆匆草此, 即祝颂
著安

策纵　顿首
六月十八日　一九六四年

致马瑞志伉俪^①,1964 年 11 月 23 日

913 University Ave.

Madison，Wis. 53706

Nov 23，1964

Prof. and Mrs. Richard B. Mather

Department of Oriental Languages and Literature

University of Minnesota

Minneapolis，Minnesota

Dear Professor and Mrs. Mather：

I am writing this letter to express my profound and sincere gratitude to you for the hospitality you have so kindly extended to me when I stayed in Minneapolis with Miss Chou. You must know how much I have enjoyed the conversations and home life I shared with you，and how greatly benefited I have been by my visits of the very attractive Chinese classes and the library at Minnesota. My memory of Mrs. Mather's superb cookery makes me hesitate to enter any restaurant here.

I hope Professor Mather's translation of *Shih-shuo hsin-yü*《世说新

---

① 马瑞志(Richard Burroughs Mather, 1913—2014)，生于河北保定，美国汉学家。加州大学柏克莱分校东方语言系博士毕业，论文研究《维摩诘所说经》。1949 年加入明尼苏达大学，协助开办中国研究课程，1984 年荣休。著有 *A New Account of Tales of the World*(《世说新语英译》,1976)、*The Poet Shen Yüeh*（441 - 513）: *The Reticent Marquis*(《怀情不尽的隐侯——诗人沈约》,1988)及 *The Age of Eternal Brilliance: Three Lyric Poets of the Yung-ming Era*（483 - 493）(《永明时代三诗人》,2003)等。1930 年代与 Virginia Marjorie Temple(1915—2012)结婚。

语》will come out very soon. Recently I read a part of *Ch'u hsüh chi*《初学记》and found quite a few citations from *Shih-shuo*. Have you checked through this book? Of course scholars have known that it contains passages from *Shih-shuo*，such as the episodes about Wang Kuang 王广 and Wei Ming-ti 魏明帝. But it is a question whether it has been checked thoroughly. Although most of the citations are only summaries from the original and have little use for textual studies, such as the story about Wang Tun 王敦 's golden whip，yet others may provide a little different versions. For example 徐坚 's book says，"刘聪为玉镜台"，whereas *Shih-shuo* does not say "为". I also found *Ch'u hsüh chi* cited a number of passages from Liu I-ch'ing's another work《幽明录》. Other general encyclopedias like 《北堂书钞》also cited a lot from *Shih-shuo*；you might have checked them.

（整理者按：原信至此）

致杨联陞^①，1964 年^②

联陞吾兄：

　　谢谢你的信，拙作《四声杂咏》^③第四章"听凭"二字拟改为"从容"；第八

① 杨联陞(1914—1990)，字莲生，原籍浙江绍兴，生于河北保定，旅美学者。先后于哈佛大学攻读硕士和博士学位并任教，1946 年完成博士论文《晋书食货志译注》(*Notes on the Economic History of the Chin Dynasty*)。著有 *Money and Credit in China: A Short History* (1952)、*Studies in Chinese Institutional History*(《中国制度史研究》，1961)、*Excursions in Sinology*(《汉学津逮》，1969)、《国史探微》(1983)等。
② 此信为作者回复杨氏 1964 年 6 月 30 日来函时自留底稿，共有两稿，本书收录以第二稿为准。
③ 载《明报月刊》总第 277 期(1989 年 1 月)，第 93—94 页。

章"一场把戏"拟改为"开门喜气";第十章"中原板荡"或可改为"心神爽畅"。
弟原作本拟以反语略带讽刺,但改动后也许更通顺。如何之处,请再改。

　　大作《三宇经》已拜读,有些句子很流利,有些如"渝盂腴""隅榆喻"
等则似嫌太晦。弟意"鹬蜮龉"句最好能与"渔"字相连,如"渔隅喻"之
类①。或另作。至于"渔余鱼"固甚好,惟若作"圩(捍水之岸)(或屿)余
鱼"则似可更加强"域遇雨"之意境也。又"好毓育",毓育义同,颇鲜连
用,可否易作"谕育"?

　　寄上小册一本。下次再加送几本给你。

　　(整理者按:原信至此)

附一　杨联陞《三宇经》(初稿)　一九六四年一月八日

虞御宇	域遇雨	渔余鱼	舆愈吁
		(圩[捍水之岸]/屿)	
禹御淤	逾于寓	峪纤郁	豫馀驭
渝盂腴	禺阘燠	畲喁饫	旟褕裕
(榆械乔)			
俞浴雩	予愉谀		
伛吏喾	围预异	尉鬻狱	痍于圀
与芋欤	余欲玉	好毓育	妪语噢
		(谕)	
娱欲愚	觎誉迁	敔竽窳	瑜羽郁
鹬蜮龉	(隅)	(榆)喻	
	(渔)	(罴)	

　　右三字经二章章十四句

────────

① 初稿此处作:"……如'渔隅喻'之类,或'渔余罴喻'(前面所用饫字可再设法改用腴字,或堉[肥壤]字),'渝盂腴'未尝不可作'榆械(或萸)乔'。"

（污、玙、玗、揄、荬、喎、嵑、瑀、庚、謷、谕、昱、煜、聿、歈、蔚、熨、堉、鸹、钰、隩［澳］［奥］、罭、汩、黤、瘀）①

① 括号内为周策纵先生手批。

附二　　　　　夷　姨②

（全文 275 字，共享"i"音字 105 个）

黟邑驿役易乙诣沂。沂漪亦溢。役舣，依一夷姨。一意依姨懿仪，一意依彝。

姨役役。姨刈薏苡，役翊伊刈。姨贻役薏苡一镒，役怿；役刈亿镒以贻姨，姨亦怿。姨、役怡怡。

翌，姨、役弈。姨衣旖。役泄泄曳姨衣，以腋倚姨椅，浥浥姨颐。益以异议，逸仪。姨移伊椅以抑役。剔役。役悒悒。

姨肆羿遗艺——弋。以弋殪一蜴，一鹢，一鹥，一鹐，一蚁。蜴噫咿，觭伊。鹢、鹥、鹐、蚁翼熠熠。役揖，毅依姨艺，迤峄弋，亦殪一蜴、一鹢、一鹥、一鹐、一蚁。

姨怡抑悒？悒。伊疑役艺轶伊。以异夷液贻役，以殪役。役饴液。噫，已矣！役痍，瞖，噎，亦吒。

役亦夷裔。忆一夷医。医意：宜衣夷衣，以蚁医疫。医掖役。役一一依医，痍、瞖、噎、吒已。

姨益异，意已佚姨谊，已佚义。倚匜缢。役衣姨倛。瘗伊沂圯。奕襆义猗！

咦！以夷依夷，以夷役夷，以夷抑夷，以夷医夷，亦以夷殪夷。易易！

宜以臆意译。亦绎义。

1963 年 3 月于陌地生

② 此文为作者仿其师赵元任《施氏食狮史》之意而作的"绕口文"，并翻译成英文。1960 年代起，周先生醉心于回文诗、联语、绕口令等传统上视为小道的游戏文章，1970 年代后期更与友人拟组"无极文学研究会"而未果。这篇《夷姨》正好与杨联陞的《三字经》同声相应，同气相求，一并附录于此。

THE FOREIGN SISTER – IN – LAW

By Chow Tse-tsung

(A story composed with 105 different Chinese
characters, all pronounced i)

Yi the second, a courier of a government post of in Yi County (of southern Anhwei Province) goes to the River Yi (in southeast Shantung Province). The river water ripples and overflows. The Courier moors his boat to the bank. There he lives with his sister-in-law. He decides to comply with the manners of his sister-in-law's womanly virtue, and observe all the proper rules.

The sister-in-law treats the courier as a servant. She reaps the water-plant, Job's-tears, and he helps her reap them. She gives him twenty taels of Job's-tears, which makes him happy. He reaps twenty times a hundred thousand taels of Job's-tears for her, so she is also pleased. Thus they are delighted with each other.

On the next day, the sister-in-law and the courier play a game of chess. Her clothes flutter gracefully. The courier tugs leisurely at her clothing, and leans his armpits against her chair. The mucus from his nostrils wets her chin. What's more, they disagree, and he exceeds proprieties. The sister-in-law moves her chair to restrain him and cuts off his nose. He feels very much depressed.

The sister-in-law has learned the art handed down by the famous ancient archer Yi-shooting with a bow and arrow. With her arrow she kills a lizard, a fishhawk, a widgeon, a swallow, and a crow-pheasant. The lizard's throat is moaning and it bites her. The wings of the fishhawk, the widgeon, the swallow, and the crow-pheasant are flapping. Then the courier bows, and resolutely following the art of her sister-in-law walks toward Mt. Yi (in southern Shantung and northern Kiangsu). He too kills a lizard, a fishhawk, a widgeon, a swallow, and a crow-pheasant.

Does the sister-in-law feel happy or sad at this? She is sad, as she suspects the courier's skill has surpassed her own. So she gives him some strange foreign liquid, to murder him. The courier finds the liquid sweet. Alas, that is the end! He is wounded, his eyes grow cataracts, he chokes and hiccups, and he mutters nonsense in his sleep.

But the courier is also the descendent of a foreigner. He remembers there is a foreign doctor. In the doctor's opinion, the courier must put on foreign clothing, and use ants to cure his sickness. The doctor holds him up; the courier follows doctor's orders, and the sores, the cataracts, the choking and the babbling are gone.

The sister-in-law is even more shocked. She realizes that she failed in her relationship with the courier, and violated proper conduct. Beside the washbasin, she hangs herself. The courier covers her corpse with clothes and buries her by the bridge over the river Yi. Great and everlasting may she be at peace!

Aha! Let a foreigner depend on a foreigner, let a foreigner enslave a foreigner, let a foreigner frustrate a foreigner, let a foreigner cure a foreigner, and let a foreigner kill a foreigner. That sounds so easy!

Give this tale a free translation, according to your own heart, and unravel its meaning.

Madison, Wisconsin

March, 1963

致顾毓琇,1964 年[①]

一樵先生:

久未奉候,前因东西奔走,琐事延搁,复以课务夹杂,阻断诗思。前次大札垂询诸诗人等事,本已代为抄出曹丕"西山一何高"全诗,方拟另检他籍,不意偶因别事中断,迄未能继事。顷获所惠大著《松风集》,良用感愧。

黄节《魏文帝诗注》于"折杨柳行"下引《宋书·乐志大曲之五》曰:"默默,折杨柳行。"朱乾《乐府正义》曰:"折杨柳曲起已远。"《庄子》:"《折杨》《皇荂》,《毛诗·采薇》有杨柳依依之句,故折赠行人,后世遂成故事。"云云。纵按《庄子·天地》篇:"大声不入于里耳,《折杨》《皇荂》,则嗑然而笑,是故高言不止于众人之心,至言不出,俗言胜也。"司马彪云:"大声,谓咸池六英之乐。"荂,一本作华,实系一字,见《说文》。李颐云:"《折杨》《皇华》,皆古歌曲。"成玄英云是"古之俗中小曲"。考《庄子》原文,此颇可信。然则曹丕此诗,原依何曲所作,颇成疑问。《古今乐录》引王僧虔《技录》云:"《折杨柳行》歌,文帝'西山',古'默默'二篇,今不歌。"王僧虔(西纪 426—485)之言如可据,则此歌曲在宋、齐间已不流行。此与"曹魏改奏"以"长歌行"之曲,是否有关?

(整理者按:原信至此)

---

① 原信未署年月。按顾毓琇《松风集》出版于 1964 年 8 月,姑系此信于 1964 年。

致萧公权①,1965 年 1 月

　　萧公权先生寄示其二十七年前所集玉溪生诗句,感触无已,仿集一章奉呈:

　　　　　　　　草下阴虫叶上霜,

　　　　　　　　何劳荆棘始堪伤。

　　　　　　　　西园碧树今谁主?

　　　　　　　　玉殿秋来夜正长。

　　　　　　　　永忆江湖归白发,

　　　　　　　　未妨惆怅是清狂。

　　　　　　　　天荒地变心虽折,

　　　　　　　　不信年华有断肠。

　　公权先生哂正。

　　　　　　　　　　　　　　　　　　　　　周策纵　呈稿

　　　　　　　　　　　　　　　　　　　　　1965 年元月

---

① 萧公权(1897—1981),原名笃平,字恭甫,号迹园,笔名君衡、巴人、石沤,江西泰和人,政治学家,曾任教于南开大学、东北大学、燕京大学、清华大学等,1949 年起任教于华盛顿大学,直至 1968 年退休。殁后,周策纵为撰《忘年诗友:悼念萧公权先生》(《传记文学》总第 71 卷,第 49—57 页)。著有《中国政治思想史》(1954)、*Rural China*(《中国乡村:论 19 世纪的帝国控制》,1960)、*A Modern China and a New World*(《近代中国与新世界:康有为变法与大同思想研究》,1975)、Political pluralism(《政治多元论:当代政治理论研究》,2000)等。

致刘若愚^①,1966 年 7 月 29 日

Dear Professor Liu,

I have written you before that *Wen-lin: Studies in the Chinese Humanities* was delayed because of technical problem. Now I am happy to tell you that we have found a good printer who can print as many Chinese characters as we need and we will start to print very soon.

As a final editorial check, I reread your translation of the poems and find a few minor problems which you may like to take into consideration:

(1) Page 12, line 4; p. 13, 1.16— In your changes in ink you romanize 姮 as Huan. This probably should be Heng?

(2) p. 12, 1.9—In the poem "Frosty Moon" you translate the line "百尺楼高水接天"as "The hundred-foot tower is roofed with water that touches the sky". Then in the passage following this you explain, "The second line, which in the original reads literally, 'The hundred-foot tower is tall; water touches sky' evokes the picture of moonlight over the frost-covered roof of a tall tower." It is certainly possible to describe moonlight as water such as Li's 《宫中曲》:"云母滤宫月,夜夜白于水。" But in the line under discussion, because of the style of the writing, I

① 刘若愚(1926—1986),字君智,原籍北京,文艺学家,曾任教于英国伦敦大学、香港大学、美国夏威夷大学、匹兹堡大学等。著有 *The Art of Chinese Poetry*(《中国诗学》,1962)、*The Chinese Knight‑errant*(《中国之侠》,1967)、*Major Lyricists of the Northern Sung,A.D. 960—1126*(《北宋六大词家》,1974)、The Interlingual Critic:Interpreting Chinese Poetry (《中国古诗评析》,1982)等。

rather doubt the "water" should be interpreted this way. "Water touches sky"（水接天，天接水 or 水连天）seems to be a quite common explanation in Chinese poetry. Moon，water，and tower are also often mentioned together. For instance，in a short poem "On a Full Moon" "赋得三五明月满"by Chiang Tsung 江总 of the Sui dynasty，there are such lines：

> 云前来往色，水上动摇明。
> 况复高楼照，何嗟揽不盈。

（Also Chang Cheng-chien 张正见 of the ch'en dynasty，《薄帷鉴明月》："长河上月桂，澄彩照高楼。"[此长河或指银河]）

Actually，Li Shang-yin himself seems to have the habit of linking the three images. In the "Ch'ang-o" he mentions 碧海 and in the "Stockings" he relates 踏月 with 渡水，both of which you have translated. Of course he also has 沧海月明. But most interesting are the examples in two other poems，both titled "Moon"月 in which all the three elements are brought together. In one of the poems he writes：

> 楼上与池边(一作"池上与桥边")，难忘复可怜。
> 帘开最明夜，簟转已凉天。
> 流处水花急，吐时云叶鲜。
> 姮娥无粉黛，只是逞婵娟。

In the other，he says：

> 过水穿楼触处明。

While 流 in the first poem definitely alludes to the moonlight，水花

seems still to refer to water because of the parallel 云叶. Chao Ku 赵嘏 of the T'ang dynasty (a contemporary of Li's) has the famous lines：

独上江楼思渺然，月光如水水连天。（"连"一作"如"）

Here 水 still stands for water. Later the Hsi-K'un poet Ch'ien Wei-yen 钱惟演 also wrote a poem on "Frosty Moon" 霜月 saying：

霜月正如钩，临池更上楼。

And Fan Chung-yen's tz'u《苏幕遮》has lines very similar to Li's：

山映斜阳天接水……明月楼高休独倚。

From these probably we can see how poets of the Sung interpreted Li Shang-yin. I certainly acknowledge that your interpretation is laudable. You may wish，however，to consider the other possibility or mention both interpretations. That is to say，the "water" may well refer to a river，lake or sea. Ch'u Fu 屈复 comments on "百尺楼高水接天" with "履高视远".It may be acceptable.

（3）p.15，1.11—Your translation of the first line of "只为时来早[①]，开花不见春"reads，"It is only because it came too late to court". I would prefer not to add "to court" to the line. To add it may suit the poet's personal situation more clearly，but it will not better the poem as far as its subject matter，pomegranate blossoms，is concerned. It may somewhat lose its subtlety by limitation. As a matter of fact，time（"时"）is emphasized in the line instead of a place.

---

① 该句应作"只为时来晚"。

(4) p.18，1.6—You translate "蜡照半笼金翡翠"as "The candlelight half encircles the golden kingfishers" and explain（p.20，11. 7－8）that the candlelight "half encompasses the kingfishers threaded in gold on the screen". I wonder whether 金翡翠 may mean a kind of lamp-shade or a screen around a candlelight. The screen may be made or decorated with kingfisher feather and gold. From a few poems of pre-T'ang times we may find some clue to the picture of a candle-screen or lamp-shade：

> 楚辞《招魂》:"翡翠珠被,烂齐光些……兰膏明烛,华容备些。"
> 江淹《翡翠赋》:"备宝帐之光仪,登美女之丽饰。杂白玉以成文,糅紫金而为色。"
> 庚信《灯赋》:"翡翠珠被,流苏羽帐。"

The above describe bed-curtains or bed coverlets，but they often relate to candlelight or lamp. The following lines are particularly on these：

> 夏侯湛《钉灯赋》:"尔乃隐以金翳,疏以华笼。"
> 梁简文帝《对烛赋》:"绿炬怀翠,朱蜡含丹。"

Also,《咏笼灯》:"动焰翠帷里,散影罗帐前。" The Line"糅紫金而为色" makes plain the meaning of 金翡翠, i.e., the feather is mixed with gold in order to heighten the color. My guess，therefore，is that Li's line may mean，"The candlelight is half encircled by the screen of gold and kingfisher-feather". I interpret 笼 as in the passive voice as 怀 in the line 绿炬怀翠，in view of such description as"隐以金翳,疏以华笼"and"动焰翠帷里"．

(5) p.18，1.8—Concerning line 7 of the same poem you mention Emperor Wu of Han and his fairy mountain P'eng（p.19，11. 4－5）. It

just comes to my mind that most part of the poem may show some influence from the story of the Emperor's episode with 李夫人 and 李少翁 as told in the Han Wu ku-shih and the biography of 李夫人 of the *Han Shu*.

　　诸家注此诗似多仅指其与蓬莱求仙事有关,而不及李夫人与少翁事。按《史记·封禅书》及《汉书·郊祀志》言少君事时仅道及蓬莱求仙而不及李夫人,言李夫人时则又未道及蓬莱。惟《汉武故事》兼及李夫人与"蓬山"。义山极重视李夫人故事,有《李夫人》诗三首,又其《汉宫》诗亦云:"王母不来方朔去,更须重见李夫人。"又《汉武故事》与《汉书·外戚传》中李夫人传在文字意境上亦颇类李诗。《汉武故事》云:"会所幸李夫人死,上甚思悼之。少翁云:'能致其神。'乃夜张帐明烛具酒食,令上居他帐中,遥见李夫人,不得就视也……少翁……被诛后月余,使者……逢于渭亭。谓使者曰:'为吾谢上,不能忍少日而败大事乎!上好自爱,后四十年求我于蓬山,方将共事,不相怨也。'于是上大悔,复征诸方士。"[刘郎已恨蓬山远]又《外戚传·李夫人传》云:"上思念李夫人不已,方士齐人少翁言能致其神,乃夜张灯烛,设帷帐,陈酒肉,而令上居他帐。(《北堂书钞》卷一三二引作'乃设灯烛于幄帷,令帝别居他幄中')[蜡照半笼金翡翠,有烛与帷,麝香微,复绣芙蓉,有帐。]遥望见好女,如李夫人之貌,还幄坐而步,又不得就视。上愈益相思悲感……上又自为作赋,以伤悼李夫人,其辞曰:'……命樔绝而不长[去绝踪]……奄修夜之不阳。[月斜楼上五更钟]……欢接狎以离别兮,宵痛梦之芒芒。[梦为远别]……势路日以远兮,遂荒忽而辞去[远别,去绝踪]……悲愁於邑,喧不可止兮。(诸家注云:喧亦可作咺,泣不止也。)[啼]向[响]不虚应。(颜师古注:响之随声,必当有应,而今涕泣,从自已耳,夫人不知之,是虚其应。)[难唤,唤之不应也]既往不来申以信兮,去彼昭昭就冥冥兮……'[来是空言去绝踪]"

　　I believe your interpretation of the poem is essentially correct; Li Shang-yin must have written from his own experience and feelings; the allusion to 李夫人 certainly should not be taken too literally. Actually, although 李夫人 was dead，to the Emperor she seemed merely to have gone away，a situation which might not be very far from what is described in Li's poem. Thus 难唤 may be understood as "she is far away and hardly hears my call". As for 绣芙蓉 I am inclined to interpret it as 帐. It of course could be 衣裳，帘 or 被. But Pao Chao 鲍照 says in his poem《拟行路难》："七彩芙蓉之羽帐。"按苏鹗《杜阳杂编》云宝历二年(826)唐敬宗得二舞女飞鸾、轻凤，因琢玉芙蓉为歌舞台，"歌舞罢，令内人藏之金屋宝帐。宫中语曰：'宝帐香重重，一双红芙蓉！'"苏雪林[①]以为义山与二女有涉，确否颇成问题。且此处芙蓉必自有别。但"宝帐香重重"则似"麝熏微度"之意境。尊译甚佳，惟页20，行8—9云 bed coverlet，不知有据否？或可改为 bed-curtains，更为切近。上述李夫人及少翁事是否应在文中或注脚中加一句提及，似不十分重要，一听尊意裁夺。鄙意亦不过以为义山在下意识上受其所喜读作品之影响耳。

All the above are just random thoughts. I hope you feel completely free to disregard any or all of them if you choose to. I do not intend to suggest any major revision to your article which interests me very much and is well written. At any rate，I would be very glad to have your opinion as soon as possible. I'll send your article to the press in two weeks or so，before I leave for Europe and Asia next September.

My best regards.

Very sincerely yours，
Chow Tse-tsung

---

① 苏雪林(1897—1999)，本名苏小梅，字雪林，笔名瑞奴、瑞庐等，原籍安徽太平（今黄山区），台湾学者，曾执教于沪江大学、安徽大学、武汉大学、台湾师范大学、成功大学等。

附　论诗小札——与刘若愚教授论李商隐"无题"诗书[1]

按李义山《无题四首》，其第一首云：

> 来是空言去绝踪，月斜楼上五更钟。
>
> 梦为远别啼难唤，书被催成墨未浓。
>
> 蜡照半笼金翡翠，麝薰微度绣芙蓉。
>
> 刘郎已恨蓬山远，更隔蓬山一万重。

刘若愚教授在其英文大作《论李商隐诗之晦涩》(Ambiguities in Li Shang-yin's Poetry)一文中更将此诗译成英文，发表于余所编《文林：中国人文科学研究》(Wen-lin: Studies in the Chinese Humanities, Madison, Wis.[2]: University of Wisconsin Press, 1968)第一卷中。当时余有致刘先生英文函，商讨此诗意境之所据，承其探纳，见于其所著中文《李商隐诗评释》(《清华学报》，新七卷二期，一九六九年八月，页一二八)一文，及英文《李商隐诗》(The Poetry of Li Shang-yin, Chicago, Ill.[3]: University of Chicago Press, 1969, p. 63)一书。若愚先生析论李诗，精审周密，既蒙称可，用敢将拙函略事疏理，译成中文发表，期读者作进一步之探讨。

——作者附识

此诗似大受《汉武故事》及《汉书·李夫人传》中所述武帝命李少翁求李夫人神故事之影响。古今来诸家注此诗，多谓其系指蓬莱求仙，而不及李夫人与少翁事。实则此诗与求仙事无关，不可不辨也。按《史记·封禅书》及《汉书·郊祀志》言少君事时，仅道及蓬莱求仙而不及李夫人；言李夫人时，则又未称蓬莱。惟《汉武故事》兼及李夫人与"蓬山"，恰与此诗相应。义山极重视李夫人故事，有《李夫人》诗三首；又其《汉

---

① 此文后发表于《大陆杂志》第 40 卷第 12 期(1970 年)，第 1—2 页。

② Wisconsin(威斯康星州)的缩略。

③ Illinois(伊利诺伊州)的缩略。

宫》诗亦云:"王母不来方朔去,更须重见李夫人。"诸诗皆可作证。又李氏《碧城》诗:"武皇内传分明在。"亦可见其熟谙此书也。

且《汉武故事》与《汉书·外戚传》中李夫人传在文字与意境上尤类李诗。《汉武故事》云:"会所幸李夫人死,上甚思悼之。少翁云:'能致其神。'乃夜张帐明烛,具酒食,令上居他帐中,遥见李夫人,不得就视也。"其后武帝因他故诛少翁,少翁"被诛后月余,使者……逢于渭亭,谓使者曰:'为吾谢上,不能忍少日而败大事乎!上好自爱,后四十年求我于蓬山,方将共事,不相怨也。'于是上大悔,复征诸方士"。此所云武帝刘彻遥见李夫人神而"不得就视",少翁诛后,杳去"蓬山",于是"大悔",实即李诗"刘郎已恨蓬山远"之所据也。

又《外戚传》中李夫人传云:"上思念李夫人不已,方士齐人少翁言:'能致其神。'乃夜张灯烛,设帏帐,陈酒肉,而令上居他帐。(《北堂书钞》卷一三二引作'乃设灯烛于幄帷,令帝别居他幄中')遥望见好女,如李夫人之貌,还幄坐而步,又不得就视。上愈益相思悲感。"凡此所云"张帐明烛","令上居他帐中","夜张灯烛,设帏帐",及"设灯烛于幄帷",特著明"烛"与"帏""帐"。李诗"蜡照半笼金翡翠",有烛与帏;"麝熏微度绣芙蓉",有帐,尤相类似。"金翡翠"一辞,人往往误认金制或金饰之翡翠鸟,实则应指蜡烛之笼帏。古人常杂紫金色于翡翠间以制灯笼烛帏,诗赋中时咏及之。楚辞《招魂》:"翡翠珠被,烂齐光些……兰膏明烛,华容备些。"庾信《灯赋》直引之云:"翡翠珠被,流苏羽帐。"则明以言灯。江淹《翡翠赋》更谓:"备宝帐之光仪,登美女之丽饰,杂白玉而成文,糅紫金而为色。"末句尤显示"金翡翠"一辞之确解。他如夏侯湛之《釭灯赋》:"尔乃隐以金翳,疏以华笼。"梁简文帝萧纲之《对烛赋》:"绿炬怀翠,朱烛含丹。"及其《咏笼灯》诗:"动焰翠帏里,散影罗帐前。"皆可见当时翠帏灯烛之制。且"蜡照半笼金翡翠"之"笼"乃被动词,为"笼于"之意,与"绿炬怀翠"之"怀"相似,亦犹上文所引"设灯烛于幄帷"之谓耳。

至于"绣芙蓉"一词,冯浩注曰:"鲍照诗:'七采芙蓉之羽帐。'此谓褥也,如杜诗:'褥隐绣芙蓉。'"此释自颇合理。惟芙亦未尝不可指帐。唐苏鹗《杜阳杂编》云:宝历二年(826)唐敬宗得二舞女飞鸾、轻凤,因琢玉芙蓉，为歌舞台，"歌舞罢，令内人藏之金屋宝帐。宫中语曰：'宝帐香重重，一双红芙蓉。'"苏雪林女士以为义山与二女有涉，确否颇成问题，且此处芙蓉义自有别；惟"宝帐香重重"则似"麝熏微度"耳。但李诗即使与二女无关，如鲍照《拟行路难》诗所云，芙蓉仍可指帐，此外如庾信《灯赋》"掩芙蓉之行帐"，刘长卿《昭阳曲》"芙蓉帐小云屏暗"，白居易《长恨歌》"芙蓉帐暖度春宵"，并可见此词义之流行。今与武帝少翁"设帷帐"事相对照，如释为帐，似亦未可厚非也。

《外戚传》于记武帝"愈益相思悲感"后，继称："上又自为作赋，以伤悼李夫人，其辞曰：'……命樔绝而不长……奄修夜之不阳。……欢接狎以离别兮，宵寤梦之芒芒。……势路日以远兮，遂荒忽而辞去。……悲愁於邑，喧（诸家注云：喧亦或作呾，泣不止也。）不可止兮，响不虚应。（颜师古注：'响之随声，必当有应；而今涕泣，从自己耳，夫人不知之，是虚其应。'）……仁者不誓，岂约亲兮。既往不来，申以信兮；去彼昭昭，就冥冥兮。'"今按义山诗与武帝此赋，言意绝类。"命樔（纵案：字应同劖、剿或剿，斩绝也）绝而不长"者，义山诗所谓"去绝踪"也；"奄修夜之不阳"者，李诗所谓"月斜楼上五更钟"也；"欢接狎以离别兮，宵寤梦之芒芒"者，李诗所谓"梦为远别"也；"势路日以远兮，遂荒忽而辞去"，亦即"远别"与"去绝踪"之意；刘彻赋"悲愁於邑，喧不可止兮"，固类于李诗之所云"啼"，而"响不虚应"正如颜师古注作"虚其应"，相当于李诗之"难唤"，盖谓伊人已远，唤之不应也；至于刘赋"仁者不誓，岂约亲兮。既往不来，申以信兮；去彼昭昭，就冥冥兮"，更与李诗"来是空言去绝踪"之辞旨相合。凡以上李夫人故事，与义山诗中七行皆相应，且"刘郎"与"蓬山"已明白点出，其间影响，至为显著，决非强为附会，亦非偶然巧合也。

且武帝赋中又云："函菱蕵以俟风兮，芳杂袭以弥章。"言及"蕵"与芳香。据《尔雅》诸书，吾人已习知芙蓉即今之荷。菱为香菜。《集韵》云：芙，荷也，通作扶。此"蕵"字当即"芙"字，亦即芙蓉与荷也。《论衡·自纪》篇中"蕵露"即荷露，可证。考《拾遗记》载李夫人事略异，于记李少君致李夫人事之前称："汉武帝思怀往者，李夫人不可复得。时始穿昆明之池，泛翔禽之舟，帝自造歌曲使女伶歌之。……帝闻唱动心，阋阋不自支持,命龙膏之灯,以照舟内,悲不自止。……帝息于延凉室,卧梦李夫人,授帝蘅芜之香,帝惊起,而香气犹著衣枕,历月不歇。帝弥思求,终不复见,涕泣洽席。遂改延凉室为遗芳梦室。"凡此所云"蘅芜""芳梦""涕泣洽席"等,亦未尝不可为"梦为远别啼难唤"与"麝熏微度绣芙蓉"辞意之所本。

以上所述,自亦不必太凿,谓义山此诗即为咏李夫人事而作。实则诗人当系自纪其经验,自抒其感情。弟之所论,不过谓义山在意识上或下意识上,确受其所喜读作品与故事之影响,且借此以发抒其感触耳。吾人若不抉发此中底蕴与关连,则亦不能充分了解诗人之作。质之高明,以为然否?

（一九六六年七月二十九日）

致金祥恒[①],1968年4月27日

祥恒先生道席：

手书奉悉，承告拙文《诗字古义考》[②]中所录《续编》一片写印有误，至为铭谢。该文立意于十年以前，两年前执笔时因此间甲骨文书籍奇缺，而此书乃手头所无，倩人钞寄资料无法校核，且该辞偶因同片本与拙文无关，初计在删除之列，故未予细究，致有差误。然疏失之责要不可辞，如承评介，尚乞代为更正删去，实深感荷。又拙作中假设颇多，是否有当，未敢自定，倘得国内外学人商榷匡谬，借臻旧学邃密、新知深湛之境，则尤所感幸也。即颂
著祺

周策纵　敬覆

四月廿七日　一九六八年

---

① 金祥恒(1918—1989)，原籍浙江海宁，台湾学者，曾任教于台湾大学。著有《续甲骨文编》(1959)、《陶文编》(1964)、《金祥恒先生全集》(1990)等。曾主编《中国文字》，内收周策纵文章。
② 英文论文，题为"The Early History of the Chinese Word *Shih*（Poetry）"，发表于《文林：中国人文研究》(*Wen-lin: Studies in the Chinese Humanities*)第1卷，第151—209页。后由程章灿先生译为中文，发表于《古典文献研究》第3辑，南京：南京大学出版社，1994年，第293—356页。

致刘若愚,1968年5月6日

若愚先生道席:

　　《文林》及抽印本想已收到,不知有何错误否?便中尚乞见告。前次奉到佳句并承过奖,良深感愧。久欲续貂,每为俗务打断,为之奈何。尊作"循环玩日转,返复悟星回"之句,至为精巧恰当,不可多得。弟前年冬及去年春间环游欧亚,机中车上偶有打油之作,兹更录呈数首以当一笑。又旧作小文论及新诗体之前途,当时鄙见容有所偏,然恐仍难作定论耳。惟弟终觉中国新诗应向多方面发展,未可拘于一格也。不知尊见如何?此间近来天气温和,杂花满树,风景绝佳,大驾何时东来,能过此一游、借获畅谈否?匆匆草此,诸维心照。即颂
著安

弟周策纵　手上

五月六日　一九六八年

附

临江仙·希腊访古

怀古风情随理远,海山都是奇书。

断碑残殿劫灰余。

莎浮琴韵绿,荷马史诗朱。

细雨连绵今日事,红妆少女骑驴。

银羊白石点青墟。

危崖千载暗,瘦树几行疏。

一九六六年除夕

开 罗 晚 眺

大漠长河落日红,千秋金字塔如封。

名王艳后随沙堕,今古英雄岂足雄。

一九六七年元月六日

君智先生哂正。

周策纵　未是草

致萧公权,1969年2月3日

公权先生道席:

　　元月廿九日手示敬悉,至为慰感!拙作"诗与夕阳红"之句,初意乃因十余年前,在杨莲生兄家,承出示其手录尊著词集,直忆有"斜阳楼阁红于血"之句,颇以为境逼华严,悲壮典丽,故尔及之。诗虽未可言红,然司空表圣之品诗境,则尝有"碧桃满树""红杏在林""如逢花开""如日之曙"与"碧苔芳晖"诸喻。"红"字在诗词中,有时为美之泛称,即俗语"红极一时",亦不无兴盛华丽之意。又红色表吉庆,寿礼中本亦用之。昔人以"人间重晚晴"为介寿适切之作。夕阳红艳,晚晴可重,投老诗篇,相与为美,似尚差可通也。且前人称美"夕阳返照桃花岸,柳絮飞来片片红"之句,此固近于写实,惟君谓夕阳不仅能红柳絮,亦能红诗句,而大作之咏夕阳,亦能红夕阳之红,兼使夕阳益红、永红,则意境似亦空灵而颇进一层。况"惨绿年华""绿愁红怨",前人初创此意时,自亦无先例。不知此种曲解,或可掩小诗之拙否?尚乞明教。又"多方"一句,略隐尊著 *Political Pluralism*,恐亦太晦,不足为外人道也。至于尊作"屈指年光过七十",鄙意以为不必改"年光"为"行年"或"星霜",至少无大好处。"年光"不可数而屈指数之,此其所以为诗,而非日常恒语。若必欲坐实,试问暮年诗赋,何可以"动"江关,而江枫渔火,"眠"又何可以称"愁"乎?诗之佳否,端在其能否感动人,不在其合理与否。且"年光"本泛指年时光阴,古人固已有"寸阴""分阴"之说,则于想象中屈指计之,亦未为不可。西洋诗人竟谓,吾人应以涕泪与心跳计时纪年。计时之法,原无定例。莲生兄为史家,力求纪实,若裴子野之摛雕虫,固其宜也。率尔陈词,疏失必多,还祈指正。匆祝

著安

周策纵　拜手
一九六九年二月三夜

致谢扶雅,1969 年 2 月 7 日

谢扶雅先生以七十七高龄寄赠所著《人生哲学》及所译《康德的道德哲学》二书即题奉答

两篇浮海道崔巍，
字里行间满劫灰。
默默天人铭至契，
茫茫今古接深悲。
时危笔舌《春秋》意，
老去鸡虫得失微。
译事三难信达雅，
又陵①而后与谁归？

1969 年 2 月 7 日

---

① 又陵,严复字。

致萧公权,1969年2月11日

公权先生道鉴:

今日拜读二月九日手示,承评称拙诗,以为"才人大手笔",是何敢当,惟见老成奖掖逾恒耳。大作"斜阳楼阁都成血,细雨关河欲化烟",真令人神往之句,诵之不忍释也。纵意尊著词集,亟应及时付梓,以公同好,并作后学津梁。纵尤欲先得一册,以供晨夕讽诵。来示指出拙作《新居》诗中"元""先""盐"三韵通押,《雪夜》中"支""微""齐"三韵通押,未能叶调,至为精审。新作旧体诗应如何押韵,时觉难于决择。《新居》中所用者,实系依据一九四一年教部所颁之《中华新韵》,其后王君惠三①予以简编,经黎君锦熙②修订,于一九五六年改名《汉语诗韵》出版。纵近年颇主张新旧诗皆应以此为准。惟"支""微""齐"通押,则尚依古诗通用之例。旧时韵书如《诗韵合璧》等固皆注明"支""微""齐"通用,《汉语诗韵》亦大半仍旧。谢灵运、谢惠连等人以"之""脂""微""齐"诸部通押,何承天、颜延之等人以"脂""微"同用,王君了一(力)③于其《南北朝诗人用韵考》一文中曾有所论列。唐代诗人用韵情况,纵于寒冬所开研究班中,曾命学生统计十四位诗人之作品,其古风中固常"支""脂""之""微"通用,即近体诗中,通用情形亦不尽一致。如张说、杜甫、陈子昂、李颀、储光羲、王昌龄、韦应物、李嘉祐、孟浩然等九人所用"支"部与"脂""之"部有别,而王维、李白、岑参、高适、刘长卿等五人则三部通用。其间或受有方言影响,惟尚不易确定。"支""微""齐"在敝乡湖南

---

① 王惠三(1885—1946),名传介,字宗和,北海合浦人,语言学家。

② 黎锦熙(1890—1978),字劭西,湖南湘潭人,语言学家,曾执教于北京师范大学。

③ 王力(1900—1986),字了一,广西博白人,语言学家,曾执教于中山大学、北京大学等。

祁阳方言中,元音极相近。不知是否存有古音遗迹。惟为音韵协调计,三部通用,自不足为训。(《汉语诗韵》以"支""齐"二部可通。且已将"疑""迷"皆入"齐"部。)诚如尊论所云,自唐宋以来作近体诗者,固大都遵守诗韵之规律。今拟将《雪夜》诗中第二句之"违"字改为"遗"字,成为"沦逐斯情世并遗"。使略去"微"部韵。"迷"字固在"齐"部,但谐声字或从"米"声之字,为糜、麋、麋、采等,则旧皆在"支"部。今湘音及国音读"迷""糜""麋"无别。"疑"字广州仍读 i,"米"音各地方言及高丽皆作 me,惟广州读 mai。古音 i 与 ai 本可叶。如台诒、待诗等初或无别,如钱大昕、杨树达①等人之所论耳。但《广韵》或《平水韵》是否尚适合于今日旧诗之用,已成问题,纵意或仍以《汉语诗韵》为较适宜。若尚用《平水韵》或《诗韵合璧》等之类,则自当如尊函所称,以遵守不逾为佳。纵早年于此较谨严,后见鲁迅等人主张作诗押韵可不求严,读之顺口即可云云,颇受其影响,以至时有疏失,后当略加改正矣。匆匆草此致谢,还祈教正,祗颂

著安

策纵　敬上

一九六九年二月十一日

---

① 杨树达(1885—1956),字遇夫,号积微、耐林翁,湖南长沙人,语言文字学家,曾任教于武汉大学、湖南大学、清华大学等。

致郑子瑜^①,1969 年 3 月 11 日

子瑜先生：

　　星岛叙谈，良为快事，归来后细读所惠大著，至为佩感。久欲修书致意，乃失去新寓地址，正在寻求中，或将托李廷辉兄^②转寄，适获所赐新著《青鸟集》及《黄遵宪与日本友人笔谈遗稿》，快何如之！《青鸟集》中多篇隽永可诵。《笔谈遗稿》不仅为极有意义之文学传记资料，且为外交史料增一新页。甚盼不久之将来能全部发表也。弟今年所教中国文学研究班上有南洋中国学生拟写《郁达夫在星马》一文。不知尊处尚存有可贵之资料否？周作人去世后，其全集似应出版，恐国内一时无此可能耳。尊处所存彼之手写诗稿，或可影印发行，以存真迹。迩来课务较繁，附呈小诗数章乞正。便中尚盼惠教也。匆祝
著安

弟周策纵　顿首

三月十一日　一九六九年

---

① 郑子瑜(1916—2008)，原籍福建漳州，新加坡学者，曾执教于日本早稻田大学、东京大东文化大学等。著有《蒻春集》(1952)、《青鸟集》(1968)、《黄遵宪与日本友人笔谈遗稿》(1968)、《郑子瑜修辞学论文集》(1988)等。
② 李廷辉(1931—)，又名庭辉，常用笔名有曾徒、亚豸、亚子，秋帆等，原籍广东清远，新加坡作家、学者，曾任教于新加坡国立大学、南洋大学等。

致张充和，1969 年 3 月 12 日

充和：

　　前寄一函，并小诗《惆怅》等，想已达览。顷见西部一通讯中载有杨莲生兄等《充和唱和集》中大作，哀丽逾恒。因忆数年前大驾在陌地生时与刘殿爵①兄等亦有打油诗不少，虽何②不经意之作，要可纪一时之盛，未尝不可供同好一噱。想尊处或尚有存稿，何妨径寄该处也（你可作一小序）。迩来意绪无似，检寄小诗数章，略致念意耳。匆匆致颂
吟安

策纵　顿首

三月十二日　一九六九年

---

① 详见《致刘殿爵》（1971 年 1 月 2 日）注。
② 何，疑为讹字。

致潘重规^①,1969 年 10 月 5 日

论 诗 小 札
——与潘重规教授论"陶诗"书^②

迩来拜读《清华学报》文学专号上大作《陶诗析疑》一文,论据精确。其中如解释"交觞""停出""平津""扶路"诸条,皆确切不移,发前人之所未发。"章山"即"商山"亦属可信。此于了解陶诗,皆大有助益者也。

"每憾靡所挥"句,傅东华^③选注渊明此诗已云:"挥,挥杯也。"似前人已有此释,或非傅之创见,且不如吾兄之有征引。

《赠长沙公》诗"允构斯堂"句,尊论揭陶澍之非,至为中肯。弟意前人之误,似皆在误以"斯"字为指词,而以"堂"字为名词。实则"允构"与"斯堂"对文,皆为副词、动词关系。"斯"犹《诗·七月》"朋酒斯飨"及《宾之初筵》"弓矢斯张"之"斯"。按《尚书·大诰》原文,于"弗肯堂,矧肯构"下即有对称句"弗肯播,矧肯获"。虽古人名动不常分,惟此"堂"与"构"之为动词,亦犹"播"与"获"之为动词,则颇显然。《后汉书·章帝纪》引帝诏书云"不克堂构",是后汉人犹知此字用为动词。范蔚宗与渊明同时,殆亦能明此义。"堂"字如此用法,似颇特异,故为揭出。不知尊意以为然否?

---

① 潘重规(1908—2003),原名崇奎,号石禅,原籍安徽婺源(今属江西),台湾学者,曾执教于东北大学、暨南大学、四川大学、安徽大学、台湾师范大学、新加坡南洋大学、香港中文大学等。著有《红楼梦新解》(1959)、《瀛涯敦煌韵辑新编》(1972)、《红楼梦新辨》(1990)、《红学论集》(1992)等。
② 此文后来刊载于《大陆杂志》第 40 卷第 10 期(1970 年),第 11—12 页。
③ 傅东华(1893—1971),笔名伍实、郭定一、黄约斋等,浙江金华人,作家、学者,曾任职于上海中华书局、上海商务印书馆、复旦大学、暨南大学等。

尊论《游斜川》诗作"开岁倏五日"，正梁任公诸家之误，事涉渊明年岁，关系尤巨。年纪乡里系别纪于诗之外，此说尤见匠心。（按除尊引《金谷诗序》外，《世说·企羡篇》注所引王羲之《临河序》即《兰亭诗序》末亦列举人名。）又诗与序文意多相应，亦至确当。弟意"开岁倏五日，吾生行归休"，实即序文所谓"悲日月之遂往，悼吾年之不留"。"吾生"与"吾年"对称，"开岁倏五日"则与"日月之遂往"相应。且诗中前后亦自相照顾，如末云："且极今朝乐，明日非所求。"特举"今朝""明日"，正欲及时"计日"行乐，故首句云"倏五日"也。渊明于短促时间之迅逝，最有敏感。如《杂诗》称"倏忽日月亏"，亦犹"倏五日"之意境。《荣木》诗更数兴"晨夕""朝暮"荣瘁之叹。《杂诗》又云："盛年不重来，一日难再晨；及时当勉励，岁月不待人。"一日难再，则因五日之倏逝而叹吾生之将尽，实亦不足异。且《五月旦作和戴主簿》诗称："发岁始俯仰，星纪奄将中。"言发岁一俯仰倾刻①之间，忽将六月；其意境遣词与"开岁倏五日"亦极相类，一称五日，一示五月已过，皆著日月岁时，不指行年几何也。（渊明对短暂光阴之易逝，最具敏感，似曾于无意或有意中受其先祖陶侃惜分阴说之影响。《晋书》侃传引其言曰："大禹圣者，乃惜寸阴；至于众人，当惜分阴，岂可逸游荒醉，生无益于时，死无闻于后，是自弃也。"渊明《杂诗》亦云："古人惜寸阴，念此使人惧。"古直笺此，曾略加比引，惜未详其旨。《杂诗》前七章皆深志此感，而"日月掷人去，有志不获骋。念此怀悲凄，终晓不能静"尤慨乎其言，与士行语诚有同感。惟士行戒醉，尝取诸参佐酒器投之于江，而渊明则嗜饮，若不相侔。然萧统谓："其意不在酒，亦寄酒为迹者也。"此论至确。盖时既牴牾，不能违己；又深悟百年瞬逝，无可解免，即菊酒可以延年，亦难久计，则一日之醉，聊以轻终身之忧耳。且渊明于人生时间悲剧"终晓不能静"之外，于其先祖"死无闻于后"之言，似亦未能忘怀，虽常欲薄身后之名，然如《咏荆轲》诸作中，对"后世名"又计较颇切。惟渊明之个性与其时代皆与士行异。"生无益于时"，已成定局；"死无闻于后"，则尚杳茫难知。除于菲薄空名之道家哲理中略可自

---

① 即顷刻。

解外，情绪终不能安，故不得不另求忘忧之物。此固自适其适之道，实亦他无可为之举。渊明诗类皆自悲天悯人矛盾痛苦无可奈何之余得之，故其言虽浅而实深，似远而却近，即泛而至亲，超迈隐逸不掩其切肤关怀之情。盖于社会、人生、时间之悲剧，体会特深，不得已而存遗世感以求不可解脱之解脱，于是其挚情益热，非寂灭之比，此其所以能感人深切也。古今来最能臻此境界者惟《庄子》与陶诗耳。偶论及此，未敢自是，方家当有以教我。）

关于《时运》诗中"山涤余霭，宇暧微霄"句，吾兄据"昭昭宇天阔"，定"宇"为"天宇"，谓二句意即"山涤余氛，天翳微云"。而认陶澍引"暧暧远人村，依依墟里烟"景状注释为未得其旨意。按《拟古》第七首"日暮天无云，春风扇微和"，渊明固尝以"云""天"兴感。王瑶①注"宇暧"句亦云："上下四方为宇。暧，隐蔽。霄，云气。"惟弟意《说文》："宇，屋边也。"高诱注《淮南子》亦云："宇，屋檐也。"渊明诗文中"宇"字屡见，除"天宇"句外，几皆指屋檐室屋。如《戊申岁六月中遇火》："一宅无遗宇。"《答庞参军》："栋宇惟邻。"《癸卯岁十二月与从弟敬远作》②："萧索空宇中。"《祭从弟敬远文》："斋宇廓然。"至《读山海经》中"馆宇非一山"，是为"宇""山"并称之例。而《杂诗》第十首"庭宇翳余木"，则"宇翳"连文，正如尊论"暧犹翳也"。《自祭文》中亦称："翳翳柴门，事我霄晨。"渊明固颇喜因檐宇而及微云光景。如："恨晨光之熹微，乃瞻衡宇。"《拟古》诗第四首以"迢迢百尺楼"为"暮作归云宅"。次章更明谓"白云宿檐端"。皆其例证。且飞宇微云，缀属为境，由来已久。楚辞《涉江》："云霏霏而承宇。"王逸注："室屋沉没，与天连也。……云以象佞人……佞人并进，满朝廷也。"此以宇为室屋而方朝廷，而以云接天。又《哀时命》："云依霏而承宇。"王注亦云："浮云依霏③，承我屋霤。"降及魏、晋，左思《咏史》："列宅紫宫里，飞宇若云浮。"其后沈约《学省愁卧》诗亦云："虚馆清阴满，神宇暧微微。""神宇"指灵殿。休文去陶公不远，"宇暧微微"与"宇暧微

---

① 王瑶（1914—1989），字昭深，山西平遥人，曾执教于清华大学、北京大学。
② 诗题原作《癸卯岁十二月中作与从弟敬远》。
③ 楚辞原文及王注中之两"霏"应作"斐"。

霄"尤近似，则晋、宋、齐、梁间诗人于"宇暧"之"宇"殆尚沿积习以指宅宇或檐宇也。惟作者已邈，义例难必，"天宇"之说，或可两存。取舍之间，仍乞尊裁。

一九六九年十月五日

附　潘重规教授覆信

奉读十月五日手书，承齿及论陶诗小文，闻示周详，真足以祛积年蓄疑矣。尊论"堂构"为动词，读"斯"为"斯䃅""斯张"之"斯"，说新而切。据左右新说，"允"当读如《周颂》"允王维后""允文文王"之"允"，则"斯""允"盖皆语助词，文义至为豁然矣。"宇暧微霄"，弟解"宇"为"天宇"，义虽可通；然兄以本义释之，证以陶公诗文及同时人用语，远较弟解为胜。"斜川诗"关系陶公生平志事至为深巨。弟不敢苟同当世巨子之说，内心时觉惶恐，乃荷左右深许，为之增气，用以自壮，至于尊说揭发陶公心事，至真至切，实为异代知己。弟偶能识陶之文，而兄则能得陶之心，贤者识大，不贤识小，此语真不虚也。

一九六九年十月十六日
香港中文大学新亚书院

致饶宗颐^①,1969 年 11 月 18 日

与饶宗颐教授论词书

《新社学报》第二期所载大著《固庵词》^②,早已拜读回环,乃示不弃,命其论定。集中佳什连篇,小令如《浣溪沙》各首,倜傥蕴藉,直逼二晏,弟所最喜。《八声甘州》《角招》《四园竹》《湘春夜月》及《满庭芳》诸作,往往如塞雁惊秋,弥系苍凉意绪。《蝶恋花》弟最赏"秃柳残云"一阕。《点绛唇》亦颇有新意。集中如"蔓草已成孤往地,落花犹恋未归人,废畦芳径往来频",如"吹暖柳丝连梦浅,怯寒山影坠愁深,来鸿去燕总沉沉",如"园柳惯随芳草绿,江风只送夕阳沉",如"萧萧风动,娟娟香细,中有年时绿",又如"凄绝处,野水照黄昏"等句,颇臻兄自县^③"幽夐之境"。他如"往事摩挲若有棱""危亭正擎恨影""微波袅袅斜阳树",皆堪称警句也。

至于《蝶恋花》"人间无复埋花处"章,切题翻新,弟往日有新诗《忍心》一首,所咏虽不同,立意则近似,惟不能媲美耳。又尊作《西江月》中"密雨藏山坐久,窥人宿鸟时忙,夕阳似系好年光,只惜难逢惆怅"。意境深邃。弟十五年前有新诗《留恋》一首,与《惆怅》意境相类,但白话铸词,若婴孩初步,颠蹶不妥,更难期浑成。以上具载拙著《海燕》诗集中,当另呈

① 饶宗颐(1917—2018),字伯濂、伯子、固庵,号选堂,原籍广东潮安,香港学者,曾任教于香港大学、香港中文大学、新加坡国立大学、澳门大学等。著有《楚辞地理考》(1946)、《殷代贞卜人物通考》(1959)、《饶宗颐二十世纪学术文集》(2003)等。
② 新加坡新社出版,周策纵、饶宗颐、王叔岷等为该社名誉社长。1967—1973 年出刊五期,旨在刊布社员研究中国语言、文学、历史及哲学之论文。第二期载有饶宗颐《固庵词》,并刊登周策纵《"破斧"新诂》一文(1969 年新社出版单行本,副题为"诗经研究之一")。
③ 县,即悬。

请正,又旧作《惆怅》一诗,并此寄奉,借志同感耳。

大作《摊破浣溪沙》首句"湖水无声事已阑",甚有韵致。下阕"容易好天随梦远,尽多宿草泣秋残,回首夕阳烟柳外,有栏干"亦称是。惟弟意第二句"余酸"之酸字,如能在此避用,或可益进。此字旧义固洽,但俗训淆人联想,则意象难纯。他若《疏影》中"香瘢"之瘢字,亦令人有此感。昔人论诗,欲避"芭"字,容或有吹求过苛,然美感之创造,似亦不能不为常人计。此论恐有不当,祈兄更为论正。

梦窗长调《莺啼序》,白雨斋所谓"全章精粹,空绝千古"。吾兄取法乎上,奋图其难,而能直升堂奥,此最见功力之作,顽丽沉郁,求之近人,不可多得。梦窗此调,格律似特严,句法音节,错综排比,煞费匠心。其第二段第二句"傍柳系马",四字全仄,用去上去上。另一首"快展旷眼"亦用去上去上。其他一首"冉冉迅羽"用上上去上,《词谱》"冉冉"作"过如",不如作"冉冉"为佳,则此亦用仄声字。上上连读依今语例则上一字改读阳平,此在宋代恐亦有所改读,疑与去相近。黄公绍似尚知全用仄,且末三字亦用上去上,于此调音律,或不无关系。又此调第一段末二句,《词谱》读作上五下六:"念羁情游荡,随风化为轻絮。"唐圭璋《宋词三百首笺注》则读作三、四、四字句:"念羁情,游荡随风,化为轻絮。"惟其后重编《全宋词》,乃复改依《词谱》。而近人选注此词者,仍多读作三、四、四。此初视似觉两者皆可;实则以作上五下六为当。非仅"游荡随风"有伤轻率;试观梦窗其他二章"近玉虚高处,天风笑语吹坠",固以五六字句为佳;而"听银床声细,梧桐渐搅凉思",末句似系用晏同叔《破阵子》"微凉渐入梧桐"意,尤当作六字句较妥。且《莺啼序》四段,每段之末,句法皆异。第二段末为三、四、四,第三段乃为四、六、六,而第四段则作六、四、四。若第一段作三、四、四读,则与第二段结尾重复。长调如此,音节不免板滞矣。况此调内以三字领起之句法已九见,其中七例且为上三下四,若再增一例,未免过多也。黄公绍、赵文等犹能守此上五下六之律,汪元量乃不审耳。尊作"又依稀,雪里残云,错认飞絮",字无须改,若能易其句读为"又依稀雪里,残云错认飞絮",无论音节或意境,似皆更为妥洽。大作所写本是秋景,恐尚无雪,以"依稀雪里"连读,或更贴切,不知高明以为如何?

一九六九年十一月十八日

致洪业^①,1969 年 12 月 12 日

煨莲先生道席:

　　暑假期中,得聆雅教,更扰郁厨,感幸如何!席间复蒙预赐宝砚,此乃我公心血之结晶,于吾华文物辉煌遗产之外,别具创意,古韵今情,东西并美,纵岂敢忘付托之重?兹更有恳者:近来正向美国学术基金会申请奖助金,拟完成英文《中国文学理论批评史》一书及中国主要文学批评选译。此项计划之一部分曾于两年前经我公之推荐,得古根汉奖学金之助,获访欧亚各汉学中心及图书馆,已搜集不少资料,拟具纲要及书目,现亟欲继续完成,而威大经费奇绌,图书馆设备亦劣,必须更得一奖学金援助,方能实现。现美国基金会之申请期限虽已过,但纵于十二月一日以前即已去函申请,特请延限,如我公能在一周或十日以内赐写推荐函,用所附已贴好邮票之信封,直接寄去,或尚有可能。当此年关在即,诸务忙迫之时,乃以此俗事相扰,衷心不安,然不论成败如何,已铭感无限矣!附呈计划书,较前略有修改,小诗及拙文《卷阿考》并供一笑,兼求指正也。匆匆草此,敬颂

---

① 洪业(1893—1980),谱名正继,字鹿岑,号煨莲,原籍福建侯官(今闽侯),旅美学者,曾任教于燕京大学、美国哈佛大学等。主持编纂《哈佛燕京学社引得》系列,著有 *Tu Fu, China's Greatest Poet*(《杜甫:中国最伟大的诗人》,1952)等。

年安

周策纵　敬肃

十二月十二日　一九六九年

夫人处均此。

致连士升①,1969年

士升我兄：

　　前次你说要为我写一小传,并嘱供给一些事实材料。半生一事无成,本无可述,特草此纸,留为知己记念之资耳。个人著作简目昨已与文稿同寄,想已收到。

　　周策纵　字幼琴,号丝竹、弃园(现通常只用名)。

　　出生：

　　　　一九一六年一月七日(阴历民五年乙卯十二月初三日)生于湖
　　　　南省祁阳县。

---

① 连士升(1907—1973),别号子云,原籍福建福安县,新加坡报人、作家。曾任新加坡《南洋商报》主笔及总编、新加坡南洋学会副主席、中国学会副会长等,在报刊发表大量政论、游记、书信、杂文、书评和论文。著有《祖国纪行》(1948)、《海滨寄简》(1958)、《泰戈尔传》(1961)和《甘地传》(1968)等。

教育：

小学在故乡大营市小学毕业。初中在衡阳湖南省立第五中学（旧为南路师范学堂）毕业。高中在长沙湖南省立第一高级中学（即城南书院故址，宋张栻［南轩先生］讲学处，初名第一师范，后又改名长沙高级中学）毕业。大学在重庆中央政治学校行政系毕业（1938—1942）。（自小学至大学皆以第一名卒业。）一九五〇年获美国密西根大学（University of Michigan）政治学系硕士学位。一九五五年初以优等获同校哲学博士学位，兼治哲学与历史。

工作：

1942—1943 年间任《新认识月刊》总编辑；1943—1945 年间任战时首都重庆市政府专员、秘书及编审室主任，兼行政干部学校教务主任，《主政月刊》主编；1945 年兼《新评论月刊》主编及《和平日报》《中央日报》等特聘撰述委员；同年任新疆西北营少将主任秘书兼政治部主任，未到职；1945—1947 年任国民政府主席侍从编审（掌秘书、讲稿、纪录、新闻发布等工作）（抗战胜利受政府胜利勋章），辞职后于 1948 年 5 月出国到美留学。

1948 至 1953 年间曾半工半读并获得美国数种奖学金；1954 年任哈佛大学（Harvard University）访问学者（Visiting Scholar）；1955 年任密西根大学行政学院（Institute of Public Administration）及密西根州市政学会（Michigan Municipal League）助理研究员及研究员。1956 至 1962 年间任哈佛大学研究员，有时兼代教授；并曾兼任哥伦比亚大学（Columbia University）研究员。1963 年任威斯康辛大学中文系访问讲师；1964 年至现在任同校东亚语言文学系（Department of East Asian Languages and Literature）教授；1969 年起同时兼任历史系教授。

其他：

在中学及大学时曾任学生会会长，多种学生刊物主编；1934 至

1945 年间为中国青年写作协会创办人之一及该会所办《今日青年》之编辑委员等；1944 年后为中国新政学会创办人及会长，中国外交政策协会创办人之一并任执行委员；1946 至 1949 年间为中国诗人协会名誉会员。1952 至 1954 年为美国政治学会（American Political Science Association）学生会员；1964 至 1965 年间为美国现代语言学会（Modern Language Association of America）会员；1956 年至现在为亚洲学会（Association for Asian Studies）会员；1966 年为美国最高学术奖古根汉奖学金接受者（Guggenheim Fellowship）；1967 年起为新社名誉社长。

（整理者按：原信至此）

致卢飞白^①,1970 年 1 月 17 日

飞白兄:

别后正在念中,近读《钟与市》诗,正传示诸生,相与赏析,即得手书及所译样式^②,至为欣喜。

您的英译极为流利可诵,兹将读后意见数点写在下面,以供参考:

(1)这篇本不太长,可否请把全文译出?将来整编时,如必须删节,再行商酌。我的意思,即使书店的编辑计划中如不能容纳全文或其他大量材料,我也可设法以后另出一较大较完整的选集,故译完亦终非浪费心力也。至于其他过长之作,或需只选译其中一部分。

(2)凡中文特殊词句如"气""道""志"等,若能在译文之后即附以Romanization,或可帮助读者了解其与其他各篇间的传统关系,亦便于我编辑时比较他篇,期求一律。

(3)上面这信是几个星期前写的,因为等着影印几页有关该文的参考资料给你,加以年关忙迫,便给打断了。同时,润华夫妇^③和钟玲^④都说你近来患病要在医院动手术,我想还是等待一些日子才给你写信吧,否则反会催促你用脑筋。不料这一搁就搁得太久了。于是第三点要说的是什么几乎记不起来了。大约是这样的:我见梅太太陈幼石女士在《清

---

① 卢飞白(1920—1972),名吕经(一说小时本名虚白),笔名李经,山项卢家人,旅美学者、诗人,曾执教于威斯康星大学、长岛大学波斯德学院等。著有 *T. S. Eliot: The Dialectical Structure of His Theory of Poetry*(1966)、《卢飞白诗文集》(2009)等。
② 1969 年左右,周策纵应邀编译《中国文学批评名著选》,计划收入先秦至晚清的文论,卢飞白答应负责唐代部分,并以英译韩愈《答李翊书》(An Epistle to Li Yi)一文为试笔。
③ 王润华,详见《致王润华》(1973 年 1 月 22 日)注;王润华夫人,详见《致王润华、淡莹》(1980 年 4 月 22 日)注。
④ 钟玲,详见《致钟玲》(1988 年 6 月 22 日)注。

华学报》上译的韩愈此文①,固然很好,可作参考,但我觉得你译的极有风趣而简洁雅丽,希望仍照你的方式译下去。这里选印数页资料(另用平邮寄上),只算供你参考。高步瀛的《唐宋文举要》中所注《答李翊书》,虽亦太简,但高是桐城派末期人物(他是吴汝纶的学生),评注尚守家法,或者可供比较。我所用的是 1963 年北京中华书局出版,附有 1962 年刘大杰和钱仲联合写《前言》的标点本。其他选本中的标注似乎更无助益。

(4)你如健康及时间许可,希望能多译几篇。唐、宋、元以后各人物中,你觉得可选些什么代表人物? 我附寄来名单数纸,历代诗文评家约四五百人,给你选择。

(5)我在你的译稿上加了几点意见,我自己也不知道妥当么,请你再斟酌一番,不必照我的意见修改。

润华给我读到你寄他们的一首新诗,我很喜欢那第一节。你近来还常作么? 这儿附寄上小文两篇,真有"王大娘的裹脚布"之感,为之奈何!

盼你来信。并祝

康复

弟策纵　手上
元月 17 日,1970 年

嫂夫人及侄女辈②均此。

---

① 陈幼石(1935—),旅美学者,曾任教于美国欧柏林学院、加州大学,丈夫为康奈尔大学教授梅祖麟(1933—)。1967 年取得耶鲁大学博士学位,博士论文题目为"Han Yü as a *Ku-wen* Stylist"(古文家韩愈),节要后同题论文(英文)发表于《清华学报》新 7 卷第 1 期(1968 年)。
② 卢飞白夫人名傅在绍,育有两女,名为宣哲(Selena)及琴仪(Jeanie)。

致刘若愚,1970 年 1 月 31 日

若愚先生:

　　前奉手书,正拟作覆,适因期终课卷繁忙,致有稽晚。今复得来示,承告 Mr. Lynn[①]可供给王渔洋译文,自当另函往商,特先此致谢。吾兄大作,无论关于欧、晏或柳、秦部分,皆所欢迎。惟有一事请兄注意者,即《文林》中论文,不妨以详尽为佳。书稿章中,为篇幅所限,有时不得不从简。《文林》各文为专论性质,则 detail 亦不碍。且拟多附原文,以资对照。如能就某主题加以详细之发挥,或可避免将来重印入书时,完全相同。不知兄意如何?稿件脚注请打在文末,亦用双行,以后排印,则将移到每页之下。近接杨联陞兄来信云,前在兄寓墅间读到拙诗,谓兄意"过"字独可商,彼解云"过壮年"之过当作进行式看,非已过之义,此解自妙。俗语"过年"之过,本亦多半为进行式,惟弟意"花草催人过壮年"中之"催"字实表未完成之意,正如催人还债,催人写文章,则此还债与写文章固皆为未成式也。质之高明,以为然否?威大图书设备极感不足,研究风气难开,颇觉郁郁。匆草不尽,即祝

教安

弟周策纵　拜手

一月卅一日　一九七〇

---

① Richard John Lynn(1942—　),中文名林理彰,曾任教于加拿大多伦多大学东亚系,刘若愚学生。

致杨联陞,1970 年 2 月 1 日

联陞我兄:

　　收到来信及大作《文林》书评抽印本,谢谢! 你的"附注",在我所收到的整本《清华学报》上早已印上,并非附贴。我还复印了好些份分赠,为什么你的抽印本反而未赶得上印进去? 不知其他整本又是如何? 其实这事并不重要,你用不着感到歉意。弟前回在《大陆杂志》发表的《说史之阙文》,整本上登载未错的,抽印本也反而改错了好几处,如"公薨于车"误改为"公薨于军",把"假籍"错改成"借籍",又把"荀子"改成"笋子"。而抽印本又明明是较后印出的,且不是非全部改排,有原样可对比为证,而且也有改正过的几点,可是原先不错的又去改成错误。这就更使人丈二和尚,摸不着头脑了。《文林》书评我已见到十来篇,可说都很好。我正在设法编第二集。

　　弟所赠刘若愚兄拙诗,承兄欣赏,自系爱屋及乌之故。萧公权先生前读此诗,来示称喜其具见友朋唱酬之乐。我兄说"过"字为正行式,可称妙解。俗语"过年"一词,本亦为进行而非已过之义。惟弟原作为"花草催人过壮年","催"字下之动词实可表未成式或未来式,如"催人还债","催人写文章",则此还债与写文章便是尚待完成的动作。不知兄意以为如何?

　　威大图书馆的中日文书籍一直还分散在其他各外文书籍间。弟争议了五六年,请改集中于一处,去年原则上虽已得同意,而迄未照办。且所藏太少,研究不便,风气亦难开。居此郁郁,时有放逐之感,为之奈何! 草此不尽,即颂

教安

弟周策纵　拜手

二月一日　一九七〇年

致王伊同[①],1970 年 2 月 21 日

伊同我兄道席:

　　兹来以诸事猬集,致函问稽延,再方面因将尊作送交各编辑委员传阅,至今始得收回,故未能早日修书问候也。尊译三文,实可谓难能而可贵,拜读至佩。现归纳各编委之意见,更加以己意,奉陈如下:

　　(1) 弟意《文林》拟登载大作[②],有数事似须略加修改。最重要者乃为 Introduction 部分。我等诸人皆觉 兄如能将"哀祭文"之历史与体裁略加较详细之分析与介绍,必更有意义。James R. Hightower[③] 曾对"赋"体在 *Harvard Journal of Asiatic Studies* 上有文介绍,John Bishop[④]已收入其 *Studies in Chinese Literature* 书中。吾兄之文,不必相类,惟若能更多作一概括性之介绍,必为读者所欢迎。兹为我兄方便计,特 xerox 参考资料数种附寄,兄对此等自早已熟悉,特恐一时手头或无其书,故尔印奉耳。至兄可增加多少页,一听尊便,四五页或十余二十页均可也。

---

① 王伊同(1914—2016),字斯大,原籍江苏江阴。1944 年留学哈佛大学东方语文系,获哲学博士学位。曾任教于金陵大学、芝加哥大学、威斯康星大学、哈佛大学、哥伦比亚大学、匹兹堡大学等。著有《五朝门第》(1943)、《王伊同论文集》(1988)等。
② 即《哀诔文选译注》(Elegies in Chinese Literature),原拟发表于《文林》第 2 期,因延刊无期而改投台湾《清华学报》新 16 卷第 1、2 期合刊(1984 年),第 283—320 页。所译哀诔文由三篇增至五篇,除韩愈《祭十二郎文》、归有光《先妣事略》及袁枚《祭妹文》三篇散体外,补充了曹植《王仲宣诔》和欧阳修《祭石曼卿文》两篇韵文,刊登时中英对照。《文林》1989 年复刊号亦刊载此文,但仅收译文。
③ James Robert Hightower(1915—2006),中文名海陶玮,美国汉学家,曾任教于哈佛大学。曾英译陶诗(*The Poetry of T'ao Ch'ien*, 1970),并于《哈佛亚洲研究学报》第 17 卷第 1、2 期合刊上发表陶潜赋研究(*The Fu of T'ao Ch'ien*)。
④ John Lyman Bishop(1913—1974),中文名毕晓普,美国汉学家,曾任教于哈佛大学,并任《哈佛亚洲研究学报》主编多年。

（2）哀祭文体，古来本以韵文为多，散文亦不少，儿岛献吉郎^①曾略有论列。兄所译三篇中，二篇为散文，而余一篇则非祭文。其实若能加译二篇短的韵文祭文，则更为完备。不知尊意如何？至少兄可于引言中提及一些作者及篇名，并略及一般人之评价得失，西洋学者必甚欢迎。

（3）兄文开头说："Eulogies and funeral prose as distinct literary styles are perhaps unique in Chinese language."在兄当着重"散文"，故有此说。实则其他语言中是否有类似之体，不知能肯定否？兄因亦未作肯定语，然仍不免引起读者之误解。希腊与拉丁古典著作中，此类恐亦可得。Funeral eulogy 及 speech 情形如何？Elegy 固多为诗歌，略如中国早期祭文之为韵文，然亦有只有 meter 而无押韵者。此中细节弟未详细研究。（英文 Elegy 一辞，源于希腊文 *elegeia*，义为 lament，与中文"哀""吊"相似。）下列数书，弟亦颇欲一读：M. Lloyd, *Elegies: Ancient and Modern* (1903)；J. W. Draper, *The Funeral Elegy and the Rise of Romanticism* (1929)；C. M. Bowra, *Early Greek Elegists* (1938). 中文中对哀祭文体之研究，似尚无较好之专书。（弟在拙作《论对联与集句》中，曾略提及挽联，然他无所及。）兄于提到中西此项文体时，不知可否大略（简短）指出其异同之所在？

（4）兄文"注一"中列近人所编《古今文选》为所用之版本，此为方便计则可，实则《四部丛刊》及《四部备要》中多已有各家专集如昌黎及震川文集，随园亦有全集，似不如引据较原始之定本较妥。至于《古今文选》或其他较好之选本，于注中附带指出即可，不知兄意以为然否？（梅祖林夫人^②在《清华学报》1968 年八月号论韩愈之 style 一文，想兄已见到矣。）

（5）关于英文翻译，此间编委中有认为尚可略加修饰者，多属于 style

---

① 儿岛献吉郎（1866—1931），日本汉学家，曾任教于熊本第五高等学校、东京高等师范学校、东京帝国大学等。著有《中国文学通论》《支那文学考》，1920—1921；上、中、下三卷，分别为散文考、韵文考及诸子百家考）等。

② 康奈尔大学教授梅祖麟的笔误，其夫人为陈幼石。见前注（《致卢飞白，1970 年 1 月 17 日》）。

性质,如兄能找一二外人再过目一遍,或更妥当。如无适合人物,此间将来可将建议之点另行奉告,请兄裁决。此事尚不关重要。

目前最重要之事乃在请兄增改引言,不知能在春季写成否?《文林》所收到各文,事实上皆曾经请作者修改过一次或数次不等,时间问题,不必过于焦虑。如何之处,尚乞赐示也。匆祝

教安

弟周策纵　拜上

二月廿一日 1970

嫂座均此。

致杜百胜^①,1970 年 7 月 17 日

July 17，1970

Dear Professor Dobson,

I was very much pleased to receive your letter of March 13，and intended to write you a longer letter to discuss the line *i tsou erh shih* 以

---

① 杜百胜(William Arthur Charles Harvey Dobson，简称 W. A. C. H. Dobson，1913—1982)，加拿大汉学家。牛津大学东方学博士,曾任加拿大多伦多大学中文教授及东亚研究系主任。著有 *Late Archaic Chinese: A Grammatical Study*《晚期上古汉语语法研究》，1959)、*Early Archaic Chinese: A Descriptive Grammar*《早期上古汉语的描述语法》，1962)、*Mencius*《孟子新译》，1963)及 *The Language of the Book of Songs*《诗经的语言》，1968)等。

奏尔时 in the *Book of Poetry* but was interrupted by other things.

I do agree with you that in No. 220 *ko tsou erh neng* 各奏尔能 and *i tsou erh shih* are parallel. Actually，the *neng* here also refers to the ceremonial archery, as Ma Jui-ch'en 马瑞辰 says，"乡射礼：'有司请射，宾对曰：某不能，为二三子许诺。'是古以善射者为能，则知诗言'各奏尔能'者，仍谓射也。"（《毛诗传笺通释》，SPPY ed. Vol. 8，Chüan 22，p. 21B）Mr. Ch'ü Wan-li 屈万里 also accepts this interpretation. Waley's translation "Let each of you display his art"seems to be quite close. Your translation as "display ability" may be even closer to the original language. (*Neng* here may mean "best ability".) According to my interpretation，"*shih*" 时 would mean "to hit the target". (See note 203 in my article①, quoting *Ta Tai li* and *Li chi*，to support ——时，中也。) In your translation of *i tsou erh shih* as "display rightness"，if we take "rightness" as "accuracy in archery"，I think the parallel is still perfect.

The word "*tsou*" 奏 may refer to various actions. As you have mentioned：

以奏肤公（177） Thereby display fine deeds.

敷奏其勇（304） Everywhere displaying his bravery.

But "*tsou kung*" also means skillfully display or perform music，as in No. 242：

鼍鼓逢逢，蒙瞍奏公。

Both Ma Jui-ch'en and Ch'ü Wan-li argue that *tsou kung* here means "perform music". Waley translates the lines as：

Bang，bang go the fish-skin drums；

The sightless and [the] eyeless ply their skill.

I agree that *shih* 时 in the sense of "ritually correct，proper"，etc.

---

① 指《诗字古义考》(英文，参《致金祥恒》[1968 年 4 月 27 日]注)，原载《文林》第 1 卷，同卷收录杜百胜"Some Legal Instruments of Ancient China：The *Ming* and the *Meng*"(《中国上古律令文书举隅：命与盟》)。

is well-attested in the *Book of Poetry*, but while in this sense it is always used as an adjective or predicate, not an object noun.

Can *tsou* 奏 "to play or perform music or musical instrument" be transitive? In the cases 乐具入奏 (209) and 乐既和奏 (220), we may read *tsou* as in the passive voice. We also have 奏鼓简简 (301). In other classics, this is quite usual. The *Chou li*,《周礼·大司乐》:"乃奏黄钟,歌大吕,舞云门。"The *Tso Chuan*,《左传·襄公四年》:"奏肆夏。"Sun Yi-jang 孙诒让 suggests that when the classics mention *tsou* 奏 and *ke* 歌 together, *tsou* always means to play metal instruments (in this case actually means a certain kind of musical tune) 奏并谓金奏. This is compatible with the view that *i tsou erh shih* means to ring bells in archery. In fact, Ch'en Huan 陈奂 (1786—1863) has preceded me in adopting a similar interpretation and this is also accepted by Ch'ü Wan-li, although they are not aware that 时 should be transcribed as 旹. They interpret 时 as "those who have hit the target in archery". 时,是也,谓中者也,言酌大爵以为汝中者也,使饮不中者也。参陈奂说(《诗经释义》,下册,p.191)。

Sincerely,

Chow Tse-tsung

Professor of Chinese

致王梦鸥①，1970年8月30日

梦鸥先生道席：

　　日前大驾过访，获聆教言，复承惠赠复制沈石田画松，至深慰感！又接八月二十六日手书，所论"投"字应起原于"殳"字，"里"或为"舌"之倒书，极具卓见。殳、殳、殳字似与支、朴、扑及丁、杠、打相类也。《破斧》末句译文，确以依前文解释译作"也从此大可安息了"为较妥。初意本亦译为此，后因求避免以语词为均②，故改用"安好"字样。实则《诗经》中以语词轻音字与重音字并为脚均者本数见不鲜也。又以"安好"译"休"字，原思亦有一好处，即兼存"休"有"休息"及"美好"之意，特全诗意境反因此受损耳。《清华学报》上期所载拙文《卷阿考》，在台出版易见，有暇仍乞批阅赐正。关于桥川③所著《续四库提要》一稿之胶卷本，请代向平冈武夫④教授一询，需费多少，或可嘱敝校图书馆定购一份。附致平冈先生一函，即请代转，并乞帮助为感！敝校数学研究所及物理系被炸，损失约达六百万余元，附近三四条街之建筑物玻璃窗多被震破，东亚语文系虽在邻近，尚未波及。知注并闻。匆祝
旅安

周策纵　拜手

八月卅日　一九七〇年

---

① 王梦鸥（1907—2002），笔名梁宗之，原籍福建长乐，台湾学者、剧作家，曾任教于厦门大学、台湾政治大学、日本广岛大学、辅仁大学、东吴大学等。著有《乌夜啼》（三幕剧，1942）、《文艺技巧论》（1959）、《礼记校证》（1964）、《唐人小说研究》（1971—1978）等。

② 即韵，下文"脚均"即脚韵。

③ 桥川时雄（1894—1982），字子雍，号醉轩、晓夫、潜夫等，日本汉学家，曾任职于北京《顺天时报》、新民学院等。

④ 平冈武夫（1909—1995），日本汉学家，曾任教于京都大学、日本大学等。

苏莹辉①及陈铁凡②先生处便中请代致意。

致谢扶雅，1970 年 12 月 9 日

蕉叶留青不记时，偶来南或更何之。
原文千载穷陶迹，论道三朝见路歧。
淮雨别风生岛趣，异花奇石满天涯。
兰亭后会无前约，百代词人傥可期。

邈邈予怀逐断鸿，彝铭征故每难中。
俳优比兴消愁绿，脂砚丹青品梦红。
稍别意言闻咏絮，细论沉郁愧雕虫。
横流逸韵终非并，绝海萧条魏晋风。

相逢白发印文心，清浊刚柔与共斟。
异地神交惟夏目，故家修竹拟山阴。
摛辞引气犹疑古，偏诣论诗已证今。
江海相忘又明日，无端歌哭意深沉。

---

① 苏莹辉（1915—2011），原籍江苏镇江，台湾学者，曾任教于台湾政治大学、马来亚大学、台湾师范大学、香港珠海学院等。
② 陈铁凡（1912—1990），本名陈会古，原籍江苏宝应，加拿大学者，曾任教于南洋大学、马来亚大学等。

庚戌岁暮,贞女岛中国文学批评史会议席上,叶迦陵①女士出示留别哈佛旧作,吉川幸次郎②先生既和佳篇见贻,爰步后尘,用以纪实。

扶雅先生、夫人哂正。

周策纵　未定稿

一九七〇年十二月九日

于纤屿旅社 Hotel on the cay，St. Croix, the Virgin Islands

致吉川幸次郎③,1970 年 12 月 20 日

论 诗 小 札

——与吉川幸次郎教授论钱谦益《梅村诗序》及情景论书④

按:一九七〇年十二月六至十日,中、美、德、日、英、法六国学人十八人,在美南贞女群岛之圣可来岛(St. Croix, Virgin Islands)举行传统中国"文学批评"讨论会。吉川先生宣读论文,分析钱谦益之诗论,征引钱

---

① 叶嘉莹号迦陵,详见《致叶嘉莹》(1974 年 3 月 15 日)注。
② 详见《致吉川幸次郎》(1973 年 12 月 20 日)注。
③ 吉川幸次郎(1904—1980),字善之,号宛亭,日本汉学家,曾任京都大学教授。著有《杜甫私记》(1950)、《杜诗论集》(1980)、《笺杜室集》(1981),论著及杜诗译注分别辑成《吉川幸次郎全集》(1984—1987,决定版全 27 卷)及《杜甫诗注》(2012—2016,第一期全 10 卷;第二期待出)。
④ 此文载《大陆杂志》第 43 卷第 3 期(1971 年),第 1—2 页。

氏《有学集》十七《梅村先生诗集序》（并于括符中自加案语）：

　　余老归空门，不复染指声律，而颇悟诗理。以为诗之道，有不学而能者，有学而不能者，有可学而能者，有可学而不可能者，有学而愈能者，有愈学而愈不能者，有天工焉，有人事焉。知其所以然而诗可以几学也。间尝举其说，而闻者莫吾信。顷读梅村先生诗集，喟然叹曰：嗟乎！此可以证明吾说矣，夫所谓不学而能者，三侯垓下，沧浪山木，如天鼓谷音，称心而冲口者也。所谓学而不能者，赋名六合，句取切偶，如鸟空鼠唧，循声而屈步者是也。此非所以论梅村之诗，其殆可学而不可能者乎？夫诗有声焉，宫商可叶也；有律焉，声病可案也；有体焉，正变可稽也；有材焉，良楛可攻也。斯所谓可学而能者也。若其调之铿然，金舂而石戛也；气之熊然，剑花而星芒也；光之耿然，春浮花而霞侵月也；情之盎然，草碧色而水绿波也。戴容州有言："蓝田日暖，良玉生烟，可望而不可置于眉睫之间。"（案，《困学纪闻》十八，司空表圣云："戴容州谓，诗家之景，如蓝田日暖，良玉生烟，可望而不可置于眉睫之前也，李义山玉生烟之句，盖本于此。"案，戴叔伦为容州刺史。）以此论梅村之诗，可能乎？不可能乎？文繁势变，事近景遥，或移形于跬步，或缩地于千里。泗水秋风，则往歌而来哭；寒灯拥髻，则生死而死生。可能乎？不可能乎？（案，《拾遗记》："伶玄买妾樊通德，谈道赵飞燕姊妹事，以手拥髻，凄然泣下。"泗水秋风，未详。）所谓可学而不可能者信矣，而又非可以不学而能也，以其识趣正定，才力宏肆，心地虚明，天地之物象，阴符之生杀，古今之文心名理，陶冶笼挫，归于一气，而咸资以为诗，善画马者曰：天闲万厩，皆吾师也，安有撑肠雷腹，蝉吟蚓窍，而谓其能诗者哉。玄黄金碧，入其垆韝，皆成金丹，而他人则为掇拾之物。幺弦孤韵，经其杼轴，皆为活句，而他人则为偷句之钝贼。参苓不能生死人，朱铅不能饰丑女。故曰：有学而愈能，有愈学而愈不能，读梅村诗者，亦可以霍然而悟矣。窃尝谓：诗人才子，皆生自间气（案，《春秋纬·演孔图》："正气为帝，间气为臣。"），天之所以润色斯世。……

钱氏此序,颇富理趣,而其中"泗水""寒灯"一联,则似难通晓。虽系细节,仍关奥义。吉川先生于宣读其论文时,亦增以"泗水秋风"一辞征询同人意见,余在会中虽有所建议,恐尚难成定论,录存此札,以俟世之高明。

日昨贞女岛中国诗文评会议席上得接笑谈,复承赐示鸿篇,曷胜忻幸。牧斋诗论,得先生阐释揄扬,旧义新知,相得益彰,嘉惠士林,尤所心折。

关于尊论所引钱氏吴梅村诗集序:"泗水秋风,则往歌而来哭;寒灯拥髻,则生死而死生。可能乎?不可能乎?所谓可学而不可能者信矣,而又非可以不学而能也。"尊注云"泗水秋风未详"。纵当时以为系指《大风歌》,其所据乃《史记·高祖本纪》,称刘邦曾为"泗水亭长",其后十二年十月衣锦还乡,于此地作歌令沛中儿歌之。高祖歌后酒酣,"慷慨伤怀,泣数行下"。十月而称秋风,古殆如是(按:秦正建亥,其十月为孟秋,汉初仍用秦历,至武帝太初元年改用夏正),则"泗水""秋风""歌哭",皆相吻合。惟先生当时称,原序前文已有"夫所谓不学而能者,三侯垓下","三侯"既指《大风歌》,则后此不当重复。且尊意认"寒灯拥髻"乃指《拾遗记》"伶玄买妾樊通德,谈道赵飞燕姊妹事,以手拥髻,凄然泣下"故事,则更不宜单独重述《大风歌》矣。此论似极近理。惟今细读钱氏原序,觉伶玄事于此殊不称。顷检《汉魏丛书》《百子全书》及《说郛》本《拾遗记》,皆不见此则,手头一时无他可查。按苏轼诗曾用通德拥髻事,而陈振孙《直斋书录解题》亦称"通德拥髻等事,文士多用之",则宋时已颇流行。事盖见《飞燕外传》,末所附伶玄自序,原文云:"玄字子于……老休买妾樊通德,嬺之弟子不周之女也。有才色,知书,慕司马迁《史记》,颇能言赵飞燕姊弟故事。子于闲居命言,厌厌不倦。子于语通德曰:斯人俱灰灭矣,当时疲精力,驰骛嗜欲蛊惑之事,宁知终归荒田野草乎!通德占袖,顾视烛影,以手拥髻,凄然泣下,不胜其悲,子于亦然。通德谓子于曰:凡天淫于色,非慧男子不至也。慧则通,通则流,流不得其防,则万物变态,为沟为壑,无所不往焉。礼义成则之说不能止其流,惟感之以盛衰奄忽之变,可以防其坏……"(据明钞本《说郛》卷三十二,钱氏《李缁仲诗序》论诗有"慧男子"说,曾征引此段议论,是其对伶玄事固甚熟悉。)此处虽有"拥髻"一词，而"寒灯"及"死生"究无着落，且伶玄与通德皆无诗可言，尤不合于钱序论诗之本意。纵意此"寒灯拥髻"句殆仍指《垓下歌》耳。史书记垓下之围在十二月，称"夜闻"四面楚歌，则"寒灯"尚近情理，但不言"拥髻"事。恐钱氏所据，乃当时流行说部或戏剧中情节。《全汉志传》《两汉开国中兴传志》及《西汉通俗演义》等小说，在钱谦益生时已极流行，纵手头无此书可查。《西汉演义》记"别姬"事必甚详也。明沈采《千金记》中"别姬"一出，虞姬自唱即云："香云如鬓拥，晓妆尤倦。"而项羽唱词则有"生死如同一梦中"之句。明言"生死"。董说《西游补》第七回写项羽虞姬事，称羽命"丫头点灯"，而于虞姬"梳洗"，尤有极长之描写，述大小油梳凡七八种，具云侍女"簇拥"虞姬"做髻的做髻，更衣的更衣，晓妆才罢，又见项羽跳入阁来"云云。钱氏（一五八二——一六六四）虽为董说（一六二〇——一六八六）之长辈，但《西游补》作于崇祯十三年庚辰（一六四〇），钱氏此序则作于顺治十七年庚子十月朔（一六六〇年十一月三日），已在董书二十年之后，钱已可能见到其书。且董书颇富谐讽之意，必本于当时流行"别姬"表演之情状，此当亦可能为钱氏所共晓。今京剧演霸王别姬一出时，虞姬必持灯出帐巡视，或尚有所本。且传奇演出，使死者复生，则"生死而死生"一语亦可了然矣。元明杂剧中是否尚有他剧可查考，先生于此钻研有素，当有以教我也。又细绎钱序原文，其复举"大风"与"垓下"二歌，似不无理由。盖下文所谓"而又非可以不学而能"即更翻进一层，指此而言也。前文既云"大风""垓下"乃"不学而能"者，今又重言"不学而能"，则其复举"大风""垓下"，亦义所当然。惟有辞句意境上，或亦曾受伶玄序之影响，则颇有可能。而事似指"垓下"为更切。鄙见如此，安得起牧斋于九原而直问之耶？

再者，会中讨论王夫之"情景"论时，先生曾称以"情""景"二字说诗，始于方回《瀛奎律髓》。纵当时颇疑此为时太晚，恐唐代或以前即有言之者。当世学人虽有认"景"字之义，在六朝及唐代尚不指风景，纵颇致疑。（小川环树教授曾著《中国诗中"风景"之意义》一文，杨联陞教授在一九六九年八月份《清华学报》评介拙编《文林》一书时，皆以为六朝唐代时"景"字多指影或日，而不指风景。但陶潜《时运》诗序云："春服既成，景物斯和,偶景独游,欣慨交心。"景字已可区别为二义,"偶景"之景读影,"景物"之景固可释为日光,然原诗云"遥遥遐景,载欣载瞩",其所欣瞩者当非仅遐远之日光或影,而为景色或风景矣。)又如尊注所引戴叔伦(七三二—七八九)所云"诗家之景",此"景"字亦非仅指日光也。盖古人以光影明暗配合,即为景色风景,颇悟近代绘画摄影之理。(按方回之书约成于元至元二十年[一二八三],而《文心雕龙·物色篇》实即申论情景关联之作,中且明谓"窥情风景之上,钻貌草木之中"。即云系指风影或风光,亦已近于境物之意。)迨至唐代。皎然(八世纪)《诗式》亦云:"缘景不尽曰情。"(据光绪八年,一八九二,陆心源辑,《十万卷楼丛书三编》五卷本,近人考证此书无可疑。)至于宋代,周弼(约卒于一二五二至一二五七之间)所撰《唐诗三体家法》,尝以"景物情思"论诗,称"前虚后实"之诗为"前联情而虚,后联景而实";而"前实后虚"之诗则为"前祈景而实,后祈情而虚"。此书日文译注本乃先生所监修,恐一时未记省其时代耳。唐人论诗之作,如王昌龄之《诗格》,白居易之《文苑诗格》等,近人多定为唐末人伪托,其中多以"情""境"二字论诗,境景之义本相类似。大抵唐代或以前,"情景"之说已逐渐形成,若细检诸书,必能更得其底蕴,特年关将届,百务猬集,未暇详考,粗举其略,诚以伏读尊作纪社事三律诗"景情相逼足钩沉"之句,盖冀同人阐幽质疑,是不可不雅相切磋,不妥之处,尚乞正之。

一九七〇年十二月二十日
于陌地生威斯康辛大学

致刘殿爵^①,1971 年 1 月 2 日

January 2，1971

殿爵吾兄如握:

前承寄惠《读〈淮南鸿烈〉札记》^②及英译《孟子》,至为感谢! 札记殊多创获,精审可佩。《鸿烈》书名,得其的解,可谓不易之论。吾兄所据,有《淮南》内证及汉人用法,自是得要。实则《尔雅·释诂上》云:"洪、业:大也。"《释诂下》云:"烈、绩:业也;绩、勋:功也。"并足证成尊说,且知《淮南》用法为有所本矣。

顷读《诠言篇》152 则:"故不得已而歌者,不事为悲;不得已而舞者,不矜为丽。歌舞而不事为悲丽者,皆无有根心者也。"杨树达云:"歌舞而不事为悲丽者,不字当衍。"(《证闻》,第 107 页)兄意杨说为非。弟意此条牵涉对"根心"二字之解释。试观许慎注称:"中无根心,强为悲丽。"则许氏所见已为"事为悲丽"而无"不"字,故以"强为悲丽"训释之。盖许氏认《淮南》之意以"根心"为善而可从,凡不得已而为悲歌舞者乃据其"根心";若勉强为歌舞者,则非出于本心。反之,若云:"歌舞而不事为悲丽者,皆无有根心者也。"则须认《淮南》以"无有根心"为善妥。弟按"根心"一词,《淮南》他篇似无,惟"根"字则多见,大都以为善而可从。本篇上文言及"人心""无心""治心术""一心""圣人胜心"等,若就"无心"而论,似"根心"亦在否认之列,若就"一心"等而论,则又不然。且下文称:"心不

---

① 刘殿爵(1921—2010),原籍广东番禺,香港翻译家、语言学家,曾执教于伦敦大学亚非学院、香港中文大学等。曾将《道德经》(*Tao te ching*,1963)、《孟子》(*Mencius*,1970)、《论语》(*The Analects*[*Lun yü*],1979)等翻译为英文出版,著有《采掇英华:刘殿爵教授论著中译集》(2004)等。

② 即《读〈淮南鸿烈解〉校记》,载《联合书院学报》第 6 期(1968 年),第 139—188 页。

一也。故木之大者害其根。"（刘文典①本"根"作"条"，似以作"根"为长，与下文"深"对称。）故弟意恐杨说未必为非，除非兄能供给更充分之理由。弟明晨将赴澳洲参加东方学会，匆促未能细考，乞兄正之。

兄之《孟子》英译本正合弟之用。前次即于文学批评史课中令学生习读，又弟正拟编辑一中国文学批评史名著选译，其中《孟子》部分，拟即用吾兄之译文，不知可否？

保罗君②去年春天曾请谷雷汉君③从密西根大学来威大讲演，彼时谷君即欲邀保罗去伦敦教书，并欲其将来充任兄系之系主任。不知目前情形如何？国屏④前患脑充血，失去部分记忆力。本年在家休养，望其明秋可康复，但无法预料也。

弟近来较忙，十二月初曾去 Virgin Islands 开中国文学批评史会议一周。三天前又去纽约开现代语言学会诗律小组会，除夕方回。吾兄亦赴澳洲否？弟或可去香港住三四天。暇盼来信。祝

教安

弟策纵　手上

《文林》仍盼兄能赐大作也，弟一月十六七号可返校。

---

① 刘文典（1889—1958），原名文聪，字叔雅，笔名刘天民，安徽怀宁人，曾任教于北京大学、清华大学等。著有《淮南鸿烈集解》（1923）等。

② 保罗，林振述之英文名（Paul J. Lin）。

③ Angus Charles Graham（1919—1991），中文名一作葛瑞汉，英国汉学家，曾任教于伦敦大学亚非学院、美国密歇根大学等。

④ 周国屏（1908—2000），原籍浙江杭州，曾任教于之江大学、燕京大学、美国威斯康星大学等。

致白先勇^①、白先敬^②,1971 年 1 月 27 日

先勇、先敬二兄:

　　谢谢你们先后寄来的信和书,我近来身体很不舒适,事情又忙,加以
等待邮寄的书,所以一直延搁没有回信。《失群的鸟》^③前时正在整理,也
因事搁置,大约要到七月十日左右方能寄出。泰氏诗只有这两本,一时
恐无暇加译,但我过去译有西洋诗不少,如王润华夫妇有时间代为整理
抄出,也可印成一厚册。《五四运动史》待前面一部分译好,当可付印。
《萤》我已作了一些修改,七月中也可将改正稿寄上。今天将携眷出外旅
行一周,行色匆匆,未及详写。淡莹^④前时患病住医院二周,现已出院,惟
当须休息。草草,即祝
暑安

周策纵　敬启

元月廿七日　一九七一年

《萤》印制精美,谢谢你们的努力。《台北人》中多佳作,读之甚喜也。

---

① 白先勇(1937—　),笔名郁金、白黎、萧雷等,原籍广西桂林,白崇禧第五子,台湾作家,曾
任教于美国加州大学圣塔巴巴拉分校。著有《台北人》(1971)、《孽子》(1983)、《游园惊梦二
十年》(2001)等。
② 白先敬,白崇禧第七子,白先勇胞弟。
③《失群的鸟》及《萤》均于 1971 年由台北晨钟出版社出版,中英对照。
④ 即王润华夫人。

致柳无忌^①,1971 年 2 月 7 日

无忌先生道席:

从澳洲及香港归来后得读手教,至为感幸,新诗之定形诗体,必可发展,乃弟所深信,惟需多数优秀诗人大量试作,方能有成。此事我等自可继续努力也。抗战时期大后方所出版之刊物书籍,今多散失,且印刷纸张皆不佳,此一代文献将来如何保存,殊成问题。尊著《抛砖集》^②恐在桂林等地,尚有存者,弟战时在《抗战日报》及《新蜀报》等副刊发表零星新诗,当时未予收存,尤觉再生无日。先生与罗念生^③等所办刊物^④弟十余年前似曾见到,且摘要抄出数行,将来如在途中检出,当可奉寄。数年前友人抄寄拙作旧诗二句,于"亡诗"乃不能无感,今晨重读手示,于《抛砖集》之佚失,未免惘然。因匆匆成旧诗一章如下:

《教栖》一章　效司空图体,兼答柳无忌、罗忼烈^⑤、卢飞白先生

倦游萧索岂吾衰,归去乘桴患作师。

---

① 柳无忌(1907—2002),原籍江苏吴江,柳亚子之子,旅美诗人、作家,曾任教于美国耶鲁大学、匹兹堡大学、印第安纳大学;在印第安纳大学创办东亚语言文学系,并任系主任。著有 *Su Man-shu*(《苏曼殊传》,1972)、《古稀话旧集》(1980)、《休而未朽集》(1983)、《柳亚子年谱》(1983)等。
② 新诗集,1943 年桂林建文书店出版,收十四行诗 21 首,自由体诗 9 首,无韵诗 9 首。
③ 罗念生(1904—1990),原名懋德,四川威远人,作家、翻译家,曾任教于北京大学、四川大学、武汉大学、清华大学等。
④ 1935 年柳无忌、罗念生与罗暟岚等在天津南开大学发起人生与文学社,编辑《人生与文学》杂志及丛书。二罗一柳、水天同等人另于留美期间合办《文艺杂志》。
⑤ 详见《致罗忼烈》(1971 年 2 月 7 日)注。

得句乍如来旧雨，亡诗久似失孤儿。

陶公或为东篱菊，庄子宁甘曳尾龟。

展卷明窗对白雪，无多日影尚迟迟。

此一时消遣之作，乞公一笑置之耳！不妥之处，尤祈指正。

贵高足 Nienhauser^①君前次来此，曾得面谈甚快，彼所写柳宗元文弟至为欣赏，极望其能来此共事。惟此间当局过于顾虑口头语之教育，且欲聘一已读完博士学位之人。弟于此迄今犹觉如有所失也。

《文林》第二期尚须他稿，正在觅采中，尊作决可编入。如知有他人佳作，亦乞代为转介，第一期销路极佳也。

弟藏有高谪生^②泼墨山水一小幅，上有尊翁题诗一首，殊觉可贵，不知高君生平能赐告一二否？匆匆草此不尽，即祝
著安

弟周策纵　手上

二月七日晨 1971

郁正兄^③、玉汝兄^④等乞代致念不一。

---

① William H. Nienhauser，Jr.(1943—)，中文名倪豪士，美国汉学家，任教于美国威斯康星大学。
② 高谪生(1908—1957)，原名高荣任，海南文昌人，画家、诗人，曾任香港南方画院院长。
③ 罗郁正(1922—)，原籍福建福州，旅美学者、翻译家。时为柳无忌同事。
④ 郅玉汝(1917—2016)，曾任教于美国印第安纳大学伯明顿分校东亚语言文学系，著有《陈独秀年谱》(1974)。时为柳无忌同事。

致罗忼烈①,1971 年 2 月 7 日

忼烈吾兄道席:

香江之行,多蒙拂照,复亲教言,良深感幸! 归来获读手书,适因略患腹疾,致延作覆,迩来已平复如恒,差可告慰。黎君处云石小凳,花纹一作山形,一为波状,此一对祈兄即代为买就,请店中妥为包装保险寄来,全部价款,容稍后即行寄上。(俟收到发票等件后如何? 如彼先需款,可否请兄暂为垫出?)寄时请注明为古物(antique),以免抽税。此事有劳,特此预谢!

尊府所藏瓷器书画,琳琅满目,古趣盎然,惜在港为时太短,未能流连细赏。尘市繁嚣之外,尚有高人雅居,世变如此,何可多得! 澳、港归来后,略有倦意,顷得柳无忌先生手书,偶及其旧作新诗集《抛砖集》佚稿不可复得,因忆弟少作旧诗约二千首,兼有倚声,二十余年前留置大陆,今尽皆亡失。数年前友人偶记忆二句,弟因有悼失之作,今晨有感复成一律,与前诗一并录呈,草率无当,不能登大雅之堂,聊供一笑耳。

港方如有昔贤书札或手稿或画幅经兄鉴定可观者,尚乞随时代为留意。庄申②先生前次本约定与彼一同去看画,乃行色匆匆未果,祈代为致意,他时当向彼请教也,匆此即颂

教安

---

① 罗忼烈(1918—2009),一名慷烈,广西合浦人,曾任教于香港大学、香港中文大学、澳门东亚大学等。著有《元曲三百首笺》(1967)、《两小山斋论文集》(1982)、《周邦彦清真集笺》(1985)等。
② 庄申(1933—2000),台湾学者、国画专家,曾任职于香港大学、台湾"中央研究院"历史语言研究所等。著有《中国画史研究》(1959)、《中国画史研究续集》(1972)、《元季四画家诗校辑》(1973)等。

嫂夫人均此

弟周策纵　手上

二月七日　一九七一年

顺之、闲堂①先生处请代致意，容后另笺。

尊作《翠楼吟》及《浣溪纱》②中殊多佳句，弟尤喜《翠楼吟》下阕。

悼"亡诗"

友人函告，犹忆予三十年前旧句"望残海内魂魂气，哭断天涯的的春"。如遘亡灵，不省所云矣。

旧梦如冰不可温，欲寻翻去更何存。

恶诗已分填沟壑，稚习纷缠结怨魂。

老谢瓶花怜素眷，新栽杨柳伴黄昏。

卅年止滞湘灵瑟，风雨凄冷逐客门。

一九六九年二月十九夜

《教栖》一章　效司空图体，兼答柳无忌、罗忼烈、卢飞白先生

倦游萧索岂吾衰，归去乘桴患作师。

得句乍如来旧雨，亡诗久似失孤儿。

陶公或为东篱菊，庄子宁甘曳尾龟。

---

① 指马顺之、程千帆，详见《致潘重规》（1972 年 5 月 10 日）及《致程千帆》（1985 年 10 月 9 日）注。

② 见氏著《两小山斋乐府》，香港：现代教育研究社，2002 年，第 43—46 页。

展卷明窗对白云，无多日影尚迟迟。

一九七一年二月七日晨

小作录奉

慷烈、闲堂二兄诗家雅正。

周策纵　未定稿
二月七日夜 一九七一年

致潘重规,1971 年 2 月 28 日

重规教授吾兄道席：

此次香港之行，为时太短，但获重聆教言，良以为幸，惟奔走港九间，不克及时赶到梅公宴会，致未能一睹王烟客手钞钱谦益《初学集》原本，诚为憾事。《红楼梦》展览会在吾兄主持下，盛况空前。校定本草创不易，端绪井然，将最为有用，亟望其成，能先睹为快也。归来后适患腹疾，旬日始愈，后值学期交替之际，忙瘁不堪，致把笔迟迟。细读尊著《王钞考》一文[1]，发微显幽，可谓百世而后钱王知己，而湔洗钱氏沉冤，尤为难得。盖钱氏固有其弱点，然易代处境不同，所虑各异，后之论者，放言往往未克援情实，徒为诛心苛论。而欲反积谤，亦难据实迹，史家处此，惟有望叹。然倘得高明揭发事实，使真相大白，则读之令人痛快可知也。章太炎[2]先生早有

---

[1] 《王烟客手钞钱谦益初学集考》，载潘重规编校：《钱谦益投笔集校本》，台北：文史哲出版社，1973 年。

[2] 章太炎(1869—1936)，名炳麟，又名学乘、绛，字枚叔，一作梅叔，号太炎，浙江余杭人，学者、革命家、思想家。

高论,兄可参考,此公有先见。此间严冬奇寒,风雪戒途,近日始转趋晴和,昨偶得小诗,附录于此,聊博一笑,尚乞指正:

澳港归来赋《教栖》一章用司空图体寄各旧友

倦游萧索岂吾衰,归去乘桴患作师。

得句乍如来旧雨,亡诗久似失孤儿。

陶公或为东篱菊,庄子宁甘曳尾龟。

展卷明窗对白云,无多日影尚迟迟。

    香港近来想一切佳胜,惟地小人多,恐终须另辟天地,以为尾闾。临书匆促,草草不尽,即颂

著安

弟周策纵　拜手

二月廿八日 一九七一年

致罗忼烈,1971 年 3 月 4 日

忼烈吾兄道席:

    两次手书,皆已奉读,甚谢,两凳海运事,五年前弟在港曾向九龙美艺家具公司买的家具,系海运至威斯康辛州之密尔沃基市(Milwaukee, Wisconsin),该市在大湖旁,海船可达,弟开车自往亦不过三数小时。不

知现尚可能否？若旧金山则太远，且须另顾经手人向海关办手续，加上运输公司之费用，便大为不赀。去年暑假内子经台湾买到家具，则系运至美国东岸海口，手续与运费亦甚多，惟较西岸之旧金山尚稍近也。且该批家具较多，今仅只二凳，而请人办手续之费用则相同，便不合算。倘一时无法运至米市，则不妨少待，随时探听有运输公司可运达该处否，再图办法如何？前次不知美艺如何办法，弟处将来如能找出旧收据，当再告，一时尚未查到该运输公司之名，恐美艺亦未必愿见告耳。如何之处，尚乞嘱查赐告。

钱杜与彭玉麟梅花如兄鉴定为真而且佳，请即代为定下，如兄认为尚有可疑之处，则请代托庄申兄同观判断如何，惟定下时可否留一余地，即万一弟认为不需时，可以退回，邮寄等费则由弟全部负担。但退回之机会甚微，倘卖主坚决不肯如此办法（集古斋前次曾答应可退之法），而兄等认画为真且佳，则不必坚持此点也。有劳之处，并此预谢，款项俟画收到时再付上不误。（寄时请挂号妥色，费用当于以后连价寄返）。琐事相劳，殊觉不安，二画兄可代为速决，即行寄下，不必顾虑。匆此即颂

教安

弟周策纵　拜手

三月四日　一九七一年

87

致白先勇,1971 年 3 月 14 日

先勇先生:

  谢谢你二月廿二日的信和寄来的两本书。晨钟出版社①这两本书印得都很美,内容也很好。当然罗素的作品我素来就喜欢读。《权威与个人》在 1949 年初版时。我当时还买来详细读了一遍,我当时还试写过一篇英文书评。今天从书架上查出罗素的书,看见我在上面满划了红线条,还剪留下有 Sidney Hook 的一篇书评夹在里面,大约我那时也想把这书译成中文罢。《深渊》里也有些好诗,如《断柱集》里的一些。

  我的《五四运动史》由钟玲等人正在进行翻译,还只译完前四章,我替他们修改,还只改过前两章。预计四月里可把三、四两章修改好。因此,每次几乎只能赶得上《明报月刊》的每月发稿期。你想先行由晨钟在台出单行本,这意思自然很好,只怕他们译得不够快,我的修改也来不及。事实上也就会拖到月刊快登完时才能出书了。不过他们想先把上半部印出一本。下半部是思潮分析与结论部分可出为第二册。(另有书目及研究资料可出成第三册或四册。)我估计了一下,大约原文一面译成中文一千三百字(连脚注),因此全书约五十六万字左右。按《权威与个人》一书式样(此书约 14 万 4 千字)则可分印四册,若较厚,则印成三册,计 1—6 章约 23 万字,7—10 章约 13 万字,11—14 章约 20 万字,资料等以后再说,如何分法,尚未能定。我可同意让你们出台版,前 6 章或前 10 章先出也可以。但有什么违碍么? 恐怕会增加你们的困难吧?

---

① 晨钟出版社由白先勇、先敬兄弟于 1970 年创办,所寄二书为痖弦诗集《深渊》和罗素的《权威与个人》(*Authority and the Individual*),分别收入"向日葵文丛"和"晨钟新刊"。

《现代文学》里你的《冬夜》很有意思。匆祝

大安

周策纵

三月十四日 1971

致徐复观^①,1971 年 4 月 1 日

复观先生道席:

两次手示及大作论《文心·原道》与尊诗均已收到,甚谢!

关于《老子》中"自然"一词之意义,弟数年前对诸生讲解,与尊论所见殊为相似。读之可喜。下周即将为诸生讲《文心》,正可将大作提出研讨。去年华盛顿大学有一美国学生写一博士论文,对《文心》此篇,论辩颇长,与施友忠^②先生颇相左,该生将论文寄在弟处,前虽曾粗略一读,尚未细加考校。关于"文""道"在战国以前之古义,弟去年有一英文论文在贞女岛中国文学批评史会议中宣读,惜一时未能写译成中文。^③ 关于彦和所说"文"与"道"之意义,尊论中自有高见,其中尚有若干问题,弟数年来颇觉难于判断,俟稍暇时再详细奉商。惟恐亦无关

---

① 徐复观(1903—1982),原名秉常,字佛观,原籍湖北浠水,台湾学者,曾任教于台湾东海大学、香港新亚书院等。著有《两汉思想史》(1972—1979)、《〈周官〉成立之时代及其思想性格》(1980)、《中国经学史的基础》(1982)等。

② 施友忠(1902—2001),原籍福建福清,旅美学者,曾任教于河南大学、浙江大学、燕京大学、美国华盛顿大学等。曾英译《文心雕龙》(*The Literary Mind and the Carving of Dragons*, 1959)。

③ 即《文道探原》,见《致黄彰健》(1971 年 10 月 3 日),没有译写成中文发表。

弘旨耳。

　　承赐和大作，虽云不常为，却极为典丽，学人之作，良不易得。日昨另成小诗一首，更录呈如下，尚乞指正：

复寄诸友

　　　　庭柯忍冻自纵横，荡荡群流一代浑。
　　　　未必吾徒皆可杀，即令君默岂无言。
　　　　驰驱日月空回意，感慨江山在抗论。
　　　　灯下诗潮侵夜永，千秋庾信最销魂。

　　大氐楚人多牢骚，公与弟皆楚人也，当不以此为忤，或可援《离骚》以自解，然亦将"长见笑于大方之家"矣！匆匆草此不尽，即颂
著安

　　　　　　　　　　　　　　　　　　弟周策纵　拜手
　　　　　　　　　　　　　　　　　四月一日　一九七一年

旧作小文二篇，其一大义以前本曾与公谈及，惟因补苴修改颇多，故仍寄上乞正。

致居浩然^①,1971 年 6 月 27 日

浩然兄:

　　谢谢你寄来的诗,真真对不起,你的来信,因内子时常逼着我搬动书物,一时再也找不出来,我花了不少时间才查到,找出你的新通讯处。弟数年前在波士顿有《秋感》诗说:"红叶黄花看又残,偶然作客岂能安。妻骄女懒成顽敌,屋小书多似乱山,寒雨夜长端入梦,繁霜秋尽复何欢,灯前检点儿童伴,天地翻时一讯难。"八年来到陌地生,屋还不小,然家中迫乱则尤过之,此实有难言之苦。大作所谓"同学少年半白头,如烟往事语还休",痛苦心情,尤可想见!弟近半年来身体很不舒服,头痛,脚也痛。写作太少,读书也太少,殊为郁郁。而此间中文图书馆又不太好,常思他去,为之奈何!今天下午拟携眷出外小游一星期,行色匆匆,未及详谈,前有译作,等归来后当邮寄请正,特先写此信,聊以致意,近来尚^②有佳作,可寄示么?即祝
著安

弟周策纵　拜上
六月廿七日　一九七一年

尊诗多新意境可喜。

---

① 居浩然(1917—1983),号不自由人,原籍湖北广济(今武穴),台湾学者、翻译家,曾任淡江英专(淡江大学前身)校长、澳大利亚墨尔本大学教授等。著有《十论》(1959)、《寸心集》(1964)、《寸心集之外》(1970)。
② 尚,疑为"倘"字。

附寄《抗论》一章①。

致居浩然，1971 年 7 月 22 日

浩然兄：

七月十九日手书及剪报奉悉甚谢。尊译毛泽东《民众的大联合》②一文自是近代政治思想史上一重要文献，弟个人感觉《文林》应可考虑发表，惟有数事须预告吾兄者：（一）此文须除大陆外尚未在任何其他地方发表，方能刊登；若原文或译文全文已登（或同时刊登）于大陆以外之报刊，则《文林》无法再刊也。（二）《文林》登载译文时须同时附有中文原文，可否请兄将英译及中文原文一同寄来，此稿（尤其中文部分，英文亦然）自当不交与他人应用发表，除非经兄之同意。（三）下期《文林》已有学术性稿件数篇，秋间大约可付印，对于稿件之选择与决定，弟须听取其他编辑委员之意见，方作最后决定。《文林》拟办成比较纯学术性刊物，政治色彩极浓之争辩颇欲避免。在以上之了解下，如兄愿意，请将稿件寄下如何？（请用挂航空挂号，如不能用，弟亦负责退还。）威大今秋将于历史系开一 Seminar 课，专题为五四运动，由弟及历史系其他二同事共同负责讲授（弟近二年来同时兼任该系教授），惟本系事已甚忙，恐无多暇照顾。吾兄近来计划为何，尚盼见告。匆祝

---

① 指"庭柯忍冻自纵横"七律，内有"感慨江山在抗论"一句。收入《周策纵旧诗存·教栖楼》，题作《复寄诸友》，1971 年 3 月 30 日作（第 153 页）。
② 居氏曾从《湘江评论》第 2 至 4 期找出毛泽东早期文稿《民众的大联合》（1919），并译成英文。

大安

弟周策纵　拜手
七月二十二日　一九七一

蒋彝兄近居檀岛，见到否？方桂先生及锦堂兄并此问安。

致王伊同，1971 年 7 月 24 日

伊同我兄：

　　手示来时适因暑假赴北部旅行，致迟作答为歉。尊作弟已决意刊登。大部分编委似亦同意，其中有一二人觉英文方面或尚可改进，但此种文字，弟知最不易译，且意见亦难一致，何能尽能令人满意。现因暑假，各编委不全在校，秋间稿齐后，当可开会作最后决定，兄文当可收入也。请释念为盼。校方目前经济困难，系上办事亦从掣肘。闻各处类似，为之一叹！兄近来有何佳作见示否？暇盼惠教。匆祝
著安
嫂夫人均此

弟策纵　手上
七月廿四日　一九七一

致程曦^①,1971 年 8 月 7 日

仲炎教授吾兄道席:

照片、诗词曲集及大札皆已拜嘉,正欲作书道谢,复获在电话中畅谈,始知香江之行归来安好,并可驾过寒舍再叙,快何如之! 尊著新剧甚佳,传声长调中调尤沉郁,如《八声甘州》及《木兰花慢》殊可喜也,尊诗七律中多佳句,中原厚重之气磅礴。弟爱其中"野田蔓草逢春密,废雉闲花对客娇","涧外危峰阴翠石,岭头皓月冷青松","风烟上下连渔人,岭路高低出画楼"诸句,而《香江客感》及《美潮轩日咏》《寿港公七十》等皆胜作也。今日匆匆草此,余俟面谈。附奉小诗八首,聊供一粲。即祝

教安

弟周策纵　拜手

八月七日　一九七一

---

① 程曦(1919—1997),字仲炎,原籍河北文安,旅美学者,曾执教于香港大学、剑桥大学、伦敦大学、马来亚大学、爱荷华州立大学、华盛顿人学等,于文学艺术外兼授哲学。早年师从吴宓,获其青眼有加,曾赋诗云:"燕京得一士,忠敬见程曦。好古通文史,亲贤乐勇为。明师天所授,博学圣之基,伉俪同勤苦,客中祝福颐。"后陈寅恪执教岭南大学,推荐其任助手。1947 年写出杂剧《燕园梦》及毕业论文《恽南田研究》(1990 年自印出版,改名《简论恽南田》),著有《中国画的根本精神与学术文化的背景》(1956)、《木扉藏画考评》(1964)、《灵潮轩杂剧三种》(1966)、《灵潮轩诗集》(1989)等。与周策纵有多年交情,曾撰《弃园小记》(收入《创作与回忆——周策纵教授七十五寿庆集》,香港:中文大学出版社,1993 年)。

附　　　　　　**戏用杂体口字咏题灵潮轩诗词曲合集**

（共得六十四口，合周易之数也，陈沈炯有
《和蔡黄门口字咏绝句》，得三十九口）

磊磊謳謌哭　　區區嘻駡高

靈詞器譅譅　　品藻鑰嚣嚣

仲炎吾兄晒正哈哈

弟周策纵　未是稿

一九七一年十月于陌地生

致居浩然，1971 年 8 月 26 日

浩然吾兄大鉴：

　　译稿及大函均已收到，只因暑假期间，各编辑委员星散各地，要征集意见，都展转需时，故未能早覆为歉。译稿内容及翻译等本无问题，惟吾兄七月二十二日函中提及中文原本今年已传布于海外，而陈、史①诸人均已收到原本，则不久之将来，终当有人从事翻译，故尊译宜尽早发表。但《文林》目前文稿尚不齐全，即令秋冬之间或可收齐，而编辑印刷，需时极多，一年左右恐尚不能出版。深恐因此反为别人抢先发表，有误兄之努力。故与各编委商谈结果，只好割爱。遵嘱将译稿及原文等改寄

① 指陈志让(1919—　)和 Stuart Reynolds Schram(1924—2012,中文名宣道华)。

华府。弟初次覆兄信时，尚以为中文原稿在海外他处尚未存在，则时间不致如此迫促，故以为可能，盖兄初次信中未明言，予弟如此印象也。就目前情形而论，吾兄似应交即刻可出版之处发表为妥。事非得已，特谢雅意。王君①乃马来西亚华侨青年，其新诗似尚不如兄所说之"死气"，其中如《第几回》，可称佳作，盼兄不要草索论定。望下次来函，细加批评为荷！匆此即祝

教安

弟周策纵　拜上

八月二十六日　一九七一年

致夏书枚②，1971年9月30日

书枚先生道席：

　　手示及惠寄各书与女公子转寄之书皆已拜收，至为感谢。迩来教课及家事猬集，颇为疲弊。久欲修书奉候，皆牵延未果，致劳系念为歉。前读尊著《和杜秋兴八首》③，典丽郁沉，良深钦佩。（先生与夏敬

---

① 指王润华。

② 夏书枚(1892—1984)，又名承彦、叔美，字书枚，原籍江西新建，曾任教于珠海书院、经纬书院、新亚书院、联合书院等。著有《夏书枚诗词集》(1984)。

③ 见《夏书枚诗词集》，第12—14页，题目作《秋兴次杜韵》。按：饶宗颐《南征集》亦有《秋兴和杜韵》(1970)之作，所附《秋兴诗跋》云："迩者港诗人以《秋兴》唱和，前后累数十首，寄慨往复，窃杜老三叹之遗音，异灵均《九章》之余旨，落南无事，因夏丈之作，聊复赓歌。"夏丈即夏书枚。饶诗曾寄周策纵，周有七律奉答，翌年亦自撰《秋兴八首和杜韵》，诗文见《致何怀硕、董阳孜》(1980年11月28日)。

观①先生是否一家?)纵于此道废弃颇久,荒疏无似,何敢为方家齿及。方今时移世易,诚如先生所引荆公之言,特少有所嗜,长不能忘,远适异国既久,乃不免偶发于言耳。公遂②、克崇③二先生所和之作尚未见到,甚盼一读。幼椿④、思光⑤先生之诗,亦无缘拜读。贞一⑥先生年前曾寄示数章近作,风致佳美。旅美学人能写旧体诗词者尚有洪煨莲、萧公权诸先生。公权先生尤擅小词。中年以下者亦有数人。张充和女士独存旧雅。他如蒋重哑(彝)兄于绘事外更擅七言绝句,其佳者清新可诵。先生书籍脱手,自系不得已之举,纵深知其苦,故前次见所列《漱玉集》,虽亟欲一见,终未忍索也。十年前旅居哈佛附近,藏书日多而室不堪容,家人苦之。当时有"妻骄女懒成顽敌,屋小书多似乱山"之句。年来居西北,虽有旷宇,然每忆先父所藏水榭,琅嬛满目,于今荡然,不胜异代萧条之感矣。大驾来美,甚盼一叙也。匆此即颂

著安

弟周策纵　顿首

九月三十日　一九七一年

---

① 夏敬观(1875—1953),字剑丞,一作鉴丞,又字盥人,缄斋,号映庵等,江西新建人,诗人、画家。

② 涂公遂(1905—1992),又名源道、士渊,原籍江西修水,曾任教于河南大学、香港珠海书院、新亚书院、新加坡南洋大学等。

③ 曾克崇(1900—1976),字履川、伯子,号橘翁,原籍福建闽侯,曾执教于香港新亚书院、香港中文大学等。

④ 李璜(1895—1991),字幼椿,号学纯,原籍四川成都,曾执教于武昌大学、北京大学、成都大学、香港中文学院等。

⑤ 劳思光(1927—2012),本名荣玮,字仲琼,号韦斋,原籍湖南长沙,曾任教于美国哈佛大学、普林斯顿大学、香港中文大学、台湾清华大学等。

⑥ 劳榦(1907—2003),字贞一,原籍湖南长沙,曾任教于北京大学、台湾大学、美国哈佛大学等。劳思光之兄。

致黄彰健^①,1971 年 10 月 3 日

彰健兄:

顷见报载大著获学术首奖,可喜可贺,精研卓见,自非凡响也。

前次论《无题》的书承在大陆杂志发表,并寄来刊物数册,至以为感!
兹更随函奉上与吉川先生小札一通。此函之作,盖亦有不得已于言者,
盖当时开会,有一中国青年学人宣读论文研讨王夫之情景论,吉川则逼
问中国学人,此论始于何时,在座者除弟外尚有陈世骧^②、夏志清^③、叶嘉
莹、王靖宇^④、陈幼石诸君等,仓卒未能对。彼乃大笑曰:始于方回之《瀛
奎律髓》。弟当即谓决不始于元代,其前已有。会后吉川出示所作纪社事
三律,末云:"滇渤光浮孤岛曙,景情相逼足钩沉。"^⑤弟当时和作则云:"江
海相忘又明日,无端歌哭意深沉。"亦略寓"往歌来哭"事也。吉川才学可
称,而自视则极高,其评议陈君之文^⑥,亦难免过份。至弟之小札,论或未
当,但觉见仁见智,亦不可不辨。开会时弟数日皆患头痛,和诗无好句,每

---

① 黄彰健(1919—2009),原籍湖南浏阳,曾任职于台湾"中央研究院"历史语言研究所。著
有《戊戌变法史研究》(1970)、《明清史研究丛稿》(1977)、《经今古文学问题新论》(1982)、
《周公孔子研究》(1997)等。

② 陈世骧(1912—1971),字子龙,号石湘,原籍河北滦县,旅美学者,曾执教美国加州大学
伯克莱分校。

③ 夏志清(1921—2013),原籍江苏吴县(今苏州),旅美学者,曾任教于美国哥伦比亚大学。

④ 王靖宇(1934—),旅美学者,曾任教于美国斯坦福大学、新加坡国立大学等。

⑤ 吉川诗亦为和作,缘于叶嘉莹会议期间写赠《留别哈佛三首》(1968),遂步其原韵成和诗
三首,原文载《红蕖留梦:叶嘉莹谈诗忆往》,台北:大块文化,2014 年,第 236 页。

⑥ 指陈世骧有关屈原作品中时间观念的论文,1973 年发表于《清华学报》新 10 卷第 1 期,
题为"The Genesis of Poetic Time: The Greatness of Ch'ü Yuan, Studied with a New
Critical Approach"(古添洪中译本《论时:屈赋发微》,连载于《幼狮月刊》第 45 卷第 2 至第
3 期[1977 年])。

以为愧,吉川诗则多佳句。弟所读论文为《文道探原》①,就陶文及甲骨金文等以论证字原,吉川诗云"原始堪寻天雨血",殆即指此也。此间古籍奇缺,学殖益荒疏矣。小札有不是处,尚乞是正。发表后,请先用航空寄一份来为感。匆此即颂

著安

弟周策纵　拜手
十月三日　一九七一年

答徐复观,1971 年 10 月 15 日

再论李商隐《无题》诗答徐复观先生②

昨天收到《大陆杂志》四十二卷十期,看见徐复观教授一篇大作,对我在四十一卷十二期发表的《论诗小札:与刘若愚教授论李商隐无题诗书》写了一篇《书后》。他的批评我当然欢迎,只是因为他完全误会了我原作的主要观点,使我不得不加以解释。

徐先生一开头就给我戴上一顶大帽子,说我把李商隐这首"来是空言去绝踪"的《无题》诗认做一首"咏史诗",或"认为都是咏李夫人故事的"。所以他说:

---

① 发表于 Chinese Literature: Essays,Articles,Reviews(《中国文学》)第 1 卷(1979 年),第 3—29 页。
② 发表于同年《大陆杂志》总第 43 卷第 4 期(1971 年),第 16—23 页。

假使承认周先生的说法，这首诗，是咏汉武为李夫人死后招魂的故事的，则贯注于全诗的，应当是汉武对李夫人的恋恋不已之情。

还更进一步说：

上面的无题诗，若如周先生之说，乃是咏史诗，不必以《无题》为名。当然周先生也提到，咏史诗中还是有诗人自己创作的动机，例如李商隐的《李夫人》三首，即系自己悼亡之作。但咏史可以有题，而无题则几乎没有是咏史的；虽然里面可以用上许多典故。

我必须声明，我那原札，从来没有说过这首《无题》诗是"咏史诗"，也没有说那"是咏李夫人故事的"。在札前的短引中，我早就表明过，我给刘先生的那封信，是为了"商讨此诗意境之所据"。信的开头便说：

此诗似大受《汉武故事》及《汉书·李夫人传》中所述武帝命李少翁求李夫人神故事之影响。

这明明只说是受"影响"。后来也只说过这故事和传记"在文字与意境上尤类李诗"，或就个别辞句说是"相应"，"言意绝类"，"辞意之所本"或"所据"。说某诗在文字和意境上与某文相类似，或是根据于某文中某些辞句，或说受了某文故事的影响，当然绝不等于说，这诗就是咏那一篇文章所说的故事，更不等于说，这诗就是"咏史诗"。也不见得那诗的主题便和某文相同。我没有说过那诗的全部与整个文字和意境与那故事相同，只是说有许多相似之处。而且我用了"根据"和"影响"这些词句，显然不是在说那诗的主题。即使承认这些都不能使徐先生了解清楚，他也应该注意到，在那书札的末了总结时，我交代得很明白：

以上所述，自亦不必太凿，谓义山此诗即为咏李夫人事而作。实则诗人当系自纪其经验，自抒其感情。弟之所论，不过谓义山在意识上或下意识上,确受其所喜读作品与故事之影响,且借此以发抒其感触耳。吾人若不抉发此中底蕴与关连,则亦不能充分了解诗人之作。

这不是明明白白说了,我所论的,只"不过"是受"影响"。并且指出,如果认李义山这诗就是咏李夫人事,便是太穿凿了。怎么徐先生反而三番数次一口咬定,说我认这诗"是咏汉武为李夫人死后招魂的故事的",甚至是"咏史诗"呢?

我想稍能了解旧诗,尤其义山诗的人,都不会把这《无题》诗看成一种"咏史诗"。我既然说这诗是"诗人当系自纪其经验",自然便不会认这诗是"咏史诗"了。难道这也可以混淆么?

我对这首《无题》诗的主题,只说到是李商隐"自纪其经验,自抒其感情",至于是什么样的经验和感情,是对一个私下爱着的女人呢?还是对他的妻子?她是否还活着?以至于是否也与他政治、社会生活经验和感触有关?都没有作肯定或否定的解答。这一方面因为我觉得,证据不足,便不能做狭隘的论断。而我这种最广泛的解释也可算是一种特殊而有用的解释,读者可自凭想象去体会。再方面,我那信原是因刘若愚先生在我所主编的《文林》一书中所发表的那篇英文大作而写,他的大作已对这诗的主题有详细讨论,而且认这诗是与恋爱一个女人有关,至于这女人是谁却已无法追究,也不必过于追究。就诗论诗,我个人的看法和这很相似,只是我也许还更笼统广泛一点,连政治社会经验感触反应的可能性,都没有排除。不论如何,我认为刘先生的解释很合情理,所以我的信对主题也就不再多说了。徐先生自己说不能读英文,因此不读刘先生那篇大作和英文专书,这是可原谅的,但他连刘先生在《清华学报》新七卷二期里的中文论文也不去看,就猜测刘先生的翻译也可能受我的影响而不对,这就更没有事实根据了。

事实上,我那封书札的暂时主要目的,只不过想在文字上、个别意象上或典故上,找寻李商隐这诗所可能受到的影响或其所本。我若能找到一部分根源(当然我并没有说,要找这诗每个字的根源,那既不可能,也可不必），对欣赏这诗可能有帮助，对研究它的主题也有一部分用处。但并未绝对限制作各种不同主题解释的可能性。诗人尽可采用过去某种特殊词藻、成语、专名、典故或句型，来组织创造他自己各种不同的、特别要表达的主题。那些组织素材，通常可能取自许多来源，有时（就像这一首诗）也可能有大部分取自一个或少数来源。这要看诗人平日的训练和当下一时的感兴如何而定。组织素材可能有渊源，诗人可能受他所读作品的明示或暗示，在心目中留下好些意象的符号。这些意象符号或素材的记忆，一方面可供给诗人作为表情达意的工具，来有效处理他自己的主题，另一方面，由于这些意象符号的记忆，也往往可以影响诗人如何选择他本身的经验感情来建立他的主题。因此，这种记忆，不管是意识的或下意识的，对作者决择主题可能有影响，对如何处理主题，更是关系重大。

可是这种意象符号或组成素材，并不就等于那诗的主题，也不必然决定主题。明白了这一点，则即使认定这首《无题》诗在许多文字和意境上受了汉武与李夫人故事的影响，使用了类似的意象符号，甚至在一两句里还运用了那典故，但诗的主题仍可作各种不同的解释。说那是为爱人而作，为妻子而作，或甚至是为政治生涯感慨而作，都仍然有可能性。不过那故事的来源，也至少可帮助说明，诗人更可能是在渴望他远别的爱人而不可得。我之所以指出这点，只因刘若愚先生读了我的信后，并未觉得我已把这诗认做"咏史诗"，却觉我的看法可以加强他对主题的解释；而徐先生却得了恰好相反的印像，肯定地说我认这诗是"咏"这个故事的了。

这个莫须有的肯定，便使他要追问，非诗中每句每字和李夫人故事中的全同不可，非解释得通"贯注于全诗的，应当是汉武对李夫人的恋恋不已之情"不可。初看起来，徐先生的要求都是合理的，"假使"认这诗的主题是"咏"汉武与李夫人故事的"咏史诗"，难道我们不应该证实诗中所说的帷帐蜡烛就是故事中的帷帐灯烛么？难道我们不应该证实诗中啼哭的人就是故事中啼哭的人么？如果不能证实这些，当然徐先生就可以宣告我"立论的骨干完全垮了"。所不幸的是，那个"假使"，是他自己的"假使"，他自己先"假使"我已把这诗认作"咏"李夫人事的"咏史诗"，把这种很不适切的结论当做是我的,那我只好先天就"垮了"。可是,他如果注意到,我明白说过,诗人是"自纪其经验",并非为咏李夫人事而作,我的"所论,不过谓义山在意识上或下意识上,确受其所喜读作品与故事之影响",那么,我为什么要来证实那诗的全部感情是汉武帝的感情呢?为什么要来证实那诗的每一个字和所写的每一个动作都要和那故事相合呢?难道说,诗中有个"楼上"在那故事里找不着,就可证明那相类似的部分也不类似了么?难道说,不是百分之百相同就不能以那故事为据和受它的影响么?本来,即使这诗是"咏"那故事的,即使是用那故事做主题的,也不见得要词句情节全同,王维、刘禹锡、韩愈、王安石这些人咏"桃源"的诗何尝与《桃花源记》情节全同?王维诗中说的"青溪",刘禹锡说的"广乐虽交奏",何尝见于原记?即使把李商隐那首《无题》诗勉强认为是咏汉武帝与李夫人故事的,就那诗的文字论,倒也不见得有什么冲突不合,"梦为远别啼难唤",是谁在做梦,梦的是谁,远别是指生离还是死别,是谁在啼唤,这些就文字本身说本来都是不定的;至于"书被催成"是指现在还是回忆过去,是指书信还是书本,在旧诗里也往往都可以说得通。但是刘先生和我都没有把这诗看做咏那故事的咏史诗,就我而言,我觉得那样做不是最好的解释。总之,我既不曾把这诗看成咏那故事的,就更不必要做到坐实证明"啼难唤"必须指李夫人的弟弟和儿子在啼唤了。凡徐先生所要追问的这类问题,只因徐先生的"假使"是"假"的,所以也就"骨干全垮",用不着答覆了。

可是,我的那个假设,就是,认李诗确曾受汉武与李夫人故事的影响,文字和意境上有许多相类似,并且在一两句里直用了这典故,这个假设能否成立,当然要看我所谓类似之处,是否类似,而且有多少个类似之处。从这方面说,徐先生所否认的那些类似点,自然值得我来再加辩正。现在为了讨论方便起见,先把我原信中认为类似或相关的几点列举在下面:

李　　　诗	汉武与李夫人故事
"来是空言"	"仁者不誓,岂约亲兮。既往不来,申以信兮。"
"去绝踪"	"去彼昭昭,就冥冥兮""命樔绝而不长"

李　诗	汉武与李夫人故事
"来……去……"（连词）	"既往不来……去彼昭昭……"
"月斜……五更钟"	"奄修夜之不阳"
"梦为远别"	"梦之芒芒""卧梦……终不复见"
"远别"	"势路日以远兮，遂荒忽而辞去"
"啼"	"悲愁於邑，喧（啼）不可止兮""涕泣沾席"
"难唤"	"响不虚应"（颜师古注："虚其应。"）
笼"蜡"烛于"翡翠"帷	"设灯烛于帷幄"①
"麝"香	"香""芳"
"芙蓉"帐	"张帐"①"居他帐"
"刘郎"	刘彻
"蓬山"	"蓬山"

上面大致举了十三点，实际列上烛和烛帷本可分为两件，所以一共是十四点。上面已说过，李诗既非即"咏"那故事，则我所谓类似只是文字和个别意象上的类似，不必所指全同。我当然知道，李诗说的是麝香，而《汉武故事》中说的"香气"是指"蘅芜之香"，但这种异点并没有否认掉，两篇中都说到香。和这相类的辩论，用不着再重述了。其余不同性质的问题，我可分别答覆：

（一）关于"月斜楼上五更钟"和"奄修夜之不阳"，"月斜"与"修夜"在意境上的类似是很明显的，用不着多说。"五更钟"徐先生也早已解释做"乃夜将尽而天快晓之钟"。"天快晓"还是"未阳"，未尝不相类似。至于说"修夜不阳"是指"李夫人死了，葬在坟墓之中，永无见到阳光之一日"，这个解释也不全对，原文只说长夜没有阳光罢了，若说已永无见到阳光之一日，那武帝又何必去求方士，去求李夫人神？上文我已说过，若把李诗说成是为一个死了的恋人而作的，本无不可通之处，这和武帝赋中夜

---

① 《汉书》作"张灯烛，设帷帐"。

将尽而天未亮的境界，未必有什么矛盾。不过我们并不必这样坐实。我们要指出的只是这"长夜未明"的意象，两处的确相似。还有"楼上"一词，在李夫人故事中也不见得完全不相干。《李夫人传》中说："李夫人少而蚤卒，上怜闵焉，图画其神于甘泉宫。"《史记·封禅书》说，这甘泉宫本是武帝依李少翁的意思修筑起来致天神求仙的，后来，武帝又听信齐中方士公孙卿的话，说"神人宜可致也，且仙人好楼居"，便在甘泉宫里加盖了楼房延寿观。如果说李夫人的神像是在楼上，在想象中并非全不合理。可是我们既不求字字坐实，也就不必深究了。

（二）关于"绣芙蓉"一词，我虽未完全否认冯浩注认是"褥"的解释，但引了鲍照、庾信、刘长卿、白居易的诗句，和李商隐在生时宫中的谣谚，来证明"芙蓉帐"是更常用的意象，比用杜甫诗的孤证更为可信。徐先生对这点虽未否认，但语气上似乎还不甘心。其实冯浩所引杜甫《李监宅》诗"屏开金孔雀，褥隐绣芙蓉"中的"绣芙蓉"，是否百分之百可肯定是指褥也还成问题，崔融《新体》诗"屏帏几处开"，刘长卿《昭阳曲》"芙蓉帐小云屏暗"，李商隐《屏风》诗首句"六曲连环接翠帏"，都可见屏往往和帏帐在一道说到。杜诗前句说到屏，下句的"隐"字若照萧纲"绿炬怀翠，朱烛含丹"中的"怀"字用法，当成被动词"隐于"解，即褥隐于绣着芙蓉的帏帐中，也未尝没有可能。当然，我也承认，把杜诗解释成褥隐藏着本身所绣的芙蓉，也很近理。可是"芙蓉褥"一词是否已见他例还是问题，而"芙蓉帐"却流行得很。（《成都记》所载，成都城上遍种芙蓉，每至秋，四十里如锦绣，因名锦城，"以花染绘为帐，名芙蓉帐"。说是起于后蜀孟昶时。可是孟后主已在第十世纪，而"芙蓉帐"至迟在第五世纪鲍照时便已存在了，初唐以后更已著名。恐《成都记》所记时代有误，或因别处芙蓉帐已有名，所以成都也特别大量制造。）顺治时代朱鹤龄笺注义山诗，对这句注释已引崔颢《卢姬篇》"水晶帘箔绣芙蓉"，不把它当褥。帘箔和帏帐比较近似。"麝薰微度绣芙蓉"的"度"字用在帐比用在褥上似较适切。白居易（772—846）《长恨歌》"芙蓉帐暖度春宵"，也用"度"字，意义自然不同；但我倒怀疑，李氏那句诗是否可能受了一点白氏这句诗的启发。《长恨歌》作于元和元年十二月（807年1、2月间），在李出生前五年，李作《无

题》诗时这歌已风靡遍天下，正如唐宣宗吊白居易诗所说："童子解吟长
恨曲。"元稹也说白氏诗"禁省、观寺、邮候墙壁之上无不书，王公、妾妇、
牛童、马走之口无不道。至于缮写模勒，衒卖于市井，或持之以交酒茗
者，处处皆是"。白比李只先死十二年，《蔡宽夫诗话》说二人很相好，当
亦可能。（原文云："白乐天晚年极喜义山诗，云：我死得为尔子，足矣。
义山生子，遂以白老名之。既长，略无文性。温庭筠尝戏之曰：以尔为乐
天后身，不亦忝乎。"此说固不经。然张采田①考义山生子年确与白卒年
同；又令狐楚与白素有往来唱酬；且白死后不久，其妻与子即托义山为撰
墓碑铭：则二人有忘年交，盖可想见。）《长恨歌》首句："汉皇重色思倾
国。"也正用汉武求李夫人故事，歌的后半述临邛道士至蓬莱山访杨贵妃
魂魄，即比拟李少翁事。陈鸿《长恨歌传》也把唐明皇说成"如汉武帝李
夫人"。又说贵妃死后，"适有道士自蜀来，知上心念杨妃如是，自言有李
少君之术。玄宗大喜，命致其神"。陈寅恪②先生认为《长恨歌》首句所用
汉武李夫人故事，已暗启此歌"下半段之全部情事"。我想这歌大大地宣
传普遍化了李夫人故事，义山受这歌影响很有可能。上面只是说，认李
诗中"芙蓉"为"芙蓉帐"，颇有理由。至于帐是在室内或在室外等细节，
李诗本未明说，我们也用不着去穿凿。这儿我要附带提起，《长恨歌》开
头明指汉武李夫人，接着便证明是在说唐明皇杨贵妃，也正如李诗末了
明明说汉武李夫人，但实际却在说他自己的生活经验。自然我们也可以
说，《长恨歌》受了李夫人故事的影响，部分也根据于此；但有人如追问，
汉武李夫人故事只说李少翁，并非李夫人之神住在蓬山，而《长恨歌》却
说杨贵妃的魂魄住在"蓬莱宫中"，因此便认定不可傅会《汉武故事》影
响，把《长恨歌》弄成了恶诗，那就是他自己把它看得太不灵活了。

（三）我把"来是空言"的"言"比做武帝赋中所说的"誓""约"等字，
"既往不来"，这些誓约也就成了不可"信"的"空言"。我原说，义山把这
种类似的观念与词句用来描写他自己的经验感情，诗中的主人公是诗人
自己和他的女郎，徐先生却要我把"来是空言"这句诗用到李夫人身上

---

① 张采田(1874—1945)，一名尔田，字孟劬，浙江钱塘人，曾任教于燕京大学。
② 陈寅恪(1890—1969)，江西修水人，历史学家，曾任教于清华大学、中山大学等。

去,说李夫人既死,怎能向武帝说"来"呢?我本来可以不答覆,因为我并没有把汉武帝和李夫人看做这《无题》诗里的主人公。不过,这句话对李夫人故事倒大可说得通,汉武"卧梦李夫人",她当然可答应再来;而且李少翁不是一再向武帝诺言"能致其神"么?那神是好像"姗姗其来迟",又"不得就视",连"是耶非耶"都不知道,怎不能说少翁所谓能"来之"(致)的那句话是"来是空言"呢?

(四)徐先生批判我的假设的大文最关紧要的一点,是他否认我对"刘郎"与"蓬山"的解释。把"刘郎"解做汉武帝刘彻,本是冯浩旧说,但他注道:"用汉武求仙事屡见。"他只认是求仙,实际上求仙和想求李少翁回来致李夫人神不是一件事,所以我来加以辩正,而且前人未能确证"刘郎"指汉武,也有人像徐先生一样,认为是刘阮的。这就是我为什么写了那封信。徐先生却说:

> 诗人有称唐明皇为"三郎"的;有把起事而尚未登极的皇帝偶称为某郎的。断乎没有把继业垂统的皇帝称为"郎"之理。周先生以此处的"刘郎"指的是汉武,已属过于奇特。退一万步,承认此处的"刘郎"指的是汉武;则此两句的感情,应当是以李夫人为对象。但周先生却说"少翁没后,杳去蓬山,于是大悔,实即李诗刘郎已恨蓬山远之所据也"。(纵案:徐先生征引时删去了"之所据"三字,这就无形中把二者划上了等号,或系无心,但有乖作者原意。)这便变成了汉武和少翁恋爱,世间岂有如此大煞风景的恶诗。

博闻强记的徐先生居然敢大胆说:"断乎没有把继业垂统的皇帝称为郎之理。"这很有点像在七十年代里说,断乎没有把总理、总统或主席称为同志之理。无奈李商隐生在唐代,不在明清。按《太平广记》所引《定命录》《谈宾录》及《两京记》,还有宋朝马永卿的《懒真子》,都曾记载,玄宗执帝位以后还被称或自称做"三郎"。这些也许还只算小说家言,或不足据。但唐昭宗光化二年(899)去世的郑綮所著《开天传信录》,自称是"搜求遗逸,传于必信",也记载玄宗在位时天宝二年十一月间有个名叫刘朝霞的,向明皇献了一篇《贺幸温泉赋》,其中说:"遮莫尔古时千帝,岂如我今日三郎。"皇帝因此还封了他一个官。即使说这事不必可信,但郑书非伪书。再看与《汉武故事》性质相似的《汉武帝内传》,便常称武帝为"刘彻"或"刘生"。而更明显的,李贺《金铜仙人辞汉歌》一开头就说:"茂陵刘郎秋风客。"在这诗前作者自序明说诗题是指汉武帝捧露盘仙人,茂陵是武帝陵墓,武帝又作有《秋风辞》,这"刘郎"是指汉武帝,决无可疑。李贺(790—816)和李商隐(812—858)先后同时,李商隐还写撰有《效长吉》诗和《李长吉小传》,可能还见过李贺的姊姊。李贺诗可以称汉武帝为"刘郎",为什么李商隐就不可以呢?再看李商隐自己的古诗《海上谣》罢:

> 桂水寒于江,玉兔秋冷咽。
> 海底觅仙人,香桃如瘦骨。
> 紫鸾不肯舞,满翅蓬山雪。
> 借得龙堂宽,晓出揲云发。
> 刘郎旧香炷,立见茂陵树。
> 云孙帖帖卧秋烟,上元细字如蚕眠。

这首诗也是用汉武帝求仙的故事来咏自己的感触的。这里茂陵、蓬山、上元夫人、香桃、香炷、海底觅仙等无一不在汉武故事中,刘郎是指"继业垂统的皇帝"汉武帝已绝无问题,这儿也和蓬山并称,更可证明《无题》诗中"刘郎已恨蓬山远"是确指汉武故事。这里我只好请求尊重事实的徐先生"退一万步"了。

至于说,李少翁被杀后突然又神秘地出现,叫使者告诉武帝"后四十年求我于蓬山",于是武帝大悔。把李诗末了两句解释成根据于此,也不见得如徐先生所说,便使李诗"变成了汉武和少翁恋爱"。武帝悔憾蓬山杳远,也只不过是说他深悔再也找不到李少翁来致李夫人之神,目的是李夫人,怎么能说是他和少翁恋爱呢?我实在看不出来,认"刘郎已恨蓬山远"是指汉武李夫人典故,便会把这《无题》诗弄成"大煞风景的恶诗"。

这里我得顺便提起一点,徐先生说:"除了末句'更隔蓬山一万重',周先生未作交代外,其余七句,认为都是咏李夫人故事的。"这儿他说我"认为"种种,固已如前所说不确。事实上,我对"更隔蓬山一万重"一句当然认为已连同上句"刘郎已恨蓬山远"一起交代了,这里"刘郎"自然已是指李商隐自己,末句就紧跟着巧妙地使用移花接木的手法。所以这句仍在用典之列。我说诗中七行与故事相应,原是指"书被催成墨未浓"一句似乎未见受李夫人故事影响。其实,徐先生如能再容忍我"傅会""挦撦"一番的话,这句也不是不可能受到李少翁或李少君故事的一点启发。上文所引《海上谣》的末句"上元细字如蚕眠",当然是指《汉武帝内传》所载,王母替武帝请来的那位"年可廿余,天姿清辉,灵眸绝朗",小名阿环的仙女上元夫人。武帝跪在地上向她苦苦哀求,"叩头流血",她才付与他"金书秘字"十二篇,也称做"五帝六甲左右灵飞之书"。这套"可以步虚,可以隐形,长生久视,还白留青"的天书,说是在人间只能授与李少君。(《史记·封禅书》中的李少君和齐人少翁本是二人,死得也不同;但后来传述有时变成了一人。例如也作于义山出生前五年的《长恨歌传》,似即如此。)武帝把这书藏在柏梁台,后来天火烧台,把书全烧了。所幸武帝事先遵照上元夫人的话,曾把这书传授李少君,这时只能赖少君再传。据道藏本《外传》中李少君条所载(唐代诗人如李商隐等所见《汉武内传》《外传》,应近于道藏本。钱曾《读书敏求记》,《四库提要》及余嘉锡①《辨证》等皆已指出。今《守山阁丛书》本最为完备。)少君又有方书,但他已患病,武帝急于求得方书,恰好梦见少君被仙使召唤上天,正疑虑少君会"舍朕去矣",果然,"明日少君临病困,武帝自往视,并使左右人受其方书,未竟而少君绝。武帝流涕曰:少君不死也,故作此去耳。既敛之,忽失其所在"。这里记载和《内传》稍有不同,说在少君死后,"明年,柏梁台火,烧失诸秘书妙文也"。总之,这是说,少君死前武帝梦他远去,后又派人去到病床边依他口传方书,赶紧抄写,但匆匆忙忙未完书,他就

---

① 余嘉锡(1884—1955),字季豫,号狷庵、狷翁,湖南常德人,历史学家,曾任教于辅仁大学。

死了。这件事和"梦为远别","书被催成"也不无类似之处。本来,如果单是这点类似,自不可强为傅会。但《武帝内、外传》把这失书的事的确写得很严重:"帝既失书,悔不行德,自知道丧。"而义山对上元夫人授书事也很重视,《曼倩辞》中也有"如何汉殿穿针夜,又向窗前觑阿环"之句。为什么他要特别提到"上元细字"像"蚕书"一样?后来注诗的人,或说这是指李德裕的相业纪在史书,且暗寓曾代郑亚替李德裕的《会昌一品集》作过序;也有说是指自己充书记的文字生涯。我想也许是讥讽唐武宗求仙书罢。《海上谣》作于宣宗大中元年(847),义山在桂林依桂管防御观察使郑亚当幕僚掌书记的时候。先一年唐武宗死去,这个皇帝和汉武帝很相似,好大喜功,重方士,学仙,喜女色。宠王才人,从道士受法箓,服食修摄,等到丹药发作,变得性情暴躁,喜怒失常,大病不起,道士们还说他在"换骨"!临死时被宦官操纵,把他的叔父扶立,是为宣宗。在武宗当皇帝的六年中,亲任义山岳丈所属的李德裕党。但宣宗却重用牛僧孺一党,从此义山便在政治上终生潦倒。因此武宗之死对义山一生影响很大,他也就常用汉武故事来比喻武宗写诗,《昭肃皇帝挽歌辞》固是直指,其他如"茂陵""汉宫"等都如此暗喻。《海上谣》一面写自己在桂林的生活经验,一面也借武帝事来讥叹宣宗,自无可疑。《无题》诗一般都认为作于大中三、四年左右,或稍前,尚难肯定。这些年义山似乎最喜欢用汉武帝典故写诗。《无题》诗和《海上谣》的主题当然不同。假如我们说,"梦为远别""书被催成"这些句子有可能受到上元夫人和李少君事的启发,既不是说那就是咏这件事,也不是用典,因为我也认为前一句也可能受了武帝赋的影响。我所说的,乃是指诗人写作过程中,大约在下意识上,也可能在意识上,因那些故事和赋在心目中已有深刻印像,便自然而然地融合起来创造了"梦为远别""书被催成"等境界,来表达他自己的经验和感情。

以上大致解释了徐先生的几点怀疑。但他对我的假设,在方法上还有个总的反对。他说:

> 按与"芙蓉""翡翠""梦""香""啼"有关之故事,只要把汇书翻开

一查,可谓多得不可胜数。只看能不能与李诗全首全句的内涵乃至气氛相融。

他这末了一句,还是把我所要做的分析诗中个别意象素材的来源和所受影响,与解释全诗主题,混淆在一起。上面既已说明,这儿可不再论。他前半段所提出的问题倒是很重要的。因为"梦""香""啼"等确实都是很常用的字,与它们有关之故事也非常多,如果一见有这些词句相似便以为是根据或影响,那就未免太荒唐了。可是我把这《无题》诗来和汉武李夫人故事比较,原有几点特殊理由:第一,《汉武故事》和《李夫人传》是单篇故事,也可说"一个"故事,决不能看成字典、词典或百科全书式的"汇书"。汇书可以把许多不相关的字汇和故事都列在里面,单篇故事不可能。第二,这故事本身非常短,我所用的据明钞《说郛》本《汉武故事》小本只印了九面,大本只有两面多,而且我并未拿全篇来作比,只用了其中述致李夫人神一小段,共只一百九十余字,《汉书·李夫人传》更短,也只用了后面讲招李夫人魂的那段,共只六十余字。武帝赋也不过三百三十余字。而且这些都是叙汉武思念李夫人的单一故事。这和在长篇小说或许多不同故事中找出那些类似词句意象来,不能相提并论。第三,这《无题》诗只短短八句,其中至少七句,也可能全部八句,在文字和意象上都可在那故事中找到或多或少的类似点,共达十四五件之多。即使说其中有一两件不太明确,但总是惊人的多了。我也承认,把那些类似点分开来看,绝大多数都不能建立个别的必然关系,这就等于说都是逻辑上的"丐词",许多不必然的丐词还是建立不起整个的必然关系。大家当还记得,近人争辩《老子》书年代问题时,也曾争论到这个逻辑问题,在这一点上,徐先生倒好像是站在胡适先生一边反对冯友兰①先生等人。我也尝觉得,丐词虽多还是无法建立必然关系,因此,我并不认定我如恍惚指出许多不必然的类似点便肯定地建立了李诗与李夫人故事的关系。但我也有一点很强的理由,那就是第四,我确可肯定"刘郎已恨蓬

---

① 冯友兰(1895—1990),字芝生,河南南阳人,哲学家、教育家,曾任教于清华大学、北京大学等。

山远"是指汉武李夫人故事。有了这个肯定而非丐词的关连,再加上那么多可能是真,也可能不真的类似点,我才下出结论:"其间影响,至为显著,决非强为附会,亦非偶然巧合也。"我当然还承认,我所指出的个别类似点,不一定件件都真实肯定,但权衡全部比例数,如要否认那相当重要的影响,却是不应该的。如果真是无关,两篇这样短的作品,怎能"傅会"出这许多类似点,还有两个肯定的专名作证呢?

一个很好的例证便是上面说过的《长恨歌》和《长恨歌传》。在这两篇里,真也可找出许多与这《无题》诗相类似之处。这里有汉皇、芙蓉帐(度)、楼、翡翠、月、长夜欲曙天、死别、蓬莱,词中有誓、长恨、焚香于庭等。有灯但不是烛。(后人曾因此屡评,宫廷富贵人家点烛不点灯,说白氏比拟不伦。)也说到梦,但却是相反地说"不曾来入梦"或只说杨妃之魂由梦中惊醒。不论如何,相似之处已很多了,为什么会如此呢?原来作者陈鸿、白居易自己很明显表示过,他们是在用汉武李夫人事作比拟;而且我已指出过,义山那诗也可能受了《长恨歌》的影响。《无题》诗在文字和意象上比《长恨歌》更接近汉武李夫人故事,像"来是空言去绝踪","啼难唤",烛帷,甚至"梦为远别"和"书被催成",都是很不简单的情境,若无影响,不容易都傅会得上。《长恨歌》和《传》既是明白要比附汉武李夫人事,我现在来指出《无题》诗和它的关系,岂不恰当么?

徐先生说我傅会汉武李夫人事不当,他自己却轻而易举地肯定"刘郎"是指"刘阮","蓬山"是指"东观""兰台"。关于典故应注意"如何地活用",我很同意;但却不能同意随便肯定那典故的出处。东观、兰台本是冯浩旧说,他已指出:"《后汉书·窦章传》:学者称东观为老氏藏室,道家蓬莱山。"如果不否认蓬山与武帝故事有关,但说义山同时也用蓬山来暗示他曾两度工作过的秘书省,我并不完全反对,这已是解释主题问题,连同徐先生认全诗是为在赴江乡途中怀念妻子之作的问题,说来话长,这里无法讨论,只是觉得也还需要更多的证据才能成立。至于"刘阮",前人本也有此一说,我们且把《古小说钩沉》中最完备的合校本全录如下:

汉明帝永平五年,剡县刘晨、阮肇共入天台山取谷皮,迷不得返,经十三日,粮食乏尽,饥馁殆死。遥望山上有一桃树,大有子实,而绝岩邃涧,永无登路。攀援藤葛,乃得至上。各啖数枚,而饥止体充。复下山,持杯取水,欲盥漱,见芜菁叶从山腹流出,甚鲜新,复一杯流出,有胡麻饭糁,相谓曰:"此去人径不远。"便共没水,逆流二三里,得度山出一大溪,溪边有二女子,姿质妙绝,见二人持杯出,便笑曰:"刘、阮二郎,捉向所失流杯来。"晨、肇既不识之,缘二女便呼其姓,如似有旧。乃相见忻喜。问:"来何晚邪?"因邀还家。其家铜瓦屋,南壁及东壁下各有一大床,皆施绛罗帐,帐角悬铃,金银交错,床头各有十侍婢,敕云:"刘、阮二郎,经涉山岨,向虽得琼实,犹尚虚弊,可速作食。"食胡麻饭、山羊脯、牛肉,甚甘美。食毕行酒,有一群女来,各持五三桃子,笑而言:"贺汝婿来。"酒酣作乐,刘、阮忻怖交并。至暮,令各就一帐宿,女往就之,言声清婉,令人忘忧。十日后欲求还去,女云:"君已来是,宿福所迁,何复欲还邪?"遂停半年。气候草木是春时,百鸟啼鸣,更怀悲思,求归甚苦。女曰:"罪牵君当可如何?"遂呼前来女子有三四十人,集会奏乐,共送刘、阮,指示还路。既出,亲旧零落,邑屋改异,无复相识。问讯得七世孙,传闻上世入山,迷不得归。至晋太元八年,忽复去,不知何所。

这故事已有四百三十余字,若加入别本异文,与《汉武故事》及《李夫人传》等李夫人与少翁事长短已差不远。我现在无论怎样傅会掯撩,也只能找到"刘、阮二郎""帐"、远别、去绝踪几个名词和意象相类,像"金""啼唤"及"来去"连词已不很恰当,难于傅会,其他确无办法。而最重要的,这里明明是"天台山",没有"蓬山"。把刘晨拉到这里来实在没有多大理由,并且就我记忆所及,李商隐诗中他处没见用过刘阮典故,他是否注意或喜欢这个故事,也还有问题。我不懂为什么徐先生要选择这个说法。如果徐先生能在这个故事里,或其他任何单一短篇故事或诗歌里,也能像在汉武李夫人故事中一样,找到十四五件词句和意象相类似,并且包括两个专有名词,我也自愿"退一万步",放弃我的假设。

有人也许要问，一首短诗，何必花如许笔墨来找出它文字和意象的根源呢？我素来也不喜欢仇兆鳌详注杜诗那法子，把"文武衣冠异昔时"要注出《后汉书·传赞》里说过"上方欲用文武"。这不但无必要，并且杜甫可能全没想到《后汉书·传赞》那句话。但我对义山这首诗的解释，和一般繁琐注诗绝不相同，因为这么多意象符号都出现在同一个短故事中，几乎全诗的重要意象都可在这一短故事里找出来，可是又不是咏这故事的诗，而过去读者也似乎未察觉。作者并未明白承认其渊源，这在中外文学史上，就我所知，可算是个颇为稀有的例子。对研究诗人创作的心理过程和意识演变或下意识之流，也许是一件可贵的资料。因此不惜辞费，再加辨析。

致邓嗣禹[①]，1971 年 11 月 20 日

嗣禹先生道席：

多时未晤，甚念贤劳。拜奉尊著四种，珍同拱璧，铭感良殷。太平天国二文所提出之问题，至关重要。《注释国学参考书目》[②]弟数年来皆用为教本，获益殊多，此次增订，承齿及贱名，可谓附骥尾而不朽矣。明春复开此课，尤为雪中送炭也。《颜氏家训》千古名作，得此英译，广被海外，难能可贵，自不待言。尊译义必求当，详释赡核，尤便检阅，至佩至

---

① 邓嗣禹（1905—1988），原籍湖南常宁，旅美学者，1942 年获哈佛大学博士学位，曾任教于美国芝加哥大学、印第安纳大学等。著有 *New Light on the History of the Taiping Rebellion* (1950)、《中国考试制度史》(1967)、《邓嗣禹先生学术论文选集》(1980) 等。
② 当指邓嗣禹、华乃德（Knight Biggerstaff）合编：《中国参考书目解题》，北平：燕京大学哈佛燕京学社，1936 年。

佩！兹有恳者，弟正欲申请明年秋后之研究奖助金，需要推介人，如承填写，当至为感激。近年以来，弟于文学理论批评史，颇有涉猎，且历年均教此课，惟亟需时间写作。申请书截止日期为十二月一日，如承在一周内寄去，尤为感幸，有劳之处，特此致谢。即颂

著安

弟周策纵　拜上
十一月二十日　一九七一年

顷读《书证篇》末段邢芳引或人解《贾谊传》所引"日中必熭，操刀必割"，因原注谓"熭，暴也"，乃云："此是暴疾之意，正言日中不须臾，卒然便昃耳。"疑"暴疾"乃仓卒疾速之意，故下文云日中不能持久，卒然便昃耳。卒然即猝然，昃即昗字，此解殆本诸《说文·十下·夲部》"暴：疾，有所趣（趋）也，从日出夲廾之"云云，然细审《上治安策》及《六韬》原文，《颜氏》之释自较确。不知尊意如何？
拙著《五四运动史》近由留美青年五人合译成中文，自年初在香港《明报月刊》分期登载，兹奉上最近一份之复印本乞正。又十余年前偶译有泰戈尔小诗二册，近来印出，另包邮寄请正。

致罗忼烈，1971 年 12 月 26 日

忼烈吾兄道席：

　　数月来诸务萃集，久欲作书，均未能如愿，然时而尊况为念也。陈

耀南①君《清代骈文通义》，极为得要而有用，末附作者年表及地图，检读尤便。弟尝觉文史著述，多应加附地图，始能得发展大势，年表亦然，如系长篇著作，则更须有专名及主题索引。请代为转向陈君致谢。又何文汇君硕士论文《杂体诗释例》②，前时校阅，曾加评论，倘有不当，盼兄指正。何君用功甚勤，论断审慎，青年得此，殊为可喜，此亦吾兄教导有方之故也。弟曾寄赠何君小册二种，想已由校方转交矣。此论文应即铅印成专书，盼兄设法为之玉成，读者必有兴趣。弟前作有《和杜秋兴八首》③，已载在九月份《明报月刊》，港九易得，故此不再附。见到时乞赐正。数年前有七绝及词数首，不合旧格，录呈请正：

未 题 四 首

风雪郁郁江山近，丈室呻吟逐电波。
影堕如灰纵拾趣，一灯垂老待飞蛾。

高楼玉蕊珊瑚暗，望断寒云草色微。
忽起一声如月去，乱山箕踞看人归。

此日生人亦大难，芸芸春树引春残。
片风扫叶和筝杳，到处残阳抚墓寒。

渊渊碧海岂无源，落日留人意最繁。

---

① 陈耀南（1941— ），广东新会人，香港学者。1969 年以《清代名家骈文研究》获香港大学文学硕士学位，1979 年凭《魏源研究》获同校哲学博士学位，曾任教于香港理工学院、香港大学、台湾中正大学、台湾中兴大学，并为日本京都大学人文科学研究所客座学人。著有《清代骈文通义》（1970）、《魏源研究》（1982）、《文镜与文心》（1987）、《陈耀南读孙子》（2009）等。
② 何文汇（1946— ），祖籍广东南海，香港学者。1971 年凭《杂体诗释例》（1986 年由香港中文大学出版社印行）获香港大学哲学硕士学位，1975 年获伦敦大学哲学博士学位，曾任教于美国威斯康星大学麦迪逊分校、香港中文大学等，致力推动粤语正音运动。著有《陈子昂感遇诗笺》（1978）、《粤音平仄入门》（1987）、《粤语正音示例》（1989）、《周易知行》（2014）等。
③ 即《秋兴八首和杜韵》，全诗附见于本书《致何怀硕、董阳孜》（1980 年 11 月 28 日）后。

116

坐到海枯秋漫漶，看云成月着诗痕。

一九六二年

蝶 恋 花

和 赵 国 钧[①]

梦后不知春已去，错对红裙，苦问花无语，万怨千骚终莫诉，孤灯淡尽深宵雨。　　旧事空云都道误，碧落沧溟，没个安身处，只合樱桃枝上住，秋来犹抱西风舞。

一九五六年

□□兄去年在美，未克晤面为憾。兄近与通讯否？便中请代为致念。迩来兄等有何新作，盼寄示我。匆祝
年安

弟周策纵　拜手
十二月二十六日　一九七一年

兄前函云曾赠书□图一张，迄未收到，不知何故，甚盼得到也。

---

① 赵国钧（1918—1962），旅美经济学家、中共问题专家。1954 凭"Land Policy of the Chinese Communist Party，1921‑1953"（《中国共产党土地政策，1921—1953 年》）获美国康奈尔大学政治科学博士学位，于费正清主持的哈佛大学东亚研究中心作博士后，其后于印度德里大学国际研究印度学院任东亚系系主任，1962 年于欧洲遇车祸去世。著有 *Economic Planning and Organization in Mainland China: A Documentary Study，1949‑1957*（《中国大陆经济规划与组织：文献研究，1949—1957 年》，1959—1960）、*Agrarian Policy of the Chinese Communist Party，1921‑1959*（《中国共产党农业政策，1921—1959 年》，1960）等。

117

致陈启云①,1972 年 2 月 7 日

启云兄：

　　手书奉悉，大驾三月下旬能过陌地生便道一游，至表欢迎。纵本期仅教治学方法与研究资料及中国文学史等课，此间研究院学生已略减，一部分已考完预试，在各地图书馆写论文，尊驾来时，即请在治学方法与研究资料班讲演道家问题及资料概况如何？（此课时间为星期二及四下午一点二十分至二点三十五分，三月二十三日讲如何？二十一或二十八或三十日亦可。此课学生不到十人，皆能读中文文言。）至于时局问题，拟邀集有兴趣人士至舍下聚谈，交换意见，俾得从客画意，不知尊意如何？来时下榻舍下亦可，仍请先期函告。匆此即颂

教安

周策纵　拜手

二月七日　一九七二年

《文林》二期尚需稿，有文章可供考虑否？

中约②兄、先勇兄及淡莹并此问候。

---

① 陈启云(1933—)，原籍广东电白，旅美学者，曾任教于美国加州大学圣芭芭拉分校。著有 *Hsun Yueh（A. D. 148 -209）: The Life and Reflections of an Early Medieval Confucian*（《荀悦与中古儒学》，1975）、《汉晋六朝文化·社会·制度：中华中古前期史研究》(1997)、《治史体悟》(2007)等。

② 徐中约(1923—2005)，原籍浙江宁波，旅美学者，曾任教于美国加州大学圣芭芭拉分校、香港中文大学等。

致潘重规,1972年2月21日

石禅教授吾兄道席:

手书敬悉,为慰为感!《红楼梦》纪念会,弟将于三数日内将过去学术论文数篇航空寄上不误。恐劳远念,故先草数行相告。弟近日奇忙,如能抽出时间,亦当于周内草就一文寄上。

前寄上拙诗,其中"坐到海枯秋漫漶","漶"字误作"涣"字,乞代为改正为感。

纪念会定在何时? 赵冈[①]兄称是三月十七日。希望能将拙作等赶到。余容后告,匆祝

教安

弟周策纵　拜上

二月二十一日　一九七二

弟现得"美国学术会社评议会"及本校研究院奖助金,明年将休假一年。并此奉闻。

---

① 赵冈(1929—),原籍黑龙江哈尔滨,旅美学者,曾任教于美国加州大学伯克莱分校、威斯康星大学等。周策纵多年来同事。

致陈启云,1972 年 3 月 21 日

启云兄：

　　信已收到,这几天我很忙,故到今天才回信,我们暑假不开高年级课,但初年级及中年级的中文课仍开。你如那时来,当然也可以。我暑假期间不教课,明年得 ACLA 奖助金,将休假一年。你如能在本月二十七日以前过此,自然也可以,倘太忙迫,便只好约在暑假期间,仍盼你先写信或打电话告我。威大七八年前就对道家哲学有兴趣,那时本想以此做教研重心之一,后因人手不够,未能发展。你来讲讲这方面,定受欢迎。匆祝

近安

周策纵　顿首

三月二十一日　一九七二年

致刘殿爵，1972 年 4 月 4 日

殿爵吾兄道席：

昨奉手书，知《韩非子》一文①已草就，至为欣幸。当乞尽速寄下为盼。《文林》第二期正需此项文章也。

日前航空寄上与吉川论钱序及情景论书②，该函颇有起因，盖彼于会中逼问中国人当场解答，而彼时年长者唯陈世骧、叶嘉莹、夏志清，余皆三十上下人，西人更无论矣。彼见无人回答，乃大笑甚傲，且当即有诗云："溟渤光浮孤岛曙，景情相逼足钩沉。"弟当时解答，意有未尽，故作是书。和诗亦有"江海相忘又明日，无端歌哭意深沉"之句。诚非好辩，有不得已也。惜博学如兄者不在耳。复观先生评弟之文，十分客气。惟误会弟原意，故不能不解释，然益我颇多。但望能与兄等重聚，得畅论古今，而世事扰扰，蒿目为劳。奈何奈何！匆祝
教安

弟策纵　手上

四月四日　一九七二年

下年底弟得 American Council of Learned Societies 奖助金，将休假一年，恐家居时仍多。

---

① "Taoist Metaphysics in the *Chieh Lao* 解老 and Plato's Theory of Forms"，收入《文林》（*Wen-lin*）第 2 辑，详下函。
② 见《致吉川幸次郎》（1973 年 12 月 20 日）。

致刘殿爵,1972 年 5 月 10 日

Dear D.C.,

Thank you so much for your excellent article[1] and nice letter. I'm showing the article to other editorial members now.

Off hand I have two questions to raise. On p.12 you say that "the *tao* must also adapt itself to them (*hua* 化) in order to encompass the *li* of all things". I wonder whether the process implied here has been reversed. Does the *tao* "adapt" itself to things or probably we should say *tao* itself already has the character of all things? The basic nature or character of all things may still be "constance"（常）as that of the *tao*.

（整理者按：原信至此）

---

① 此信有关刘殿爵投稿至周策纵主编《文林》第 2 辑事宜,其文章十多年后发表于该丛刊,见 D. C. Lau, "Taoist Metaphysics in the *Chieh Lao* 解老 and Plato's Theory of Forms," *Wen-lin: Studies in the Chinese Humanities*, vol. 2, ed. Chow Tse-tsung, Madison, WI: University of Wisconsin Press, 1989, pp.101－121,以下引文见第 107 页。

致蒋彝,1972 年 5 月 10 日

重哑吾兄道席:

　　手示拜读至慰,为忱烈兄致港方信早已发出,亟盼其成。五月份《明报月刊》大作《熊猫》①,精美可喜！本月下旬弟乘赴纽西兰②开会之便,拟过港小留一星期,盼能与兄一会也。匆此,即祝
著安

弟周策纵　拜手

五月十日　一九七二年

致潘重规,1972 年 5 月 10 日

重规教授吾兄道席:

　　手示教悉为慰,陈君书及特刊则尚未收到也。五月份《明报月刊》已由该刊航空寄到,拜读大作,益我良多。弟现定于本月十四日飞纽西兰,

---

① 《明报月刊》总第 77 期(1972 年)封面彩图。
② 即新西兰,余同。

参加第一届国际中国研究会议，二十二日左右拟来香港一行，停留约一星期，盼能与吾兄及耕望、汉升、法高、德昭、润荪、忼烈、复观①诸兄一叙，便中当拜望梅贻宝②先生。近数星期弟正修改补写一文，对中国古代社会习俗及礼仪与文学思想，有数大胆草率之新解释，暂题为"从《诗经》中的《葛屦》论到古代的亲迎、郊祀与巫医"，如有机会，拟作一两小时之学术性讲演，借得诸学者及青年朋友之指正商榷，不知兄或德昭、法高或耕望、汉升等课上可讲此题否？抑或另行安排？如不方便则可作罢。弟亦可在香港大学马顺之③、罗忼烈兄处讲一小时，但须在上面一题目之后，方可衔接。倘听者不同，则两者重复一部分亦可，弟当另函忼烈兄高□。把晤在即，余容面谈。匆祝

教安

弟周策纵　拜手

五月十日　一九七二年

---

① 潘重规时任香港中文大学新亚书院教授，其后七人为严耕望、全汉升、周法高、王德昭、牟润荪、罗忼烈、徐复观，除罗氏外均在香港中文大学讲学。

② 梅贻宝（1900—1997），天津人，前清华大学校长梅贻琦胞弟，旅美学者。1922年清华学校毕业后赴美国习哲学，1928年获芝加哥大学博士学位，回国后执教于北平燕京大学，抗战时为成都燕京大学代校长。1949年后侨居美国，但终生未入籍。曾任美国爱荷华大学东方学教授兼远东中心主任，1970年荣休后复受聘为香港中文大学新亚书院校长，期间主持新亚书院马料水新校舍建设，1973年6月卸任。

③ 马顺之，香港学者，曾任香港大学中文系主任，第26及27任香港总督尤德与卫奕信均为其学生。

致罗忼烈,1972 年 5 月 10 日

忼烈吾兄道席:

　　手示及大作等均已收到,至佩至谢,推荐函早已发出,该席自以兄为最宜,亟盼能实现也。弟三四天后即飞往纽西兰参加该国第一届国际中国研究会议,当便道于五月二十二日左右到香港停留一星期,至盼能与吾兄及顺之、重哑与港大诸友一叙,弟近来对《天问》与《九歌》中某些语句与意象略有新解,大胆草率,欲请方家批判,如港大贵系能作一小时讲演,人数不必多,即在一班上或合数班皆可,不知可否与顺之先生一谈?又弟对《诗经》及古代祭祀等亦有些意见,已函潘重规兄,看是否可在该校讲《诗经》部分,《楚辞》部分则可在讲过《诗经》后再讲,如两校听众不同,则两处分开重复讲,兼及《诗经》与《楚辞》亦可,但如讲演安排不易,则可作罢。① 兄可与重规兄连络否? 重哑兄信已收到,五月份《明报月刊》上兄之大作②及彼之《熊猫》殊为精采。匆匆不尽,余俟面谈,即祝
教安

弟周策纵　拜手

五月十日 一九七二年

---

① 1972 年 5 月 26 日于香港大学中文系演讲,题目为"从古代的亲迎、郊祀与巫医论《诗经》与《楚辞》"。
②《明报月刊》1972 年 5 月号有"红楼梦讨论专辑",收周策纵《论〈红楼梦〉研究的基本态度》、徐复观《曹頫奏折的诸问题:附"补记"》、赵冈《赵冈致潘重规书》、潘重规《"读红楼梦新探"余论——答赵冈先生》及蒋凤《吾师与真理》。

答柳作梅^①,1972 年 7 月 20 日

关于钱谦益《梅村诗序》问题的结论

此稿写成已久,置未发表。近见友人仍读原札,恐导谬误,特检出补登,并志吾过。一九七三年六月三日,作者附识。

顷读《大陆杂志》四十四卷二期柳作梅先生评论四十二卷三期所载拙札关于钱谦益序梅村诗所称"泗水秋风"及"寒灯拥髻"句事,据钱诗"泗水秋风沉汉鼎""往歌来哭悲鸜鹆"及"画师要著樊通德,难写银灯拥髻时"等加以判断,至为确当,自应改从。前在香港晤及徐复观先生,亦曾以《左》昭二十五年鸜鹆谣为据,谓拙论不足信,当时行旅匆匆,未遑改写。且手头迄无钱著《初学集》及《有学集》,前札所说,本由会议中仓卒建议而起,数用疑似之词,未尝视为决断。故在札前小引中曾声明:"余在会中虽有所建议,恐尚难成定论,录存此札,以俟世之高明。"乃柳先生目为"越理横断",亦未免过矣。

兹尚有数事,拟略加补充说明者:柳先生于考释两句时,多系据钱氏自作诗文,以为比论。此就训释文义而言,本甚适当。惟另一方面亦应注意者则为,钱序既在论梅村诗,则梅村诗是否有泗水歌哭、拥髻死生之感,及所指为何,亦至关重要。柳先生引钱氏书梅村《琴河感旧》诗后之作,有"秋风纨扇是前生"及"寒窗拥髻悲啼夜,暮雨残灯识此情"之句,此自是表示钱氏对吴诗之了解如是。乃梅村本人竟谓"未尽如牧斋所引","托于臣不忘君之意",殆自认一部分是"题柳看桃"之诗,非专为"歌禾赋

---

① 柳作梅(? —2015),曾任教于台湾东海大学。

126

麦"而作。此在文网森严之清代，或不得不先自开脱。细读《琴河感旧》诗，或亦应如吴说；但此诗自序中云："江头燕子，旧垒都非。"则仍不能无感于"故朝事"。梅村歌行、古诗及七律中，寄慨于故朝事者固甚多，而尤可注意者，为其《永和宫词》，咏崇祯帝田贵妃事，其中确有"虽云樊嬺能辞令，欲得昭仪喜怒难"之句。而梅村之旧识卞玉京，固亦"曾因内宴值歌舞"者（见吴氏《听女道士卞玉京弹琴歌》），则钱氏拟以伶玄、樊通德姊妹事，虽系借以"解嘲"，实又不为完全无因也。拙札固失其指事，然亦曾云：钱序"在辞句意境上，或亦曾受伶玄序之影响"，则亦一得之愚耳。

又"泗水秋风"固指周鼎沉于泗水事，诗言"沉汉鼎"，钱曾注引《说苑》为证，实则武帝时所得者虽可称汉鼎，然旧所沉者仍是周鼎。牧斋用"汉鼎"一词，似系借此暗指满汉之汉。然"泗水"与"秋风"何干，柳先生无说。钱氏谒孔林孔庙诗称"泗水秋风下"，殆因谒访时在九月十五日之故。但宋太丘社亡在周显王三十三年（公元前三三六）。西周君亡于周赧王五十九年（前二五六），秦迁东周君，周亡于秦庄襄王元年（前二四九），史皆不书何季何月。秦之亡，与新莽篡汉，似亦与秋不相关。惟崇祯十七年，即清顺治元年甲申（一六四四）九月十九日，清世祖自沈阳至北京，十月朔，即皇帝位。以此而论，明社之屋，当可云在秋季。牧斋诗"泗水秋风沉汉鼎"之秋，殆指此耳。

抑尤有进者，柳先生钱氏论梅村诗，谓声律体制，虽梅村之诗不能外，因云："此梅村之诗之可学而能者也。"此指梅村诗之声律体材，大旨固不误。然钱序原文，但谓梅村之诗乃"可学而不可能者"，及"又非不学而能也"。当其论"可学而能者"时，则不特指梅村之诗，此亦非无故。盖声律体材之一般原理虽可学而能，若梅村诗对声律体材之安排与运用，常人是否可学而能，则未尝明言，观钱氏致梅村书云："词丽句清，层见叠出；鸿章缛绣，富有日新。有事采掇者，或能望洋而叹。"其云"能"，亦止"望洋而叹"而已。严格而论，可学而能之一般的声律体材，已非梅村诗特殊运用之声律体材，钱氏不值①称"梅村之诗"之声律体材为可学而能，自有其敏锐微妙处。

又钱序中所谓"学""不学""可学而能"与"不可学而能"等，此学字究

---

① 疑为"直"。

含何义,亦不可不辨。钱序云:"有天工焉,有人事焉,知其所以然而诗可以几学也。"以"天工"与"人事"论学诗,是其要点。故此所谓学,本指人事,如求知与练习,职是,则"可学而能"须读作可"学"而能,最好不读作"可学"而能。盖"可学"则主要意义为摹仿;"学而能"则重在"人事",其中是否包括摹仿,本不一定,即使包括,亦非以此为主。钱序中颇非"掇拾",信中亦只云"采掇",其重点本不在论摹仿,故序中不径言"学梅村之诗"。惟其所称"可学而可不能"一语,似可能包括摹仿,但继此即云"而又非可以不学而能",重心仍只在论求学或学力,非谓必须或不必摹仿梅村之诗。亦鲜及摹仿之得失。柳先生一再云:"学梅村之诗者。"此或亦可能指广泛之求知与学力,至多附及摹仿,但依文义,恐易引起误解,以为专指摹仿,则似非钱序之主旨所在。此中差别,柳先生想亦知之,今更析论,聊以引起读者之注意,当否仍待商榷也。

一九七二年七月二十日于陌地生

致萧公权,1972 年 11 月 3 日

公权先生道席:

前奉手示,知夫人因病动手术,而尊体又违和,甚深系念。不意近来亦患臂痛头痛,前次在医院打针一次,已告平愈。然各方友好,音问疏阔,每以为愧。顷收到大著《迹园诗稿》,细读之余不仅叹其峻严蕴丽,近人所无,尤感中国旧诗之伟大传统,继承发扬者,恐将后起乏人,即真能通解者,亦将寥落无几,此实所谓故国乔木之思也!纵生平于近代白话新

诗之成就,估价特高,但觉近人精于旧体诗词者,其真正价值,又岂能徒以是否近于口语为断? 以用文言作诗即为死文学者,浅人之见也。陶、谢、李、杜、苏、陆以及其他诸大诗人之作,并非用当时之口语,近代中外学人既不能否认此等诗人之伟大成就,又何能绝对否认近人用非白话作诗词之成就? 诗之优劣,端视其所言之情景意境,能否感人,自有其客观价值。惟此客观价值,亦不能不赖读者于诗人所使用之文字音韵格律,有适当之共同了解与体会,方能为人所知,否则当有赖于翻译而已。即令如此,真正有价值之文字作品仍能永存。近代西洋人固无多能读古希腊、拉丁,甚或古英语者,然无人不承认此等古代诗人作品之价值,且大多仍能欣赏其译文也。纵实一热烈提倡白话文学者,惟觉众体纷陈,适可以竞艳,互为增益,故深痛非此即彼、你死我活之见。然滔滔斯世,恐此亦为罪首耳。尊诗读后,觉在蜀之作最多上品,此固由于地灵人杰,亦殆时代与身世使然,可遇而不可求矣! 其中佳者,确臻高寒盘郁之境,因借尊韵率成一章,正有“前临大匠难为斫,血指殷门久汗颜”之感,特用博一粲而已。集中好句,郑因百①君所评皆先获我心,朱佩弦②君所称亦允。全集细读一过,偶有所见,条列于后,其朱、郑二君已及者不复论焉。尊集末附有勘误表,惟《闻筈集》中《彩云新曲》首句“怒”字下似夺一字,揆以常例,恐系“撼”字,不知如何。樊山诗自极丽,尊作立意尤胜,纵藏有樊山亲笔诗幅数件,浓墨古莹可爱。又藏有洪钧所书条幅,字迹秀娟,不知曾寓目否?《癸酉秋兴》自是佳构,其中“漂摇风雨鸡鸣寺,颠倒裳衣凤去台”二句纵早年即能成诵,似在上海或南京某报(《申报》?)副刊诗话中载过? 但迄未注意为先生之作。盖少时读报,往往不记人名之过也。

　　《题吴宓诗集》二首,除“吟余”一联外,如“荷声孤馆秋宵雨”句,虽承前人意境,然韵致特出,似未可以寻常视之。吴雨僧③君诗集中间有典雅之作,然其论诗律似胜于其诗,与吴白屋有异。不知尊意以为如何?《病

① 郑骞(1906—1991),字因百,辽宁铁岭人,曾任教于燕京大学、台湾大学等。
② 朱自清(1898—1948),原名自华,字佩弦,号秋实,江苏东海人,曾任教于清华大学。
③ 吴宓(1894—1978),字雨僧、玉衡,笔名余生,陕西泾阳人,曾任教于东南大学、清华大学等。

起》诗写常情历历如画，不易得。《杜仲虑挽诗》"人皆可骂翻缄口"，约杜君意甚简练，可为我辈箴言。《岁暮》二首我喜第一首，感慨略类放翁。《浮极集》中《登黄鹤楼》"我始欲愁山北向"一联情深意决，是多难登临佳什。《草堂寺》"堂从""树向"一联写实而不失空灵无尽之趣。《望江楼》一诗余谓"落花""斜照"较胜。《香港夜泊》诗使我读后深愧虚过此岛数次。尊集入蜀诗，似自《桐阴》以后益见精邃。《己卯春望》三首皆各有千秋。《移居》末段固是老杜意绪，然自有真我在。《秋怀百韵》意峻象腴，平生言志之作也。《庚辰元日》第二首中间二联意境特峭。第三章通首流丽。《咏史》中"齐人""晋代"二句为世俗写照，真切可观。《松》诗深意见道。《自白沙镇还山》诗"大江贴地远无声"句特佳，余喜"贴"字。《藏蜗集》中《辛巳元日》第一首"余冬"一联，晚唐秀句。第三章"图书""亲友"联写乱离最逼真。第五章通首俯仰古今，自见甘苦。《次韵酬朱佩弦》颇隽永。《残烟二首》中"日月光都熄"与"早识书无用"诚决绝语，"冷被夺心温"善于以境抒情。《辛巳重三索居》首句"闭门方愁天气悭"，"门"字是否为"户"字之误，通首未用拗句，似损音律否？《简佩弦》短章说禅机极自然。《述怀》诗感慨无端，末段尤见真情，"沉哀天地肃"句境入华严。《戏简小孟》诗，结句妙语如珠。《夏日村居》诗写景入画。《豪雨》诗"处湿我才输蛙贤"句妙。《孚威将军挽诗》"防严夷夏际，品介墨儒中"可称平论。先族伯大荒先生尝入其幕府任秘书，其所著《反三国志说部》有吴公作序，中云："吾国处于次殖民地也久矣，欲求转弱为强，终非不战可得，是与其居于人后，为自欺之非战，无宁预于事先，为思危之备战，虽战具非人人可得而备，然战术固人人可相为习。"又称："周子……因取《三国演义》而尽反之，以明一代战术之盛，而见一国战术之风……虽谓为游戏文章而自小之，吾知藏之名山，传诸后世，将与《大策》《阴符》，共垂不朽焉。蜀山溽暑，开卷讽诵，盎然有味，俯首貌躬，重有愧焉。"结语殊有趣。《答逖生诗》"随肩沧海垂纶客"，初觉"随""垂"二字音似太相近，在句中一、五字尤见突出，细思亦似无大碍，未知尊意如何？《移蕉集》中依杜公韵三首"避地"一章尤清隽。"残日无声落"，自是名句。"诗旁乱离来"，可为入蜀以后诗作注。《次韵伯鹰记梦》"云摇"一联极饶风致。次章通首精警。《晚步》写景甚活,末二句尤点染微茫无尽。《妇晋》及《代妇晋》八首风趣横生,"恶诗""好酒"联活画入神。读者当失笑不已。"诗书巧卸兴亡责",几乎击中要害。纵今年休假,读"著书难了成悬债"句,不禁惶惧汗愧。十年前在哈佛时曾作"妻骄女懒成顽敌,屋小书多似乱山"。今屋已不小,而书则增多,窘益可知,每叹曼情不可多得。尊诗读后如浮大白矣。《简凫公》我喜前二首,"多事沉山日"与"沉恨入深杯"是极挚情人语。忆儿时先君尝戒纵情太重,恐劳生多苦,但可以为诗。《迹园诗稿》是极好自传,亦足以见中国近代史。《糊窗》有新意可喜。《酬春集》中咏海棠诸诗亦往往有新意,"花似泪红啼远嫁,叶如群翠喜新裁",咏折枝海棠尤贴切。《踏青曲》末段转佳。《真宋伪唐论诗》章的是通人之论,"缘情丽句非浮响,称体佳人爱窄袍,大乐八音须选奏,清商独弄久为嚣"。特具法眼,亦为纵生平所言而未能如此言之至当者。《村居即景》末章别有生趣,所谓常人皆可见而不必能得也。《草堂寺》诗"畴昔"句下一段是趣语而有致。《春郊晚望》画景亲切。《和饯春》诗似写轻愁佳。《清话》与《西窗》诗皆淡写佳作。《芭蕉》诗妙语深意。《西窗》如读辋川诗。《答佩弦》诗较善"枯肠"一联。《谢孟书画扇》自"林泉"句下特妙。《挽陈独秀》诗"见偏直为忧心过",可谓的评。《鸣秋集》中《立秋日》至清新。《木芙蓉》末二句意致无尽。《吹剑集》中《人日后小雨》"条风当候晴难稳,小雨催诗句有春"写节候之感极敏锐。《春寒》素描甚好。《复兴关眺远》"春雨"一联似不经意,然特地缠绵。《春日绝句》第五、六两首观物入微。末章意深词省。《加餐》诗推陈出新。《风尘》"远烟""斜日"联可证写景即不刻意雕绘,亦映心悦目。《吟忧集》中《积雨》首章状情景巨细皆入微,直追老杜。末章"平田""积潦"联写农村风情如画。《急雨》写景活现。《絮语》流利精工。《夜归》"孤筇扶影过桥西"句自妙。蒋重哑兄有"万绿扶人过小桥"句,是另一境界。两"扶"字皆好。陈梦家[①]曩在《新月》有咏树影新诗,末阕云:"最初它睡在泥地,/随后象是要站起,/慢慢它抱着树枝,/到了又倒在树底——/月亮已经偏

---

① 陈梦家(1911—1966),笔名慢哉,浙江上虞人,古文字学家、诗人。

西。"本亦不恶,但两用树字,似大可不必。此可见旧诗精简处。《岁暮》所写情景,因某种事物之并举而加强可感之处,故佳。惟末句意节稍逊。《甲申除夕》诗"忙中渐已尽诗才"句确有至理。次章中二联情景两真。纵藏有李合肥手书对联:"多事始知田舍好,非才犹觉和诗忙。"下联与尊句同三字而意趣各别,可谓巧矣。《客倦》诗"飞花摇落日,流水劝羁人",是骀荡移情好句。《苦雨集》中《古从军行》第三首"淮水带血翻,落日红如煮",用煮韵精警。《丙戌示妇》诗甚有人情味。《古冢》诗浅语有深致,如读魏晋歌谣。抨春觉斋主人诗"吃语啁啾春梦挽,横流泯没海藏楼",自是切当。畏卢头脑多冬烘处,要为事实。惟郿意彼帨不死,是否即随附满洲国,恐尚不能定。五四时彼尚支持抵制日货,且平生不多做官也。然竟以梨洲比海藏,先人失言,殊不可恕。其昧于"华夷大义",殆受知宝竹坡父子太深之故耶?以上不过为拜读尊著后零星杂感,大作感人深,故不免于言,妄论高深,定多谬误,特盼呵正。且尊著中好句尚多,如《乙酉元日》次联"扣门""贺岁"句,"春帖"句,《九日书感》"野水""霜林"句;《野眺》《晓霁》,及丙戌冬以后感时诸作,均各有高致,未及一一指陈也。

日前草拟长文论古代文史思想,偶及一二小考证,尚不知能否发表,附呈一篇,便乞指教。近来中外时事,变幻多端,有何观感?并祈示我数行。匆匆草此,即颂

道安

周策纵　拜手

十一月三日,一九七二年

顷得一 parody,录供一笑,不足为外人道也:

花 旗 近 事

誓探骊珠入水门,两"千"虚诺丧胡尘。

可怜无定和亲策,谁说鹰屯憺醉人?

附

高　寒

萧公权先生寄示《迹园诗稿》，有"一从心识高寒境，入眼峰峦总觉低"之句，无比挚情，型于峻藻，雅过于西人所谓新古典主义之作。吴雨僧、郑因百、朱佩弦、潘伯鹰[①]诸君为之击节叹赏，集中十七用悭颜韵，奇峭警绝，即奉和一章，聊以学步也。

高寒盘郁约情悭，不得清词定不还。
鏖笔但忧穷险境，著书堪哭失名山。
云间幻诡难赢俗，海上乡愁欲袭闲。
寂寞小园吟正好，珀醪芳意续朱颜。

威州北之酡邑（Dore County）以产樱桃名世，初秋往采数斗，试为家酿不恶。

周策纵　未是稿
一九七二年十月三十一日于陌地生

萧公权教授答诗：

玉宇何曾胜境悭，高寒刻骨且须还，
一身落落归尘界，两手空空出宝山。
久矣枯肠虚酒德，悠哉冷眼看云闲。
钧天到耳犹能听，未拟烧丹学驻颜。

十一月十三日于西雅图

---

① 潘伯鹰（1904—1966），原名式，字伯鹰，号凫公、有发翁、却曲翁等，安徽怀宁人，曾任教于同济大学。

致萧公权,1972 年 11 月 20 日

公权先生道席:

十一月十三日手示语重心长,平允折衷,前函草草,不避谬言,诸蒙涵奖,前辈风范可感。原函第三页论《芭蕉》诗项下,应加"《西窗》如读辋川诗"。又第一页"其朱、郑二君已及者不复论焉"下应加:"《望崽集》中《峡中夜泊》诗'波平星有影,峡静夜无边'。好景于静中得之,略无尘喧。《舟次宜昌遇雨》'白雨鸣江水'句,余童年渡湘江,正遇此境,未能说出,此句使此景重现余目前。次章写景亦妙。《急雨》诗是晚唐刻绘手法。《读书》诗:'祖龙一炬吾嫌早,糟粕多留汉后书。'具灼见,且非寻常人敢言。《海行》诗甚壮阔,末句似可见先生之为人,豪情每约束于温雅。此论不知失当否?《由金山赴密州途中作》中论唐人街六句诚真情实感,语重心长。三十年后纵对此徒作滑稽语,作有《游唐人街,戏和李白〈登金陵凤皇台〉》云:'唐人街上唐人游,街小人多车自流。窗前骨董翻新样,店后垃圾成古丘,衣衫洗净西洋景,杂碎推销北美洲。总恨胡盐难佐食,辣椒不辣使人愁。'时在哈佛为洪煨莲先生所见,承赐和云:'海外娜嬛幸共游,诗家锦思出如流。妙辞好笑谈新味,丽句先将写旧丘。老去栖迟孤树屋,春来顷刻百花洲。那堪世变沧桑里,更读归生万古愁。'尊诗及洪公之作均可见老辈厚重处。今夏过港,适蒋重哑先生在港开画展,蒙给一扇面作熊猫二,其题诗即云:'壬子熊猫走鸿运,江州行者大沾光。辣椒不辣来香岛,画扇迎君笑语长。'局外人读之或不能解矣,偶以此琐碎奉告,亦所以志吾过也。《绮梦》中'彩凤飞时星点点,华灯地后月匆匆',至绚丽语,可与龚定庵'西池宴罢龙娇语,东海潮来月乍明'比美。先君少时梦中得句有云:'酒绿灯红花尽笑,剑歌琴韵客初狂。'大氏少年锐

感,宜于灿烂缤纷之境耶?尊诗精炼处,即可以'出色千林绣'为评。佳处尤在往往有新意。《碧云寺》'山空春不到,寺古佛犹尊',浅语有深致。《细雨》中间二联均好,尊诗咏雨诸作佳者多。他如《三月晦日早起》中'五更来细雨,一梦失残春',亦好句也。末二句纵生平有同感,然昔人有云,诗多成于枕上,尊作有由矣。特纵欲代改为'平生无稳睡,此亦人不如'耳。《误上》实是神悟之笔。《才尽》如读誓师词,少年豪气活现。"以上略补前函所未及,愧多遗珠也。又原函末页引尊诗"流水劝羁人",劝字误书作动字,并乞代为改正。另草《此意》一章,借答雅意,仍祈教正。顺颂

著安

周策纵　拜手

十一月二十日　一九七二年

附　　**此意一章答萧公权先生论新旧体诗仍用悭颜韵**

> 萧条此意说尤悭,忍负成连听海还。
> 韵窄凝情诗入骨,论平存古谊如山。
> 高笺对月方宜读,堕绪开风始慕闲。
> 群啄愈嚣知老至,有时深悔及衰颜。

周策纵　呈稿

一九七二年十一月十六日于陌地生之民遁路

萧先生答诗:

> 天假残年寿不悭,殊方俞息未知还。
> 浮生早作隍中鹿,故国翻成海外山。
> 老病交加难勿药,微躯衰朽幸投闲。
> 新来梦见周公再,妙语缤纷解我颜。

致萧公权,1972年11月30日

公权先生道席:

十一月廿六日手书及大作拜读,至深感佩。此间近多俗务,写作进度殊慢。聊草二章,借答雅意,不足以言诗矣!尊著《倚声》何时可出版,尤在念中。《谏往集》系何处出版?此间已下雪,严寒在望,冬间尚盼珍卫,小诗仍乞教正。匆匆草此,即颂
著安

周策纵　拜上
十一月三十日　一九七二年

"故国翻成海外山"之句,读之徘徊终日。公前所示集元遗山诗不仅如出己手,且感慨万端,诚难能可贵也。

附　　故山二章再答萧公权先生,来诗有"浮生早作隍中鹿,
　　　故国翻成海外山"之句,仍用原韵

远别乡愁梦不悭,南方招彻魄应还。
白云谁爽归田约,红叶惊疑故国山。
家犬迎人忘作客,离群孤雁若为闲。
犹难结束当筳态,一笑春风乞醉颜。

欲计余生愿太悭,旧巢新主燕空还。

百忧已白怜萧鬟,千劫犹青信故山。
尺素难量诗到乐,孤檠差办夜来闲。
寒时苦望临窗树,堕蕊都留落日颜。

公权先生法正。

周策纵　呈稿
一九七二年十一月二十九日夜
于威斯康辛陌地生民遁路之弃园

萧先生和诗:

开 颜 二 首

珠投玉掷不知悭,千里诗筒越日还。
病眼我能观美锦,妙才君合主名山。
愁中未竟难为乐,事外何曾便可闲。
捉笔裁笺烧烛坐,苦吟无获也开颜。

冬意阴森日色悭,锐寒穿枕梦惊还。
懒向霜余哀落木,仍于劫后念家山。
围炉缩手聊纾病,闭户藏头好办闲。
别有奇方破岑寂,高吟秀句一开颜。

十二月三日

致翁灵文^①，1972 年 12 月 5 日

灵文先生道席：

　　前时身体不适，琐事又猬集，致久未作书，然时以尊况为念也。兹有数事奉托：1.内子将于周内经港返美，前次所购照相架，一部分可由伊亲带，惟木板恐仍太重，仍请兄用海邮寄。其余凡可带者，乞速与孙淡宁^②女士联络。内子到港时伊当知道。2.广华书局之书，请即转告加入《管子学》，惟减去《大陆杂志》所出诸书及芮逸夫，即可寄下，书到时当即将款寄奉该店不误。以上二事，有劳之处，甚谢！

　　在《明报月刊》上时常拜读尊作，得益良多。丰子恺^③在重庆时曾为我绘有"相逢意气为君饮，系马高楼垂柳边"图一幅，惜已遗落于大陆。彼又亲笔写有弟之旧作七绝《花滩溪》（在南温泉）一章："盈盈溪水号花滩，水上花枝欲摘难。摇个小舟花下过，落花如雨滴春衫。"盖彼颇欣赏此诗也。彼且曾为此诗草一小画稿，今皆无存。偶因尊文，不免怀旧之感。匆此即颂

著安

弟周策纵　拜手

十二月五日　一九七二

---

① 翁灵文（1911—2002），原籍江苏常熟，香港作家。曾任香港培英中学、广州湾培才中学教师、《读者文摘》（中文版）编辑等。

② 详见《致孙淡宁》（1987 年 6 月 8 日）注。

③ 丰子恺（1898—1975），原名润，又名仁、仍，小名慈玉，号子觊，浙江桐乡人，作家、画家。

弟有《梁山伯与祝英台》改定之地方剧，并自作长序①，述修改之理由，不知能在港出版否？

致萧公权，1972年12月6日

公权先生道席：

　　十二月三晚手示及尊诗《开颜二首》于今晨拜读，至"捉笔裁笺烧烛短，苦吟无获也开颜"，不觉失笑，述情如此，可谓入微矣。来书云，近感寒疾，不知现已占勿药否？殊为念系，冬间此病易作，惟祈善自珍卫。《问学谏往录》今日亦收到，偶读至"伪设是证据逼出来的"一论，甚佩卓识，容当细读，获益必多。谨此奉谢，并颂
痊安

周策纵　拜上
十二月六日　一九七二年

拙作《故山》诗题下应兼引尊句"浮生早作隍中鹿"，乞代为加上，非但句好，且拙句"梦不悭"亦缘于此也。

---

① 《梁山伯与祝英台》，1955—1956年作，改编自地方剧，共九场，未刊，原稿现藏香港浸会大学图书馆。前言部分有《本剧改编的原则》《改编者小引》等。

致唐德刚^①,1973 年 1 月 12 日

德刚兄:

　　契阔多时,时以近况为念。忽奉手书及大作,欣喜无似,客冬到纽约开会,电话兄家拟约一叙,世侄云兄已返大陆省亲,未克面谈为怅,春间芝城开会,曾数询友人尊驾行止,均不得要领,寻因事匆匆归来,始知兄曾在一会中参加讨论,失之交臂,此盖平日不看议程之过也。内子于去年十一二月间亦曾回家省亲,所见所阅,语焉不详,常欲与兄作竟日谈,乃错过机缘,岂非憾事。大作二绝第二首前在报端见某君文中引用,彼时一见即知必为尊作,果不出所料。惟兄对大陆实际情形究竟如何看法,甚盼详告,想兄之观察更能客观而深刻也。大作二篇已拜读,甚佩卓识,不知迩来又有何研究。高足评拙著之文,未在他处见到,其中过誉之处,固不敢当,其未能尽体原意之处,承兄指出,尤为感激。此君亦自有其高见,惟弟对胡适重视基本人权与自由民主之处,固往往有同感,但亦曾批评其对经济与社会问题未能充分注意。数年以前王铃^②兄惠赠一诗云:"廿载飘零始识荆,感同身世对知音。羡君月旦评胡适,耻为汉王赋上林。"自系过奖,惟弟近年来亦实鲜摇旗呐喊耳。数年前曾设法搜集留美与我等约同辈作者之白话诗,拟编一海外新诗选,兄在《海外论坛》中曾有发表,不知另有他稿可供选用否?伯飞^③、艾山者亦将入选,兄作甚盼寄来。凤便并盼惠我数行,略告祖国

---

① 唐德刚(1920—2009),原籍安徽合肥,旅美学者,曾任教于美国哥伦比亚大学、纽约市立大学等,著有《胡适杂忆》(1979)、《书缘与人缘》(1991)、《民国史军阀篇:段祺瑞政权》(2012)、《民国史抗战篇:烽火八年》(2014)等。
② 王玲(1917—1994),原籍江苏南通,曾任教于澳大利亚国立大学。
③ 黄伯飞(1914—2007),原籍广东台山,旅美学者、诗人,曾任教于美国耶鲁大学。

之行为感，匆祝

俪安

弟策纵　手上

元月十二夜　一九七三

致周汝式^①，1973 年 1 月 21 日

汝式：

　　来信已收到，介绍信即可照写，这几天为他事所缠，致稍延了几天，你所问的事，列述如下^②：

　　（1）两印重叠，很不常见，正如你所说。小印是"封完印信"不误，但封完不知何许人也？大印可能是"胡镐之印"。镐字左旁金字似无问题，右面则漫漶不清，似有缺损。胡字看不清楚，照片不清楚吧？此人亦不

---

① 周汝式（1935— ），旅美学者，曾任美国克利夫兰博物馆中国艺术部馆长、亚利桑那州立大学教授。编著有 *The Hua-yü-lu and Tao-chi's Theory of Painting*（《〈苦瓜和尚画语录〉与释道济的绘画理论》，1977）、《乾隆时代绘画展》（1986）、*Silent Poetry: Chinese Paintings from the Collection of the Cleveland Museum of Art*（2015）等。
② 周汝式来信询问新发现冒襄（1611—1693）书卷《游六桥待月记》（周氏代美国欧柏林学院艾伦纪念美术馆购入，藏品信息见 http://www2.oberlin.edu/amam/Maoxiang.htm）上所钤十二印，印文分别为"藏之名山，传之其人""驸马都尉""胡镐之印/封完之印"（双印重叠）、"芳菲菲兮袭余""人在蓬莱第一峰""吴博全印""刘道之印""鹿山所藏金石书画记"（张宗苍印）、"辟疆"（冒襄印）、"泾川青梧山房珍藏""词画轩印"及"旧游"（半印，汪律本私印）。后周氏将意见发表成文，见 Ju-his Chou, "From Mao Hsiang's Oberlin Scroll to his Relationship with Tung Ch'i-ch'ang", *Allen Memorial Art Museum Bulletin* 36.2（1978 - 1979），pp.140 - 167。

知是谁,是否为胡字?

　　(2)"藏之名山,传之其人。"司马迁《史记·自序》中云:"整齐百家杂语,藏之名山,副在京师,俟后世圣人君子。"又他的《报任少卿书》说:"仆诚已著此书,藏之名山,传之其人,通邑大都,则仆偿前辱之责,虽万被戮,岂有悔哉! 然此可为智者道,难为俗人言也。"

　　(3)"驸马都尉",汉武帝时所置官名,驸有副字之意,是陪侍皇帝车驾的近臣。魏、晋以后,公主的丈夫(即皇帝的女婿)多授以此官衔,便成了称号而不是官职,明朝仍如此,清朝已无。盖此印的人可能在明朝是驸马(即公主之夫),也可能泛指曾任皇帝近卫,这种都尉,在明朝的近卫官职,称做"锦衣卫使",不必是驸马。此人可能任过"锦衣卫使"? 故意用汉朝的古官名也有可能,因为二衔古今相当。你须考订冒襄和他的朋友们在明朝有做这种官或为公主丈夫的么?

　　(4)"芳菲菲兮袭人"出《楚辞·九歌·少司命》。唯原文"人"字作"予"字。

　　(5)"人在蓬莱第一峰",此句一时不记为何人诗。你可一查《佩文韵府》"峰"字下所引,或古今咏物诗选中所引。

　　(6)"苶"从字形看,似为"奉"字略误,郭忠恕《汗简》奉字作苶,但"奉梧"亦不知何指,另一可能则是"青"字异体。可是过去未见如此写法。惟清康熙时画家有严泓曾号青梧。不过泾川在甘肃,而严则是江苏无锡人。故仍是一疑问。从字形看,最近"奉"字,可能有"奉养""奉侍"之意,则此人的父母或其他先人中有用"梧"字作字号亦有可能。(江苏淮安县南五十里有泾河,泾川指此地亦未尝不可能。)

　　以上诸点对你有什么用处? 匆草,即祝

近安

　　　　　　　　　　　　　　　　　　　　　　周策纵　手覆
　　　　　　　　　　　　　　　　　　　　　　元月二十一日 1973

Best regards to the whole family.

致王润华①,1973 年 1 月 22 日

润华：

来信已收到。照片非常好。纪念卢先生文你可否代为复印一份与你的《年表》同寄去《传记文学》。其实《明报月刊》也可同时寄去,惟后者常常稿挤耳。二刊销行这城不同,过去谢扶雅先生回忆"五四"之文亦曾于《传记文学》发表后再在《明报月刊》发表过。

《五四》译稿正在修改中,不日当可寄你。你抄的太密,往往没地方好写,是一大困难,只好少修改了。译文前面部分似乎还很好。我的英文原著,在台湾已有"盗印"本(虹桥书店,台北市峨眉街一〇七号),印得还不错,精装,系据史丹福平装本影印的。其实我觉得也无所谓"盗印",反正便利读者。《五四》译稿搁了两月未刊出,元月份已印出。爱真②译稿大约二月可登完。这里目前可忙。匆祝

近好

策纵

元月二十二日 一九七三

---

① 王润华(1941—),原籍广东从化,新马诗人、学者。美国威斯康星大学博士,曾任教于新加坡南洋大学、新加坡国立大学、台湾元智大学等。著有《患病的太阳》(1966)、《中西文学关系研究》(1978)、《橡胶树:南洋乡土诗集》(1980)、《周策纵之汉学研究新典范》(2010)等。

② 丁爱真,原籍台湾,旅美学者,曾任教于美国爱荷华大学。周策纵学生,中文版《五四运动史》(上册)主要译者。

致王润华,1973 年 1 月 22 日

润华:

给你的信才付邮就收到寄来的《年表》[①],内容为材料所限,自然很简略,但尚可得到一个大概。有几处小地方,或可改进一下:

(1)页 1"青年时为革命前烈","前烈"二字易被误认作"先烈"或"烈士",不如改为"先进"如何?

(2)页 2"科学家……和汉学家……",这时他们同样还是学生,严格说来还不能称什么家,是否可直改做"学物理的……和学历史的……"

(3)同页"硕士学位"夺一"士"字。

(4)页 3"论文学批评的论文",头一个"论"字可以删去,你如要代以"有关"二字,也可以,不要也可以。

(5)页 4"是芝大至目前为止唯一得博士的中国学生",这点易使人误解,芝大中国学生得博士的很不少,你也许是指该校英文系,则应在"芝大"下加"英文系"三字。

(6)页 5 第四行"英加哥"的"英"字乃"芝"字笔误。

(7)同页"艾略特诗律中……""律中"二字欠妥,因"诗律"多系指他本人写诗所用的格律,非指其诗之理论也。我本想用"诗歌理论"一词,但不喜加上"歌"字,后来率性只用"诗论"二字,虽无四字明白,惟无"格律"的误会而已。

---

① 指王润华为卢飞白所编年表。

（8）页6"职去威斯康辛……""职"字当系"辞"字之误，其实绍铭①辞职也还是两年以后的事，这时只是请假。

（9）页6"……因故辞职"这点本不是主要理由，另有其他原因，我在文中说了一部分，也未便多说。这里你在"因故辞职"之下，不妨加一句"加以其他原因"，并删去"因此"二字，也许较妥。

（10）页7"名学者"三字可以删去，我非名学者。

（11）同页"当卢先生……走路"这一段似亦可删，好像无缘无故要得罪许多"老大哥"，前文已说了"急先锋"，似乎也就够了，不过这点上你自去斟酌一下。

（12）页8"发呆"下面还落了一个引号（"）；页9"生活的好些"下同，句号亦应移前。

（13）同页"系他的老友"，"系"是否为"像"字，恐排字人认不清。

艾大听说要找人教书，你不妨与华苓②及程曦、爱真等商议一下，可否申请，匆祝

近好

策纵

元月二十二日 一九七三年

你现在的住址及电话为何？

愁予③近况如何？其他诸人请代问候。淡莹近来还好吗？

前寄《陌地生四时即景》，诗第二首前二句拟改为"夏城花笑荡于潮，绿野如波水样娇"，虽似犯重，但可加强主要形象也。

致许思莱^①,1973 年 2 月 5 日

February 5，1973

Dear Professor Schuessler，

I hope you have received my letter of January 9.

Recently I found out that a young lecturer in our department，Mr. Tsai-fa Cheng^②，is almost finishing an article in Chinese dealing with almost the same problem raised in your article. He approaches the problem differently，completely arguing it from the aspect of historical Chinese language itself. I have shown your article to him now，and asked him not to use your data. But he may refer to your article if you think it is all right. The title of his article is something like"中古三等韵(或四等的分别)的来源". His main conclusion may be similar to yours，but with some differences. You may wish to know his views. Mr. Cheng and I wonder whether you are willing to reconsider your theory if you read the later publications of Professors Li Fang-kuei and Forrest such as following：

Li Fang-kuei,《中国上古音声母问题》,香港中文大学《中国文化》(1970).

Li Fang-kuei,《上古音研究》,《清华学报》(1971).

Li Fang-kuei, "The Development of Archaic Chinese 2", Langues

---

① 许思莱(Axel Schuessler，1940—)，美国语言学家，曾任教于美国沃特堡学院。著有 *A Dictionary of Early Zhou Chinese*（1987）、*ABC Etymological Dictionary of Old Chinese*（2007）、*Minimal Old Chinese and Later Han Chinese*（2009）等。

② 郑再发(1936—)，台湾音韵学家。美国威斯康星大学语言学系博士，曾任教于台湾清华大学、美国威斯康星大学东亚系、台湾师范大学等。

et Techniques，Nature et Société《国语会话》(1971 or 1972?)

R.A.D. Forrest，"Initials of Karlgren's Archaic Chinese"，T'oung Pao(1967. Under same title of his article of 1964)

Mr. Cheng also suggests the following correction of your article：

p.10 blat-srǎt(341m；319 d，"kill"). m should be r.

blat-slat(289e). Last part is（341m；289f)

（整理者按：原信至此）

致王润华，1973 年 2 月 23 日

润华：

（1）南洋大学的介绍信早已给写好寄去，不知结果如何？也许我该再写信去李孝定[①]和翁同文[②]? 你觉得必要吗？

（2）《五四》稿三月份已赶不上。我写了一篇杜甫的文章去以供补填。但四月份一定要赶去了。该在三月十日以前航挂寄去。现我先寄你十来页，你可即赶抄。再过两三天，我再改好，寄些来，或全部寄来。你可等我第二次寄你改好的稿子时才付邮，因为这次的恐不够一期。如足够，则可寄去。须留一份 xerox 底稿。

---

① 李孝定(1918—1997)，字陆琦，原籍湖南常德，台湾学者，曾任职于新加坡南洋大学、台湾"中央研究院"历史语言研究所等。

② 见《致翁同文》(1975 年 3 月 31 日)注。

（3）系上找人的事，我想还是找刘绍铭回来较方便，他现在夏威夷大学任副教授。他如来此，则彼处将有空缺，你不妨直去信申请，也可写信请绍铭推荐。绍铭近出一书《灵台书简》，末了一文曾提到你和淡莹及黄崖①等。

（4）你有详细英文履历么？可寄一份来我处，以便写推介信时可作参考用。

（5）上次我替爱真改的底稿请寄回保存。第五章已于二月份登完了。匆祝

近好

策纵

二月廿三日　一九七三年

华苓、爱真等近况如何？

与郭沫若②论杜甫，1973 年 3 月

论　杜　甫③

本文初稿写于去年四月，原欲作一读者投书了事，惜成长文。后来

────────────

① 黄崖（1932—1992），原籍福建厦门，马来西亚作家。
② 郭沫若（1892—1978），字鼎堂，号尚武，四川乐山人，诗人、作家、学者，曾任中国科学院院长。著有《女神》（1921）、《两周金文辞大系考释》（1935）、《李白与杜甫》（1971）等。
③ 载于《明报月刊》总第 88 期（1973 年），第 2—13 页。

虽承菊人①寄来郭书,但限于时间,亦未能改写细评。其中关于杜甫经济生活问题的讨论,已割裂成另篇。

作者附识 一九七三年三月

近来读到《明报月刊》总七十六期胡菊人先生《评郭沫若的杜甫观》一文,觉得所提出的问题很值得讨论。一个人已死去一千二百多年了,再也不能从坟墓里起来替自己辩护,不论目前大家的政治观点如何不同,总不能只听任片面的话流行,给这样一个主要诗人轻率裁判。郭著《李白与杜甫》原书,我尚未见到,未能评论,这里只就胡文提到的一部分,表示几点意见。

出身·财产与平民立场问题

杜甫本来就不是什么革命造反派,试问古今中外最主要的诗人有几个是这种人物?荷马固然穷困,但他常为国王和王子歌唱供他们娱乐。马克思所极崇拜的莎士比亚是个很富的戏台老板,买有极宽大的房子,贷款收利息,四十八九岁时加买地皮一〇七英亩,约等于六百多华亩,比起杜甫短期所有的百亩荒野的竹林(其实不见得全是他所有)和四十亩果园,多得多了。莎士比亚又替皇后演戏,交纳贵官,接受皇帝和朝廷的享赐。后来也据说是与朋友喝酒过多而死。再说郭氏所喜欢翻译介绍的歌德罢,他父亲做过专制皇帝的顾问,他自己反对法国大革命,认为它杀人太多,毁坏了恬静的文化。然而没有人能否认,歌德是极富于"人"性的诗人,《浮士德》是伟大的杰作。我并不否认"诗穷而后工"的普遍现象,但也觉得,若只计较田产多少亩,和是否主张推翻现有的政权,而不衡量当时的历史环境,这样来判断一个诗人,如何能得公平?

当然,也许郭氏只批评攻击杜甫的为人和思想,却并不否认他的诗好。可是从胡文所引,恐怕郭氏对杜甫的为人和思想,也未必能作持平之论。单凭杜甫回想年轻时所见"越女天下白"一句诗,就说他晚年(五

---

① 胡菊人(1933—),原名胡秉文,广东顺德人,曾任香港《明报月刊》主编。

十七岁)以衰病之身出川到江陵,两年后即死于湖南,是为了要去吴、越(江、浙、福建)找漂亮女人,这无论如何是"深文周纳"之词,使人不能不替杜甫叫冤。

不过,我认为,即使从政治和道德观点来论断一个主要诗人,至少也先要注意最重要最基本的一点,就是不论他的出身和交游如何,终要看他是否真正同情和帮助被压迫者,是否站在大多数平民利益的立场,甚至是否替即令是少数的被无理欺凌的人说话。

在这一关键性的问题上,我们并不否认杜甫的家庭背景和个人交游与当时的统治集团关系密切。这已是众所周知的事。杜甫的十三世祖是文武全才的杜预,在晋朝是驸马都尉,与文帝司马昭的妹妹结婚。拜度支尚书、镇南大将军,封当阳县侯,著有《春秋左氏经传集解》及《春秋长历》等书,不仅是军事家、政治家和史学家,而且是工程、历法、科学家。较后的祖先也往往做官做到太守、刺史、县令或监察御史等。祖父杜审言是初唐的重要诗人,对唐诗风格的开创有很大的贡献,也做过修文馆学士和尚书膳部员外郎。父亲杜闲做过朝议大夫、兖州司马、奉天令。杜甫的外祖父崔融之母是唐高祖李渊的孙女儿,外祖母又是唐太宗李世民的曾孙女儿。连晋朝说来,杜甫的家庭背景可说有三重皇家血缘。不论一千多年前或现在是否应该强调这种门阀关系,至少我们要承认这件事实。

可是这种关系也并不太单纯。尽管他祖先做大官,他们却也往往被人陷害,杜审言的曾祖父杜叔毗因兄被同僚诬为叛逆而处死,乃白昼手刃仇人于京城,即从容面缚自请受戮,为一时所重。杜审言自己也曾被同僚陷害下狱,次子杜并,也就是杜甫的叔叔,时年仅十六岁,在宴会中当众刺杀那位长官,杜并本人也当场被卫士所击杀。他因此大受时人称赞。这都可见他家自有受欺侮和悲剧壮烈式的事迹。

不但如此,杜甫外祖方面的皇家关系,不仅没有得到统治权力,反而往往因宫廷权势之争而遭到悲惨的命运。杜甫的外祖父崔融自己的外祖父和岳丈及内兄弟,换句话说,也就是杜甫母亲的外曾祖(唐高祖的儿子)、外祖父(唐太宗的孙子)和两个舅父,都被武则天所残酷屠杀。杜甫本人在皇室血缘这方面也没有占到什么便宜。他二十四岁时贡举不第，三十六岁时应试，为权臣李林甫所阻，又落第，四十一岁时应召试文章，又没有结果。因此他一生只短期做过一些闲散无权的小官，四十岁始待制集贤殿书院三年多，这是一个撰集文章、抄校经籍的机构。杜甫一直没等到什么职位，无事可做。直到后来四十六岁时才任七八品小官左拾遗一年，便被贬为华州司功参军，这种地方小官是掌管官园、祭祀、礼乐、学校、选举、表疏、医巫、考课、丧葬等事。他做了半年就辞职了，以后可说一直闲散流浪，直到五十三岁时才在成都做了半年的节度使署的参谋，弄到一个从六品的检校工部员外郎的空头衔。杜甫整个一生在政府做小官只有两年多，在中国历史上诗人做官的，这可说是相当短暂而次要的。陶渊明为州祭酒，仕于桓玄，为刘裕镇军参军，为建威参军，为彭泽令，前后至少也会有五六年。杜甫的友好像王维做到监察御史、尚书右丞，高适做到西川节度使、刑部侍郎、散骑常侍，岑参做到嘉州刺史，都相当煊赫。杜甫比较起来，在政治上可说非常不得意，这也是事实。

政治志趣与理想

当然我们也必须承认，杜甫一生很想得到政治地位。这点原不足怪，既然基本上接受了儒家思想，个人的主要价值和受教育的终极目标便是要齐家治国平天下。"穷则独善其身，达则兼善天下"这种人生观，在传统中国的知识分子以至于农工商兵等各阶层当中，几乎人人都有，不能只拿来批评杜甫。杜甫在少壮时代想得到政治地位，也并非为权位着想，就他自己所表白的看来，若用现代口头禅说，正是为了要把社会国家建设好，要为人民服务。这点在他三十七岁时写的一首五言古诗里说得很明白，这里不妨全引下来：

> 纨袴不饿死，儒冠多误身。
>
> 丈人试静听，贱子请具陈：
>
> 甫昔少年日，早充观国宾。
>
> 读书破万卷，下笔如有神。

赋料扬雄敌,诗看子建亲。

李邕求识面,王翰愿卜邻。

自谓颇挺出,立登要路津。

致君尧舜上,再使风俗淳。

此意竟萧条,行歌非隐沦。

骑驴十三载,旅食京华春。

("十三"一作"三十")

朝扣富儿门,暮随肥马尘。

残杯与冷炙,到处潜悲辛。

主上顷见征,欻然欲求伸。

青冥却垂翅,蹭蹬无纵鳞。

甚愧丈人厚,甚知丈人真。

每于百僚上,猥诵佳句新。

窃效贡公喜,难甘原宪贫。

焉能心怏怏,只是走踆踆。

今欲东入海,即将西去秦。

(宋赵次公注:"去秦,言欲舍而去耳。")

尚怜终南山,回首清渭滨。

常拟报一饭,况怀辞大臣。

白鸥没浩荡,万里谁能驯?

(《奉赠韦左丞丈二十二韵》)

　　这首诗虽是相当早期的作品,但透露杜甫的志向、为人和一生,非常具体而微,的确是供给了解杜甫的极重要作品,所以过去都编做全集的第一首诗。北宋末范祖禹的儿子、黄庭坚的学生范温(字符实①)在他的《潜溪诗眼》里说:"此诗前贤录为压卷,其布置最得正体。"其实这诗的重要性还不在其布置结构,而在于显示了诗人的人生观和为学立身之道。

---

① 当字"元实"。

"读书破万卷，下笔如有神"指示他创作训练的途径。他觉得如能"立登要路津"，自然是可喜的，不过其目的却在于"致君尧舜上，再使风俗淳"，决非为做官而做官，或纯粹为了势位富厚。这点最关紧要，若不了解便责难杜甫，那就必然会厚诬古人了。事实上在当时社会里，只见"纨袴不饿死，儒冠多误身"。杜甫既不愿随俗同流，当然无法登要路津。即令如此，他仍想能转移风俗而决不消极，虽然"萧条""行歌"，还并"非隐沦"。他这里自写穷困之状："骑驴十三载，旅食京华春，朝扣富儿门，暮随肥马尘，残杯与冷炙，到处潜悲辛。"可能相当真实，他并没有把自己描塑成孤洁傲世的高士，只不过仍是要为妻子儿女和自己生活着想的人。在这方面，他真是个常人，也可说是个正常的人。他这几句话使我们想起敦诚《寄怀曹雪芹》的诗末了说的："劝君莫弹食客铗，劝君莫叩富儿门。残杯冷炙有德色，不如著书黄叶村。"正是引用杜甫这几句诗，大概曹雪芹也经历过杜甫那种生活，所以敦诚才这么说。杜甫和古今中外许多寄食于人而志趣独立的诗人作家，基本上并非完全不同，即使蹭蹬垂翅无纵鳞，但行动和节概，仍然是"白鸥没浩荡，万里谁能驯"。这种少壮时代的志气，正可说明他晚年流离潦倒，颠沛出川而死于江潭的结局。

杜甫的政治理想"致君尧舜上，再使风俗淳"，以及下面将引到的《忆昔》诗中说的"周宣中兴望我皇"，想把唐朝恢复到开元盛世，这在表面上看是复古或保守，其实也不完全如此。儒家把尧舜或以前当成理想的黄金时代，认那时代是和平、为公、安乐无争，要人不断向这目标追求。这理想标准虽说是存在于古代，但鼓励作用仍在教人于现在与未来向这目标前进。这和近代激进的理想的自由民主主义者或社会主义者悬着一个未来的理想社会，教人向这目标前进，其作用实颇相似。不过一方是认那理想社会早已存在于古代，另一方则认为只存在于将来。其实两种理想都只是代表人们的愿望或"想当然"。悬想古代有那么个黄金时代的，好处在对重视或迷信历史的人们易产生说服力，既然古已有之，则非虚妄不能实现；坏处是别人也可据史实反驳说这原是古之所无，或古史证明并不那么理想。把这理想只悬在未来的呢，好处是尽可根据推理去界定其理想目标，不受前史的限制；但缺点是这理想既然从来就未实现过，谁能说将来会实现而且会真给人民公平快乐？马克思主义者强调史观和历史阶段说，正是想要补充这个历史说服力。至于那些不同理想目标的好坏问题，以及有多少合于事实，能给人民多少幸福，这里未能讨论。我只是想指出，像杜甫这种想法，当时自有它的进步性。再说，《忆昔》诗中充分表明杜甫痛恶安史之乱的破坏，深切同情人民所遭战祸及苛政的惨遇，言之痛切。他笔下所写的开元盛况，固然也有点理想化和夸张，但唐朝在开元时代，的确是个升平盛世，近代中外史家甚至多已同意，那时中国文明的光辉灿烂，是同时世界上任何其他民族国家所不能及的。杜甫在三十岁以前亲身见到这种开元盛世，再看到安史之乱后人民的痛苦和国家的衰乱，因此想恢复到盛唐之世，这决不能说他不对。

为被压迫者代言与忠于理智和正义

上面我们把杜甫的血缘关系、家庭背景和个人政治志趣说明白了之后，再来看他对于被压迫者和受苦难者的同情，以及忧时之作，就更为明显突出了。杜甫对平民受苦难压迫者，有切肤之痛的感觉，远远超过其他平常作家的泛泛之论，他这种作品太多了，远非李白和许多其他诗人所能比并。《三吏》《三别》等，久已为世所周知，用不着再来引证。他看到平民受政府官吏的横征暴敛，无法谋生，在他那四十四岁时所写，富有史诗和悲剧性的《自京赴奉先县咏怀五百字》的名作里，说得淋漓尽致，不妨征引一段：

> 彤庭所分帛，本自寒女出。
> 鞭打其夫家，聚敛贡城阙。
> 圣人筐篚恩，实欲邦国活。
> 臣如忽至理，君岂弃此物。
> 多士盈朝廷，仁者宜战栗。
> 况闻内金盘，尽在卫霍室。
> 中堂舞神仙，烟雾蒙玉质。
> 煖客貂鼠裘，悲管逐清瑟。

劝客驼蹄羹,霜橙压香橘。

朱门酒肉臭,路有冻死骨。

荣枯咫尺异,惆怅难再述。

这里突出地形容、对比了像当时杨贵妃的从兄杨国忠和妹妹虢国夫人,以及其他权贵们的穷奢极欲,与贫民的转死沟壑。试问替统治者歌功颂德的诗人能写出或了解这样动人的作品么?

天宝以后的内乱外患和政治苛暴,使人民无法生存。代宗广德元年(763)前后,杜甫写出"天地日流血"(《岁暮》)的句子。大历元年(766)他描写人民生活无比艰难,说:

戎马不如归马逸,千家今有百家存。
哀哀寡妇诛求尽,恸哭秋原何处村!(《白帝》)

杜甫深切知道人民的痛苦一方面是由于内战和外祸,所以他同年又写道:

鹳鹤追飞尽,豺狼得食喧。
不眠忧战伐,无力正乾坤。(《宿江边阁》)

但另一方面,他更痛切感到政府官僚压迫人民,作恶为患尤甚。他在大历二年(767)二月死前三年说:

故乡门巷荆棘底,中原君臣豺虎边。
安得务农息战伐,普天无吏横索钱。(《昼梦》)

他笔下所形容的政府专暴对人民的灾害,真有"苛政猛于虎"之感。广德元年在一首题作《有感五首》的诗里他显然在指控"官逼民反"的事实:

日闻红粟腐,寒待翠华春。

莫取金汤固,长令宇宙新。

不过行俭德,盗贼本王臣。

他不但指出"盗贼本王臣",认造反为乱的人并不一定是天生的坏,而是被逼出此;而且在死前四年,借动物的语气直指当权的官僚们与盗贼相类:

乱世轻全物,微声及祸枢。

衣冠兼盗贼,饕餮用斯须。(《麂》)

杜甫的诗文不仅有许多替被统治者、被压迫者和穷困人的诉苦,而像这种对专暴统治集团的强烈抗议,在古今中外的大诗人中,实在也算很突出的了。"文章千古事,得失寸心知",杜甫恐怕不见得希罕十年前人们(包括郭沫若在内)称赞他"伟大的人民诗人",但现在郭氏突然改说:"杜甫是完全站在统治阶级、地主阶级这一边的。"即使老杜本人不在乎,大家能不替他申诉么?

我尝注意到一件很特殊的事,就是中国历史上,至少在宋朝以前,几个最伟大的诗人的家庭背景几乎都与统治者有关,或是有皇家血统,但本身后来却穷困潦倒,成为极同情于被统治者和平民,或至少自己已绝不替统治者帮凶。屈原出身于统治集团的大族,王逸所谓"王族三姓,曰昭、屈、景"。屈原自己也说:"帝高阳之苗裔兮。"似乎颇以此为荣。他的生活也颇奢侈:"余幼好此奇服兮,年既老而不衰,带长铗之陆离兮,冠切云之崔嵬,被明月兮珮宝璐,世溷浊而莫余知兮,吾方高驰而不顾。"(《九歌·涉江》)他又说:"吾不能变心而从俗兮。"这所谓"世""俗",正是当时大多数的人民,我们至多只能说他们还未觉悟罢。陶潜是晋大司马长沙桓公陶侃的曾孙,父亲做过武昌太守,母亲则是征西大将军长史孟嘉的女儿。孟嘉又是陶侃的女婿,他的曾祖也在三国时吴国做过司空。渊明《命子》诗说:"悠悠我祖,爰自陶唐。邈焉虞宾,历世重光。"也要把自己追溯成皇家血统。谢灵运是晋车骑将军谢玄之孙,"袭封康乐公,食邑二千户"，"内因父祖之资，生业甚厚，奴僮既众，义故门生数百"，"性奢豪，车服鲜丽，衣裳器物，多改旧制，世共宗之"（《宋书》本传）。李白是否与唐朝的皇室同血统，到现在我们还不能太肯定，但至少他本人和好些同时人以及较早的记载都说他是西汉李广的后裔，是凉武昭王李暠的九世孙，而唐高祖李渊则是李暠的七世孙。以上所述这些诗人，再加上杜甫，可说是唐五代以上最主要的诗人，实际上除了后来还有苏轼等人之外，他们可说是整个中国诗史上最重要的诗人。这些人都出身于贵族和统治集团，可是，大半生不得志。其实，中国诗史上更有一个特色，就是皇帝能做诗的，就我所知，比任何其他文化中的为多。随便数一数罢：汉高祖、武帝、昭帝、灵帝、少帝；魏武帝曹操、文帝曹丕、明帝曹叡；宋文帝刘义隆、孝武帝刘骏；齐高帝萧道成、武帝萧赜；梁武帝萧衍、简文帝萧纲、元帝萧绎；陈后主陈叔宝；北魏孝文帝元（拓跋）宏、节闵帝元恭；北周明帝宇文毓；隋文帝、炀帝；唐太宗、高宗、中宗、睿宗、大周武则天、唐明皇、肃宗、德宗、文宗、宣宗、昭宗；南唐先主李昪、中主李璟、后主李煜；蜀主王建、后主王衍；后蜀嗣主孟昶。这里只数了宋以前的，小国如吴越王、闽王等还未算在内，皇帝的血亲如曹植和昭明太子等也未算在内，已是三十八名了，都多多少少写过诗词。这些人有些是暴君或昏君，大多数没写出什么好诗，但有些像曹操、曹丕父子，萧衍、萧纲、萧绎父子，李璟、李煜父子，却已可说是历史上或多或少的重要诗人、词人和作家。这里我并无意来强调皇帝和统治者在中国诗史上的重要性或贡献，只是觉得从比较文学的观点看来，人数之多是件颇为突出的"事实"。如果我们要单用出身、家庭背景、政治地位或财产多少来评断一个诗人的好坏价值，而不就诗论诗，恐怕我们也有不少宝贵的"文学遗产"都要被教条主义者盲目抛弃，更不止杜甫一人了。照郭沫若攻击杜甫的标尺说，他又如何能专捧曹操和曹丕呢？

假如我们硬认杜甫"致君尧舜上，再使风俗淳"的忠君志愿是站在统治阶级和地主阶级一边，因此即是不对；姑不论统治者和地主不必都是坏人，试问大家都尊崇的屈原又如何？屈原终生效忠昏君楚怀王和顷襄王，司马迁说他"竭忠尽智，以事其君"，他自己遭贬谪之后，还是说"忠湛

157

湛而愿进兮，妒被离而鄣之。……曼余目以流观兮，冀一返之何时”。把自己比做女人，把皇帝比做她的爱人，成天在“思美人”“思君子”，埋怨“无良媒在其侧”和“愿自申而不得”。杜甫比这又差得多少？

问题是：不论屈原和杜甫是否叛离皇帝或现存政治制度，他们却绝对没有放弃自己的理智判断和正义原则，没有同流合污去压迫平民。相反的，他们都替被欺凌的平民呼吁，替遭难的全民族着想。就我看来，这些诗人们，以他们与统治者如此密切的天然关系，居然不肯乘这机会自私自利，居然不肯放弃自己的理想，不肯屈辱自己的人格，宁愿穷厄潦倒而死，仍然在替平民和被压迫者说话，这才更使他们伟大。固然这些诗人们在政治上的不得志，也部分由于环境和别人所造成，但他们自己不肯降志，要忠于自己的理智和正义感，仍然是个重大关键。从前廖平①把屈原看做秦方士，孙次舟②发现屈原的“脂粉气”。闻一多③同意这些看法，不过认为屈原还有他的“火气”一面，代表从奴隶站起来做了“人”，还做了“人”的导师。杜甫与屈原个性固然不全同，但他的洁身自好，在行为上、思想上、人格上都不肯做奴才，都坚持做“人”，而且做“人”的导师，却有相似之处。其关键正在忠于自己的理智和正义感。中国历史上最伟大的小说家如曹雪芹，祖先做满清皇室的奴才，帮助统治者，但家庭后来也遭到政治清算和不幸，而本人也成为平民的同情者和代言人。假如我们不注意这个紧要点，也不去管诗的好坏，小说的优劣，而只去计较作家的家庭出身、财产几何和是否参加造反，便这样判决他的历史地位、文学贡献和功罪，这种偏激的八股，谁能接受？

出川到两湖的动机与“朝廷记忆疏”的解释

胡文批评郭书时提到杜甫死前一年，即大历四年（769）在湘潭写的《酬韦韶州见寄》一诗头两句的解释问题，他虽不同意郭的看法，但仍说

---

① 廖平（1852—1932），初名登廷，字旭陔，一字季平，号四益（译）、六译等，四川井研人，经学家。

② 孙次舟（1908—2000），原名孙志楫，山东即墨人，曾任教于西南联大、四川大学等。

③ 闻一多（1899—1946），原名闻家骅，又名多、亦多、一多，字友三、友山，湖北蕲水人，学者、诗人，曾任教于武汉大学、清华大学等。

"是否如此",希望有人"指正"。这里我不妨提出一点意见。为了便于说明,先把全诗录下:

> 养拙江湖外,朝廷记忆疏。
>
> 深惭长者辙,重得故人书。
>
> 白发丝难理,新诗锦不如。
>
> 虽无南过雁,看取北来鱼。

郭氏为了追问"杜甫既那么眷念'朝廷',在出峡之后,为什么不直上三秦,而却南下潇湘",便根据这诗的前两行解释道:

> 是北方的"朝廷"把他忘记了,没有召他回去或给予出路。根据他到夔州时曾经得到过"朝廷问府主"的经验,估计他在离开夔州出峡前一定给"朝廷"打过报告(或者是通过柏茂琳转报),说他准备回京,在江陵等地等候"朝廷"的指令。他出峡后,在江陵、公安、石首等地徘徊了将近一年。看来就是在等待朝命,然而"朝廷"把他忘记了,没有下文。因此,他才南下"养拙"——是说不会做官,只好休养藏拙。

胡菊人说"这一段话完全是无中生有","实在是完全无稽"。这个批评很有理。"打过报告"这种话究竟是什么意思?这真是"莫须有"和诬蔑。若说杜甫这时有什么章奏给朝廷,当然也不是不可能,但这也不见得与现代所谓"打报告"相同,而且是否有奏折我们全不知道,全无证据,岂能专以"想当然"论断?照郭所说,杜甫"不直上三秦"乃因朝廷忘记了他,没有"给予出路"之故,好像杜甫是否回长安,完全是看朝廷是否给他官做。其实以前在"安史之乱"时,他就曾自动潜投凤翔肃宗的行在,哪里是要朝廷先"给予出路"呢?他临死前不久,又决定回三秦,有以《暮秋将归秦,留别湖南幕府亲友》为题的诗,这时朝廷也并未曾给他什么出路。固然杜甫至死都还想替朝廷尽力把国家弄好,免除外患内乱,使人民能安居乐业，所以他出川时都还要说"常怪商山老，兼存翊赞功"，"冯唐虽晚达，终觊在皇都"，"北阙心长恋，西江首独还"。但他出川前九个多月时吐蕃正入寇邠州和灵州，首都长安戒严，使他已无法回到老家去。怎好直上三秦呢？大历二年秋他在瀼西作的《复愁十二首》中就说："万国尚戎马，故园今若何？昔归相识少，早已战场多。"同时所作《伤秋》诗也说："何年灭豺虎，似有故园归。"又同年冬天所作《刈稻了咏怀》说："野哭初闻战，樵歌稍出邨。无家问消息，作客信乾坤。"而《夜》诗所云"烟尘绕阊阖，白首壮心违"，则说得更明显了。

固然，长安即使无家可归，即是为了吐蕃入侵，杜甫似乎也可回首都去勤王，可是胡菊人也早已指出，这时杜甫已衰病不堪，大历二年秋天他在瀼州所作《耳聋》诗中说："眼复几时暗，耳从前月聋。"又冬天的《复阴》诗中说："瀼子之国杜陵翁，牙齿半落左耳聋。"不但眼睛已暗牙齿半落，左耳已聋，而且早已患了肺病和消渴症（糖尿病），并且右臂偏枯，只能用左手写字。四年春，初到潭州所作《清明》诗中说："此身飘泊苦西东，右臂偏枯半耳聋。寂寂系舟双下泪，悠悠伏枕左书空。"可见写字读书都不方便，正如他自己所说："长卿消渴再，公幹沉绵屡。……我病书不成，成字读（一作'字'）亦误。"以这样衰病的身体，当然不能再上战乱中的、无家问消息的三秦。他自己早已知道这个老病的限制，大历元年所作《客堂》诗中就说："尚想趋朝廷，毫发裨社稷；形骸今若是，进退委行色。"同年的《垂白》诗也说："多难身何补，无家病不辞。"在先一年即永泰元年，他的《旅夜书怀》里也早已说过："名岂文章著，官应老病休。飘飘何所似，天地一沙鸥。"这本来也近于他早年"白鸥没浩荡"的素志。

而同时，他的内弟崔湜在湖南任幕职。舅舅崔卿二翁在江陵（荆州）当镇军。弟弟杜颖在阳翟（河南中部的禹县），杜观也在江陵，杜观又几次写信要杜甫去东部同住。杜甫久不见他弟弟，时时想念。大历三年元旦（768 年 1 月 24 日）给他儿子宗武的诗中就说过"不见江东弟，高歌泪数行"。约末在同时，也就是出川前十四五天，又写有《远怀舍弟颖、观等》诗说：

阳翟空知处，荆南近得书。

积年仍远别，多难不安居。

江汉春风起，冰霜昨夜除。

云天犹错莫，花萼尚萧疏。

对酒都疑梦，吟诗正忆渠。

旧时元日会，乡党羡吾庐。

这诗描写忆弟的挚情，非常深切感人，只有六亲不认的人才会读之无动于衷。这时还透露出他往湖北的另一理由也许是那里天气不像川东冷，对病躯较适合。过了几天又写有《续得观书，迎就当阳居止，正月中旬定出三峡》一诗说：

自汝到荆府，书来数唤吾。

颂椒添讽咏，焚火卜欢娱。

舟楫因人动，形骸用杖扶。

天旋夔子峡，春近岳阳湖。

发日排南喜，伤神散北吁。

飞鸣还接翅，行序密衔芦。

俗薄江山好，时危草木苏。

冯唐虽晚达，终觊在皇都。

这两首诗对他出川去江陵的情绪和理由，说得很明白，就是要和弟弟欢聚。不过杜甫始终是个入世的关切社会国家的诗人，他的衰病使他不能往长安，使他不能报效朝廷，这件事始终叫他不安。所以他一再说："时危思报主，衰谢不能休。"（《江上》）"长怀报明主，卧病复高秋。"（《摇落》）"衰谢身何补，萧条病转婴。霜天到宫阙，恋主寸心明。"（《柳司马至》）"扁舟空老去，无补圣明朝。"（《野望》）

杜甫因衰病和兄弟团聚关系不能北上效力国事而惓惓于怀，这在传统伦理观点来说，自是忠贞可颂。所以北宋陈辅说：

柳（宗元）迁南荒云："愁向公庭问重译，欲投章甫作文身。"太白云："我似鹧鸪鸟，南迁懒北飞。"皆褊忮躁辞，非畎亩惓惓之义。杜诗云"冯唐虽晚达，终觊在皇都"；又"愁来有江水，焉得北之朝"。赋张曲江云"归老守故林，恋阙悄延颈"，其乃心王室可知。（《陈辅之诗话》。南宋黄彻《䂬溪诗话》卷三有一则与此全同，或系本于陈书。）

这一条仇兆鳌《杜少陵集详注》卷二十一《续得观书》诗后曾加征引，古典文学研究资料汇编的《杜甫卷》中只列为黄彻语。陈辅条下失收，应该补入。现在有人如用现代别的观点来批判杜甫，自然会说想报效朝廷乃是"封建思想"。其实如我们上文所说，杜甫志在"致君尧舜上，再使风俗淳"。端正朝廷正是要替国家人民服务。除非我们能证明他是要去帮助皇帝压迫平民，要不然，这种积极改进的愿望，比某些人一部分徒然的"怨词"，也不见得坏得多少。再拿屈原来对比一下，《史记·屈原列传》说他"虽放流，睠顾楚国，系心怀王不忘，欲反，冀幸君之一悟，俗之一改也。其存君兴国，而欲反覆之，一篇之中，三致志焉。然终无可奈何，故不可以反。卒以此见怀王之终不悟也。"若照这一段的说法，这种"冀幸君之一悟，俗之一改"的"存君兴国"思想和情绪，与杜甫的却非常相似。《史记》这段话似乎并未曲解屈原，《离骚》里固然说过："伏清白以死直兮，固前圣之所厚。虽体解吾犹未变兮，岂余心之可惩？"又说过："已矣哉！国无人莫我知兮，又何怀乎故都？既莫足与为美政兮，吾将从彭咸之所居！"但他在《九章》里的确也说过："愿陈情以白行。"以及："思美人兮，揽涕而伫眙。媒绝路阻兮，言不可结而诒。蹇蹇之烦冤兮，陷滞而不发。申且以舒中情兮，志沉菀而莫达。愿寄言于浮云兮，遇丰隆而不将。因归鸟而致辞兮，羌迅高而难当。"《离骚》里也说过："老冉冉其将至兮，恐修名之不立。"

大约屈原也还是总想"致君尧舜上，再使风俗淳"。只是最后觉得已无望，又不肯随俗，便坚持自杀。这种忠于己志的精神自然值得赞颂。但杜甫也写出过《去矣行》："野人旷荡无靦颜，岂可久在王侯间。"屈原总觉得自己正直，"耿吾既得此中正"（《离骚》）。因此班固说他"露才扬己""忿怼不容,沉江而死,亦贬絜狂狷景行之士"。闻一多说他是一个"孤高激烈的""文化奴隶"。杜甫没有屈原这种极端的道德感的自负,至少在晚年已了解自己的限度,所以说他自己"衰谢身何补"。他也不能走极端,一方面不能看着妻子儿女和自己饿死,有时不得不接受朋友的帮助;但另一方面却又不愿降志牵就以干请权贵。试看他大历四年(769)春天,即死前一年,在潭州(长沙)写的一首诗说:

> 有求常百虑,斯文亦吾病。
> 以兹朋故多,穷老驱驰并。
> 早行篁师怠,席挂风不正。
> 昔人戒垂堂,今则奚奔命?
> ……
> 侧闻夜来寇,幸喜囊中净。
> 艰危作远客,干请伤直性。
> 薇蕨饿首阳,粟马资历聘。
> 贱子欲适从,疑误此二柄。(《早发》)

这诗末了说出他自己的两难之境。再看他死的那一年写道:

> 五十白头翁,南北逃世难。
> 疏布缠枯骨,奔走苦不暖。
> 已衰病方入,四海一涂炭。
> 乾坤万里内,莫见容身畔。
> 妻孥复随我,回首共悲叹。
> 故国莽丘墟,邻里各分散。
> 归路从此迷,涕尽湘江岸。(《逃难》)

这是一首很动人的短诗,把个人身家性命的困迫与国家民族人民大众的苦难都交织在内。又从上面所引的这些诗句,很可看出杜甫比屈原更谦虚,自知限度,更平衡温和,更爱惜生命,更富于常人之情。屈原比他孤高绝俗,没有妻子儿女的顾虑。由于从来没有提起他们,也许就根本没有罢,"女媭"究竟是不是他的姊妹或贱妾,不得而定,总之,他也置她于不顾,他甚至连"仆夫悲余马怀兮,蜷局顾而不行"也不管,把心一横,就决绝一切。这当然是杜甫所做不到的。这里我决无意来贬低我们这位楚国的伟大诗人,他那以死抗议的孤高精神,是我平生所最景仰的。这儿只是想指出,若从妻子儿女仆夫以及一般平凡的人民看来,杜甫却有他近情合理的一面,老实说,在这一方面,他更近似人民大众。

以上不过是略就当时实际情势和杜甫的个性,说明他出川时为什么先去湖北、湖南。同时说明"养拙江湖外"实在是不得已之举,固然不会荒唐到为了"越女天下白",也不是因为"朝廷记忆疏"。把"养拙江湖外,朝廷记忆疏"这两句连起来读,再看看下面数句,便谁也知道,前一句是因,后一句是果,决不会解释成"朝廷把他忘记了,没有下文。因此,他才南下养拙"。

不过,在这里把"朝廷记忆疏"解释做朝廷有点忘记他了,却是正确的。这里不应解作杜甫已忘记了朝廷。在杜甫诗中这种句法里,"朝廷"一词多是用作主语,不过有时是没有主动的主语。这种没有主动作用的主语,也可说只有主题的功能,后面不带直属它的动作的动词,但仍带有说明语或谓语。有时这种主语很像是倒置在前的宾语或副词宾语,试看《九日登梓州城》诗中的:

弟妹悲歌里,朝廷醉眼中。

仇兆鳌解释说:"悲歌,家不忍言;醉眼,国不忍见。"颇为恰当。意即是说:弟妹只是在悲歌里提到,朝廷只是在醉眼中见到。"朝廷"是主题,"醉眼中"是说明语或谓语。"朝廷"在其他类似的句子中作主语的却更多了,例如:

朝廷愍生还,亲故伤老丑。(《述怀》)

朝廷壮其节。(《送韦十六评事充同谷郡防御判官》)

朝廷非不知。(《两当县吴十侍御江上宅》)

朝廷偏注意,接近与名藩。(《送鲜于万州迁巴川》)

朝廷防盗贼,供给愍诛求。(《奉送王信州崟北归》)

这些句子里,"朝廷"都显然是主语,不是宾语。它固然是个"集合名词",可能用来表示抽象的机构或政务,但也可指具体的一群人物或地点,如皇帝和朝臣,所以可感想可行动,如上举各句中的"愍""壮""知""注意""防"等。

可是在另外一个例子里,"朝廷"是否指主动的人物,就不那么明显了。大历二年左右,杜甫在白帝城东附近的东屯写了一首题作《晚》的诗道:

> 杖藜寻巷晚(一作"晚巷"),炙背近墙暄。
>
> 人见幽居僻,吾知拙养尊。
>
> 朝廷问府主,耕稼学山村。
>
> 归翼飞栖定,寒灯亦闭门。

这诗的"朝廷""耕稼"两句,前人早已认为不好解。宋朝的赵彦材(字次公)就说:

> 此句法难解。盖言朝廷以务农重谷之事问府主,故亦化而学山村耕稼也。然此等句法,学者不可效之也。(引见宋郭知达《九家集注杜诗》卷三十二)

明末的王嗣奭(1566—1648)在他的《杜臆》里则说:

> 地方治乱,朝廷但问府主,非我辈事;故得学耕稼于山村。此"拙养"者之为也。结语说养拙行径。(卷八)

这仍是把朝廷当作主语,不过认为所问者是"地方治乱"而不是"耕稼"。

雍正时代的浦起龙(1679—?)基本上也这样解释,把"朝廷"当作主语,不过对诗的主题和结构更有所说明:

> 首联叙事,"幽居"之事也。下半述情,"拙养"之情也。三、四盖一诗关目,语复清贵。"问府主",时或有玺书问状事。"学山村",则无与我事矣。乌定闭门,付之不管也,却又能以透后一层,收合"晚"字。(浦著《读杜心解》卷三之六)

郭沫若既说"根据他(杜甫)到夔州时曾经得到过'朝廷问府主'的经验",可见郭也接受了这一派的解释,把"朝廷"当作有主动的主语,"问"是它的主动词,"府主"是直承"问"的宾词。可是康熙时代的仇兆鳌却不同,他说:

> 首记薄晚之事,末记薄晚之景,中乃自叙己情。僻则与世无关,尊则自得其趣。朝问府主,耕学山农,见野人不豫国事矣。末言与物偕息,写出优游自在之意。(《杜少陵集详注》卷二〇)

这就把"朝廷"和"耕稼"同样看作主题式的主语,"问"不是"朝廷"的动作,不是说朝廷询问府主,而是说:关于朝廷之事,我可以去问府主(府主即太守,这里该指当时护助杜甫的夔州都督柏茂琳)。关于耕稼的事,则可以去学山农。我以为这个解释是比较合理的,为什么呢?这诗的主题明明是"幽居""拙养",题目用"晚"字,即用来表示这种气氛,正如陶潜常用"日夕""日入""日暮"来表示闲适休退一般,现在若夹入两句说是朝廷来询问地方官以耕稼或政事,不但于史无据,而且与全诗主题不伦不类。再方面,作为一首律诗,中间两联应是对句,把"朝廷"句解释成与"耕稼"句文法构造上相类似,自然更通顺,下句的"耕稼"既非"学"的主动者,则最好也把上句的"朝廷"不当成"问"的主动者。不过我认为仇氏

166

说"见野人不豫国事矣"也许有点过度了。全诗的主人公是诗人自己,朝事则问府主和耕事则学山农的即是诗人本人。杜甫这时正在东屯监管公田耕稼,又往往替柏都督起草奏表,对国事大约还有点闻问,不过没有什么重要职务罢了。

本来"养拙江湖外,朝廷记忆疏"中的"朝廷",很可以和《晚》诗中的"朝廷"相比,都可当作主题式的主语(或副词宾语),因为两诗又都同时说到"养拙"。若单拿这两句诗来看,自然也可解释做"我养拙在江湖之外,对于朝廷,记忆已很疏淡了"。可是我却不以为然。广德二年(764)左右,杜甫在成都严武幕中时,作有《怀昔二首》,其第二首中有一句也含有"朝廷记忆"的话,由于这诗最可看出杜甫的政治态度,这里不妨全录如下:

> 忆昔开元全盛日,小邑犹藏万家室。
> 稻米流脂粟米白,公私仓廪俱丰实。
> 九州道路无豺虎,远行不劳吉日出。
> 齐纨鲁缟车班班,男耕女桑不相失。
> 宫中圣人奏云门,天下朋友皆胶漆。
> 百余年间未灾变,叔孙礼乐萧何律。
> 岂闻一绢值万钱,有田种谷今流血。
> 洛阳宫殿烧焚尽,宗庙新除狐兔穴。
> 伤心不忍问耆旧,复恐初从乱离说。
> 小臣鲁钝无所能,朝廷记忆(一作"识")蒙禄秩。
> 周宣中兴望我皇,洒泪江汉身衰疾。

这里作"忆"或作"识"(音志),不太关紧要,我看作"记忆"的可能性较大,杜诗他处无"记识"一词,"记忆"则数见不鲜,《秋日夔州咏怀》诗且有"雕虫蒙记忆"的句子,兼用"蒙"字。这里"朝廷记忆蒙禄秩"中的"朝廷"自然是"记忆"的主动者,因此我以为《酬韦韶州见寄》诗里的解释也应该相似。其次,若把这句解释成杜甫忘记了朝廷,不但和他常说的"日夜思朝廷""北阙心长恋"不太相称（他在失望时自然常有道家退隐的思想，有时也很悔做官，但似乎从未径说过忘记了朝廷），而且与下文"深惭长者辙，重得故人书"不相连。诗意是说：我已养拙闲散在江湖之外，朝廷的大官们都不大记忆我了；而作为老朋友的你这长者，却还亲自来访我，又寄信来，这使我真觉惭愧不敢当。仇兆鳌早已如此解释，说："江湖作客，朝士久忘；韦枉辙而又寄书，情良厚矣。"若认为杜甫这里说自己早已不大记起朝廷，则很难与这种惭感厚情的意思关合。所以近人傅庚生①、萧涤非②、郭沫若等接受仇的解释，本来不错。不过郭氏把首两句颠倒，认朝廷忘记杜甫是杜养拙的原因，那才是不对的。

以上证明：郭沫若未加细考，误读"朝廷问府主"为皇帝曾有垂询，用来证明杜甫曾向朝廷打过报告，并期待任官；另一方面，对"朝廷记忆疏"一句虽依前人读通了，却又颠倒因果，过分强调这是杜甫不回三秦而往两湖的原因。原来累积好些细小的歪曲，便可造成古人的大罪状！

时代限制·弱点·人性

当然，我们也不应抹杀杜甫所受时代的限制和个性上的某些弱点。杜甫的亲戚和兄弟等多是中下级官僚，朋友中更有许多高级中级官僚、军官和贵族。他不能不受到一些庸俗观念的影响。杜甫全部一千一百左右诗题中，约末有四百题，即超过三分之一，是寄赠或有关这些官吏人物的（其实李白的六百七十来题中也有四分之一是如此），好在这些人中间有好些也是诗人，而且杜诗也绝少泛泛的应酬之作，而多确有真情实感。不过像《奉送蜀州柏二别驾，将中丞（柏茂琳）命赴江陵，起居卫尚书（荆南节度使加检校工部尚书卫伯玉）太夫人，因示从弟行军司马位》诗中的"迁转五州防御使，起居八座太夫人"这种句子，也实在平凡无味了，宋人早已指出，毋庸多议。从另一方面说，中国旧诗传统，从隋唐以来就有大量的朋友往来赠答应酬之作，远超过其他任何国家诗歌中的这种分

---

① 傅庚生（1910—1984），笔名肖岩、更生、齐争等，辽宁辽阳人，曾任教于东北大学、华西大学、北京大学、西北大学等。
② 萧涤非（1906—1991），江西临川人，曾任教于山东大学、西南联大等。

量,从好处说,这代表中国文学中伟大的人文主义传统,最能反映诗人对他人的关切,也最能反映一般人与人的关系。杜甫在这方面不愧是个最显著的代表。

关于杜甫个性上的弱点,自唐、五代至宋,即已有人纷纷提到,孟棨《本事诗》就说李白曾"讥其拘束",这点未必是事实。刘昫《旧唐书》本传却说得恰好相反,说他"性褊躁,无器度,恃恩放恣"。又说他"纵酒啸咏,与田夫野老相狎,荡无拘检"。对蜀帅严武大不礼貌。其实现在看来,"与田夫野老相狎"正是深入民众,没有上层阶级习气。刘攽《贡父诗话》说,杨亿(大年)不喜欢杜甫的诗,把他叫做"村夫子",这样说来,似乎也不算坏。杜甫自己就说他是"乾坤一腐儒"(《江汉》),固然是有点牢骚,他明知"天下尚未宁,健儿胜腐儒",但如说他有土俗气,也许他倒不会以为忤的。

西洋人对杜甫也有些批评,当代美国很著名的诗人 Kenneth Rexroth[①],中文取名王红工,在一九六九年就说,杜甫是个太严肃的儒家官吏和"脾气不好的朝臣",诗中过于"自悲自怜"。又说:"他常常哭穷,把自己的房子老叫做草堂。其实他的好些房屋虽是茅草盖成,大约都是很宽敞堂皇的,并且似乎从来没有把它们送给别人,而且还时常从房屋附近的出产有所收入。"可是王红工虽然承认这些事实,而他的结论却恰好和郭沫若相反,他认为杜甫所表现的这些弱点正是他的好处,表示他更"富于人性并且和我们大家更亲近"(human and kin to all of us,见所著《重访古典》[*Classics Revisited*])。

王红工这些话并非随便说的,他十九岁时会见英译《唐诗三百首》的名诗人丙楼(Witter Bynner)[②],受他的影响,把兴趣从李白转移到杜甫,以后三十多年便都浸润在杜诗里。他翻译了许多杜诗和其他中文诗,也模仿和造作了好些中文诗。1950 年出版的一册《美国现代诗选》,第一个

① Kenneth Rexroth(1905—1982),中文名王红公,美国诗人、翻译家。作者在此称其为王红工。
② Witter Bynner(1881—1968),美国诗人、作家、学者,曾任教于美国加州大学柏克莱分校,与江亢虎合译《唐诗三百首》,书名《群玉山头》(*The Jade Mountain*,1929)。

代表诗人就是王红工,而所选的竟是他翻译的杜甫的诗,一千多年前杜甫的诗竟当成美国现代诗出现了!

王红工说,在古今中外一切诗人中,他最崇拜杜甫,他一生所受最大的影响也是杜甫,说"对杜诗比对我自己的诗还更熟悉些"。他对杜诗的亲切、纯朴、圆润、智慧、宽豪、仁厚和写实,推崇到顶点。在一九五九年他的一册论文集里说:"作为诗人的杜甫,有他的纯洁、直率和简朴——他把他自己立刻和盘托出地表现出来。"王在《重访古典》一书里,把杜甫当成现代这个问题百出的腐败世界的精神上的救主。说杜甫的诗无形中答覆了古今来美学家和批评家所关切的问题,就是"诗应该是为什么而写的"这问题。杜甫那些绝好的诗正代表着一切美术理想的目的。在一本小说式的自传里,王红工说:

> 杜甫毫无疑问是我自己的诗的最主要影响力,我认定他是自古以来,在非史诗和非戏剧诗当中,最伟大的诗人。就某些方面说,他是比莎士比亚和荷马更好的诗人。至少他更自然,更亲切。(*An Autobiographical Novel*, New York, 1964, pp.318-319)

我们读了王红工这些话,深觉他的结论也是经过严格批判而后得来,只因他所采取的是"知人论世"和设身处地的态度,也不受呆板的教条束缚,所以显得更同情而公允。

我尝以为,中国传统文学,是最注重人文主义的文学,其诗的传统,又最富于人道主义的精神;杜甫是最人道主义的诗人,他在中国历史上被推崇做最主要的诗人,被称做"诗圣",正因为他代表这个主流,决不是偶然侥幸而得。在目前这个人欲横流的世界里,在这个为了争政权、财产权和名誉地位而结党成群、杀人盈野的世界里,像杜甫这种崇道义、重人情,不矫揉造作,不假充英雄和完人,不惜暴露己短的诗人,如果居然不遭到歪曲和谩骂,那才是稀罕可怪的事。

致王润华，1973 年 4 月 19 日

润华：

芝加哥开会人多，未能多谈，我又匆匆提前回校，颇为失计。

《五四史》你译的这章四月份已登出了大半。五月即将登完。下一章你要赶快译出才行。（四月份又登有我的《论杜甫》一文，你看如何？）

日昨转寄爱真《明报月刊》的译稿费支票两张，她已收到了么？盼回我一信。胡菊人说，支票须在半年内兑用，否则无效了。你可告诉爱真。

匆祝

近好

策纵

四月十九日 1973

工作等如何？华苓前云明年你仍留艾大。李孝定回信说南大用人权不在系上，须由政府决定云，但他已代向系上说了。

我下年度须担任系主任工作，当较忙，但亦无法推却。

致杜维明^①,1973 年 5 月 2 日

维明兄：

　　四月十六日来信已收到,承询所释读王阳明致周冲书五封八十五行事,对核原文,觉辨认大体不误,兹将尚未鉴定各行,及可能误认诸字,条列如下,惟周氏致阳明书稿未见寄来,辨识无据,尚待商酌耳：

　　(文内草体字刻排不易特制锌版依圆圈号码列于文后请台察)

　　(1)第 1 行：尊读"虽然","然"(①)应读作"与",全句为"虽与道通所留微有不同"。

　　(2)行 7:"乃深议之如何","深"(②)字似应为"徐"字(可参看行 45 之"除"字及行 26、27 诸"得"字),"徐议"之义亦较顺理。

　　(3)行 12 : "计"字下空白处不能无字,似脱去"之"字,惟未见原稿纸,自难断言,不妨释在方框内,"计"字甚确,则不必加框也。

　　(4)行 13:"恐未当汲于是也","当"字似应为"宜"字,"汲"应作"汲汲"。字下本有二点,且如此方通。

　　(5)行 15:"宿为温雅近实","宿"(③)字应是"冣(最)"字,乃"最"字别写,王羲之及明人多如此写法,"最为"亦较通顺。

　　(6)行 16:"不急之事□","事"字下之字似系"疑"字,草书往往作④⑤,不妨释在方框中,因原字有缺损也。

　　(7)行 17:"未之思于 去昏愦草","于"字应作"钬"字,句为"疑未之

① 杜维明(1940—),原籍广东南海,台湾学者,曾任教于美国普林斯顿大学、加州大学伯克莱分校、哈佛大学、北京大学等。著有《三年的畜艾》(1970)、*Confucian Thought: Selfhood as Creative Transformation*(《儒家思想：以创造转化为自我认同》,1985)、*Way, Learning, and Politics: Essays on the Confucian Intellectual*(《道、学、政：论儒家知识分子》,1993)、《杜维明思想学术文选》(2014)等。

思欤",其下⑥当为"盛价"二字,盛价犹令价、贵价、尊价之意,如古称令主为盛主,贵妾为盛妾,宠姬为盛姬等。价为仆、役。此谓贵役或尊仆(价指"走价",即送信人)临去时,我正昏愦草草。

(8) 行18:"岂次所惟"(⑦)应作"莫既所怀"。"莫"字亦见行82,"既"为完尽之意,怀字写法与惟字略有不同。句即"未能馨所怀"之意。

(9) 行19:"以亮"为"心亮"之误。"拜书"应作"拜手"。以下均应照改。古文《尚书·太甲中》"拜手稽首"谓拜时手至头或即拱手之意,后人信末常用语。

(10) 行20:"道通　道契文付",通下二字⑧似应为"郡博"二字,疑为郡邑之博学(士)之意,周冲曾中举,他函中称"道通长史道契""道通秋元道契",则此亦当是荣衔尊称。是否如此,请再斟酌。"文付"似应作"文侍",付字通常写作⑨或⑩,不作⑪,今右笔多向外斜曲,故为"侍"字,今尺牍多称"文席""侍席""侍右",以下诸例均应照改。

(11) 行23:"阖门母子兄弟之　","之"下⑫乃"真诚"二字。

(12) 行32:"令兄远寄　人　处","寄"下之⑬乃"药"字。"人"下之⑭乃"危"字,"人危,处草冗中",上既云寄药,此"人危"似指其本人病危,或云"危处",即困处,凡此皆略甚其辞耳。

(13) 行33:"不及别作一并致此意","作"下恐非"一"字,疑是"书"字,可写作⑮形,似不妨释在方框内,此云不及别作书寄令兄,语意较足。"并致此意"即可也。

(14) 行36:"所示　田记",示下之⑯乃"祭"字,周氏之文是记祭祀之田,在此处颇关紧要。不知其致王函中曾提及否?

(15) 行41:"也"字下似为"欲慰吾生"四字。

(16) 行44:"遂"下似为"孤"字,但亦可能为"疏"字?

(17) 行49:"人孰无 乎",末一 乎 字似是"有"字,上云"是非之心"是引《孟子》"人皆有之"语,故"有"字较可能,仍宜在方框中。

(18) 行65:"答明公语",湛若水固字符明,但守仁亦以明为号,何以不称"元公"而称"明公"?且⑰形不似"明"字,至可能为"邵""颂"或"硕"

173

等,似宜就周氏原书及交游中证定之,纵手头无书可查,又未见周氏函,无从定论。行末"失"字下所脱之字,似是"若"字,方与下文相连,不妨置于方框内以存疑。

(19)行67:"不若此说之浑","浑"下之⑱乃是"成"字。

(20)行68:"草:不□",方框应改为"另"字,且不必加框,盖无疑问,亦无缺损也。

(21)行69:"意推勉学不忝所望所顿","推"当是"惟"字误释,左面非"扌"旁。"不忝"应为"不怠"。"所望所顿"应为"以慰所期"。

(22)行72:"近时"近字在此固可通,但"今"字亦可能。未察原卷,不能肯定,但皆无大碍。行76末之"岂"字亦应照前改为"莫"字,行78"亦是"之间脱去一"正"字。

(23)行83:"爱莫能助","能"字通常只作⑲,此作⑳恐仍是"为"字,"为助"亦通也。

(24)行84:"病笔不尽","尽"应作"足"。字亦见行24及63。

以上所论,是否有当,仍请裁度。阳明草书劲秀,读之为快,盼能见到一较清晰之印本,又前后周冲之书及王氏批语,亦甚盼一读也。迩来百务匆匆,不尽意。即祝

近好

周策纵　手覆

五月二日　一九七三年

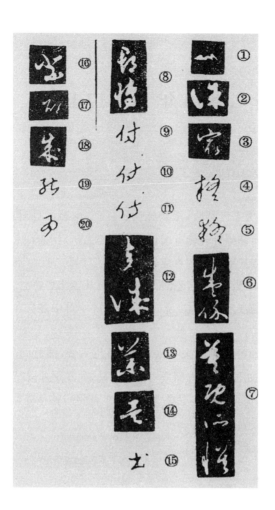

175

致杨力宇^①,1973 年 5 月 17 日

力宇兄：

　　承寄赠之大著已拜收，至为感谢。《语文论著书目》极为有用，近数年来新作又增，甚望尊著能有增订本出版也。《三国志演义》与《三国志》之比较，主题亦甚重要而有意趣，所寄提要中提到"平话"传统，惟未见提及"变文"。其中讲史部分，恐演义仍有继承其传统之处也。敝从伯大荒^②先生战前曾撰有《反三国志》说部一书，欲矫罗贯中之失实处，但亦仍是寄意之作。

　　Robert Smith^③君尚未见来，到时当与一谈，惟此间目前经济亦甚紧。彼之成绩如佳，学费方面或可设法求减，此亦须视情况始能定。

　　上贤兄事能成自佳。又郭大夏^④明年秋将转移他处，彼之中英文皆佳，盼为注意促成。

　　匆此不具，即请

教安

周策纵　顿首

五月十七日　1973 年

---

① 杨力宇（1934—　　），原籍江西宁冈，旅美学者，1971 年获斯坦福大学博士学位，曾任教于美国新泽西州西东大学。与人合编 *A Bibliography of the Chinese Language*（1966）等多种研究论著书目。
② 周大荒（1886—1951），本名周天球，字大荒，号书生，湖南祁东人，小说家。
③ Robert Smith，不详。
④ 郭大夏，台湾人，旅美学者。1965 年入读威斯康星大学东亚系，1971 年取得博士学位。

致潘重规,1973 年 5 月 28 日

石禅教授吾兄道席：

香江一聚,多承教益,感荷良殷。返美以来,初患头痛,近二三月皮肤又发风疹,日夜奇痒,不能安休,函牍疏延,时用拳拳。前由陈生炳藻①（彼下年度已受聘去东部一大学任教)转来大著论甲戌本《石头记》及季刚②先生译拜轮③诗稿读后记,读后至佩甚感。黄先生译诗典雅绝伦,弟初尚不知其非曼殊④手笔也。拜轮《大海》诗弟于十六年前曾译成白话诗,并增译第一章,共得七首,曾在一九六〇年发表。《哀希腊》诗亦有白话翻译,迄未发表,非欲求胜前贤,但欲略近原作,且为浅近计耳。又弟三十年来抄集各种《哀希腊》译文,共得十一二种,差称完备,久欲印成小册。十余年前曾将集稿出际周法高⑤兄,彼颇以为其事太小,而弟亦因教学忙乱,未再注意。现拟略加整理,在港出版,并拟将尊作读后记附入,以存史实。关于校订付印诸事,不知吾兄能抽暇赐助否？出版处亦请兄代洽,印费弟至少可付一部分,销行恐尚无大问题也。柳无忌先生有一英文稿乃论翻译此诗之问题⑥,弟前次在芝加哥开会时,曾问彼可否亦将此稿附入,彼似觉可行,弟当再与洽商。（集子暂题作《拜轮哀希腊诗中

---

① 陈炳藻(1946—),笔名丙早,香港人,曾任教于美国威斯康星大学、香港教育学院等。
② 黄侃(1886—1935),字季刚,号量守居士,湖北蕲春人,曾执教于北京大学、中央大学、金陵大学等。
③ 即拜伦。
④ 苏曼殊(1884—1918),字子谷,学名玄瑛,广东香山人,诗人、作家、翻译家。
⑤ 周法高(1915—1994),字子范,原籍江苏东台,台湾学者,曾任职于南京中央大学、台湾"中央研究院"历史语言研究所、台湾大学、美国华盛顿州立大学、耶鲁大学、香港中文大学等。
⑥ 中文版名为《苏曼殊与拜伦〈哀希腊诗〉——兼论各家中文译本》,载《联合文学》第 1 卷第 7 期(1985 年),第 88—98 页。

译集论》①)此事如何之处，尚乞函示为感！

　　胡菊人兄寄来《大公报》五月十四、五、六日中吴恩裕②《曹雪芹的佚著和传记材料的发现》一文的后半，嘱加小评，但不知何故，未将前三天之部分寄来，今已去函请其补寄，不知兄亦能代觅寄下（航空）否？盖恐彼事忙忘记或未能找得也。又尊见如何？

　　今晨偶得小诗一章，附呈一粲，并乞指正：

春　　望

闭门郁尽一春痕，
鲁酒难招故国魂。
千万是谁谁独往，
滔滔群病岂无根。

匆此不尽，即祝
教安

弟周策纵　拜手

五月廿八日　一九七三年

---

① 严志雄编订《周策纵教授著述目录》(《中国文哲研究通讯》第 17 卷第 3 期，第 65—112 页)："《拜轮〈哀希腊〉诗汉译汇集》。1956—59 年编，兼新译与注。(未刊稿)"
② 吴恩裕(1909—1979)，辽宁沈阳人，法学家、红学家，曾任教于北京大学、北京政法学院等。

致萧公权,1973 年 5 月 28 日

公权先生道鉴:

五月廿三日手示及尊作《癸丑春日偶成》与集猛悔楼句七绝,拜读为慰。"白头出没乱书中"句殊妙,"出没"二字尤为难得,后四句亦极工。集猛悔楼诗天衣无缝,哀丝入云。"渐觉无情惟故国,江山谁主月空明",感慨系之。《猛悔楼诗集》以前在某图书馆中偶一触及,竟未能细读,现不知何处可得?亟欲一读也。又尊函用纸细薄洁白,较坊间所见日本纸为优,不知何处可购到,亦乞示知。

迩来既病风疹,又为系务所累,读写皆疏。今晨偶因尊作《春日》诗及"百计难回已去春"句之启发,匆草一章,录乞斧正:

春　望

闭门郁尽一春痕,
鲁酒难招故国魂。
千万是谁谁独往,
滔滔群病岂无根。

前次华大王靖献[①](杨牧、叶珊)君寄示《惊识杜秋娘》一文,以为《金缕曲》中之金缕衣即指近年河北出土之葬饰金缕玉衣,纵有一函商讨致

---

① 详见《致王靖献》(1973 年 6 月 15 日)注。

179

疑,经与梁实秋①先生之函同时发表,兹寄上复印本请予指教。王君青年好学,新诗颇佳也。匆祝

近安

策纵　拜上

五月二十八日　一九七三年

致徐复观,1973年5月28日

复观先生道席:

香江别后,时以尊况为念,数次向胡菊人兄处探问起居,又在《明报月刊》读到新作,肝胆轮困,诚为难得。昨奉手教,对小文过许,并示创见,彼时觉所提出之意见值得发表,故略加答覆交菊人,不知能发表否,仍乞更予指教也。弟近二三月来皮肤患风疹,日夜发痒,不能休息,殊以为苦。影响写作,甚且函牍稽延,每用拳拳不安。今晨偶成《春望》一章,即附呈一粲,并乞指正为感:

闭门郁尽一春痕,

鲁酒难招故国魂。

千万是谁谁独往,

---

① 梁实秋(1903—1987),名治华,号均默,笔名子佳、秋郎、程淑等,原籍浙江钱塘,生于北京,作家、翻译家。著有《骂人的艺术》(1927)、《雅舍小品》(1949)、《秋室杂文》(1965)等,并译有《莎士比亚丛书》(1999)。

滔滔群病岂无根。

两汉思想方面之著作,近已完成否? 当以先读为快也,匆此即颂
著安

弟周策纵　拜手

五月廿八日 一九七三年

关于石涛《画谱》问题,尊见甚是。

致王润华,1973年6月6日

润华:

我数月来患 hives[1],周身发红瘢,奇痒,服丸药后则终日昏昏欲睡,故工作效率大减。(以前好像你和林耀福[2]来我家时,他的女友全身即发此症。不知你记得么? 她是如何医好的? 我现在尚不知原因。)

改定稿盼速抄好用快信航空径寄去。他们现在需要在十多号收到稿件才能赶上。(下面部分改好后再寄你。)

寄回的月刊已收到了。

翁同文兄来信说,南大申请人三四十名中你已被选在前五名。不知结果将如何。

---

[1] 荨麻疹。
[2] 林耀福(1938—),台湾彰化人,曾任教于台湾大学外国语文学系、淡江大学外语学院等。

匆祝

近好

策纵

六月六日夜深 1973

致萧公权,1973 年 6 月 15 日

公权先生道席:

　　拜奉大札及所惠赐日本笺纸五百张,至感良殷。久不用毛笔,得此一试为快。前询《猛悔楼诗集》①,盖恐坊间有复印本耳,不敢更烦邮寄也。月底将赴巴黎开会,挈眷游西欧一月,八月一日回校,校方委任系主任琐事为劳。尊论冯君诗殊有见。小句附呈,聊答盛意,乞正,即颂

暑安

策纵　拜上

六月十五日　一九七三年

---

　　①《猛悔楼诗》,王世甫(1902—1943)遗著。王氏字调甫,号心雪,安徽贵池人,王源瀚之子。早岁即考入北京大学中国文学系,毕业前因参加五四运动而被捕。同年自费赴美留学,其后获华盛顿大学政治博士学位,1924 年回国前赴欧洲各国考察政治、经济制度及实业情况。先后获委任为国务院参议、中国国际贸易局总务兼编纂、北平政务委员会专员等。1943 年赴任途中患肺炎,因治疗无效,3 月病逝于江西赣州。王世甫擅长格律诗,早年即以诗文名世,获名宿樊增祥深赏,称其"诗境凄艳,明丽中含古愁",比之为李长吉、温飞卿。殁后好友曾克崇为之整理校对诗集,编定为五卷并附补遗,收诗作四百余首,1944 年由王氏遗媚孙燕华付印,线装一册。

附

> 寄语韶光便憔悴，付谁哀乐竟生涯。
>
> 蛮笺白薄秋云水，素写风尘自在佳。

萧公权先生千里寄赠日本制笺，率呈一章志谢并乞
郢正

周策纵　未是稿
癸丑仲夏于陌地生之弃园

致王靖献^①，1973 年 6 月 15 日

叶珊兄：

前得来信及上海锦章图书局石印本《再生缘全传》影印前二叶。本拟早覆，不意后园种菜，扭伤腰部，行动不便者数日。近始渐告复原，今从箱中寻出所藏木刻本，影印八叶寄上。此本错字甚多，正如陈寅恪所言，各刻本大多如是。然研究初期版本者，仍有参考价值。兹将道光元年香叶阁主人序、目录一页、绣像二样张、正文首三页及末二页影印奉寄。又此间图书馆所藏铅印本、扉页、目录及绣像皆缺，正文末亦缺一

---

① 王靖献（1940— ），笔名杨牧、叶珊，台湾花莲人，诗人、散文家、翻译家，曾任教于美国麻州大学、西雅图华盛顿大学、台湾大学、台湾政治大学、东吴大学等。著有《水之湄》（1960）、《陆机文赋校释》（1985）、《长短歌行》（2013）等。

页,版权页亦缺失,兹将前三页印寄参考。略将三本首页对过,大致相同。惟石印本"郑氏如昭商客女"句,木板本及铅印本皆作"客"字,石印本似为"容"字,惟影印不清,请注意一查。纵月底赴欧,将参加巴黎之会,当可面叙,拟读一论文,论及扬雄之文学思想中一部分与其历史意义等,前次 David Knechtges[1] 云彼有论扬雄文学思想一文,允寄来一读,迄未收到,纵为避免重复起见,亟欲一读,盖凡彼所已说者,则可不论也。拟请以此意转告,请其于数日内航寄一份(因六月三十日即离此)。且纵亦可在拙论中提及彼文也。又《中和》月刊中有孙君论蚩尤之文二篇[2],贵校图书馆中藏有,可否请 xerox 一份寄来,盖纵去年亦草有《说"尤"与蚩尤》[3]一文也。匆祝

大安

周策纵　拜手

六月十五日　一九七三年

致王润华,1973 年 6 月 25 日

润华:

　　兹将改定稿寄来。稿纸在家里,办公室里只找出十来页,等到家中

---

① David Richard Knechtges(1942—　),中文名康达维,美国汉学家,曾任教于美国耶鲁大学、威斯康星大学、哈佛大学、华盛顿大学等。与王靖献为多年同事。
② 即孙作云《蚩尤考——中国古代蛇氏族之研究》,载《中和月刊》第 2 卷第 4、5 期(1941 年)。
③ 发表于《中国文字》(台大中国文学系古文字学研究室编)第 48 期(1973 年),第 12—15 页。

去找出补寄。

Seton Hall 的工作我正要写信时,杨力宇君即来信,云该校已聘郭大夏为副教授。主要原因是他们需要有教语言经验的人,而且是较高级有永久任期的职务。南大已如何? 你不妨再多向多方写信,并给我地址,我亦可分别去信。钟玲、丁爱真现皆在陌地生。我六月三十日将去西欧一个月,全家都去。我去巴黎开会,高辛勇将住我家。你和淡莹如七月能来此,即可住在我处。匆祝

近好

策纵

六月二十五日 一九七三年

致王润华,1973 年 6 月 27 日

润华:

昨寄你《五四》第七章改定稿下半部,想已收到。兹再补寄稿纸,盼查收。第八章“外人态度”,陈永明①因博士论文要修改,不能翻译,我已要钟玲去信要洪铭水②翻译,不知是否有时间,他还一直未翻译过。万一仍不能翻,恐怕还得要你翻,这事等洪铭水回答后应速决定。

---

① 陈永明,详见《致陈永明》(1994 年 11 月 21 日)。
② 洪铭水(1938—),台湾学者,曾任教于台湾清华大学、美国纽约大学、哥伦比亚大学等。周策纵早年学生,于威斯康星大学东亚系攻读硕士、博士,博士论文研究明末至“五四”浪漫主义文学思潮。

飞白的诗文集是否已付印？我的序文中拟加一段，补在页22（《传记文学》版）下栏，请你代为补入。又请将此段 xerox 一份代为寄交《传记文学》，请他们也补登一下。飞白诗文集应设法早点出版。

还有，上次交你的《中国夜莺》①译诗，不知已代为抄出寄交《现代文学》否？此稿我无存稿，用后仍盼将原稿交回给我。我六月三十日离此，全家去欧洲，八月一日方回。高辛勇会住我家。七月你们可来玩。祝好

策纵

六月廿七，一九七三

淡莹及华苓等均此。

---

① "The Chinese Nightingale"（1915），副题为"A Song in Chinese Tapestries"（中国绣帘曲），美国诗人林德赛（Vachel Lindsay，1879—1931）所作。"这诗用旧金山唐人街一个华侨作主角，描绘中国遭受外患内乱，是有关近代中国人命运的一首雏形的史诗。"（周策纵《一个中国知识分子的风骨》）。

致顾毓琇，1974 年 1 月 20 日

一樵先生道席：

　　奉读大著《太湖集》，至深感佩，五律和摩诘，七律和公权先生《落花诗》及和雨僧先生《空轩诗》，七绝和任公①《莱园诗》等，皆才情高逸，难能可贵。尊诗速多，正如公自称"因疏失律仍难免，老杜箴言自有因"。如和杜《早朝》"万古太空惜羽毛"，和王维《早朝》"敝帚自珍惜敝裘"，和杜《登高》"珍重岁寒酒一杯"，第三字虽通常可不论，但此皆无救拗之处，于音节实大有损。若任公《莱园诗》中多拗体，故无妨。尊作和杜《野望》"车马无喧人声静"，声字须仄，和陈定山②先生七律"仙乡忆宿朱砂庵"，砂字上句无救，亦不可为平，又如和井塘③先生七律"廿年风雨鸡鸣晨"，鸡字宜仄。此固细事，但执以少陵晚节，似尚可商，仍乞尊裁。小词奉呈祈教，即颂

吟安

夫人均此

策纵　拜上

一九七四年元月二十日

承附录拙作，得附骥尾而传，并此致感谢之意。

---

① 梁启超(1873—1929)，字卓如、任甫，号任公、饮冰室主人，广东新会人，思想家、政治家、历史学家。
② 陈定山(1897—1987)，名蘧，字蝶野、小蝶、定山，浙江杭州人，诗人、画家。
③ 余井塘(1896—1985)，原名愉，字景棠、井塘，号跛翁，江苏兴化人，诗人、政治家。

浣 溪 沙

答顾一樵毓琇先生寄赠所著《太湖集》，时正访问京沪归来也。

脱手清词水下滩，天山高处待谁看。畸人文苑两难删。 一曲新歌云半倦，千篇长策国犹艰。大江南北燕凄还。

一九七四年元月十九日

致叶嘉莹^①,1974 年 3 月 15 日

论 诗 小 札
——与叶嘉莹教授论杜甫秋兴八首书^②

收到手示及尊著《杜甫秋兴八首集说》一书，至深感佩。杜诗八首，古今来论说纷纭，尊著荟集前人诸说，一一细加评论，达二十余万言，诚旷代所无。此不仅可发少陵深意，亦可见千年以来中国诗评演进之一斑。昔钱谦益曾专注此八首，殆成一册，但未尝出版，稿亦不存。而朱鹤龄讥其繁衍，殊为过当。考订诗人原文与原意，固不必时时能得之，然若

---

① 叶嘉莹(1924—)，号迦陵，原籍北京，加拿大诗词学家，曾任教于台湾大学、美国哈佛大学、密歇根大学、哥伦比亚大学等。著有《杜甫秋兴八首集说》(1966)、《迦陵谈诗》(1967)、《迦陵谈词》(1970)、《迦陵诗词稿》(2000)等。
② 此文发表于翌年《大陆杂志》第 50 卷第 6 期(1975 年)，第 32—34 页。

读诗不从此起，徒望文生义，各执触目之见，则亦浅陋难免。陶渊明"不求甚解"，亦无非不求"甚"而已，非不求"解"也。诗固有不可解者，然又不可不"求"之也。尊著以比照定得失，依先后明创述，有时亦可显前人之徒劳，殊便读者。

尊著代序《论杜甫七律之演进及其承先启后之成就》，对七言律诗之发展，及杜甫七律诗艺进益完成之过程，分析详审，发人未发。纵尝疑律诗之形成，恐系大半由宫体而起，或至少由宫庭作者兼采民间诗艺与乐曲之长而逐渐形成。盖词臣与好诗能诗之人主，多闲耽美，刻意讲求文字声律之修饰，加以乐曲歌词声韵字句限格较严之影响，展转进益，故演而为格律整严之定形诗体。即如尊著所引隋、唐以前及唐初诸律诗或其雏制，亦多词臣与帝王之宫词、春词及应制之作，犹存遗迹。然则述早期律诗之发展者，实不能不多征应制之作。大氐应制颂圣诗特重形式，自古即然。旧作《卷阿考》一文，载《清华学报》，曾略发此意。试读沈约《大言应令》《细言应令》诸作，庾肩吾应制诸诗，对仗音律，似皆较平日乘兴之作为严。文字游戏，不能为好诗，然对定形格律诗体制之形成，则可能有助益。此论当否尚待定。且设之匪艰，证之维艰。他日有暇，或当细究，兹未能该也。

《秋兴八首》各本文字，往往有异。尊著校订周审，论断尤极平允。现不妨加举一二理由，以赞尊说。如第一首"丛菊两开他日泪"。各本多云："两开"一作"重开"。虽诸家皆知"两开"为优，然鲜言"重开"不妥之故。翁方纲云："两"字"稳重大方"。说殊空泛。尊意更进一层谓："且音义皆曾为切实有力。"此理自较胜。实则"丛"字与"重"字皆在"通"摄，韵部相近。"丛"字在从纽，为舌尖前音；"重"字即令读上或去声，仍当在澄纽，为舌面前音。又皆送气。二字连读不顺。"丛菊重开"，佶屈矫舌。以杜律音韵之谐和，应不出此。

然此固无可争论者。若第八首末二句，则颇多疑义，亦至关紧要。如尊著所列，诸宋刻早期之本皆作"彩笔昔游干气象，白头吟望苦低垂"。后来有数本则"昔游"往往作"昔曾"，而"吟望"则或有作"今望"者。尊著于前一句采"昔游"，于后一句则主"今望"。纵意颇有同异，请申其说。

今于论此之前，请略究"干气象"一词之意义。如尊著所言，前人于此已引杜诗"赋诗分气象"以所干为"赋诗之气象"或"山水之气象",或引其"气冲星象表,词感帝王尊",释作彩笔干君之意。而浦起龙《读杜心解》且谓兼含后二义。然于"干"字则多无确解,如宋赵彦材之称"干历",蔡梦弼之称"干览",元张性之称"干动",明王维桢之引"阑干"一词以为"干"应释作"盛"字,张綖以"气凌山水","与山水争奇"为说,以至于钱谦益训为"冲""感",固往往通顺。然实皆于字义无确据也。"干"字在诗文中之用法,前于杜甫者,往往与天象云霄相连。如张衡(七八——一三九)《西京赋》云:"干云雾而上达,状亭亭以苕苕。"魏晋以降,何晏(一九〇—二四九)《景福殿赋》称:"飞阁干云。"蔡洪(晋元康初,即二九一年为松滋令)《围棋赋》:"乍似戏马①之干霓,又类狡兔之绕丘。"潘岳(二四七—三〇〇)《西征赋》:"擢仙掌以承露,干云汉而上至。"左思(约卒于三〇六前后)《蜀都赋》:"干青霄而秀出。"范晔(三九八—四四五)《后汉书·丁鸿传》载永元四年,即九二年,鸿因日食上封事论天神"垂象"事云:"干云蔽日之木,起于葱青。"此尤为极早之例证。他如孔稚珪(四四七—五〇一)《北山移文》:"干青云而直上。"郦道元(五二七年卒)《水经注》:"群山叠秀,重岭干霄。"更为著称。凡此皆用于上干云霄之意。《说文》训:"干,犯也。反入,从一。"大氐古籍如《逸周书》《管子》《国语》《左传》等用干字多有干犯义。《说文》训"犯"为"侵也"。《淮南子·说林训》:"人臣各守其职,不得相干。"高诱注:"干,乱也。"同篇:"鸟不干防者,虽近弗射,其当道,虽远弗释。"《楚辞·谬谏》:"恐犯忌而干讳。"王逸注:"干,触也。"《后汉书·皇甫嵩传》:"汉阳阎忠干说嵩。"李贤注:"干谓冒进。"按干之初义为枝干之干,又为盾。从枝干之义引伸乃为侵犯干触,从盾之义引伸则为防阻捍卫。甲骨文中作盾形之字与贯字所从之母形似,实则贯字所从,应为枝干之干,与盾有别。郭鼎堂以为"母实古干字,特字早废,许因贯字从此作,故以贯穿义解之耳。"纵案此说近似而非,契文中作⊙者似为干盾之干,作中、申者应为贯穿之母或串,其作単或単者即后之干舞。惟母与干相混,由于形义之相近,盖古从口之字,常简化为"一"形,

---

① 马,当作"鹤"。

190

隶释以后，故干字兼干盾与母串二字之义。干之训侵犯、触、乱、冒进，似系承此贯穿字而来，干云、干霄、干天，义亦取此。《说文》以"反入"训干，固系由小篆望形取义，然亦不为无因，盖贯穿与侵入义不相远也。干与入对文，例证不鲜。如翁方纲所引《海内十洲记》文：汉武帝时，西胡月支国王遣使来贡云："臣国去此三十万里，国有常占，东风入律，百旬不休，青云干吕，连月不散者，当知中国时有好道之君。"《四库提要》以此为六朝词人假托东方朔之书，当系道家之作。此即以干、入对文。又如吴均（四六九—五二〇）《与施从事书》："绝壁干天，孤峰入汉。"即杜甫《木皮岭》诗亦云："仰干（一作看，非。）塞天明，俯入裂地坤。"[①]亦皆以干、入对举。盖干字似有向上侵入而动乱之之义；入则多不指向，或向下。许云"反入"，杜云"仰干""俯入"，殆为近之。即如杜诗《兵车行》"哭声直上干云霄"，仍是向上侵入震动之意。气、象之观念，源于古人对自然现象之了解。古代天文、星占、望气、阴阳、律历及道家往往有中、应、干、逆气象与否之论，如东汉《太平经》论"天地之气""时气""太平之气""帝王之气"等，常以"天垂象"，"人民万物皆随象天之法"为说，谓须"通""顺"气象，即音乐书文，亦与天地时气相感应。若"干天，逆阴阳，畜积为恶气"，则伤人。此本与《诗大序》"正得失，动天地，感鬼神，莫近于诗"之说相关。杜甫受"诗序"之影响自深，而其早年颇事天师道。"彩笔昔游干气象"，此所干之气象，似指天地、日月、星辰、山水、帝王等气象，与"动天地"相类。此句固可释作"彩笔曾记昔游，并干气象"，亦可释作"昔游之时，彩笔曾干气象"。若就文字言，亦可解作"彩笔与昔游并曾干气象"，或"彩笔曾记昔游之干气象"。就上述天人感应与《诗序》之论，则"游"与"诗"本皆可干动气象。此诗前六句多指风景游览，则若云气象乃天地、山水、时气，自极合理。惟"昆吾、御宿"等地旧皆在上林苑中，且八首虽云感秋，实是悲时，则此所云"干气象"，恐亦不必无干动时君或"正得失"之含义。鲍照（四六六卒）《拟行路难》第十三首云："我初辞家从军侨，荣志溢气干云霄。流浪渐冉经三龄，忽有白发素髭生。"志气亦可干云，正如哭

---

① 此二句通作"仰干塞大明，俯入裂厚坤"。

声可以干云。且杜甫所谓"昔游""壮游"之游,本不仅指游览山水,而可能兼有"游说""交游"之意。故《昔游》诗云:"赋诗独流涕,乱世想贤才。"《壮游》诗云"出游翰墨场","赏(一作贵)游实贤王","小臣议论绝,老病客殊方"。职是,纵意"干气象"一语,当以采广义之解释为是,此与尊说"于言外求之",尚不相背也。

　　若上述"干气象"之说失之不远,就杜甫生平之行事与思想而论,就诗境之广阔多方而论,则"昔曾"二字原不可厚非。且二字亦曾出现于杜甫他诗中,如《宴忠州使君侄宅》诗即称:"昔曾如意舞,牵率强为看。"然正如尊著所引,《秋兴八首》末章前数句既述昔游,而最早各本亦均用"游"字,则"昔游"实更有可能。且"昔游"字在杜诗中尤常见,如"王门异昔游"(《戏题寄上汉中王》),"园林非昔游"(《过故斛斯校书庄》)。他如"昔我游宋中"(《遣怀》),"异县昔同游"(《赠苏四徯》),皆是其例。至如《又上后园山脚》诗云:"昔我游山东,忆戏东岳阳,穷秋立日观,矫首望八荒。朱崖着毫发,碧海吹衣裳。"则"昔""游""秋""望""首""发"等字并用,甚类《秋兴》末章。抑尤有进者,如前已提及,杜甫更有两诗各题作《昔游》。其一有云:"虽悲鬓发变,未忧筋力弱。杖藜望清秋,有兴入庐霍。"赵彦材注云:"发之黑者曰鬓,鬓发变,变而为白也。"是此诗正亦以白头、"望""秋""兴"与"昔游"并用。凡此似皆可支持"昔游"较"昔曾"更有可能。又如宋杨万里《江东集》所言:"杜之诗法出审言,句法出庾信。"杜甫应曾受其祖审言诗之影响,殆可断言。今案审言《渡湘江》诗首句"迟日园林悲昔游"正用此二字。又有《和晋陵丞早春游望》(《全唐诗》作审言诗,注云"一作韦应物诗")及《春日江津游望》二诗题,今《秋兴》末二句以"游""望"二字相对,尤不为无据矣。

　　惟尊著于末句"白头吟望苦低垂"采清人黄生、吴瞻泰及吴农祥之说,以为"吟"应作"今",且二句乃"对结体"。纵案如尊著所举,早期各本如宋、元、明诸本皆作"吟",作"今"者唯清初之四本而已。就尊著采用"昔游"依早期各本之例而言,此似难取信。杜甫诗中用"白头吟"一语者,除《秋兴》外尚八见,其中如"穷愁应有作,试诵白头吟"(《奉赠王中允维》),"团圆思弟妹,行坐白头吟"(《又示两儿》),"他乡就我生春色,故国移居见客心。欢剧提携如意舞,喜多行作白头吟"(《舍弟观赴蓝田取妻子到江陵喜寄三首》),皆不指卓文君事。正如赵彦材所云:"今公所用,但以老而吟咏耳。"此就杜诗"秋日萧韦逝,淮王报峡中。……强吟怀旧赋,已作白头翁。"(《汉中王报韦侍御萧尊师亡》[1])数句观之,尤觉可信。杜诗中更可注意者为:"惆怅白头吟,萧条游侠窟。临轩望山阁,缥缈安可越。"(《七月三日亭午已后校热退晚加小凉稳睡有诗因论壮年乐事戏呈元二十一曹长》)于"白头吟"句后用"望"字。又如"不堪垂老鬓……长夏白头吟"(《夏日扬长宁宅送崔侍御常正字入京得深字》),则正如《秋兴》末句,"白头吟"与"垂"(意义有别)字并用。他如"吟诗坐回首,随意葛巾低"(《课小竖锄斫舍北果林枝蔓荒秽净讫移床三首》之二),亦"吟"诗与"低"字并列,"回首"恐亦隐含顾望之意。"秋望"一词,本见于鲍照《夜听声》诗:"辞乡不觉远,欢寡忧自繁。何用慰秋望,清烛视夜翻。"杜甫诗中亦常用。上引《昔游》诗中已有"杖藜望清秋",又如《野望》诗中有"清秋望不极"。《送十五弟侍御使蜀》诗中有"搏击望秋天"。《野望因过常少仙》诗中有"秋望转悠哉"。而《季秋江村》诗更有云"白首望霜天"。此固仅云白头秋望而不及"吟",然因此而咏诗则系事实。且"吟望"一词,亦见于杜诗他处,而"今望"则无。如《秦州三十韵》中云:"旅泊穷清渭,长吟望浊泾。"盖长吟野望或秋望,实为杜甫平日时有之生活经验。《秋兴》第二首:"每依北斗望京华。"钱谦益注云:"此句为八首之纲骨。章重文叠,不出于此。"实则此"望"字正是全诗主眼。第五首亦有"西望瑶池"之句,他如"请看石上藤萝月","回首可怜歌舞地","武帝旌旗在眼中",皆与望相关。是八首主题本是"吟望"长安,故结句点出之。至于"对结体"之说,实不尽然,"干气象"与"苦低垂"本不全相对,且以"今望"对"昔游"亦殊板滞多余,转不若"吟望"之错落有致。

以上论"吟望",固亦多系就杜诗他句比照为说,证其可能性之多少,自不可必。惟诗人之经验与用词,有时亦自不免重复,非必突如其来。试观杜诗《伤春五首》,其一有云"御宿且谁供","蓬莱足云气"诸句;次章

---

① 诗题应作《奉汉中王手札报韦侍御萧尊师亡》。

又有:"莺入新年语,花开满故枝。天清风卷幔,草碧水通池。……鬓毛元自白,泪点向来垂。不是无兄弟,其如有别离。巴山春色尽,北望转透迤。"此诗与《秋兴》末章所咏固非一事,然寥寥数语,如"御宿""故枝""草碧""春色","鬓毛"之"自白","泪点"之"长垂",以至"北望""透迤",与《秋兴》末章"昆吾御宿自透迤","碧梧栖老凤皇枝","佳人拾翠春相问",及"白头吟望苦低垂"相较,遣词竟绝类。盖诗人写作之结习未易除,据此以别择异词,殆亦未可厚非也。

尊著集说《秋兴》详审如彼,当代及后来读者,必多采信。拜读之余,偶有未安之见,匆促草此奉商,而屡为俗务所累,搁笔者再三,疏陋之处,尚乞裁正。

——一九七四年三月十五于陌地生威大

致泰无量^①,1974 年 3 月 28 日

March 28,1974

Dear Professor Tagore,

I thank you very much for sending to me your magnificent book, *Moments of Rising Mist: A Collection of Sung Landscape Poetry*. You

---

① 泰无量(Amitendranath Tagore,1922—),印度汉学家,印度诗哲泰戈尔(Rabindranath Tagore)曾侄孙,曾任教梵斯佛菩尔提大学人文及社会科学研究院、美国宾夕法尼亚大学、奥克兰大学等。著有 *Literary Debates in Modern China,1918－1937*(1967)、*Moments of Rising Mist*(1973)等。

certainly have done a great service to the western audience by introducing into English the landscape poetry of the Sung dynasty which definitely deserves special attention. I find many of your translations are well made.

In translating one of the poems by Su Shih, you might have used an inaccurate text with wrong printing or punctuation. On p. 167 is his "Li Szu-hsün Paints Long River with Its Barren Islands"; I would think "Long River" really stands for the Yangtse River. Possibly "Barren" can be changed into "Isolated"? The Ta Ku (the Great Lonely?) and the Hsiao Ku (the Little Lonely?) are two rocky islands in that river. Thus, in the second line "Lonely is the rock" should be "Lonely are the rocks", or we may say "The Great Lonely and the Little Lonely are in the middle of the river", or we may simply romanize the names, but at any rate, they need some explanation. In the third line, I think ch'ü as in classical Chinese, probably more likely means "to leave there" instead of "to go there." The line 崖崩路绝猿鸟去 may be interpreted as "cliffs falling and paths blocked, goblins and birds dare not to stay".

Your fourth line and the following five lines appear to be a kind of mix-up. Your translation reads:

A bridge with a wooden support for the day-long traveller.

From whence comes the boat with singing oars?

In the wind that smooths the sand I hear them rising and falling in the current;

Little hope of staying in that lonely hill for long.

Over the boat jut two high peaks;

Misty-haired Dawn begins her new make-up in the mirror.

There is no "bridge" in the fourth line of the original Chinese text. I guess the text you used must have mixed up the two characters, *ch'iao-mu* 乔木 (*tall trees*) *and made into one character*, *ch'iao* 桥 (a bridge). Consequently, almost all the ensuing lines are mistakenly punctuated. Probably your Chinese text has been mixed up as follows:

惟有桥搀天长客，
舟何处来棹歌中，
流声抑扬沙平风，
软望不到孤山久，
与船低昂峩峩两，
烟鬟晓镜开新妆。

Actually the Chinese text must have been:

惟有乔木搀天长，
客舟何处来?
棹歌中流声抑扬，
沙平风软望不到，
孤山久与船低昂，
峩峩两烟鬟，
晓镜开新妆。

The first three lines may mean:

Remaining are only the tall trees which pierce to the vast sky.
From whence comes the traveller's boat?
The oar songs are rising and falling in cadence in the middle of the stream.

The *hsiao ku* (the little lass) and *P'eng-lang* (young P'eng) in the last line of the poem 小姑前年嫁彭郎 are puns to the rock island Hsiao Ku (Little Lonely) mentioned in Line 2, and the P'eng-lang Chi 澎浪矶 (P'eng-lang Jetty) which is close to the islands and is on the southern bank. Because both 孤 (the "lonely"rock) and 姑 (lass) are pronounced as *ku*, and *p'eng-lang* 澎浪 (roaring waves) and 彭郎 (Young man P'eng) are also homophones, local people have often used these puns for years, i.e., "The little lass (Little Lonely Rock Island) has married to the young lad P'eng (Roaring-Waves Jetty)". In a similar manner, the "two misty peaks"are written in the poem as "two misty hair knots of girls", and the "morning mirror for new make-up", as you have been aware, is really referred to the clear river water. Thus, the second line from the last, 舟中贾客莫漫狂 seems to mean: "Merchants in the boat, don't get excited." Because the little lass (little island) has already married one or two days ago. I hope I am not very wrong about this, and you may take the above views into consideration, seeing whether you need a revision or not when your book is reprinted later. The book is certainly beautifully printed, and will be widely read. I intended earlier to read it more thoroughly and carefully so that I would have more to say to you, but I often found not enough time. That is why this letter is delayed for so long. Along with this is my thanks again and my best wishes.

Very sincerely yours,

Tse-tsung Chow

Professor and Chairman of East Studies

Languages and Literature concurrently,

Professor of History

致萧公权,1974 年 8 月 5 日

生挽萧公权先生

公权先生寄示近作《等死偈》,读之黯然。迄来正草一文论,古代之巫医,爰戏奉二章:

> 汲古穷书后,无绳系赤乌。
> 九章怨悯意,天地一心孤。
>
> 应求公挽我,岂敢我催公。
> 愿证彭咸事,先期为共容。

夏历甲寅六月十八日录呈
公权诗家之灵。

周策纵　再拜

致萧公权,1974年10月12日

公权先生侍右：

前得覆示及大作,拜诵回环,感叹无已。适友人刘殿爵教授(D. C. Lau)自伦敦来访,小住舍下十余日,即常与论读尊诗并即持赠纵前所增购之《问学谏往录》一册,彼亦至为欣佩。此君译《老子》及《孟子》为英文,近复译《论语》,亦已脱稿。其先翁景堂先生①固南粤词人,印有词集,年前纵嘱其家自港寓寄赠尊处,不知收到否？尊作《夏日偶成》《春感》及《故纸堆中诗》等多有佳句。诗稿印毕,戏为绝句诗尤富风致。纵意"学诗未觉是徒劳"句如改除"学诗"字成"拈吟未觉是徒劳",则末句"声价直随纸价高"之"声"字便可改为"诗"字。"诗价直随纸价高"似将更见警炼。此自是妄论高深,盖但欲求末句惊人而已。不论如何,此句意境殊隽,每于酒座诵示,众客无不大笑也。迩来为俗务所累,意兴殊恶,客感诗中约略见之。前次云乞郑曼髯②之徒习太极拳,后始知并非其徒,国人于此道殊杂。梁先生近有信来云值老病殊可念,二公处后当去函。寒近,尊况如何？尚乞珍卫。即颂

著安

策纵　拜上

十月十二日夜　一九七四年

---

① 刘景堂(1887—1963),字伯端,别署璞翁,原籍广东番禺,香港词人。

② 郑岳(1901—1975),字曼青,号曼髯、玉井山人,浙江永嘉人,太极拳师。

致王靖献，1974 年 11 月 28 日

叶珊兄：

承惠大作《传统的与现代的》及论王国维红论一文，许多新意，发人深省，读来津津有味，至佩至谢！关于张旭《桃花溪》一诗，若就蘅塘退士选《唐诗三百首》的标准看来，好像不大相称。不过这诗还是不无创意和优点。张旭以前诸人所写桃花源诗，就我所知，多止是就陶潜原记的叙述加以引申描绘，仍未脱一仙境或寓言的范围。可是张旭这诗却是直叙诗人自己访问桃花溪或桃花矶的所见所感。杨慎《升庵诗话》说，他曾见崔鸿胪所藏有旭书石刻三诗，其一为《桃花矶》，即此诗，其二为《山行留客》，其三为《春游值雨》，如此说可信，则三诗相似，确是诗人游览的作品。单就此点而论，似乎已有创新之处。升庵对这些诗的评语是"字画奇怪，摆云掀风，而诗亦清逸可爱"。这是蘅塘退士以前的评论。就诗中创意来说，"桃花尽日随流水"句，也许并非因袭。原记只说过忽逢桃花林，落英缤纷，无此意境。李白《山中答俗人》云："问余何事栖碧山，笑而不答心自闲。桃花流水窅然去，别有天地非人间。"则所咏非一事。且张李本同时人，张旭末句一问，现在看来，似乎太板滞。但也不是没有深意，原来人间世那会有可避秦之地呢？陶记自是喻意之作，不必坐实其人其地其事，诚如袁中郎《读桃花源记》所言："刘子骥高士也，乃可到得此地位。世人便不能，故曰后无问津者。若沾住真有此津，则渔郎归棹，安能必其无再往之渔人，明是渔人感激世情日下而悲悯之也。读其文想见其人，超超世外，不可一世，故谓此文——竟献其生平可，谓专专轻薄秦汉人亦可，谓自附于匹夫而为百世师亦可。若止述其事，事虽奇，终无甚意味矣。"若张诗末二句并非问句之本身，则亦可代表其对无其实地之

200

见解之暗示也。"桃花尽日"似应如你的第二解，第一解在文字句法上说本来也可以，但第二解如我上面所说，似乎更有深意，若照第一解，则只不过对第二句引伸一下，未免有点 anti-climatic 了。当然，这两解都可存，也是诗有多种意义的好处。至于第三解，我看不太可能。"尽日"一词，前人已常用，义为终日或整天，在此则无法解做"桃花树林尽了的时候"。如作此解，则用"日"字很觉不顺，盖"桃花树林尽了的日子"似不能指一天两天的短时间也。你以为此解可免去"野烟"和"清溪"间的矛盾。可是杨慎所见旭手书石刻本明作"青溪"。《全唐诗》作"清溪"恐有误，《全唐诗》不知何据，恐仍系从杨书录入亦可能。王维咏桃花源诗亦有"青溪"一词，桃花绿水，可相映成趣。张旭其人，天份极高，颠狂作草，同时人即倾服。杜甫《饮中八仙歌》说："张旭三杯草圣传，脱帽露顶王公前，挥毫落纸如云烟。"又作《殿中杨监见示张旭草书图》说过"斯人已云亡，草圣秘难得"，"悲风生微绡，万里起古色"云云。其人俊逸天纵。现所存诗极鲜，但皆新逸可味。以上我替他的辩护，容或也有成见，不敢说全对，只不过想引起一点多面的斟酌罢了。近来系务忙乱，鲜能作书，余不尽意。祝

近好

周策纵　拜手
十一月二十八日　一九七四年

致翁同文^①,1975 年 3 月 31 日

同文我兄道席:

前获手示,至为欣慰!大作考证怀素生平,拜读至谢至佩,此文对弟最有兴趣,近来教一书法课,学生竟达二百余人,海外有此,可谓空前矣。《乐乐乐》一文亦富趣味。弟意"乐乐乐"三字在文法上可作两解:一为"悦乐音乐之快乐",末一乐字是名词;一为"悦乐音乐甚快乐",末一字为述词或形容词。主要意义固无别,重点则略异。《论语》中乐字,自已兼备此四种用法,《季氏》章"益者三乐","乐节礼乐"已类似"悦乐音乐之快乐"之用法。《述而》章"不亦乐乎"及《阳货》章"闻乐不乐"则用为述词。惟用为述词或形容词者,则未尝与作名、动词用者连在同一章节中耳。同篇之中兼具此四种功用者,最早见于《墨子·非乐篇》"耳之所乐(悦乐,动词)","墨子之所以非乐(音乐)者,非以大钟……以为不乐(可乐,述词或形容词)也……耳知其乐(快乐,名词)也"。然屡以乐乐连用,诚如尊论所举,初为《孟子》。弟尝思中国古文中一字而兼动、名、状诸词性者固甚多,但如"乐乐乐"三字连用而意境如此通顺自然者,似不易更得。兹勉强得二对:其一为"知知知"(知晓智慧者谓明智矣)。此义不恶,惜末一知字为仄声,与乐字同耳。另一为:"文文文"(文饰文明文化或文艺者为有文彩)。此平仄相称,然意境则似尚不如"知知知"。不知吾兄尚有其他佳对否?盼兄能更作一短文发表,虽系小道,然亦可解人颐也。此间冬寒,三月底尚雨雪,阴霾闷人,俯仰世局,每觉嗒然,连日闭户,以

---

① 翁同文(1914—1999),原籍浙江泰顺,台湾学者,曾任教于台湾东吴大学等。著有《艺林丛考》(1977)、《中国科学技术史论丛》(2004)等。

刻石自愠①,因作"浣诗草堂"诸章,复有《残冬》小诗一首,特随函录呈一粲,聊以当故人千里之思耳。王润华夫妇在星,多得吾兄教益,至为铭感,彼等颇有才思,新诗极佳,润华如能更多读古书,则亦未尝不可事朴学。盼兄更能就近教捋之。润华来函云,兄不久将对《红楼梦》有重要贡献。尊著尚乞随时寄示。匆匆草此,即颂

著安

弟周策纵　拜上

一九七五年三月三十一日

"周公"一章非敢高攀古人,特三十余年来久为友朋戏呼作绰号或混名耳。"壮夫不能"一章略反扬雄。

致王润华,1975 年 4 月 5 日

润华、淡莹:

　　润华寄来《论〈长恨歌〉中的梨花》一文,和你们的《大马诗选》②,都已收到了,甚谢甚慰。星马现代派的新诗,能有这样好的收获,前途大可乐观。润华的《天灾》写得相当成功,比同集中蓝君③的《美猴王》要好,润华

---

① 愠,当作"娱"。

② 温任平主编,1974 年天狼星出版社印行,收录王润华在内 27 位马来西亚华裔诗人的现代诗作品,是马华文学界第一部现代诗选集。

③ 蓝启元(1955—),本名毕元,祖籍广东花县(今广州市花都区),马华诗人、教师。

这诗有反叛者的傲气，也有诚虔的深度，最不容易。我多年前曾试译过歌德的《卜罗密修司》，自己后来也几次想动笔写这题材，写来总不称意。在我们这时代，需要挑衅者的胆气，淡莹那首《饮风的人》也特别有风致。（我看用"的"字比"之"字在这儿较妥），这集子我大致上看看，觉得像李木香①、梅淑贞②、温瑞安③、黄昏星④等，似乎都有写好诗的可能性。其余的人我还没有详细去斟酌。希望你们多写新诗，必须多写，才能精练，当然并非说要滥造。关于润华《梨花》一文，颇有好的意见在里面。例如说明用芙蓉和梨花前后表现两种不同的意象。在考证方面，如指出安禄山曾进贡石莲花，征引白居易"江岸梨花"诗的表象，以及指出梨园与梨花的关连，都很有意思。全文结构方面，有几点小地方也许还可改进：注七所引，相当有关，不妨放在正文里。第四节末说"而今天又亲眼看着她被缢死佛堂前之梨树下"一句颇突如其来，而下文又说还未找到历史证据云云。这里似乎应提前说下文还要说到这事，或者竟把这句移到第五节末论缢死梨树下一事后才来说也可以。还有一点，第三节里说到贵妃穿戴红色事，本可信。至于"温泉水滑洗凝脂"句中的脂，也应是红色，似无问题。不过脂在古代也可能指白色的兽脂，像现在的雪花膏，施在皮肤上加重白色的，恐怕最好加一注脚说明在此地为什么须指红色的燕脂。这里抄几则资料给你：《史记·佞幸传》：孝惠时，郎、侍中皆冠鵔鸃，贝带，傅脂粉。《淮南子·修务训》："曼颊皓齿，形夸骨佳，不待脂粉芳泽而性可说者，西施、阳文也。"《盐铁论·殊路篇》："待芳泽脂粉而后容。"这里脂都未标明是红是白。《尔雅·释器》疏引孙炎曰："膏，凝曰脂。"又可参看《说文》。刘熙《释名·释首饰》："脂，砥也。着面柔滑如砥石也。"这似乎是指白膏。但同书同篇又说："唇脂以丹作之，象唇赤也。"这便是口红了，梁简文帝《筝赋》："照玉致于铅脂。"这里与玉致连称，可能指白色。明代的《正字通》说："脂，燕脂，以红蓝花汁凝脂为之，燕国所

① 李木香（1954— ），祖籍广东揭阳，笔名泥凤凰，马来西亚沙捞越现代派女诗人、新闻记者。
② 梅淑贞（1949— ），祖籍广东台山，马华诗人、小说家。
③ 温瑞安（1954— ），本名温凉玉，温任平之弟，原籍广东梅县，马华武侠小说家。
④ 李宗舜（1954— ），本名李钟顺，又名宗顺，笔名黄昏星、孤鸿，祖籍广东揭阳，马华诗人。

出，后人用为容饰，曰面脂、口脂。"比较有关的是宋刘斧《青琐高议》说：
"贵妃匀面指在手，印花上，来岁花开，上有脂印红迹。"大概宋人已相信
杨贵妃用的是红色的脂了。宋陈善《扪虱新语》引"林邦翰论诗云：梨花
一枝春带雨。句虽佳，不免有脂粉气"。这话不免宋人气味，但亦不妨提
到。用花来比杨贵妃起源很早，李白作《清平调》三首都用花来比拟，自
然因为那是即景咏牡丹盛开的事，《杨太真外传》末了提到那座虹霓屏
风，注说屏风上雕刻的美人下来对杨国忠唱了一支歌道："三朵芙蓉是我
流，大杨造得小杨收。"是否有暗比杨氏三姊妹事？不得而定，似有可能，
关于梨园，不知润华作过进一步考察么？随便一查，见记载说，汉武帝筑
梨园，但在今陕西淳化县治所在地。唐代的宫中有梨园，应该起源很早，
《旧唐书》卷九十《杜景俭传》载：武则天尝以季秋宫内出梨花一枝示宰臣
曰：是何祥也？诸臣皆以为吉祥，独杜以为违反阴阳，是灾异之象。则天
嘉许之。润华引述唐人以李花喻唐李，是很有意思的一件事，我颇怀疑
武则天是否觉得九月开梨花是与李唐有关。玄宗开元二年正月（七一
四）罢太常掌俗乐，置左右教坊以司之，又选乐工教法典于梨园，选伎女
置宜春院。梨园与宜春院本不相近，但玄宗时似已移梨园于蓬莱宫，与
宜春院相邻（可看任半塘《教坊记笺订》）。汉时宫殿有棠梨馆，见《文选》
扬雄《甘泉赋》及《汉书·扬雄传》，乃甘泉宫观名。《文选》司马相如《上
林赋》说："下棠梨，息宜春。"棠梨一名白棠，即野梨，二月开白花；或云
杜，即甘棠。而草木中另有唐棣，《诗经》有"棠棣之华"，逸诗作"唐棣之
华"。唐棣亦名郁李，车下李。唐人是否会从唐棣、郁李、棠梨等而连想
到唐李呢？唐时的梨园和宜春院，应该就是继承汉时的棠梨宫和宜春
宫。宜春宫且是秦时故宫。《括地志》说：宜春苑在宫之东，杜之南。这
杜之得名，大约也就是棠棣或唐棣一名杜罢。唐朝皇室对花有特别爱
好，早期甚至以宰相来管种花的事，这真是古今中外历史上很少见的例
子。这对于了解"玄都观里桃千树，尽是刘郎去后栽"，及润华所解释的
"观花匦禁"，都很有帮助。对于这一点，希望润华能进一步作点研究，写
一篇小文如何？近来陌地生天气奇怪，本来冬天不算坏，大家以为三月
春天就会来了，不料三月底和四月初忽然下起大雪来了，有几天好阴冷，

春假五六天，我的情绪坏得很，世事纷纷，也很愁人，三月二十七日开车去办公室，一时写了一首《残冬》拗体七律，正反映这种忧郁阴暗的情绪。这几天春假，闭门在家，专开操刀刻石，一时刻了七八颗。这里印上几颗给你们看，"浣诗草堂"是我近来取的一个室名，堂非草盖，但杜甫的那个草堂有多少草盖也是个问题，所以就马马虎虎罢。这儿没有浣花溪，所以改改也好。"周公"二字，岂敢妄拟古人，但三十多年来，自从当学生的时代，就成了绰号或混名，也就自开玩笑而已。"幼琴"是我的小字，因为先父别号琴公，便给我这个小名，因此我又给我小女儿名叫琴霓。在我之先，本来还有一个哥哥，名叫小琴，不幸一两岁时就去世了。"壮夫不能"一章，自然是因扬雄论赋，以为"童子雕虫篆刻，壮夫不为也"而发。我看即是作赋作诗或篆刻，壮夫也未必能做得好罢。这信写得长了，余不一一，即祝

近好

周策纵

四月五日　一九七五年

孝定、同文、叔岷[1]、述民[2]诸公便请代为致意。

---

[1] 详见《致王叔岷》(1978 年 6 月 27 日)注。
[2] 皮述民(1932—)，原籍江苏南京，台湾学者，曾任教于台湾政治大学、新加坡国立大学、台北中国文化大学等。

致罗忼烈,1975 年 7 月 10 日

忼烈兄：

（1）乞将原稿第 9、10 两页换用新稿。将旧稿弃去。

（2）原稿第一页第十三行小注"家父书法"下请加一"颇"字。

（3）此次寄上先父手书诗集名①，请用作封面书签及第一页（扉页）书名（大小请斟酌伸缩）。

（4）扉页后一页请印手稿笔迹。笔迹弟处存有照相底片，如需用，可寄上。笔迹有印章一颗，虽不清晰（是阳文鹏翥二字），如能套印红色，当较好。

（5）文汇所寄来之仿宣纸，尚觉可用，萧公权先生《画梦词》（一九七三万有图书公司出版）封面颇好，兄见到否？

（6）印四百册即可。

拜乞代酌。有劳大力，先此致谢！

弟策纵　拜手

七月十日 一九七五年

---

① 此信谈及周策纵先生印行其父鹏翥公遗著《庚辛之际杂诗》（1950—1951，自钞本）事宜。选诗为周鹏翥（生平详见《致马泰来》[1985 年底]信及注）客居桂林时所作，大都见于《琴公诗存》（1946）。周策纵先生于 1975 及 1977 年两度拟用求自出版社（取其父"求自室"之名）名义印行，未果。作者原钞本及周策纵先生誊正本均藏香港浸会大学图书馆特藏部。

致罗忼烈，1975 年 7 月 14 日

忼烈兄：

　　这儿寄你英文信一封，对试卷大致说了几句好话，尤其卷五、卷二、卷四的几位较好的学生，还有诸位老师阅卷都很细心，我也提了一下，但未尝举出人名，试卷我的确选看了不少，好的很不错，分数也无改动之必要。

　　试卷将由海邮寄还，但今天去邮局一问，他们说海邮不能挂号，只有航空寄可挂号，要花四十多元美金，实在不合算。海邮也有两种办法：一种是装在布袋里当印刷品寄，不能挂号或保险，邮费共约七元半左右。另一法是当包裹寄，也不能挂号，但可保险，交保费一元一角五分，可保三百九十五元之值。邮值约二十七元左右。不知你们要用什么方法寄，请赐告，以便办理。

　　先父诗稿请兄代劳印刷出版事，随信另纸说明，并有补改之稿二页及照片一张。请交估价寄弟处。八月八日到二十四日间弟将应邀赴台北参加国际比较文学会议。二十五日此间开学，不能不匆遽赶回，这是我第一次访台湾，时间实在太短了，也无法到港、日，匆祝
教安

弟策纵　拜上
七月十四日　一九七五年

你寄了两份大作论李白一文集，补论一篇却未寄来，当系误检也。可否补寄？并此致谢。

关于选任高级讲师事，颇感资料不足，难于出主意，兄能将校方需要及各人情形更详告否？

致痖弦[①],1975年12月4日

痖弦先生：

　　谢谢你的两次来信，比较文学会议时和你见面，很是高兴。关于你所计划编辑新诗总目的事情，我虽在一九三五年左右曾写过一些新诗，但在一九四九年以前没有出版过新诗单行本。我最初发表新诗也是在一九三五年左右湖南的小报上，一九三八年在长沙出版的《抗战日报》上发表过新诗《五四，我们对得住你了》。一九三九到一九四一年之间在重庆出版的《新蜀报·文艺副刊》等报刊上发表过一些新诗，多半是与希腊古典有关的长篇叙事与抒情诗，稿多不存。我的新诗专集《海燕》是到一九六一年才在香港求自出版社出版的，由友联书报发行公司经售。所载皆一九四九年到一九五九年间的作品，共约六十八题。此外我的新诗多半在《自由中国》《海外论坛》《明报月刊》和其他少数报刊上发表。我发表旧诗较早，大约起于一九三一年左右，见于上海和湖南等地的报刊。一九三八年左右在卢前[②]、于右任[③]先生等所编的《民族诗坛》上发表有

① 痖弦（1932— ），本名王庆麟，又名明庭，原籍河南南阳，台湾诗人。美国威斯康星大学东亚系硕士，曾任《幼狮文艺》《联合报》副刊主编、《联合报》副总编、《联合文学》社长等，1998年退休后移居加拿大。著有《苦苓林的一夜》（1959）、《痖弦诗集》（1981）、《如歌的行板》（1996）等。
② 卢前（1905—1951），原名正绅，字冀野，号饮虹、小疏，江苏南京人，诗人、剧作家。
③ 于右任（1879—1964），原名伯循，字诱人，号骚心、髯翁、太平老人，陕西三原人，书法家、国民党元老。

《习战感怀》七律四首，编者误以我为青年军人，其实所谓"习战"只是指中学的学生军事训练而已。此刊目前迄未找到。三十年代后期我和中国诗艺社的一些新诗朋友颇有往来。在他们在湖南所编的一些报纸副刊中，我发表过一些新诗，是些什么都忘了。我所认识该社的朋友中有汪铭竹①、林咏泉，后来似乎还有徐迟②、常任侠③等。咏泉是军官诗人，辽宁人，和我最相好。这里我检出过去写给他的一首短诗，这诗未曾发表过，你如觉得可用，如《诗学》或其他新诗刊可以发表，自然可以。但旧作不文，能否合你们的标准，还请你指正斟酌。此外替我的一位美国学生写的"小序"一篇，不知《诗学》能用么？近来琐事甚忙，未能另写长作为歉。匆匆草此不尽。即颂

著安

周策纵　顿首
十二月四日　一九七五年

其实你的新诗目录是否一定要止于一九四九，还是可以商讨的。因这期间以后的十年内，从大陆到海外或留在海外的写新诗的人还有不少，依然保存了一些过去大陆上新诗的传统，与台湾后来的新诗，及大陆后来的发展，都有不同之处。我几年来编有《海外新诗钞》稿本，目的即是想保存大陆新诗于一九四九年后来海外的遗存与发展。这稿本将来打算出版。

---

① 汪铭竹（1905—1989），江苏南京人，诗人。
② 徐迟（1914—1996），原名商寿，浙江吴兴（今湖州）人，诗人、作家。
③ 常任侠（1904—1996），别名季青，安徽阜阳人，诗人、考古学家。

致萧公权,1976 年 1 月 22 日

公权先生侍右:

　　拜读手示及尊作《兀坐》,无任感佩。"故国艰难千里梦,长宵辛苦一灯明。"厚重深挚,盖有老杜情怀矣。后半凄苦,殆亦不得已耳。日昨驱车赴公途中,成《微暮》一章以答雅意,录呈一粲。并颂
著安

策纵　拜上

元月二十二日　一九七六年

致何怀硕①,1976 年 4 月 17 日

怀硕吾兄道席:

　　前次获手书并所惠尊著,读之无任欣喜。所作之画,最喜《寒林坠月》《寒夜》《江入大荒》诸幅,其他佳作亦多。窃意画家与诗人等,各有其

---

① 何怀硕(1941—),台湾艺术家、美术学者,曾任教于台湾师范大学、台湾清华大学、台北艺术大学等。著有《苦涩的美感》(1974)、《创造的狂狷》(1998)、《给未来的艺术家》(2003)等。

天赋与特才，能穷极其特质者始能超胜。非谓天地间只有孤寂苍郁，荒凉凄楚，或只有甜美喜悦之情。然能极孤寂苍郁，苍凉凄楚者，未必能极甜美喜悦，此亦天赋与特质使然。与其各得浅尝，不如孤入极致，追穷极而后变可也；未极未穷而变，更求完备，适以失之。故纵意尊作仍可向孤寂苍郁，荒凉凄楚一途迈进，暂不必顾及其他。渊明、太白、少陵，自有渊明、太白、少陵之诗，商隐、长吉、牧之，自有商隐、长吉、牧之之趣。正是各穷其极，故能独妙耳。不知尊意以为如何？前次欲求尊画补壁，不知有旧作或新制可贻否？纵所藏略有清末民初之作，独鲜青年新生近作为憾也。吾兄篆刻有缶庐①之风，更多隽逸之趣，甚为难得，纵尝谓篆刻在中国文化中乃最高之美术。论其幽微美雅，尚非诗书画所能及，是非深入得其三昧者不能信不能言耳。尊刊画集前题"曾因酒醉鞭名马，只恐情多累美人"句。如系用郁达夫②"钓台题壁"诗句，则"只恐"二字应作"生怕"。细审二词，固各有重点，然"生怕"似尚较胜。不知当否？此诗末联云："悲歌痛哭终何补，义士纷纷说帝秦。"亦极有感慨之作。达夫七律似较他体为胜，近人往往慊律诗而袒七绝，非的论也。匆匆草此，不尽——。即颂

著祺

周策纵　顿首

四月十七日　一九七六年

---

① 指吴昌硕(1844—1927)，初名俊，又名俊卿，字昌硕，号缶庐、老缶、仓硕、大聋等，浙江孝丰(今安吉)人，近代画家、书法家、篆刻家。
② 郁达夫(1896—1945)，本名郁文，浙江富阳人，诗人、作家。

致马约翰^①,1976 年 6 月 25 日

June 25，1976

Dear John，

It is indeed a great pleasure to receive your book *Liang Chien-wen Ti*. I also thank you very much for your kind mention of me in your Preface. I am reading parts of the book and find they are stimulating and useful. The book is nicely printed although I know you would very much like to have seen the Chinese characters included. The chart and maps look nice. Map 2 may be improved a little to make it clearer.

Have you discovered that in the Chronology，the item under "552 June 5" should be listed after the item "May 16"，and all the "552" after "January 1" may be omitted? "Ts'ung" in Professor Wen T'ung-wen's name is a misprint.

On p.190，Chapter 4，note 68，"Ch'iu-ming" is not Confucius' other name but refer to Tso Ch'iu-ming，believed to be the author of the "Tso chuan" and one of Confucius' disciples. Yen Chou is Chuang Chou (Chuang-tzu). In Later Han under the taboo of Emperor Ming's formal name，Chuang was changed to Yen. I am sorry for not having corrected your manuscript earlier，I overlooked it probably because the Chinese

----

① 马约翰(John Marney，1933—1994)，英国汉学家。周策纵学生，1972 年取得威斯康星大学博士学位,后任教于奥克兰大学亚洲研究系。著有 *Liang Chien-wen Ti*(《梁简文帝》，1976)、*Chiang Yen，A.D. 444 - 505*(《江淹》，1981) 及 *Beyond the Mulberries: An Anthology of Translations of the Poetry of Emperor Chien-wen of Liang*(《梁简文帝英译诗选》，1982)等。

original was not put together with the English.

On p.189, by the end of note 62, "Wu-tzu" means "Sir you" or "Mister". The chapter being titled① thus because the term is used in the first sentence of the dialogue in the chapter. The translation "My son" could be misleading.

We should of course console ourselves with the fact that no excellent book can possibly claim infallibility. I hope you take good care of your further translation project of Hsiao Kang's poetry. You may know that I often make a joke out of a Yale PhD's translation of Kang's poem title 夜遣内人还后舟 as "At Night a Deserted Wife Still Following the Boat". The title really means "At Night I Sent the Imperial Concubine(s) (not necessarily a wife) back to the Rear of the Boat (or the Rear Boat)". I think it is a classic of mistranslation: (1) mistaking the character "ch'ien" 遣 (to send off) for "yi" 遗 (to desert); (2) using colloquial reading hai 还 (still) for classical Chinese "huan" 还 (to go back, to return); (3) misunderstanding the grammatical adjective function of "hou" 后 (back) as a verb (to follow). Yet the translation has been read in a conference and later published in an anthology of Chinese literature. We should not ridicule this translator, but must remember the case as a good example and warning for ourselves.

Sincerely,
Chow Tze-tsung

---

① 后当缺"is"。

致杨联陞,1977 年 1 月 26 日

莲生吾兄:

　　一月十六日来信,昨晨七时于开车送小孩上学之前,清理账单(Pay bills),不意在账单中发现,几乎误失。盖迩来内子在德州 Dallas 工作,一切家务繁忙,信件时有耽误也。古今中外皆常有"催租索欠败诗兴"之说,从来未见有助诗兴者,今竟意外得之矣。

　　Ou Li Po 之事,弟前曾见到,亦颇有组会之意,因时在南部,故无人商榷,兄意请元任①先生任会长,自甚适当。书记之责,弟本不敢当,但兄既坚决言之,亦只好表示愿意。惟此事自仍须由各会员公决耳。Ou Li Po Chi 之名甚佳,弟意中文不如称为"乌李白漆作坊",较用"会"字更妥,不知尊意如何?另一别名或可作"呕李白气俱乐部",首字音虽较远,然李白专名则更显著,亦另有风趣。

　　近二十年来弟偶作四声诗、同音诗、回文诗及其他杂体诗亦自不少,惜颇多散失,容后陆续找出奉寄。《星岛纪游字字回文诗》②,已于 1968

---

① 赵元任(1892—1982),字宣仲、宜重,江苏武进(今常州)人,语言学家,曾任教于美国哈佛大学、加州大学伯克莱分校、清华大学等。

② 1995 年 11 月单独印成《星岛纪游:字字回文诗》(周策纵著,周桐村解读;祁东永红印刷厂承印,自藏版)。自序云:"一九六六年秋到六七年夏,我因获美国古根汉奖学金之助,考察欧、亚两洲。初春过星加坡,南洋学会招待我时,认识湖南同乡王仲厚(字醉六)老先生,诗酒宴谈之余,承他赠我先一年出版的他的大著《妙绝世界之回文文学》一书。我回美后就写了一首五言绝句《星岛纪游》寄给他,原诗是:'星淡月华艳,岛幽椰树芳,晴岸白沙乱,绕舟斜渡荒。'头两句包含'星岛'两字。……这诗看来简短,却是一首'字字回文诗',写成一个圆圈,可从任一字起,向任一方向读,最简单地来读,可得五言绝句四十首,若隔字、换位读,便可读成五、七言绝句、七言律诗,和长短句(词)许多首。……醉六读后,一再来信大加推许,他一生搜集古今回文诗很多,说我这首超越前人一切的作品。哈佛大学杨联陞教授来信也蒙错爱。"

年在香港发表，并寄上复印本八份，请代分发。此诗首二句以"星岛"二字起头，其解读之二，作多种隔字读及长短句，实亦前人鲜作。以字少诗词多而论，尚能称意。以前王醉六[1]、萧公权、刘若愚诸君子皆来函赞为巧夺造化、前迈古人也，就中如"乱舟渡星月"之句，及《南乡子》《丑奴儿》词等亦非劣诗耳。另有设色多重轮盘，待找出复写后再寄，其中虽多勉强之句，然复多可喜，惜难计数。将来如用计算机或电脑，或数学公式，发展自无限量。兄等当更能优为之，会之前途，可以预卜。

数年前写有《无极文学论：回文杂体诗卮言》小品文，今不及修改，寄上乞阅正。其实组织如亦有一较严肃之名，则不妨称为"无极文学研究会"，此只在早期"文学研究会"[2]上加二字。李白 Li Po 字样，如英文 Limitless Poetry 亦可表出。弟之《字字回文》诗在香港发表后，曾引起一些小兴趣。有人因而写有硕士论文，由弟任校外考试委员，回文杂体弟在此十余年来向外讲演过多次，近来所讲则牵涉益多。以后有暇，当另函商讨，匆匆不尽。即祝

俪祉

弟策纵

1.26.1977

---

① 王仲厚(1890—?)，字醉六，号纯庵，湖南长沙人，湖南高等实业学堂毕业，船山学社社员，曾任湖南省文献委员会委员，主编《湖南省志·氏族志》。1949 年移居新加坡，后加入南洋中国学会。著有《中国文献大观》(1956)、《追述黄公度之生平》(1962)、《妙绝世界之回文文学》(1966)、《唐宋词话》(1994)等。
② 文学研究会，1921 年成立，发起人包括周作人、沈雁冰、郑振铎、叶绍钧和许地山等，是新文学运动中重要文学社团之一。

致杨联陞,1977 年 2 月 8 日

联陞吾兄:

一月三十号手书奉悉甚慰,组织名议似无问题,赵先生能参加即算不错了①,如组织不用会长名义,只用执行委员会,分头负责,亦无不可,不知兄意如何? 此事稍后定夺亦无妨,目前所需者在招兵买马,刘若愚兄对诗歌研究有素,必须拉入。于公下世,殊为可惜。公权先生能拉到否? 如要现代苏蕙,便须找张充和,伊喜打油诗,对此或不厌也。海外能作回文者恐不多,此间年轻一辈或能找到一二。余英时②兄有兴趣否,外人中 Hanan③ 如何?

字字回文诗前人作品可能找到三四首以上。明人张之象所举所谓达磨④《真性颂》,真确作者及时代颇难定,兄疑其为元代或稍前稍后作品,不知论证如何。惟此颂并非最早之作,除非确信为达磨作品,张之象谓得之于同时人,而前此无确据。但五代宋初之钱惟治《春日登大悲阁》诗,确是此体。钱氏另有"宝子垂缕连环之诗","回旋读之,娓娓可观",可能亦是此体,盖"宝子"即香炉,诗在香炉周围,可回旋读之也。宝子诗今未见。其实字之回文,作四言二句者,可溯至"玉连环"体,晋之殷仲堪(399 卒),

---

① 据《星岛纪游:字字回文诗》自序,周策纵与杨联陞曾"计划筹组一个'中国回文学会'(按,即上信提到的无极文学研究会)。联陞提议要请赵元任先生担任会长,由我担任总干事,实际上负责筹组推动。可是赵先生说:他不大会回文,最多只能做个普通会员。我向别的朋友征询,只得到萧公权、刘学愚、唐德刚几位支持愿意参加,可是不久以后萧、刘又去世了。后来连联陞也去世了。我们的愿望便付诸东流了! 现在想来,真不免人琴之痛"。另外《杂体诗释例序》云:"余与友人亦商组中国回文学会,并拟扩充为无极文学会,谋包括杂体诗各类,以数理电脑之术,探深穷奇。时海外有意加入者,颇不乏人,推余总持其事。乃朋辈远离,老成又多凋谢,人事倥偬,卒未克竟其志。而尝欲有所述作,亦终阻于俗冗。迄今念之,每为内热!"
② 详见《致余英时》(1986 年 12 月 18 日)注。
③ Patrick Hanan(1927—2014),汉名韩南(一作汉南),美国汉学家,曾任教于美国哈佛大学。
④ 即达摩,余同。

梁之武帝、简文帝及元帝等制作颇多，皆可字字来回读之，前人以为"反复"体可如此读，惟今传傅咸残句，尚非字字回文，唐初所传南海女子《錾鉴铭》，其中间部分亦为玉连环体，《艺文类聚》中载曹植《镜铭》八字，宋人王应麟犹见到，谓"回环读之，无不成立"①。此似亦即"玉连环"体也。

回文中最佳之体当是字字回文诗，吾兄所论选字之法，据弟之经验，确是如此。如能得一字可有多义与多种文法上之功能，则更易调节。大氏评判回文杂体作品之优劣，弟意至少有二标准：其一，字愈少而成诗句愈多者更上。其二，有好诗者为上。苏若兰之诗，前人虽云可读成三千余首或更多，但其所用字数已达八百四十一，且有不能来回读者，又无多佳句，实非上品。惟用彩色织锦，且故事动人，故古今来脍炙人口。弟意回文之作，南北朝时即颇为风行。《隋书·经籍志》已载有谢灵运撰《回文集》十卷，《回文诗》八卷。可谓多矣。

回文诗之佳作，恐仍自唐始，陆龟蒙的"清露晓垂花谢半，远风微动蕙抽新"及"古碑苔字细书匀"等，已有相当高的标准，皮日休"湖后钓筒移夜雨，竹旁眠几侧乘风"，自是好句也。吾兄所论万红友诸作徒以花巧胜，实不足取，至恰我心。历来杂体诗但耍花巧者甚多，鲜能臻优境。宋人回文诗词，则佳作较多。宝塔诗弟意较易作，然可累积，便于增加数目。西人用十首十四行诗拼成 10^{14} 首诗，数多可惊，但已用一百四十行及数千字，则亦不足惊异矣。我等当更能胜之。

若愚教授处弟可将我等往来信件寄去，兄到彼处时当与商议。公权先生处似亦可寄去也。匆匆草此不尽，即祝
近安

弟策纵
二月八日 1977 年

嫂夫人均此。

---

① 通作"无不成文"。

致刘若愚,1977 年 2 月 9 日

若愚教授吾兄道席：

　　前奉手书及大作题《红楼梦》诗，至为佩慰。一月十日《时代》杂志科学栏载有西洋诗人及小说家、科学家十余人组有 OuLiPo(Ouvroir de Littérture Potentielle)(Workshop of Potential Literature)会，创作回文、宝塔诗等，杨联陞兄与弟以为中文对此尤为适宜，拟组织一"乌李白漆作坊"(OuLiPoChi)，正式名为"无极文学研究会"。忆数年前寄上拙作回文诗，曾蒙谬许，并惠瑶章。现弟等甚欲邀请吾兄参加创会，共襄盛举，并望转为介绍，招兵买马，作远大计划，想能惠然同意也。联陞兄即将来史丹福开会，想已面及此事，兹特寄奉我等前后函件复印本，借明始末。弟旧时戏作《无极文学论》小品，并奉一阅，乞为斧正，亦当一笑。小诗承赞美，恐伤方家之明矣。吾兄题红诗命意极好，惟"徒费墨"三字或可于百尺竿头求更进一步，但细思此三字亦殊为着重，又恐不可移也。匆匆草此，即颂

教安

弟周策纵　顿首

二月九日夜 一九七七年

附　　　　　　　　**无极文学论——回文杂体诗厄言**

一九六七年作

宇宙无不有，诗文无极。无极者，无穷无尽，无不可存也。文式、文

情、文思、文兴、文辞，数各不可穷，自然而在。由文心诗趣，组丽显幽，累进益多，而终归无数，故无极焉。诗文扬妙，非人力胜天也，乃天人合一也。特以天地众美俱潜，得人力而愈丽，名篇巨制，却非自来即穷，端有赖于续创。若夫回文杂体，本华夏所素著，荒古造象，以表自然。《易》卦重叠，返复周回。《老子》"道可道"，"名可名"之言，回文可溯。周、汉瓦铜，钟镜箴铭，回环足讽。虽道原已失征，然晋、宋以降，傅咸、温峤、殷仲堪等，各传篇什，苏蕙回文织锦，璇玑为图。杂言离合，经纬纷陈。骈俪对偶，声韵偕巧，艺事递增。后之作者，竞奇争工，尤代不乏人，略无止境。窃意近世以来，轮机簇发，电器代脑。象数之学，密通文心。数目无穷亦即语文无极。文字排列组合之中，自有玉楼彩笔之情辞。诗词陆离，远超现实，诙诡多方，势将匪思可及。如《列子》所言："无极之外，复无无极，无尽之中，复无无尽。无极复无无极，无尽复无无尽。"是以知无极无尽之固存。此殆可为回文杂体未来之胜券。世有明哲，若能勠力新猷，采择众轨，劳思竭精，用以究无穷，逐无极，使华文组缛，益增无限，则正周子所谓"无极而太极"，无极文学亦即可名为太极文学矣。《文心雕龙》曰："惊才风逸，壮志烟高，山川无极，情理实劳，金相玉式，艳溢锱毫。"谨殿斯言，以为从事无极文学者勉。弃园涉笔。

致杨联陞，1977 年 2 月 28 日

联陞我兄：

　　二月廿五日手书奉悉，前函本欲作"法国某公"字样，竟误书作"于公"，上次将此信复本寄与刘若愚兄时，即已改正。本欲早日与兄信更

220

正，因近来事忙耽误，殊为歉疚也。又弟第一次信中"催租"之"催"字亦误写作"摧"，并乞代为改正为感。

上次（当兄驾访司丹移之前一日）将与吾兄往返信件复本寄与刘若愚兄，今日得其回信，已允加入，并附近作《题红楼梦回文诗》二首，颇为可诵。则彼之兴趣正大可发展也。公权先生处不日将去信。吾兄可否就所知之"兵马"，开一名单及通讯处来，弟当分别通知。此事自亦不宜勉强匆促，若事先互相交换意见与戏作，引起兴趣后，自然可水到渠成。吾兄地处冲要，亦正可多负一些责任也。

"无李白兮"之名亦妙。若愚兄提议作"无李白戏"意亦相近。"戏"字有一好处，即指游戏之名。"无"字固好，实亦太自谦卑，若用"悟"或"晤"，亦未尝不可，此"戏"或此"嬉"亦正可令人与李白相"晤"耳。若轮机转出不妙之句，自然亦可成为"误李白""侮李白"之戏矣。卮言无穷，大约此别名亦不妨多方应变耶？乞酌。匆祝

近安

弟策纵　拜手

二月二十八日 1977

君智兄①信寄上附本一阅。

————————

① 君智，刘若愚表字。

致唐德刚，1977 年 8 月 5 日 ①

德刚：

两信都已收到。甚慰。近来因旅途转徙多劳，作书颇迟。胡适之先生传稿由你写出，我尝以为至当，盼早成，得先睹为快。你问我对胡诗的看法，这说来话长，现在你行色匆匆，我又忙于他事，只好略谈。

大约在 1956 年，我和适之先生在哈佛曾有过一些长谈，除了讨论到中国社会政治知识分子思潮等问题之外，也特别谈起过他的新诗。问他为什么不把《尝试集》所没有收入的诗，以及后来的作品，收集在一起，作一诗全集。我说明以后的诗固然不会有那一集的影响了，但总还有历史意义，而且可以综合见到他个人对新诗的主张和努力。他很赞同我这看法，可是说，他似乎把一些稿件都放在某些地方，也许是放在别人处，却记不清了。这很可看出他晚年主要注意力已不在于此，这本来也是我们早已知道了。

我常觉得，胡适的尝试新诗，在见解上，除了受英国湖畔诗人的看法及美国意象派主张的启发外，当然受中国传统诗词及同时代作者主张的影响也很大。在诗一方面，如元、白与袁枚，他在日记里早已提到过。在词一方面，如前人所浅作的小令，尤其如苏、辛词等，都是他的榜样，从他后来和顾颉刚②先生合编的那本《词选》，就可探出一点消息。此外我看他尤其受了一些通俗小说中浅近诗词的启发。试看他三十年写《无心肝

---

① 本信内容经整理后发表于《传记文学》第 31 卷第 5 期（1977 年），第 60—65 页，题目为《论胡适的诗——论诗小札之一》。
② 顾颉刚（1893—1980），原名诵坤，字铭坚，江苏苏州人，历史学家，曾任教于厦门大学、中山大学、燕京大学、北京大学等。

的月亮》时，在诗前还引了明人小说中两句无名的诗："我本将心托明月，谁知明月照沟渠！"也就可想而知了。中国旧式白话小说中印的或作的诗词，多半比较浅显通俗，因为茶余酒后，说书人朗诵起来，听众才容易明白。胡适喜欢看小说，这种影响原是很自然的。而且他很欣赏好的打油诗，甚至有些歪诗，我看这也对他不无影响。他早期新诗的诗作，往往脱不了浅显绝句、歌行、小令、苏、辛所喜用的中调，以至打油诗等气氛，不为无故也。

至于同时代作者的影响，我曾在《五四运动史》里提到过比他较早及同时的白话报运动。在《海外论坛》《定形新诗体的提议》里提到过梁启超用曲牌白话译英诗。在《论王国维〈人间词〉》的第三二节里指出王氏对文学的许多先驱见解。这里不再多说了。

我以为胡适的诗较好的一面是文字流利，清浅而时露智慧。最好的几首往往有逸趣或韵致。一部分佳作能于浅显平常的语言里表达言外一些悠远的意味。这是继承了中国过去小诗小词一些较优秀的传统。梁启超说他特别喜欢的还是胡的小词，可说很有道理。《尝试集》中旧体小诗如《蝴蝶》《中秋》《江上》《寒江》《小诗》《纪梦》《秋柳》，小词如《生查子》《如梦令》，较长的如《百字令》《临江仙》《水龙吟》及数首《沁园春》，都可算好的一类；新诗如《一念》《鸽子》《人力车夫》《老鸦》《三溪路上大雪里一个红叶》《一颗星儿》《威权》《乐观》《努力》《示威》《蔚蓝的天上》《一笑》等，也大致上合于上面说好的标准。胡适的某些好诗，可用江淹的"明月白露，光阴往来"一语作评，也可用他自己的两行诗：

蔚蓝的天上，这里那里浮着两三片云。

作评。因为我手头只有第三版的《尝试集》，没有第四版本，所以这儿也不打算作一一细论。

胡适诗虽然有上述一些好处，但他还不能达到传统那一类好的短诗里幽深微妙无尽意味的境界。第一，他立志要写"明白清楚的诗"，这走入了诗的魔道，可能和那些写极端不能懂得诗之作者同样妨碍了好诗的发展。要用浅近明白的语言写诗，本是不错，但优秀诗人必能使这浅近明白的语言变成"诗的语言"，含有无限别的意义，才能得好诗，所以虽是明白清楚的语言，却不一定是明白清楚的诗，而且最好的往往是最不明白清楚的诗。"采菊东篱下，悠然见南山。"看似最明白清楚的语言，但诗人意指与诗趣何在，却最不明白清楚。适之未能强调这一点，以致他的小诗小词虽然也能偶然臻此境，而终于未能成大器，所以我说他的诗是"蔚蓝的天上，这里那里浮着两三片云"。白云变幻，蓝天深黝，本不可测，但适之只重其蓝与白，故其成就也往往只是"这里那里浮着"罢了。

其次，胡适没有宗教信仰的虔诚，从好处说，他不迷信，虽然也有他的固执处；但从另一方面说，他也没有个人对大宇宙"深挚"的神秘感和默契。因此，他的诗不够幽深，在中国传统中不能到达陶潜、王维的境界，也不能到苏东坡的境界，因为胡又远离老庄的幽玄和释家的悲悯与他们的忘我。他可能只得到一些禅宗的机锋，而他对科学的信心又拉住他向另一方向跑。在西洋传统中，他也无法完全了解华滋华斯、柯立芝、歌德或福劳斯特的形而上的虔诚感。这最可从他和徐志摩①两人分别译歌德的那首短诗 Harfenspieler 看出来，他译的，韵比徐叶的好，文法较合理，但只不如徐的能引起我们一些虔诚的情绪。胡自己的诗也常不免缺少深度。

第三点，胡适诗最大的缺点——这与他个性也有关——是欠缺热情或挚情。中国"诗缘情而绮靡"的主流与他渊源不深。他的诗与屈原、杜甫相去颇远；也和西洋浪漫主义诗人不相及。只有早期的一二旧式诗词，如《黄克强先生哀辞》等，及用骚体译拜伦的《哀希腊》，是一二例外。大约因他学生时代终不能不受同时代中国青年一些爱国和革命热情的影响，而且拜伦原诗本极热烈而有思古之幽情，与胡的历史癖也相合。以后他就和这种浪漫热情的诗离得越远了。他自己早已把《哀希腊》译诗列在"死文学"的《去国集》里。我在他的"新诗"里几乎找不到一首真正热情挚情的诗来。

---

① 徐志摩(1897—1931)，谱名章垿，初字槱森，浙江海宁人，诗人，曾任教于北京大学。

他在年轻时也早就了解他自己的个性太冷静、太"世故"了,这在他《留学日记》里也已提到过。所以他的诗、文,都有点冷清感,与梁任公常带感情的笔端大不相同。任公给他女儿的信尤其热情奔溢。适之则"实在不要儿子,儿子自己来了",显得颇无情。他在 1927 年 2 月 5 日在美洲梦见亡女,写了《素斐》一诗,虽自称"醒来悲痛",但诗写得太做作,太轻浮,太不能动人感情了,前两节还算自然流露,后两节很快就显得做作。这后两节说:

> 病院里,那天晚上,
> 我刚说出"大夫"两个字,
> 你那一声怪叫,
> 至今还在我耳朵边直刺。

> 今天梦里的病容,
> 那晚上的一声怪叫,
> 素斐,不要让我忘了,
> 永永留作人间苦痛的记号。

> (见《尝试后集》页八二)

他把女儿临死前的呼声写作"一声怪叫",很不近人情,而末了两行那样吩咐也是太轻松了。丁文江①和徐志摩都可算是他最要好的朋友,他哭悼他们的诗,也都没有热情流露感人之处。后集里他哭丁在君的两首七绝,还不如所附录的丁寄别他的两首表露了深切的友情。悼志摩一诗用他自己的猫名"狮子"作题,好像是想以浅语表深情,但末节写着猫既已在"打呼",还吩咐它"你好好的睡罢——你也失掉了一个好朋友"。其实与那"两滴眼泪"都是太做作而不自然,而且不够深沉厚重。

从不够挚情这一点而论,我觉得胡适的诗真是"无心肝的月亮"。我

---

① 丁文江(1887—1936),字在君,笔名宗淹,江苏泰兴人,地质学家。

们或者会"可怜他跳不出他的轨道"。但适之却要说:"看他无牵无挂的多么好。"道家和释家本来也都有这种出世绝情之教。但他们好的作品仍蕴有深情,庄子"送君者皆自崖而返,君自此往矣",固不消说一往情深,佛于众生,亦蕴悲感。胡适却自认只要:"更不伤春,更不悲秋,以此誓诗。任花开也好,花飞也好,月圆固好,日落何悲。"他只望做到荀子的"制天命而用之"。"更安用为苍天歌哭,作彼奴为?"这种单纯的自然科学精神,也许是当时中国人最迫切需要的,可是如此写诗,好不好就大成问题了。他虽了解诗须凭借经验,但对刘勰说的"物色相召,人谁获安"和钟嵘说的"气之动物,物之感人,故摇荡性情,形诸舞咏",似乎未能充分体认。所以他写诗,多是在发宣言,有所为而作,有意见要发表,就是有一 message。而不是由情感冲激而发,也就不能以情移人。

当然胡先生也有他的情诗,这方面你一定知之深而会言之生动,不用我多说。这里只顺便提到一点,就是上面引到的他那首《无心肝的月亮》,这诗作于 1936 年 5 月 19 日,当然也可被人们解说成有关国家大事的讽喻诗。我看他自己把它和同年作的《扔了?》一诗紧编在一处,还是一类看待罢。你不妨去考究一番。他诗前引的那两行明人小说中无名的诗:"我本将心托明月,谁知明月照沟渠!"就我所知出于凌蒙初的《初刻拍案惊奇》卷三十六《东廊僧怠招魔 黑衣盗奸生杀》一回里。原是用来描写女子企图私奔,但月夜来接她去的是别人,结果把她杀死了。原诗第一句我所有的"覆尚友堂本"作"本待将心托明月",首二字"本待"胡引作"我本",不知是另有所本还是误记或有意更改。"我本"较切。总之,就《无心肝的月亮》与《扔了?》两诗看来,所写的主角,对感情压抑得很厉害。胡适一生的爱情生活,约束于他自己所说的"分定",他能做到"由分生情意",我觉得我们应钦佩他,理智道义不为纯粹的情欲所左右。这当然也是他诗中所写的爱情多已遭理性约束的一个理由。他说的:"岂不爱自由? 此意无人晓;情愿不自由,也是自由了。"这固然是他对自己约束自由恋爱的一种解说,我看他内心还有时难免一些"烦恼竟难逃"的。我尝觉得这末了两句,"情愿不自由,也是自由了",也正可用来描写近代中国人民的苦难和自解,然而这种自解恐怕也仍然掩盖不了内心的烦恼和痛苦,有一天总会引起"敢有歌吟动地哀"罢。

话说回来,胡适的新诗,由于上述缺失,清新者有之,朦胧耐人寻味者则无;轻巧者有之,深沉厚重者则无;智慧可喜者有之,切肤动人挚情者亦无。同时诗人陈三立等江西诗派之艰涩孤诣,康梁诗中迸发哀时救世之愿,谭嗣同舍身慷慨之怀,王国维悲天悯人之感,苏曼殊缠绵绝望之情,胡适的白话诗里都付缺如。即与当时及稍后各新诗人相比,亦往往异趣,像学泰戈尔一派哲理小诗者多有宗教感,抒情浪漫派又靡丽缠绵,革命呼号派则务为激情奔放,豆腐干式修辞诗人又引进更多模式与藻辞,而走象征现代主义一路者则崇尚朦胧惝恍,凡此皆与适之不类也。

上面这三点固然是他的缺失,可是若从反面来看,"胡适之体的诗",也许就自有它的独特之处了。近来评论新诗的往往把他的作品看的一文不值,大概也过于一笔抹杀。至于他自己和捧他的人们,说他是你信中提到的"新诗老祖宗"恐怕也有点囫囵吞枣,后台里喝彩吧。

胡适主张作诗"说话要明白清楚","用材料要有剪裁","意境要平实",这虽是他中年以后所说,但仔细检讨他前前后后的作品,大致还离此不远。而缺点也就由此而生。过于水清则无鱼,过于剪裁则无自然流露之趣,过于平实则浅淡,不能刻骨铭心,感人深切。

在语言文字方面,胡适的新诗虽然流利平实,却变化不多。试就一小处论,他最大一个毛病或痼疾,就是用"了"字结句的停声韵太多了。现在只从手头所有的1922年三版《尝试集》和1964年影印的《诗歌手迹》,略加统计。《尝试集》中不押韵的,句末有"了"字的诗行结尾如下:

> "睡了";"被人偷去了";"死了";"更高兴了";"高兴了";"好呀,来了";"关不住了"(诗题);"挖空了";"既来了";"就是平路了";"站不住了";"后来怎样了"。("他的书来了"一句在《虞美人》旧词中,暂不计入。)

押韵的更多:

"也是自由了"；

"把门了"，"和我为难了"；

"有点醉了"，"心打碎了"。

此外各诗押韵和不押韵而用"了"字作结的还有：

"歇了"，"病了"；

"完了"，"散了"，"留在人间了"；

"坍了"，"烂了"，"永永在人间了"；

"遮了"，"灭了"；

"静了"，"干净了"，"全醒了"。

　　未收稿十三题中共有二十八例（虽然一例是诗题，但末例《八月四夜》一诗，"夜已深了，人都静了"一行，我只算进"静了"，其实"深了"也是同一句法）。总计新体诗（旧体诗词不算）共六十八题，有"了"字结的诗行共一百零一条好汉，平均几乎每诗快到两行，不为不多"了"。我且学"红学大师"尝试题歪诗《好了歌》一首为证：

　　　　胡适诗写好了，

　　　　人忙天又黑了，

　　　　周公数了"了"了，

　　　　总算一了百了。

　　第一句"好了"不仅出于《红楼梦》，也见于上引胡诗《乐观》中："哈哈！好了！"第二句你自然知道出于胡给梅光迪的打油诗："人忙天又热，老胡弄笔墨。文章须革命，你我都有责。""天已黑了"又见上引胡的《努力》一诗。"一了百了"在这里也可当动宾语。蔡元培[1]先生《和知堂老人

---

[1] 蔡元培（1868—1940），字鹤卿，号孑民，浙江绍兴人，教育家、政治家，曾任北京大学校长。

新年自寿诗》说:"不让沙弥袈了裟。"自注云:《癸巳存稿》三,"精其神"一条引"经了筵""阵了亡"等语,谓此自一种文理。则"一了百"也算有例可循。这首新《好了歌》似亦不失为一地道的"胡适之体的诗",请以千金为贿,入尊诗话可乎?胡先生素来宽容,当不见怪。他老一生所作打油诗最有风趣,惜未能得上海灵学会请他和曹雪芹公同时降坛,品题和韵,"欲呼才鬼一中之"也。

因你问起对胡适诗的看法,又想起二十多年前我有一新"发现",除偶在课堂上告学生外,从来未对人言。我认为毛的《沁园春》咏雪一词,实曾受胡的《沁园春》("新俄万岁")咏俄京革命事一词的相当影响,蛛丝马迹,不可没也。胡词既见于他的《留学日记》,又登载《新青年》月刊三卷四号(民国六年六月一日),1920年3月又收入《尝试集》中。据后者原词云:

> 客子何思?冻雪层(《新青年》作"春")冰,北国名都。看(月刊作"有",日记原作"想",后改作"看"。"想"字较好)乌衣蓝帽,轩昂年少,指挥杀贼,万众欢呼。去独夫"沙",张自由帜,此意如今果不虚。论代价,有百年文字,多少头颅。　冰天十万囚徒,一万里飞来大赦书。本为自由来,今同他去;与民贼战,毕竟谁输!拍手高歌,"新俄万岁"!狂态君休笑老胡。从今后,看这般快事,后起谁欤?

这词作于1917年4月17夜,所咏实是十月革命前的三月革命。毛氏当时,以至于《尝试集》出版时,还是《新青年》和陈、胡的忠实读者与崇拜者(这是他亲口对史诺说过的),何况这词是热烈歌颂新俄革命的呢,所以他必受此词感动很深,故十九年或十五六年后即用同一词调。其主题雪,及头三句"北国风光,千里冰封,万里雪飘",即涉胡"冻雪层冰,北国名都"句转变而来,字迹显然。毛词"千里""万里",也可能受了胡"一万里飞来"词句的暗示。胡有"冰天十万"之语,毛则说"冰封"和与"天公"比高。毛之"红装素裹,分外妖娆",正由胡的"乌衣蓝帽,轩昂年少"

脱胎而来。乌衣蓝帽是当时俄京参加三月革命的大学生的服色,毛句本亦暗表制服旗帜的颜色。至于"无数英雄竞折腰",也类于"万众欢呼"和"拍手高歌"。胡的"毕竟谁输"有较量高下胜负之意,毛便说"欲与天公试比高",且翻"狂态君休笑老胡"的句法,也和"去独夫沙"的句法相近。他如"看红装素裹"的"看"字,也和胡氏"看这般快事"一样,用在五字句开头。最巧的还是末了三句,胡说:"从今后,看这般快事,后起谁欤?"而毛也说:"俱往矣,数风流人物,还看今朝。"都是把今或后与过去相比。"从今后"化作了"俱往矣"与"今朝",而且两人在此又都用"看"字。只是毛改疑问为肯定语气,也正表示出两人的性质差异。当然,我并不是说毛有意摹仿胡词。两人所咏的事本不相同,意境也大有差别,而当三十年代时,毛已高视一切,更绝对不会学胡了。可是下意识里,恐正无法摆脱少年时代所受的一些影响。这也是我所说的,胡氏年轻时一些旧体诗词,比较热情之一例。但仔细读来,觉得他还是在发宣言、写檄文。风格略近辛稼轩,不及苏东坡的高隽。他一再鼓吹自由,没强调个人英雄主义,还算差胜一筹。沉重一面,却仍然不足。我上面这一看法,可能得不到多少赞同,也只好"姑妄言之,姑妄听之"罢了,别无其他褒贬傅会之意。

上面这一片胡言,谈来谈去,已不简略,但言不尽意之处,越谈越多。还望你指出我偏失不对的地方。你如觉有可采择之处,自所乐闻,不虚为知者道也。匆匆草此,顺祝

旅祺 不一

策纵

1977 年 8 月 5 日

致白先勇,1977 年

先勇吾兄：

　　谢谢你二月廿八日的信,《现代文学》能复刊,很是高兴。集稿期是这么急促,一时赶不上写什么。惟《五四运动史》的译文,自然可以在《现代文学》上转载。我想胡菊人兄等也不会反对的。等过些时候有空时,我一定给《现代文学》再写些稿。匆匆草此,即祝
著安

弟周策纵

致柳无忌,1978 年 1 月 31 日

无忌先生道席:

修改后之大作及手示皆已奉到,甚谢,两承约稿,自当效劳。弟现有一中文稿,题为《从〈诗经〉里的葛屦论到古代的亲迎、郊禖与巫医》①,惟有数事,不知对《清华学报》有困难否?(一)此稿颇长,到论究郊禖时已有二万五千字,已抄好。论巫医部分当亦在一万字以上,尚待誊清,现不知是否先寄上篇,可否采用,如须全文,则抄稿略需时间。(二)稿系直写,想手民改为横排无大困难?(三)此文写作方式不用脚注,所引资料皆在正文中随文提及,盖多系经典著作,用脚注反觉不便,读者应在正文中即须知举证之出处也。不知学报可容此式否?(实则过去国人著论,亦多如此。)此文题目看来似颇杂,实则牵涉中国古代社会风俗、文学、思想与科学史诸重要问题,弟自认乃继闻一多、陈梦家诸人以后一重要研究。此稿积压颇久,皆因无人代抄之故。如尊意认为学报或可采用,请即函告,至少可先寄上前面一部分之二万五千字也。匆此并候覆音,覆示请径寄舍下。即祝

著安

弟周策纵　拜上

元月三十一日　一九七八年

① 载《清华学报》新 12 卷第 1、2 期合刊,第 1—59 页,题目改为《中国古代的巫医与祭祀、历史乐舞及诗的关系》。

酬何蒙夫^①，1978 年春

题曹雪芹笔山小影^②

"高山流水诗千首，
明月清风酒一船。"
冷醉孤情留笔底，
恰从娲石证因缘。

何蒙夫先生以所藏曹雪芹笔山影片寄赠，即用所镌原句，足成一绝奉酬。按周汝昌先生在其增订本《红楼梦新证·文物杂考》中指出，此笔山底所刊之联，实系明九烟道人黄周星之诗句："高山流水诗千轴，明月清风酒一船。"惟轴字笔山中易作首字。因谓"轴、船为对仗，甚为工致。首字应属误记"云云。又据林东海^③先生言：唐人牟融《写意二首》诗中亦有"高山流水琴三弄，明月清风酒一杯"之句。然周、林二君竟忘《红楼梦》第三十八回"怡红公子"贾宝玉咏《种菊》诗中实有"冷吟秋色诗千首，醉酹寒香酒一杯"一联，正用首字。可见雪芹确以此字为当，或已用成习。且此亦可为何藏笔山系雪芹原物之一确证也。^④

——一九七八年暮春于陌地生之弃园

---

① 何蒙夫，名觉，以字行，广东顺德人，香港学者、收藏家，室名诗境庐。早年于中山大学攻读动物学，战时于桂林阳朔，战后于香港讲授中文。
② 刊于《明报月刊》总第 151 期(1978 年)，第 84 页。
③ 林东海(1937—)，福建南安人，曾任人民文学出版社古籍室主任、中国作家协会会员。
④ 笔山下方刻有长形阳文"曹霑"篆印，详见周策纵《曹雪芹笔山实证》一文(1996 年初于哈尔滨海峡两岸红学会议上宣读，收入《红楼梦案——弃园红学论文集》)。

致刘若愚,1978 年 4 月 7 日

君智吾兄道席:

久未通讯,时以尊况为念,前次提及弟在《哈佛亚洲学报》所撰尊著书评,至日前始收到抽印本,兹特随函寄上一份,此评吾兄或已见到。此抽印本特留作纪念品而已。弟对尊著,不胜钦佩,书评乃在赴港前数日草成,其中措辞,偶有未妥,其中所举翻译数事,恐亦难成定论,仍乞吾兄考虑指教也。

关于"诗之造"一词,本亦不无可能,《诗经·周颂·酌》诗中即有"蹻蹻玉之造"一语,然细思之,"造玄"一语恐更有可能。吾兄原读,大约以为如造玄连读,则句中无动词。而弟意则此种句中可不另有动词,然亦不敢过于自信。其他不妥之处当不少,盼于有暇时赐于讨论。关于《逸周书》,弟过去在《卷阿考》[①]一文(请看 p.184、195、200)中曾略有论及(弟于"卷阿"二字有别解,请赐批评),兹并随函寄上抽印本一份乞正,匆匆草此,即颂

著安

弟策纵 拜上
四月七日 一九七八年

此信写就已多日,因翻检《卷阿考》一文,致迟未付邮。今日得手教,知果于"诗之造玄矣哉"有疑义。弟意此种惊叹句,有时不必有动词,如《论语》

---

① 《卷阿考》,载《清华学报》新 7 卷第 2 期"文学专号"(1969 年),第 176—205 页。

所谓"庶矣哉",《左传》所谓"尚矣哉"等。惟庶、尚等字自亦不全类。弟当时亦颇有怀疑,特以"思入杳冥"自应指"诗之造玄"为当,但云"则无我无物"则"玄矣"亦可。究应为何,俟暇当再论定。

致王叔岷^①,1978 年 6 月 27 日

叔岷教授吾兄道席:

先后收到艺文印书馆寄来大著及尊翁遗稿^②,无任佩感,适近来此间多故,诸事猬集,又值舍弟新丧^③,心绪纷繁,久欲作书与兄,一倾积愫,皆未如愿。细读大著,益我良多。并悉家学渊源深厚,信非偶然。尊翁遗诗,感事伤时,大多有为而作,前辈风范,令人神往。其纵横上下,正所谓"心上苍生四百兆,眼中青史五千年"也。其和兄《读书廿余载》五古,具见一家之风。至《夏日池边小坐》,如宋人之见道,《闲居》与《雨霁即景》,尤清新可喜,《咏项羽范增》极富史识,《入春有感》,尤慨乎言之,亦可见其"乾坤浩荡开诗界"也。兄印有刊误表,惟此诗首章第一句之"感胃"是否系"喟"字之误?吾兄《四余斋诗草》以澹远胜,可谓读陶有得,佳作缤纷,不胜枚举。弟尤喜《神州有老树》《春日晚游》《抵李庄栗峰》《题董彦堂

① 王叔岷(1914—2008),名邦浚,号慕庐,以字行,四川简阳人,台湾历史学家,曾任教于新加坡大学、台湾大学、马来西亚大学、新加坡南洋大学等。著有《庄子校释》(1947)、《史记斠证》(1983)、《庄子校诠》(1988)等。
② 即王叔岷著《四余斋诗草》(台北:艺文印书馆,1974 年)及所编《简阳王耀卿先生遗稿》(台北:艺文印书馆,1976 年)。其父王增荣(1876—1950),字耀卿,号槐斋,曾主讲中学国文。
③ 周策定(1934—1978),字少球,周策纵之弟。

先生殷帝日谱》①《故人来》《自惭》《自愧》《闲步》《中秋还家》及《续旧游》诸作，盖学人而有深情者也。（《寂寂》一诗尤佳。）

尊著《庄子校释》一书，曾命门人陈平②写信去台询购，迄无回音。其后收到艺文寄来《庄学管窥》，惜陈生之博士论文已在此以前写完并已交入本校研究院及图书馆，然凡兄以前已刊之作能见到者，皆曾征引及之。彼之题目为：*A Study of Chuang-tsz: Text, Authorship, and Philosophy*。约四百页，虽不够精密，但在西文中要为最详备之作，其分析哲学之部分，大约亦有较中日文著作为更细致之处，以后当设法将其目录及摘要寄请正。此间学生多喜急功，且中文根柢鲜有佳者，而意见又往往驳杂，难乎为教，尤不免谬误，吾兄当能想象得之。

日昨携眷游南部得克萨斯（Texas）、阿克拉荷马③（Oklahoma）及阿肯梢④（Arkansas）三州山林与温泉区。偶有纪游小诗，录博一粲，尚乞法正。匆此即颂

著安

弟周策纵　拜上

六月二十七日　一九七八年

利蒌岭远眺

Rich Mountain, Ark

长松抚客发萧萧，雾浸峰沉白日高。

万壑风归千岭栗，出云金鹞下林梢。

（Red hawk 甚丽，其尾赤黄，盘空映日作金色）

---

① 全题当为《题董彦堂先生殷帝辛征人方日谱》。
② 陈平（1948— ），美国威斯康星大学中文博士。
③ 今通译为俄克拉荷马。
④ 今通译为阿肯色。

山 行 二 首

深林暗径草如丝,步散飞虫聚隔枝。
叶隙云天落人语,随花得水掠凉飕。

异地羁怀每不平,扶云招石与山行。
南游终有南冠意,老树风生屈贾声。

孝定、述民二兄及润华淡莹夫妇并请代为致意。

吾兄释"可以养亲"之"亲"为新,自是的论。惟举《达生篇》"更生"以释新,则似不如径以《养生主》篇下文"而刀刃若新发于硎"之新义为说之较当。此篇下文列举四事为例,正以证首段之四养。右师指保身,泽雉指全生(性?),老聃之死指尽年,庖丁解牛之刀即指养新也。(或以右师之介乃"天之生"指全生,而以泽雉指保身,亦妥。)

致周汝昌,1978 年 11 月 15 日

（整理者按：原信前半佚失）

今先将其第二册寄上（平邮），另寄一门人所著《唐宋词评论书目》一册,盼一二月后能收到耳。前谈及《红楼梦》研究会议事,弟正在极力进行,倘能获得充足经费,必约尊驾莅临,将为盛举也。匆匆草此,即颂

著安

弟周策纵　拜手

十一月十五日　一九七八年

月苓①均此。

致周汝昌②,1978 年 11 月 19 日

汝昌先生道席:

暑期在京,接晤长谈,不觉日之既夕,快幸如何! 归来复获手教及尊作零篇目录(已增入书目),感慰莫名,只以八月底回美自港经东京时即染感冒,咳嗽数月始愈。嗣又等待加洗照片,以致稽延作覆,至用拳拳。(缘相片初洗时相馆有误,寄往他处重洗,至日昨始收到也。)友人霍克思③英译《石头记》,只出版前二册,兹已购得,特另函平邮寄上。另有门人所著《唐宋词评论书目》一书,只为初学之用,本无足观,并此奉上,或便检览耳,又拙著《论王国维人间词》,及《破斧新诂》,一时兴到之作,并寄一阅,尚盼指正。前谈及《红楼梦》研究会议事,经已草就计划,此间校方

---

① 周月苓,周汝昌长女,曾与父合著《恭王府与红楼梦——通往大观园之路》(1992),并与妹伦玲合编亲所著《芳园筑向帝城西——恭王府与〈红楼梦〉》(2007)及《周汝昌序跋集》(2015)。

② 周汝昌(1918—2012),本字禹言,后改玉言,号敏庵,天津人,红学家。著有《红楼梦新证》(1953)、《曹雪芹小传》(1980)、《献芹集》(1985)、《寿芹心稿》(2012)等。

③ David Hawkes(1923—2009),中文名霍克思,英国汉学家、红学家。曾独力将《红楼梦》首八十回译成英文,1973 年起由英国 Penguin 公司出版,书名 *The Story of the Stone*。

颇愿支持,俟得到充分经费后,当分函各方邀请,甚盼尊驾等能莅临,以光盛举也。匆草即颂
著安

弟周策纵　拜上

十一月十九日　一九七八年

此信草就后即接月苓来信,重劳锦注为歉。即此问　阖家安好。

承奖饰,殊不敢当。纵于大著有关曹雪芹者,固已受益匪浅,而于析论宋人诗词诸作,亦击节叹赏也。

附　北京①与周汝昌先生论《红楼梦》归来得书即寄四章

故国红楼竟日谈,忘言真赏乐同参。

前贤血泪千秋业,万啄终疑失苦甘。

百丈京尘乱日曛,两周杯茗细论文。

何时共展初抄卷,更举千难问雪芹。

（畅谈三小时,君言更须三个月方能罄其一二耳。）

逆旅相看白发侵,沧桑历尽始知音。

儿曹若问平生意,读古时如一读今。

（君偕其令媛月苓同来见访于旅舍。）

光沉影暗惭夸父,一论《红楼》便不完。

生与俱来非假语,低徊百世益难安。

---

① 一作"燕京"。

239

（临别时天色已晚，摄影过暗。）

一九七八年八月二十二日初作，十一月二十一日定稿

致《书谱》①编辑，1978 年 12 月 10 日

编辑先生：

　　顷读贵刊第二十期卷首影印吴昌硕所书集《猎碣》字对联，贵刊释作"多驾鹿车游㳽漫，写来鲤简报平安"。所释"报"字，不知何据？按"而师"石原字前人多释作炽，考之《玉篇》，容或近之，惟清初闵齐伋辑《六书通》于"识"字下出古文奇字𢾄，则吴君殆以此为"识"字耳。又首句末二字楷释作"㳽漫"，依字形固不误，然二字在"汧殹"石中照前人所释，则仍以作"汗漫"为较明白，不知尊意如何？再者，贵刊作者中往往称金文乃"刻"在钟鼎彝器之上者，实则此等铭文，多系范铸而成，除少数兵器及权量器外，刻者极罕。即如贵刊第二十二期，页二十九所影印之金文，亦非"刻在铜器上"者也。草此即颂

编安

周策纵　敬白
十二月十日　一九七八年

---

① 书法双月刊，香港书谱出版社出版，1974 年创刊，1990 年总第 92 期终刊。周策纵所题刊名见总第 34 期（1980 年）扉页。

致刘海粟^①,1978 年 12 月 15 日

海粟先生道席:

　　暑期回国,两度访晤,畅谈古今,欣幸何如。承惠大作水墨葡萄,古意莽苍,并赐题词,奖饰逾恒,尤为铭感。久欲作书致谢,惟归途即患重感冒,咳嗽卧床数月,职此牵延,歉愧无似,然无时不以尊况为念也。兹将加洗之照片一张随函寄奉,以留纪念。两年前曾撰《忆秦娥》词以介尊寿,兹更函嘱在南宁人民银行工作之舍弟策横^②重行写就,想彼当能径寄尊处也。大连之行,量富收获。十月一日个人展览度已震动京华,为众作楷模矣。如印有展目复印件,尚乞赐寄一份以瞻盛举。中美今既建交,今后文化教育及美术之交流当与科技同时并进。威斯康辛大学已与南京大学列为姊妹学校,校中美术馆为美国大学中最大者之一,现已安排向他处借来元明清中国书画数十件,于明年二、三月间举行展览,其中有马琬、文徵明、钱谷、蓝瑛、弘仁、查士标、樊圻、龚贤、华嵒、钱杜(叔美画梅敝斋亦藏有一件)诸人之作,而石涛书画十五件尤为难得。彼时观者必甚多,纵意将来大作书画亦应设法在美作个人展览,以彰盛迹。不知尊意如何? 令郎令媛处所藏既多,捆当自易,纵亦可为设法也。忨烈兄时有信来,所赐葡萄在港装裱,彼欲照相后方代寄来。匆匆不尽,即颂
年禧并问

---

① 刘海粟(1896—1994),原名槃,字季芳,号海翁,后改今名,江苏常州人,画家。出版《海粟油画》(1933)、《中国绘画上的六法论》(1936)、《黄山谈艺录》(1984)、《齐鲁谈艺录》(1985)、《花溪语丝》(1987)等。

② 周策横(1921—1999),谱名绪俔,字宜聆,号悟园,周策纵胞弟,鹏翥公三男。1944 年重庆中央政治学校地政专修科毕业,曾任职农民银行及人民银行,晚年以书法知名,有《悟园草书》行世。详见《致杨仲揆》(1999 年 10 月 12 日)周策纵自述。

阖家安好

周策纵　拜手

十二月十五日　一九七八年

舍弟于书法自总角之年即露峥嵘,惟年来偏处一地,切磋乏人,尚乞随时指点,俾得进益。

致萧公权,1978 年 12 月 17 日

公权先生道鉴:

多时未通音问,时以尊况为念。纵于暑假期间全家返祖国游览,为时一月,未能还乡,但得遍游桂林、阳朔、西湖、庐山、长城、碧云寺、颐和园诸胜景,亦偿宿愿耳。在京时曾晤俞平伯先生长谈,彼云系先生老友,切嘱代为函候,而纵归来后即患咳嗽颇剧,卧床月余,致各方友好书问久疏。今世变激切,俯仰古今,感何可言。不知近来有新诗可寄示否。平伯先生二十年来受攻击颇多,今似犹心有余悸,惟精神尚佳,作小楷仍工整,差可告慰。天寒乞善自珍卫。即颂

年绥

策纵　拜上

十二月十七日　一九七八年

夫人均此。

迩来颇欲改老子句为"知黑守白",不知当否。

致俞平伯^①,1979 年 1 月 18 日

平伯先生道鉴:

　　奉读元月十日手教,并所赐书之墨宝,慰感良深。尊诗即景生情,言之有物,自当装裱永存,以资纪念,去年春纵偶有题曹雪芹所藏笔山影片小诗一首,原稿影印于香港刊物中。特影制一份寄上,尚乞哂正。按从来相传与雪芹有关之实物,无一可实证者。纵意此笔山底所刻之联,一字之差异,或可作为一有力之证据,盖如系伪作,恐作伪者亦未必已注意《红楼梦》中宝玉之诗亦用首字,刻者与小说中同异此一字,恐非偶然也。不知尊意如何? 前次提及所藏曲园老人墨宝,其中一件共四轴,尚未照出,惟横披一件纵曾自摄一影,虽不太清晰,但大略可辨识,特随函附上。此幅字大径尺,隶笔雄浑,极为难得。所书语见《荀子·致士篇》,所谓"得众动天,美意延年"也。右方有朱文长方印云"(恩将)耆儒",则似已为晚年之作。左钤二方玺,上为白文"俞樾之印",下为朱文"曲园叟"三字,皆甚苍劲。按冯誉骥,字仲良,一字展云,广东高要人,道光二十一年(一八四一)进士,官至陕西巡抚,八法精绝,并工山水,岭南人士多宗之。旧称巡抚为公祖,则此幅似系为冯所书,惟纵未细考,不知老人与冯究有交往否? 暇乞赐示。另有杨能格,乃汉军旗人,亦工书法,容希白君《书画家人名索引》中亦称其字仲良,曾任江宁布政使,惟非巡抚耳。前次摄影二帧,并此附上。匆祝

道安

---

① 俞平伯(1900—1990),名铭衡,以字行,浙江德清人,散文家、词学家、红学家,曾任教于燕京大学、北京大学、清华大学等。著有《忆》(1925)、《读词偶得》(1934)、《清真词释》(1948)、《红楼梦研究》(1952),论著结集成《俞平伯全集》(1997,全十册)。

阖府均此

周策纵　拜上

一月十八日　一九七九年

《遥夜闺思引》即是旧诗，亦盼一读也。

附寄旧作《惆怅》一首及《和中秋》七绝。

致俞平伯，1979 年 2 月 15 日

平伯先生道鉴：

　　日前收到来信，但信封上右边写有中文"新加坡"三字，封内乃系致颖南①君之函，并附尊作五四纪念绝句。想系误装信封。昨已向星岛友人询问周君通讯处，以便径将尊函及诗转去，以免再劳先生付邮也。纵因担任新加坡大学校外考试委员，三月中可能往该处一行，或可晤及周君（不相识）。日前又收到先生二月五日手示，承考论"大公祖"人名，至为确当，甚谢。曹雪芹笔山事，自尚更待考实也。昨又收到尊著《遥夜闺思引》及《临江仙》词，深情丽藻，想见前辈风范。惟不知本事如何耳。纵对五四素有兴趣，所著英文《五四运动史》二册，几于二十年前，即由哈佛大学出版。故读先生回忆之绝句，亦至感兴趣。不知先生前次曾误寄致纵函及该稿至颖南君处否？如未尝寄去，可否请写一份径行寄下？以便存

---

① 详见《致周颖南》（1979 年 8 月 30 日）注。

读。日前敝系同事及门人孙女士①随本校校长访问中国,托伊带呈小作数册,想已全部收到。关于五四史事,先生如有所回忆,甚盼赐示一二。匆匆草此,即颂

著安

周策纵　拜手

二月十五日　一九七九年

阖家均此问候。

致周汝昌,1979 年 3 月 4 日

汝昌学长吾兄道席:

　　敝校代表团归来,带交惠赠尊著《红楼梦新证》增订本上下精装二册、《红楼梦绘图题咏》日历一卷,并手示及新诗二首,高情厚谊,铭感无已。尊著前曾拜读,增订本注重补充考证史实部分,诚为得计。弟尝以为小说解释批评部分,固十分重要,然各人观点不同,时代改变,则异论纷出,若史实廓清,则尤为基本而富于永久性,未可以琐细小之也。兄著在此方面贡献特大,自不容疑。日历中题咏诸作,各有风趣,惟能如尊作之雅隽而富韵致者亦不多见,则旧体诗词作者亦真不易得矣。赐

---

① 孙树宜(1925—　),"抗战"后在北平读书,后赴美读研究院,曾任教于美国威斯康星大学东亚系。

答之作，苍凉沉郁，而字体飘逸，龙飞凤舞，读之爱不忍释。弟近日忙于教课与俗务，鲜能吟诵习作，缘近年继香港大学之后，又为新加坡大学担任荣誉学位校外考试委员事，数日内即将启程赴星岛，并往吉隆坡作学术讲演，便道过香港一行，但三月底须赶回此间教课。故连日为料理行程，忙乱不堪。容冬寄奉《石头记》英译本二册时，便中附寄中文数种，因当时匆匆放入，今不知所寄为何，下次来示，可否乞告？盖现欲寄一二小作，又恐重复。昏聩如此，可资捧腹，便录旧作数章，并供一粲。匆匆草此，即颂
著安

弟策纵　拜上
三月四日　一九七九

月苓侄女均此。

致古苍梧^①，1979 年 5 月 21 日

苍梧兄：

　　谢谢你的信和访问稿^②，近来忙乱，所以到今天才改好，现随信寄回。

----

① 古苍梧(1945—)，原名古兆申，笔名傅一石、顾耳、蓝山居等，原籍广东茂名，香港诗人、作家，时为《八方文艺丛刊》执行编辑。著有《铜莲》(1980)、《一木一石》(1988)、《书想戏梦》(1998)等。
② 《新文学六十岁——访问周策纵教授》，载《八方文艺丛刊》第 1 辑(1979 年)，第 3—10 页。

关于元代白话碑你们可去图书馆找蔡美彪著《元代白话碑集录》一书，系一九五五年科学院科学出版社出版。我有这书，但这儿若随便复印，恐不如你们在港照相更清楚。卞之琳先生四月里寄来一长信，讨论到我的定形新诗体的问题。我因才从星、马、香港回来，忙着杂务，一直还没有回信，等过几天学校放假后才能答覆。这里先寄你复印本一份，如要在《八方》创刊号发表，不妨预告，我不久就会有答覆的信，也许第二期可发表，或者两信都在第二期刊出，也可以，最好把我那原文先在头一期刊出，以便讨论有所根据。[①] 卞先生的字写得很小，你们抄出校对须要小心。余后叙，匆祝

近好

周策纵

五月二十一日 一九七九年

我的提议和卞先生所提出的看法，都希望你们大家都来讨论。

曼仪[②]近况如何？盼代致意。

---

① 《与周策纵先生谈新诗格律》，载《八方文艺丛刊》第 1 辑，第 301—305 页。回信未有发表。

② 张曼仪(1939—)，原籍广东番禺，出生于香港，学者、翻译家，曾任教于香港大学、香港中文大学等。

致罗素夫人^①,1979 年 5 月 30 日

30 May 1979

Dear Mrs. Russell,

Thank you very much for sending me your marvelous autobiography, *The Tamarisk Tree*, and the two letters. My reply has been delayed because of my trip to Singapore, Kuala Lumpur, and Hong Kong in March and April, and a short visit to Ohio. I served as an External Examiner for the honor students of the University of Singapore and made a lecture tour in Malaysia.

When I was in Hong Kong, I met a number of Chinese intellectuals and students. They were then planning to celebrate the 60th anniversary of the May Fourth Movement. You may know that sixty years make a full circle of a period, according to the traditional Chinese calendar. So, quite a few student groups and journal and newspaper editors interviewed me about the Movement. In one of these interviews I mentioned your letter to me last winter. You might like to know that many of those intellectuals and young students admire you and Mr. Russell greatly. They asked me to

---

① Dora Winifred Black Russell(1894—1986),英国哲学家罗素(Bertrand Russell)第二任妻子,女公爵、女权主义者及社会活动家。著有 *Hypatia, or Woman and Knowledge*(1925)及自传 *The Tamarisk Tree*(1977—1985)。来函曾摘译刊载于《明报月刊》总第 161 期(1979年),第 19 页,题为《罗素夫人勃拉克女士致周策纵书》。其中提到:"我于一九二〇年和罗素一同访问中国,事后就和他结了婚。作为一个外国人,我当时未能知道中国正在进行的活动的详情,这些详情你在你的书里是那么美妙地叙说了,但我自己也确曾感觉到那个时代的,和当时中国青年的精神与气氛。这种精神与气氛似乎穿透了我的皮肤,而且从那时起我就说过,我已从在中国的那一年里吸收到了我的生命哲学。"

show them a part of your first letter to me, particularly your remarks on the Chinese youth of the May Fourth period. Since they wanted to quote from your letter in their commemoration issues on May 4, I found no time to ask your permission before hand. Now I have found that they have published my interview together with a part of your letter. They also reprinted a photograph of you in your younger days which, I guess, might have been taken from Mr. Russell's autobiography. This interview and several poems of mine on the May Fourth Movement have been reprinted in quite a few overseas journals and newspapers. I should apologize to you for not letting you know earlier, but I do not think you will object to it, as these young Chinese are very conscientious and anxious to promote free thinking, democracy, science, human rights, and progress for China—goals you have cherished for a very long time. Your remarks gave the new Chinese generation great encouragement. I am sending you herewith a few samples of the publications which have your photograph in them.

You may not have realized that in my second volume, *Research Guide to the May Fourth Movement* (Cambridge, Mass.: Harvard University Press, 1963), I list a few works of yours (some in Chinese translation) concerning China. I am now sending you copies of a few pages from that volume.

The Tamarisk Tree is certainly a very fascinating and inspiring book. I hope some day it will be translated into Chinese. I probably should try to find someone to translate the chapter on the China trip first.

I would like to hear from you again, particularly about your China trip. My best regards.

Very sincerely,
Chow tse-tsung

致冯其庸^①,1979 年 6 月 26 日

其庸先生道席:

　　手书奉读为快。去年京华一叙,欣慰如在目前,归后琐务忙迫,致延作书,然无不时以尊况为念也。纵去年曾向此间校内外各方提议在本校召开一国际性《红楼梦》研究会议,学校当局已准予资助,美国学术社团联合会亦已初步同意资助,本拟今年暑假召开,现因时间太促,决改于明年六、七月间举行,拟至少能邀请中国方面红学专家二人参加,兹将纵去年所提之草案另封寄上一份,便请教正。盼尊驾前来参加。纵近来已召开一四人组成之初步筹划会议,除纵之外,尚有哈佛大学中国文学教授汉南(Patrick Hanan)等人,大约秋间可正式发出邀请函。尊驾如能光临,盼能就《红楼梦》初期版本问题,及曹雪芹家族新资料或其他问题宣读一二篇论文,用中文或英文皆可。拙稿《红楼梦研究书目》现已大致就绪,中英对照,约四百五十页左右,尊著皆已列入矣,盼秋间能出版,国内红学专家盛会可喜,尊编《红楼梦学刊》自愿遵嘱投稿也。门人陈君炳藻用电脑计算统计研究前八十回与后四十回文法之异同博士论文,已成初稿,将来亦请斧正。匆匆草此,即颂
著祺

周策纵　手启

六月二十六日　一九七九年

---

① 冯其庸(1924—2017),名迟,号宽堂,以字行,江苏无锡人,红学家,曾任教于中国人民大学、中国艺术研究院等。著有《论庚辰本》(1978)、《春草集》(1979)、《曹雪芹家世新考》(1980)等。

致汪荣祖^①,1979 年 7 月 2 日

荣祖先生道鉴:

　　来信收到甚谢,尊编《五四研究论文集》二册亦收到矣。此书内容颇为充实,印制尤精美,台伯简^②先生题签诚为雅绝。尊论多称平允,此亦不易。关于五四时代北大之史学,纵意不妨一提朱希祖^③,此亦章太炎门下人物,对以后史学仍不无影响。(此派史学与五四疑古派有异,或可谓较近于古文家传统,然仍不妨一提。)太炎虽不纯以史学著称,然继曲园及古文家之绪,于经史诸子,皆有造诣,后来皆不无影响。纵数年前在澳洲国际东方学者会议上曾宣读一短论《革命学人章炳麟》,即专论其学术思想之革命性,惟久未脱稿发表耳。匆祝

教安

周策纵

七月二日　一九七九年

致林君函请代转为感。

---

① 汪荣祖(1940—),笔名庸椽楼主、汪子飑、南史笔,原籍安徽旌德,台湾历史学家,曾任教于美国弗吉尼亚州立大学、台湾"国立中央大学"等。著有《史家陈寅恪传》(1976)、*A Paradise Lost: The Imperial Garden Yuanming Yuan*(《追寻失落的圆明园》,2001)、《槐聚心史:钱锺书的自我及其微世界》(2014)等。
② 台静农(1903—1990),本复姓澹台,原名传严,字伯简,后改今名,安徽霍邱人,作家、学者、书法家,曾任教于辅仁大学、厦门大学、山东大学、齐鲁大学、台湾大学等。
③ 朱希祖(1879—1944),字逷先,又作迪先、逖先,浙江海盐人,历史学家,曾任教于北京大学、北京师范大学、清华大学、辅仁大学、中山大学等。

致周颖南^①,1979 年 8 月 30 日

颖南先生：

　　星岛一叙,快聆高论,复承出示尊藏,如入宝山,不胜欣幸。归来拜读手书,只因近来为他事所扰,致久稽裁答为歉。所示任公手书联语,有杂集成语,亦有创作,似非拘于一格,不知此稿来源如何,现藏尊斋否^②?其中"天生斯才不世出,日新其德无常师",可为任公本人的评也。《书谱》刊物中,时见大文,激扬文物可佩。想迩来又多新作,收藏益丰矣。风便尚盼惠我好音。匆匆草此,即颂
大安

弟周策纵　顿首
八月三十日 一九七九年

附　　　　　　山 行 二 首

　　深林暗径草如丝,步散飞虫聚隔枝。

　　叶隙云天落人语,随花得水掠凉飔。

　　异地羁怀两不平,扶云招石与山行。

---

① 周颖南(1929—2014),原籍福建仙游,新加坡作家、实业家。与俞平伯、叶圣陶、刘海粟等文坛、艺坛前辈多有书信往还,曾为俞平伯编印《重圆花烛歌》(1989)。著有《迎春夜话》(1977,后改名《映华楼随笔》)、《周颖南文集》(1992)、《周颖南文库》(2006)等。
② 同年 9 月 19 日周氏回信云:"任公手书集联是当年我到北平时,友人所赠的纪念品,现仍存我处。"

南游终有南冠意,老树风生屈贾声。

时　兴

园荒差可读陶潜,客惯能禁世事艰。
万里音书存弟妹,四郊风物窝乡关。
云埋废苑孤枭没,两袭倾巢倦鸟还。
卧对沧江增一趣,浪淘犹剩水潺潺。

小作录奉
颍南先生哂正。

周策纵　未定稿

己未初秋

致唐德刚,1979 年 9 月 24 日

德刚:

　　收到惠赐英文《李宗仁自传》[1],至喜至谢!正如你所说,其中大部逼真,然轻重去取之际,却也可使真象大有不同,此中情况,还是只有你来指出一些,才可使中外读者受惠。

　　适之先生的口述自传[2],你记得很好,想不久即将出专书,其中有数

---

[1]　唐德刚曾撰写《李宗仁回忆录》(李宗仁口述,南宁:广西人民出版社,1980 年)。
[2]　唐德刚译注:《胡适口述自传》(台北:传记文学出版社,1981 年)。

处，我本来有点小意见，打算写给你，一直未写好。

绍铭评你的杂忆①，大致可以，只是末了论信不信鬼神问题，那就还大有问题了。若就传统鬼神的定义说，我看胡适还是不信鬼神的。近代西洋有些人已把上帝作极广义的解释，变成哲学上的所谓"第一原因"，那自须另作别论。怕不怕鬼是心理状态，与信不信还是有点区别。说胡适信鬼信神，恐怕还难于成立。至少在他明确的思想里不如此。不知你以为如何？

前几天爱荷华大学召开了一个中国文学创作前途的非正式讨论会，大陆由中国作家协会派来了萧乾②和毕朔望③（该会国际关系处负责人）参加，香港除戴天外，中共方面的出版界，如三联、商务、中华、七人年代、广角镜，以及纽约的新华社等都有人来，台湾来了一个年轻诗人高准④，美国方面有陈若曦⑤、於梨华⑥、欧阳子⑦、秦松⑧、许芥昱⑨、叶维廉⑩、郑愁予、翱翱⑪、李欧梵⑫、刘绍铭、王浩⑬夫妇等。只可惜你不在场。我原以为痖弦、夏志清、白先勇会去，不料临时未能成行。萧乾的讲话似乎相当温和乐观。我是存着些希望，但到底如何，觉得还要等着看罢，这里把

---

① 刘绍铭：《谈〈胡适杂忆〉》，收入《涕泪交零的现代中国文学》（台北：远景出版社，1979年）。
② 萧乾（1910—1999），原名秉乾，北京人，记者、作家、翻译家，曾任中国作家协会理事、顾问。
③ 毕朔望（1918—1999），江苏扬州人，记者、作家、翻译家，曾任中国作家协会外委会负责人。
④ 高准（1938— ），字正之，原籍江苏金山（今属上海），台湾诗人、学者。
⑤ 陈若曦（1938— ），本名陈秀美，台湾台北人，旅美作家。
⑥ 於梨华（1931— ），原籍浙江镇海，旅美作家。
⑦ 欧阳子（1939— ），原名洪智惠，台湾南投人，旅美作家。
⑧ 秦松（1932—2007），原名秦维锹，原籍江苏盱眙，旅美诗人、画家。
⑨ 许芥昱（1922—1982），原籍四川成都，旅美作家、学者。
⑩ 叶维廉（1937— ），原籍广东中山，旅美诗人、学者，曾任教于美国加州大学。著有《赋格》（1963）、《比较诗学：理论架构的探讨》（1983）、《三十年诗》（1987）、《晶石般的火焰：两岸三地现代诗论》（2016）等。
⑪ 张错（1943— ），原名张振翱，笔名翱翱，广东惠阳人，旅美诗人、学者。
⑫ 李欧梵（1942— ），原籍河南太康，台湾学者，"中央研究院"院士，曾任教于美国普林斯顿大学、香港中文大学等。
⑬ 王浩（1921—1995），原籍山东济南，旅美华裔学者、数理逻辑学家，曾任教于哈佛大学、牛津大学及洛克菲勒大学，美国艺术与科学院院士。妻子 Hanne Tierney，美籍捷克裔艺术家。

我的讲话短稿寄你一看，或可作笑料，也盼你发表些高见。匆祝
近好

策纵

九月二十四日 一九七九

另寄上《文道探原》一文，乞正。其中因"文"字论及学、教等字与"五"
"六"二字的可能关联。

致唐德刚，1979 年 10 月 5 日

德刚：

日前寄一信，内附《八景》①小作，想已收到，信里提到《文道探原》一
文，今晨一检案头，见题有兄嫂大名的一份赫然犹在，恐上次忘记付邮或
已另寄了一份？无已，且仍将此份寄出，乞哂正。昨另有小诗二首，乃在
爱荷华大学作家会议时游河之作也，大陆来的诗人毕朔望君喜作旧诗，
《人民文学》及《诗刊》皆载有其诗词，虽声调时有问题，然往往有警句。
（他是过去上海鸳鸯蝴蝶派名小说家毕倚虹②[绮红?]的儿子，现任中国
作家协会外语组负责人及外语出版社负责人之一，曾英译李白、杜甫
诗。）大陆上的新诗我看无可读者，不知你以为如何？台湾的《时报》和

---

① 《中国文学八景》(1979 年 9 月 15 日在爱荷华大学国际写作中心举办之中国文学会议讲
词)，载《明报月刊》总第 166 期(1979 年)。
② 毕倚虹(1892—1926)，名振达，号几庵、清波等，江苏仪征人，诗人、作家。

255

《联合报》把我的《八景》都登错了，成为"胡说"，令人哭笑不得，为之奈何！"各以当下之我难当下之我"变成了"各以担下之我难"，"峰峦起伏"变成了"风暖鱼浮"，"开明隆盛之邦"变成了"开明楼镇之般"，"题材禁区"变成了"题材镜需"，而"不以领导为归"竟变成了"以领导为归属"。要作家被人牵着鼻子走了。此非我的官话有问题，因我讲的只是英文，而记者拿了中文稿打长途电话回台，至有此一大笑话也。倘徐公复观看了，必大骂周公不通，该丢教授饭碗矣！兄当为我一呼冤乎。匆匆即祝

近好

策纵

十月五日 一九七九年

致冯其庸,1979 年 11 月 10 日

其庸吾兄道席：

前得五月五日惠书，曾覆一信，并附《红楼梦》会议弟之提议初稿等件，当蒙收到，赵冈兄归来，承惠墨宝二幅，至足珍重可感，红学会议事，日前已正式获得敝校校长及美国各学术社团协会正式允许资助，并定于明年六月十五日在敝校召开，为期五天，中国方面，拟邀请三人，旅费可全由此间负责。如中国欲加派人来，自负加派人员之旅费，亦至为欢迎，正式邀约函，不久即可寄至文化部及社会科学研究院，弟已将兄列入被邀请人中，盼吾兄能来参加。另二人不知尊意如何？俞平伯先生如能来当极

好,惟恐其年迈旅行不便耳。周汝昌兄弟亦极盼其能来,须视其目力能胜其劳否?此外则吴恩裕、吴世昌①、王朝闻②、陈毓罴③诸君,或其他学者对《红楼梦》确有研究者,当亦可考虑。宣读论文及讨论用中、英文皆可,此间可请人转译,毫无问题,且与会者亦当能懂中文也。此事乞兄即与部中高层负责人一谈,并与汝昌兄磋商如何?盼即赐回音,正式函件不久当可发出,又会议时拟办红学文物展览,此事多赖国内资助,运费与保险费,本校当设法筹措。主要当为版本与实物及模型,不知北京方面能办到否?如能办到,则更拟洽商台湾所藏之甲戌本及胡天猎本,以至在港之曹霑笔山等,此外则拟映中国之电影。凡此种种,甚欲得兄来信,借先知大概也。匆匆即颂

著祺

周策纵

十一月十日 一九七九年

九月中,弟曾参加爱荷华大学中国文学创作会议,《人民日报》十月十六日第五版已有报导。闻《参考消息》九月二十八日译载《纽约时报》新闻则误译弟名为周泽宗矣。

---

① 吴世昌(1908—1986),字子臧,浙江海宁人,红学家。
② 王朝闻(1909—2004),别名王昭文,笔名汶石、廖化、席斯珂等,雕塑家、美学家、文艺理论家。
③ 详见《致陈毓罴》(1980 年 4 月 28 日)注。

致俞平伯，1979 年 11 月 10 日

平伯先生道席：

　　近来教学忙乱，复出外开会及讲演，致久稽问候，然无时不以尊况为念也。九月中旬此间附近爱荷华大学举办"中国周末"，召开中国文学创作前途讨论会，世界各地中国作家到者约三十人，北京方面，中国作家协会派有萧乾及毕朔望二先生参加，纵亦被邀到会发言。《纽约时报》、新华社及港、台各方并派有报刊记者。《人民日报》十月十六日第五版已载有该社记者余志恒女士之专门报导，想已见到矣。纵去年向此间校长及美国各学术社团协会提议召开一国际性之《红楼梦》研讨会，顷已获允资助。（定明年六月十五日召开，为期五天，地点即在敝校。）中国方面可邀请三人前来参加，宣读之论文，用中文或英文皆可。纵甚望先生能光临，惟恐先生年迈，行旅不便，不久此间当正式去函文化部及社研院，纵仍拟将公名列入，如因健康关系不能亲临，亦盼能手书诗文，以期共襄盛举也。前次承告舍间珍藏曲园公为仲良公所题横披之主名，至以为感。此亦可见考证史实之不易。顷又检敝藏折扇中有令尊大人小楷七绝七首，精美绝伦，首句为"青门秋色晚凄迷"，末称"壬午三月既望录昔年所作柳枝怀旧诗七首于乐静居，即希霁高先生吟正"，下款书"七十五叟俞陛云"，小玺二颗，白文"阶青"，朱文"戊戌探花"。扇之反面有同一年伯逸马晋所绘双松下双骏图。此扇殊可珍贵。霁高为谁，柳枝诗本事及作于何时，如能考定，尚乞赐示。将来影印原件，当再奉上。纵藏扇不多，题字较可贵之扇尚有冯桂芬、翁同龢、吴大澂、江标、林琴南诸人，画扇则有一幅为乾隆时画院中董邦达壬午年所作《夏日山居图》，此或正为曹雪芹泪尽而逝之年也。先生近来有何新作，尚祈墨宝书寄，以便保存。匆匆草

此，敬颂

著安 并问

阖家安好

周策纵 拜上

十一月十日 一九七九年

致潘重规，1979 年 11 月 18 日

石禅教授吾兄道鉴：

多时失候，时以尊况为念，不知香港之行，为期几许。前承惠赐尊著，佩感良深。年前弟曾向此间各方提议召开一国际性之《红楼梦》研讨会，顷已获本校当局及美国各学术社团协会（American Council of Learned Societies）正式允许资助，定于明年六月十五日在敝校举行，为期五天，所邀请人士中，年资较高者，可能英国一人，当约霍克思教授，日本一人，台湾一人或二人，香港一人，大陆三人，弟意俞平伯、周汝昌如能来最好，惟二人健康皆不佳，此外则冯其庸、吴恩裕或吴世昌等亦可。美国方面，夏志清、余英时、王靖献诸君皆拟宣读论文（赵冈兄与弟亦读一论文），刘若愚兄亦将参加讨论。美国教授、学者及研究生等可能有二十人左右，大约全部可到三四十人，当可为红学空前盛举。台湾学人中弟拟邀请吾兄宣读一论文，中英文皆可，盖有人可任转译也。旅费可全由会方供给，另一名额经费尚未十分肯定，拟请高阳参加，如彼能得报馆支持一部分，此间自可补助一部分，如此间经费有着落，则全给亦不无可能。此次之会，

绝无政治性,目的惟在提倡学术自由研讨,吾兄高见,乞速示知,以便发出英文正式邀请书也。匆匆草此,即颂

著安

弟周策纵　拜上

十一月十八日　一九七九年

于陌地生市

前接"中研院"钱思亮院长函邀参加汉学会议,已函覆会应出席,想彼已收到矣。

致许达然^①,1979 年 12 月 4 日

达然兄:

　　谢谢你寄赠的大著《土》,这书名就把我吸引进去了。本来想早一点给你回信,耽搁了是为了想找一个心情比较好和安静的时间,不料越来越不静。读你的短篇像读屠格涅夫的散文诗,而你的用字遣词,在当代

_____

① 许达然(1940—　),原名文雄,台湾台南人,祖籍福建,历史学者、散文家。台湾东海大学历史系毕业,美国哈佛大学硕士,芝加哥大学历史系博士,曾任牛津大学英国社会经济史研究员,1969 年起任教于美国西北大学亚非系,2003 年 6 月以荣誉教授退休,并一度回母校东海大学历史系任讲座教授。曾与郭枫、李欧梵、聂华苓等合办新地文学出版社,并于 1990年创办《新地文学》双月刊兼主编。中学时代开始写作,以散文为主而兼及诗,著有散文集《含泪的微笑》(1961)、《土》(1979)、《吐》(1984)、《同情的理解》(1991)等。擅长以抒情诗手法书写散文,篇幅简短,文笔精炼,1965 年出版第二部散文集《远方》,获第一届青年文艺散文奖。

中国散文中也非常清越美丽,篇篇都有意思,而其中写台湾街景风土者给我们描画出的是我们中国人和物的"神"。你的《破鞋》把我带回到童年。你写《竹》真像写诗,这正是我的偏好,我的老家就叫竹山湾,我有首小诗说:"吾家原有竹,风雨便潇潇。一自江湖去,秋心尚寂寥。"而你的《竹》真能代表我们向往的劲节。《渡》触及了许多艺术与人生的问题,叫我们多想一想。话说不完,总而言之,谢谢你这好书! 年关在即,即问年禧

周策纵 拜启

十二月四日 一九七九年

于陌地生民遁路

致余国藩[①],1979 年 12 月 7 日

国藩兄:

　　你来信问到《西游记》第七十二回里那首描写踢气球诗的解读问题,因忙乱稽覆为愧。你的英译绝大多数是正确的,而且很流利可喜。其中原文许多词句很难了解,当然是由于当时的俗语和中国古代踢球法失传之故。就中只有两点我大致可以肯定:

---

① 余国藩(1938—2015),原籍香港,旅美学者,曾任教于美国芝加哥大学。著有 Rereading the Stone(《重读石头记:〈红楼梦〉里的情欲与虚构》,1997)、State and Religion in China (2005)、Comparative Journeys: Essays on Literature and Religion East and West(2009)等,中译本论文收入《〈红楼梦〉、〈西游记〉与其他:余国藩论学文选》(2006)。

（1）"窄砖偏会拿，卧鱼将脚捵。"你的译文把"卧鱼"当作气球解，大约因上句"窄砖"之故。其实这儿也不必对称。下文"踢的是黄河水倒流，金鱼滩上买"，是指水倒流和鱼在滩上泼剌跳跃的动态，与此不同。"卧鱼"应指踢球者低卧翻身的姿态，是传统戏剧中的专用词。现代京戏里如《贵妃醉酒》，便有"卧鱼"一种身段。你不妨去查看一下《梅兰芳的舞台生活四十年》或其他类似的书，齐崧君在《传记文学》一八八期（一九七八年元月）有《谈梅兰芳的醉酒》一文，也曾约略提到，不妨一看。从前北京地方民间歌舞有一种"踏球舞"，几个少女口里一边唱着"学一个金鱼在水底潜"，身子一边斜翻倚近球上，也作京戏中卧鱼的姿态。因此，"卧鱼将脚捵"，我以为应了解为：把脚一捵，身子卧下再翻起，作"卧鱼"的身段。

（2）"周正尖来捽"的"捽"字，在传统戏剧中是"揪"的意思。古书说是"持头发"。但也有"拥挤相抵触"之义。在这里后一取义自较妥当。

今天写这信时，一时未能找出你上次复印寄来的英译稿，上面的看法，你以为如何？盼告，如方便，就请再寄一份来罢。匆匆祝
近好

弟周策纵
十二月七日 一九七九年

上次承你在大著第二册页 427 提及贱名，实可借尊著而不朽矣（惟 ch 须作 ts 耳）。谢谢你的好意！
红学会议通告即可发出，详容后告。

致俞平伯,1979 年 12 月 17 日

平伯先生道席:

十一月二十八日手示敬悉,并拜读和黄君坦①先生题画诗一首及剪报二张,欣快莫名。国际《红楼梦》研讨会议定明年六月十六至二十日在此间举行,纵之正式英文邀请函已分别向社会科学院及文化部发出,虽尊函已称恐因健康关系,不能到会,纵等以先生对红学研究,贡献至巨,功不可没,故于邀请书中仍首列尊名,万一能来,则尤为庆幸。如不能来,仍乞能惠赐论文,或亲笔题诗,条幅或册叶皆可,装裱后请冯其庸兄带来,以便与会诸人瞻仰也。允来参加者英、美、港、日、台已有多人,到会者可能三四十人,当为红学研究空前盛举。有暇时尚祈时赐教言,以期有成,匆匆草此,不尽欲言,即颂

年安

周策纵　拜上

十二月十七日　一九七九

阖第均此。

---

① 黄君坦(1901—1986),字孝平,号叔明,福建闽侯人,诗人、学者。

致邹荻澄^①,1980年1月26日

荻澄先生道席:

　　德刚兄前次来信,盛称先生多才。纵适因寒假在美国南部及墨西哥首都,归来收到大札及尊著,无任感荷。尊作过去曾在《明报月刊》拜读一部分,爱不忍释,今读全书,益知先生于诗书画与曲艺,无所不精,诚为难得,至为钦佩。多年前门人杨君世彭^②曾作有一京剧书目,虽未能完备,亦便检查,兹另封寄奉一册,尚乞方家指正。匆匆草此,即致谢忱,并颂

著安

周策纵　拜上

元月二十六日　一九八〇年

附　　　　　　　　　读　三　戏

　　寒山楼主因德刚之介,远惠近著《戏品·戏墨·戏谭》一书,读后深佩其于剧艺、书画与曲艺无不精绝,即题一首聊以志感:

---

① 邹荻澄(1913—1991),名伟成,以字行,号寒山楼主,旅美书画家、戏曲艺术家。著有《戏品·戏墨·戏谭》(1979)、《寒山楼主邹荻澄书画集》(1990)等。
② 杨世彭(1936—　),原籍江苏无锡,旅美戏剧学家,曾任教于美国科罗拉多大学、台北艺术大学等。

剧艺千秋动鬼神,原人原物画乡亲。

寒山一品音容活,故国重听可是真。

即奉

苇澄先生郢正。

周策纵　未定稿

一九八〇年元月二十六日

致周汝昌,1980年1月30日

汝昌兄:

你去年十二月上旬来信时,我正匆匆寒假离校,赵冈兄也已去南京,无法转信。寒假里我们全家(内子与两小女)都在美国南部德州道拉斯市,又去了墨西哥首都,一共花了差不多一个月。本月上旬回来时,又读到年底的信,知道我的邀请函副本已收到,并可前来开会,很是高兴。颁奖事意思很好,将来或可设法试行。你的《曹雪芹小传》快重版了,听了很是庆幸。承你不弃,嘱我写序,我觉得也义不容辞,这几天匆匆写成,不料一写就近一万字了。不知出版处能采用吗? 其中错误不妥之处,千万请你替我改正,如有必要,也可删节一些(当然如可不删,最好就不删了)。关于雪芹别号的解释,有人也许以为不太重要,不免有点儿小题大做。不过我认为这还是一件起码的工作,总该设法了解清楚。故不厌繁琐。末了一诗的第五句,因你素喜诚斋诗,我便用了他的诗意,那诗夏敬观曾选入,你似乎未选用，其实是首好诗。我本想在诗末加一注在括符里："（前村句用杨诚斋《桂源铺》诗意。）"你觉得有必要吗？如可，则请代加；如可不必，则作罢。关于《午梦堂集》，你已指出是明人的集子。我想这是不是《午风堂全集》之误呢？这是邹炳泰的集子，有嘉庆四年（1799）刊本（北京，科学院及北大皆有），又《午风堂丛谈》八卷在盛宣怀辑《常州先哲遗书后编》（子类）内（北京及科学院有）。如有便，可否一查？邹乃乾隆进士，累官吏部尚书，加太子少保，协办大学士，嘉庆时兼顺天府尹。林清变时以不察被降职后致仕，收藏书画甚富云。吴恩裕先生病逝，甚可悼惜。会议事，我尚在等政府回信。霍克思、伊藤漱平①、潘重规等皆可到会。平伯先生如能来甚好，但他已说年老不便，可叹！匆匆不尽，余后谈。祝
健乐

弟策纵　手上
一月三十日　一九八〇年

嫂夫人盼纳福、月苓均此。

致周汝昌，1980 年 2 月 1 日

汝昌兄如见：

　　前天寄上一信，乃航空挂号，内附近作曹传长序一篇，以应尊命，想

---

① 伊藤漱平（1925—2009），日本汉学家、红学家，曾任教于东京大学、大阪大学。著有《伊藤漱平著作集》。

已收到。因近来诸事忙碌,你以前问及各点,未能及时作答。今分别说明如下:(一)你的论文题目,两个都很好。希望你两篇都写如何?这样就都可拿来讨论,看看大家有什么意见。原著如可写黛玉之死,对大众会更有兴趣,后一题关于八十回后散失的原由,对各专家也一定有大兴趣,而且很重要。现在英译者霍克思可能写关于《情僧录》的问题。日译者伊藤漱平打算写《红楼梦》在日本的研究小史。潘重规和夏威夷大学的马幼垣教授①皆拟写乾隆抄本百廿回稿的问题。赵冈打算写庚辰本问题,另有人拟写脂批以后各批家的问题,宋淇②可能写怡红院,余英时可能《红楼梦》里的两个世界。我可能写一篇,题目尚未定。其他的也多未定。上面所列举的当然也还不十分固定,可能会再改动。以后我会随时通知各人。(二)论文希望能在会前一个半月就寄到我处,以便复印事先分发阅读,这样开会时就可不一句一句去宣读,只讲讲大要,大家就可自由充分讨论。否则只听人讲演,岂不沉闷?不知兄等意见如何?(三)关于你来坐飞机等事,路上很简单。必要时,我可在香港、旧金山(或落杉几③,尚不知飞机在何地进口)及芝加哥等飞机场托人来接驾。只有芝加哥机场内要走较长一段路,但也可以设法找到一种推车之类的东西帮助。我想不会有大问题。你的助听器如需在此买,赵冈和我都可设法代劳,内子是西医,现在得克萨斯州立大学医学院任教并在医院工作,更是方便,以后来信,可告我。你如要买什么茶,也不妨告我。(四)你们动身之前,不妨与作家协会的萧乾、毕朔望(外事委员会负责人)一谈,他们上次来美参加作家会议,与我相熟,并曾来过威斯康辛大学。他们一定懂得很多。毕先生照料的事务很不少,一定便于帮助告诉你一些经验。(五)陌地生市在六月中气温可能多在华氏九十度左右,已相当热了。和北京也许差不了多少,但此地设备好,室内总是相当舒适的。衣服似不必多带,你可问问毕先生。不过他来时是秋冬,稍有不同。(六)你们到

---

① 马幼垣(1940—),广东番禺人,中国小说史家,曾任教于美国夏威夷大学、香港岭南大学等。马泰来之兄。
② 宋淇(1919—1996),笔名宋悌芬、林以亮、欧阳竟等,浙江吴兴人,红学家、剧作家、翻译理论家。
③ 即洛杉矶。

了陌地生市后，一切我会照顾，行动方便，当无问题。开会时你如要休息一下，都没有问题。（七）关于《红楼梦》会议的诗、书、画，或其他美术品，你可否写些条幅或册叶，事先裱好带来？俞平伯先生会写些托其庸兄代带。你能请刘旦宅①先生替我画些《红楼梦》人物吗？当然都同时在会上展览。吴世昌先生如能写些诗和论文，也将十分欢迎。因为论文不一定要作者本人到会宣读，我希望他能写些意见来或论文尤好。其他人你如认为可约请，盼告，我可写专函请你转交。（八）你的《曹雪芹小传》，不知是如何修改的，我个人以为你每章如能标出题目，对读者来说，更为方便。我以前读时，前面各节就顺便用铅笔加了些标题，后来重读，觉有许多方便。例如：一、导言——困难问题与处理方法。二、雪芹的时代。三、雪芹时代的政治、社会背景。四、正白旗包衣世家。五、抄家。六、曹家的一度中兴。七、可能的再一次家难。八、满洲人和八旗人。九、曹雪芹的基本思想。十、曹家住处。十一、放达与叛逆个性的形成。十二、八旗子弟的生活面。十三、雪芹入学与科名。十四、任职于宗学。十五、宗学里两位好友——敦敏、敦诚的身世。十六、曹、敦之订交。十七、雪芹的诗才。十八、石头记的创作时期。当然这些标题拟得不必妥当，但对读者来说，查检的确要方便得多，而且会有个目录可查。照西洋书例，书后本应有一索引。如是小书，不要当亦无大碍。以前在美的一位沈已尧②先生写了一册《海外排华百年史》，我曾建议他增一索引，那书前面也有我一篇小序，在香港出版的。据作者告我，那书不久收由社会科学院在国内重版发行，不知已出来了没有？如已印出，你不妨参看。这书可给国内读者了解海外华侨的处境。（九）上次信里提到《午梦堂集》是否系《午风堂全集》之误。盼你托人或嘱月苓在北京图书馆一查该《全集》及《丛谈》。（十）我的序文第十二页末行第一个"痴"字句后，拟加一句"这正是雪芹自己承认'时人多谓之痴'了"。下面即接《好了歌》云云。再下面"中"字后，请加"又"字，成为"……又讽刺……"。我认为"都云作

---

① 刘旦宅（1931—2011），原名浑，又名小粟，别名海云生，浙江温州人，画家。
② 沈已尧（1926— ），原籍广东平远，旅美学者，先后在马里兰大学图书馆、美国国会图书馆及哥伦比亚特区大学图书馆任职，并任教于哥伦比亚特区大学。

者痴"与"时人多谓之痴"实极类似也。此牛毛细事,请嘱月苓或别人代为改正,至感。(十一)这序文到底合用么?凡不妥处,皆请你替我改进。必要删节便删节,如能不删则更好。你们代为决定,如有改动,或如何处理,请即函告。(十二)此序可否交香港一中立性刊物发表,或《大公报》副刊亦可。你觉得如何?盼你回信。即祝

近好

弟策纵　手上

二月一日　一九八〇年

嫂夫人及月苓均此。(以后凡关于红学会事,请皆写信告我,以便统一办理。)

平伯先生处及其庸、毓罴兄等请代致意。

致潘重规,1980 年 2 月 12 日

重规教授吾兄道席:

　　数次手示,均已拜读,得知尊驾可亲临红学会议,无任兴奋欢喜,承允代带程小泉画幅前来展览,并告其他诸事,均十分感激,供给旅费之英文函件现已写就随函寄上,请查收。来回飞机票,此间本可代为买好寄上,但不知兄处预定机票需美金多少?倘比较之下在台预定较便宜则应在台预定,如相反则可在此买好寄上,可否请兄就近一询,速行函告(如用挂号信,请寄弟办公室,如用平航,可径寄弟家中地址)。机票应是较便

宜的经济票,日期兄可选定。此间六月十六日开始开会,旅馆已定好,十五日即可住入,共一星期。张寿平①先生慨允借画展览,十分感激,兹特草就一函,即乞转交。甲戌本弟正在设法借来展览,胡天猎本现究在何处,尚无下落,亦正在打听中,仍盼兄亦继续探访。大陆方面能带来多少尚未定,但总有些带来。台湾方面如有其他可资一览之版本或文物,并乞设法。兄之论文改为讨论列宁格勒版本,甚为适当,夏威夷大学之马幼垣教授将有论文讨论乾隆百廿回抄本,并附幻灯片也。霍克思、伊藤漱平、宋淇、刘若愚、余英时、余国藩等均已答应参加。伊藤拟一谈日本红学小史,霍克思有意一谈《情僧录》问题,宋淇或将讨论怡红院,赵冈或谈庚辰本问题。大陆方面,非正式已决定周汝昌、冯其庸及陈毓罴。冯大概可一谈曹家先世,周则或论后四十回结局问题或其散失之故。弟拟写一文,题尚未定,以上各人之题,实亦尚可能有更动也。美国方面尚有数人亦将提出论文。论文须于开会之一个半月前寄到弟处,以便印好分寄各人,事先阅读,开会时即可不必照本宣读,可有更多时间作详细讨论,不能亲身与会之专家,亦可提出论文,供到会者讨论,论文将来仍可汇印成书。台湾方面如有极有分量之论文,盼兄亦代为留意,可为提出。又俞平伯先生虽因年迈难于参加,但彼极热心,将有短篇提出。且各人能诗词者或将写作诗词,带来参加,共扬盛会,兄如能亲笔写出诗作,作为条幅或册页(或二者),既可在会中展览,将来亦可由弟收藏。如可能,并将发表,亦富于意义也。惟请兄须事先裱好。张寿平先生似亦长于此道,弟亦欲得其墨宝。在台其他兄认为优秀者,亦盼吾兄代为征集,但须确实高雅出色者方可耳。夏志清兄本拟前来,但临时发现有西欧之行,致不能到会。此外史丹福大学尚有王靖宇教授可能提出论文讨论王希廉等后代诸批,惟尚未十分肯定。兄如能提出二篇论文亦好。不知有时间可做否?匆匆草此,即祝

---

① 张寿平(1925—),号缦庵,江苏无锡人,台湾学者,曾任台湾政治大学中文系教授、私立中国文化大学中国文学系主任,退休后历任香港树仁学院、能仁学院及远东文史研究所教授、中华佛学研究所佛教艺术研究中心主任。在台、港两地创办中华文物学会、香港中国文物学会。著有《离骚校释》(1969)、《九歌研究》(1970)、《汉代乐府与乐府歌辞》(1970)、《红楼梦外集》(1996)等。

教安

弟周策纵　手上
二月十二日　一九八〇年

钱思亮先生前次函约参加八月间之汉学会议，弟曾回信，答应出席，惟未更见来信，不知弟之回信，已寄到否？请代为询告，以便计划也。

致张寿平，1980年2月12日

寿平先生道鉴：

　　多年前尝拜读大作，至佩博识，近来此间因纵之提议，正在筹备召开一国际《红楼梦》研讨会议，邀请世界各国红学专家前来敝校开会约一星期（本年六月十六日至二十日），在开会期间，拟作有关之文物展览。久悉先生珍藏有程伟元所绘《寿松图》①，如能惠允借予展览，何幸如之。潘

---

① 程伟元（？—1818），字小泉，苏州人，自云是程颐三十一世孙，曾应乡试中为举人，出任沈阳太学教授。在京花数年之功，搜罗《红楼梦》残稿遗篇，后于乾隆五十六、五十七年间，与友人高鹗一同校订《红楼梦》，由苏州萃文书屋先后以活字排印二本，世称"程甲本""程乙本"。书画作品流传至今无多，此《松柏同寿图》（即所谓《寿松图》）为其一。张寿平于1974年在台北购得这幅大中堂，长129厘米，宽61厘米，画面为松树和柏树交缠而成的大寿字，下款署"古吴程伟元绘祝"，应为祝贺某家夫妇双寿而画，缺上款。落款下钤"伟元"朱文圆章及"小泉"白文方章，右下角钤"小泉书画"方形白文押脚章，左下角有方形朱文收藏印一方，文为"嫩江意弇氏藏书画印"。详见张寿平：《程伟元的画——有关〈红楼梦〉的新发现》，《联合报》1977年3月28日，第12版（收入胡文彬、周雷编：《台湾红学论文选》，天津：百花文艺出版社，1981年，第772—775页）；《〈程伟元的画〉续记》，载氏著《红楼梦外集》，台北：淑馨出版社，1996年，第148—155页。此画曾于2004年4月3日—17日于台北市中正纪念堂"佛教与艺术大展"上展出，图版见中华佛学研究所佛教艺术研究中心编：《佛教与艺术（二）·典藏文物》，台北县金山乡：法鼓山中华佛学研究所，2004年，第110页。

重规教授当可沿途慎重护持。在此展览时，纵亦当负责保管，当无问题也。特函奉恳，共襄盛举，并先志谢。即颂
著安

周策纵　拜上

二月十二日　一九八〇年

（威斯康辛大学东亚语言文学系及历史系教授

国际《红楼梦》研讨会议筹备会主任）

致卞之琳^①，1980 年 2 月 24 日

之琳先生：

以前寄了一册书给你，恐未收到，去年冬天（十一月初）本校有代表团到中国，我托一同事带了一封信和一些小书给你，不知收到了么？我多时打算写一长信给你，都未能好好着手，寒假里我全家（内子及两小女）去游了墨西哥首都，元月中旬回来，就为开学事忙，近来又为筹备在此开一国际《红楼梦》研讨会而忙乱，所以没能好好写信，你以前的论新诗格律的长信，我已交香港的古苍梧君在新出的《八方文艺丛刊》创刊号上发表了。想苍梧已寄给你了，你如尚未收到，我想萧乾和毕朔望二位一定带了回去的。这个新诗格律问题，我们一定要继续讨论下去，因为这是个十分重要的问题，而你对这素来就非常重视，且有深入的见解。

---

① 卞之琳（1910—2000），笔名季陵，祖籍江苏溧水，生于江苏海门，诗人、翻译家。著有《鱼目集》（1935）、《慰劳信集》（1940）、《雕虫纪历（1930—1958）》（1979）等。

我对此事多年来也想尽力推动。前几天聂华苓来信说你告诉她,三月里即可来美,不知你的具体行程如何?要到些什么地方?我很希望你能到威斯康辛来一趟,但你行程这么迫近了,不知来得及安排么?请你尽快函告行程及在美联络地址。

我每星期一和星期三的白天多在办公室,这两天的下午有课(一点二十分至三点半)。其余各天在家时间多,晚上多在家,你到美后,如方便,请打电或写信来,以便连络。你的《雕虫纪历》大著早已收到并拜读过了,至佩至感!你的诗稿自不止此,将来希望还读到你的集外诗,和更多的论文。红学会定于六月十六日至二十日在本校召开,各国专家及美、加青年学人可能有四五十人参加,必为空前盛会,我已函约国内专家三人前来,俞平伯先生年迈不便前来,吴恩裕先生又不幸去世,但周汝昌、冯其庸、陈毓罴诸君大约可来,我们打算有一版本与文物展览,并收集一些近人题《红楼梦》的诗词,用新诗咏《红楼梦》或曹雪芹的似乎还罕见,可不可以请你手写新诗一首,以作纪念,如能写成册页,裱好带来更好,这不是要应景之作,我想我们还是可以写出我们的真情实感的,但要看你近来的心境如何了,匆匆草此,余容后叙。祝
著祺

周策纵　手上
二月二十四日　一九八〇年

托带的是:拙译泰戈尔诗集《萤》与《失群的鸟》二册、英文《唐宋词评论书目》一册、《论对联与集句》一册。另新旧诗数页,及英文剪报二份。

致周汝昌,1980 年 2 月 24 日

汝昌学长吾兄如见:

庚申新正初三日手示于昨日(二月二十三日即正月初八日)即收到,可云迅速矣。知弟二月一日一长函,尚未到达。此函共三页,乃答覆兄过去询问旅途及开会等事。如尚未收到,当复印存底寄上。(已另封再寄。)此信且答覆初三日手示各点:(一)"理荒荟"之"理"字,系误抄作"埋"字,承告甚感。即乞代为改正。原文第六页第九行,请代为删去"几乎把他连人都埋没了"等十字,并将上句"野草丛生"之"生"字改为"秽"字,下为句号"。"。底下即接"侥幸的⋯⋯"云云。此点疏忽之处,深以为愧,幸兄能看到,救我一失矣,至谢至谢!(二)第十六页第十行所引原自渊明《归园田居》:"误落尘网中,一去三十年。"前人有谓"三十"应作"十三",但亦有云"三十"不误者,友人杨勇《陶渊明集校笺》及王叔岷《陶渊明诗笺证稿》二书引注极详。(三十不误,叔岷举第四首"一世异朝市"为证甚是,一世即三十年也。)弟用此句作"去国"之去较"往"字为切。盖弟于一九四六年五月去国,至七八年恰好去国三十年也。(三)同页第一行,"⋯⋯坐于石边",应加引下文四字作"⋯⋯坐于石边,高谈快论"云云。此固不必谓此僧即以弘济作样子,但弘济既"谈辩风生,词如泉涌",则引此下四字究竟无碍,且引足句亦较妥。然弟既已"誓"不再以此种细事烦兄矣,则兄只视其方便定之可耳。二月十七夜所上一函,追加以四十三回宝玉素服骑马出郊祭金钏与阮咸重服骑驴追姑婢相比,似较重要,盼能尽力设法补入。出版者不喜追加追改之件,中外皆然。惟序文页数本可不与正文相连,或可稍加通融。只好盼兄尽力促成耳。红学会各方反应热烈,余俟续告。即祝

近安

弟策纵

二月二十四日（正月初九日）一九八〇年

嫂座及月苓均此。

致周汝昌，1980 年 2 月 25 日

汝昌我兄：

今天中午把昨夜写好的信寄出，又寄了你说尚未收到的长信复印稿。晚上回家，忽然想起，我在序稿第 12 页上把阮咸说成阮籍的从兄，真是失神，失魄了！务请立刻把那页第四行"按籍从兄阮咸"的"兄"字改成"侄"字，同页第七行的"受了阮氏兄弟的启发"中的"兄弟"改成"叔侄"。千万千万！我平常写文章总要搁下多日，有时搁下数月，数次重读改正，才敢发表，就是觉得此间没有多少朋友指正，深恐贻误。你如发觉还有别的错误，也请代为校正。惟望函告，以便海内外之稿相同。不知出版处反应如何了？我当然很希望能印进书里面去，留作永久纪念。国际《红楼梦》研讨会目前得到各国学者的热烈支持，反应非常良好。版本文物展览，正在促成。甲戌本已在美国，我希望能弄来展览。我已写信请伊藤漱平也把他所藏程高残本带来给大家看看。（亟盼国内能带些珍本来，郭氏兄弟及张宣泉诗等也好。有些也可复印或摄影片来。）我可能借到程伟元一幅画。俞平伯先生答应写篇回忆录，如再有论文及诗词手稿

275

尤佳。吴世昌先生和其他的人，兄可替我代约，你如告知我名单，我可写信约请。当然，你自己的论文之外，应该有诗，条幅、横披或册叶皆可，要裱好带来。其他文物也盼设法。（我个人尤想得到刘旦宅先生画一幅红楼人物，兄能代恳否？）匆祝

近安，并问

嫂座安康，月苓侄女好

弟策纵　手上

二月二十五夜（正月初十）一九八〇年

致周汝昌，1980 年 3 月 10 日

汝昌兄：

你正月廿二日（三月八日）来信于昨天收到，甚慰。序稿发出后我寄你的信共有五封：(1)二月一日的长信（三页）说你来的事；(2)二月五日一叶信，列举改错七件；(3)二月十七日夜写的一页信，补阮咸追姑婢与宝玉吊金钏事；(4)二月二十四日信二页，改"埋"为"理"，及"一去三十年"乃引陶诗事；（原序第六页第九行"野草丛生"的"生"字我请你改做"秽"字，这与上文重了"秽"字，乞改此句为"野草丛蔚"如何？)(5)又二月二十五夜关于大小阮事。希望以上五封都已收到了。你上次告知出版社已接受序稿的信，早已收到。昨天信中提的名单，等我过几天到办公室去时，要秘书打好英文邀约函，当可由兄代转。其庸兄来函云，他将外出一些时日，或为采集文物事，我会寄他一长信（张自忠路三号人大宿

舍），详告会议事，嘱他并转告兄与毓黑兄，恐他外出，你不妨向他家一询，匆匆祝

安康

弟周策纵

三月十日 一九八〇年

序稿我想在香港一个中立性刊物发表如何？因为多处都向我要文稿。

致冯其庸，1980 年 3 月 14 日

其庸兄：

　　得前后两信，知国务院已批准来与会事，至为欣慰。飞机票事大约须等收到正式覆函后，即可安排。弟当设法使经过香港。惟通常由北京至港之机票或车票与旅费，则须由国内自行负责。此点请兄向部方说明，以免误会也。下次如方便，请将兄等三人之履历寄来一份，如英文名字、年龄（出生年月）、籍贯、学①经历等（如能列出著作更好），将来购票付款、发新闻等都有需要也（包括住址、现任职务等）。将来与会各人的通讯处会印好分发，但其他各点则不致公开。我前次申请增加旅费事，虽已批准，但目前各种物价上涨，仍无余款可加请海外之人，至多只能供给加请者的食宿费而已。现在参加人数大致已确定。海外专家学者七人。

---

① "学"前后疑有脱字。

277

除兄等三人外,港、台、英、日各一人,已如前述。美国和加拿大的学者可到约十五人,威大教职员可到十三四位。以上三十余人多属资深人员。另有美、加各大学青年学人与研究生约二十三人,威大研究生约十人,总计已是六十八人。临时可能会发生一些变动。此外可能会有些旁听者,大约发言者不会超过半数,我原定的房间可有五十个座位,现在也许要另作安排了。我想临时也许会有些不能到会,但不能不作六七十人打算,你可想见一般人兴趣之高。我们因经费不足,还拒绝了国内外一些申请人,你们的论文最好如来信所说,事先排印好,尤便外国人阅读,如要我们复印,则请用黑色墨水写在白纸上,纸张须与此信大小一样,以便复印,你们印时,每份请印七十份或稍多。(论文用航空寄来[挂号]。)会议当在六月十六日上午开始,二十日下午结束,你们最好能早两三天或三四天到此,以便休息,会后其余人员可能于二十一日即离去,你们自可多住些日子,将来再计划罢。会议程序将来会排好通知。关于展览的事,我已去信各方商洽,打算借到甲戌本、日本的程高残本、程伟元画,国内方面,请兄设法下列各项如何? 计有:

(1)庚辰、己卯、蒙古王府、百二十回乾隆抄本、程甲、乙本。(又靖本?)

(2)闻国内现正从事汇校本,能带些校样来看么?

(3)敦氏兄弟的集子抄本、稿本等,及其他雪芹友人作品,又曹寅的作品或藏书样本。

(4)所传陆厚信的画像及尹继善的题诗。(又王冈画?)

(5)脂砚、空空道人字及其他如图章等文物。

(6)曹家封诰、上世档案样子。(复制品亦佳。)

(7)大观园模型如不能带,则照幻灯片或影片。(台湾有一学生写过一硕士论文,从建筑学观点论大观园,绘图多幅,近已在报刊上登出。)

(8)电影,及其他地方戏或说唱文字的录音录像。

(9)各学者、专家、诗人、书画家的诗、书、画、纪念文字。(裱好的册叶或条幅。)

(10)拓片、水映画、篆刻、塑像。(磁、陶、木、石皆可。)

(11) 印出的书文、研究著作（及小的纪念章？），带些来可分赠与会者。（有些如可早日邮寄，目前便可付邮，大约两个月左右可能寄到，航空寄更快，但都须挂号。）

携带的东西，贵重版本应该亲自提上飞机，不可离身，次要物件可交机运，保险费我们可付，各件到此后，我们都可保险不误，弟意珍本与文物如能乘此给各国学人一见，既可开眼界，广宣扬，且经大家辨别鉴定，的是好事。各论文题目，请尽早告知，以便通盘筹划。此信各点，请便告汝昌、毓黑二兄，并望毓黑兄来信。匆匆即祝
著安

弟周策纵　手上
三月十四日　一九八〇年

纪念章上可用"首届国际红楼梦研讨会·1980"字样，你们可备制分发么？

致周汝昌，1980 年 3 月 23 日

汝昌我兄如握：

昨天下午（三月二十一日）收到你三月十四日付邮（原信内忘记写日期了）的挂号信，内附文句修改表，所改各处绝大部分极妥。有些并且是我原想要补改的，只因恐麻烦你便没有写信要求，如第 12 页删"痴心父母"一条而加"如尔则天分中生成一段痴情"一则，即是其例。另外如删

去 16 页的"甚至宝玉要做和尚"一句，也正是我想要删去的，凡此皆可说是先获我心了！

有三①点意见，却还想请兄再考虑一下：

（一）页 7，行 10—11：我想要把这句改成："自然意味着沾了甘霖雨露之惠，也可能有沾了'皇恩'或'天恩祖德'之意。"我相信下面这种含义也未必应该排除。我在下文提到采芹游泮本亦可能有皇恩之意，便是个照应。此种地方我主张从宽解释较周到。（删去皇恩，只说天恩也可以，但两者并提亦无害。）

（二）页 13，行 9、12：我想不用"续书"二字，拟改成"连《红楼梦》第百二十回末了的两句诗：'由……'"。高鹗是否"续"书，在海外尚是争论的问题。"所补"还比较有据。所以我在第 11 行说"续书人或编书人"，乃不欲作肯定语也。又"连"（原作"而且"）字上本无上括符，故第 12 行"一个重要观念了。""了"字下也不须加下括符。（也就是说，"连"字上的上括符也请删去。）

（三）页 18，行 11—12：你自己的诗，我认为你的原作远胜于所改的。"丕"字不但意境较好，音节其实也响亮些。"知音曾俟沧桑尽"在全诗中是极佳句，意强而有空灵之感，"知音事属沧桑富"远不如原句。"富"字尤破坏全诗莽苍之感，弟喜决不可用。下句原文虽或不及上句，但味与香相应，尚为自然流丽。"长"字反觉有滞，三句我以为还是不改为好。至少要改去"富"字。兄或另有看法，但改诗有时是越吃力越不讨好，自己反而不觉得。乞兄再三斟酌为盼。

（四）原稿末了一诗加的"自注"，我想把"杨诚斋"改成他的名字杨万里。我素来主张对古人用本名，少用字号，免得繁杂。（这大概是我以前信中未十分注意就写上了。）

以上是关于序稿修改问题，除了上次信里提出的三①点之外，就止于此了。其他都可照你修改的办。并谢谢你的改进。

你的《小诗》什么时候可出版？盼先睹为快。我的序稿前些时候给

_____

① 三，当为四。

280

一些朋友和学生读了,我本要他们不可复印,后来发现有学生复印了去,又不知是谁。因此,我想不妨先交香港一家刊物发表。寄去的话,恐怕最早也要到五、六月才能登出。你如不介意,我就寄去,台北能不能登我就不敢断言了。

关于程、高的问题,港、台、海外学人当然意见并不一致。大致说来,不像你们批评得厉害。还有戴不凡①(可惜他也去世了)所提的看法,潘重规在二三十年前就写过许多了。当时胡适大不赞成。恐怕真正说来,问题还相当复杂。关于胡适,海外好些人都觉得国内把他骂得不公平。现在国内出版了他的一些著作,可能有点变动,也是好现象。你当然会了解,海外作者间对学术问题,意见复杂,大可自由辩论,很少会有统一的看法的。

翻译问题,你见过宋淇的小书《〈红楼梦〉西游记》吗?海外讨论Hawkes②和杨宪益③的翻译的文章已不少了。

近来台湾东海大学(燕京后身)有一学生写了一篇硕士论文,从建筑学观点论大观园的建制。现已在刊物上摘要发表,构图多幅,颇为有趣。不知国内注意及此否?

海外对你对待胡适的态度颇多不满者,我是尽力使各人态度转为平正温和,就事论事,希望这次红学会能造成一个好的新风气。我尝提倡"同固欣然,异亦可喜",可是总不免知易行难呢!余再叙,祝
健乐

弟周策纵
3/23/80 夜深

嫂夫人及月苓侄女均此。

---

① 戴不凡(1922—1980),笔名梨花白、严陵子、柏繁等,浙江建德人,戏曲评论家。
② 即 David Hawkes(霍克思)。
③ 杨宪益(1915—2009),江苏盱眙人,诗人、翻译家。1974 年与妻子 Gladys Yang(1919—1999,中文名戴乃迭)一同译出《红楼梦》,1978 至 1980 年由外文出版社分三卷出版,书名 *A dream of Red Mansions*。

我以前各信所要修改之处，想皆已改正了。访金钏一条尤重要。

翻译事下次再谈。现在英、美中英文好的人很不少，惟译事诚不易也。（国际研红合作计划事，兄意极佳。弟多年来亦有此意。曾在数处讲演过，此次所提英文的原建议书中也曾有此意见，自望与兄联合提出也。）
前几天寄你一信，想已收到。

致周汝昌，1980 年 4 月 8 日

汝昌兄如见：

前些时在收到你的改字表后，曾连覆两信，讨论到改字问题，并乞考虑数处，想皆已收到了。现在重读甲戌本脂批，又拟将原序稿页 12 的末行，以前修改的"这正是雪芹自己承认'时人多谓之痴'了"这一句下加引脂批两则，即："甲戌本第三回脂砚斋对宝玉的批语也一再说：'怪人谓曰痴狂'和'焉得怪人目为痴哉'。与阮传短语竟同了'人谓痴'三个字。"下面仍接"而那僧对甄士隐所说"云云。此批与阮传中语巧合，故不可不引。今为你方便起见，特将原稿页末行修改好了的文字写在小纸条上，就请贴在原稿页 12 的末行上罢。排印时如能加上，仍乞加上，万一不能，也就算了。我在海外出版时自可加上。

另外一件：上次你代修改的第 15 页，行 10，我曾加了数字作："汝昌于此，在《新证》增订本①书首插画的背面却举了……我以为最重要的证

---

① 周汝昌《红楼梦新证》，1953 年上海棠棣出版社初版，1976 年人民文学出版社出版增订本上下册。

据是："现拟请把这最后的"是"字改成"可举者"三字，以免与下句里的"是"字重复。

麻烦之处，至谢至感。匆匆祝

健乐

弟策纵

四月八日 1980 年

嫂夫人和月苓侄女均此。

前次附上邀请信数封，请代转，想已收到。

致张佛千^①，1980 年 4 月 13 日

佛千先生：

谢谢你的两封信和大作诗、联多首，承你过奖，实不敢当。你的诗、联多有佳作，我尤喜你那四首七言绝句，《暮山一塔》一首，自然蕴藉，更是难能可贵。于右任先生的眼光真是不可及了，集句与对联固是小道，然亦不必厚非，文学游戏即近于博弈，亦人生一小部也。惟作者亦自须力争上游，求其高处。名号嵌字联最不好作，难于有深远无尽与自然之韵致，故亦不可多为。纵尝引韩愈语"时时应事作俗下文字，下笔令人惭，及示人则以为好"云云，盖亦足发人深省，古人所以有"俗人犹爱未为诗"

---

① 张佛千（1907—2003），本名张应瑞，原籍安徽庐江，台湾诗人、作家，曾主编《十日杂志》（1935）、《国士》等，有"台湾联圣"之称。

之句。纵一众人名,上次《传记文学》三十六卷二期中登出我一张贺年片,里面已经有了,不敢复以此俗累先生大手笔耳。小著二册另邮奉呈乞正,续任公小玩意儿如联经愿重印亦自无不可,论王词将来亦拟在台重印也。尊作赠痖弦夫妇联特佳,盖不用典而自然有深意,乃尤觉空灵耳。匆匆草覆,即颂

著祺

周策纵　拜手

四月十三日　一九八○年

你提到《一灯小记》中记《清明上河图》一文,我未见到,可否请寄印一份。

致潘重规,1980 年 4 月 18 日

石禅吾兄左右:

前得三月十四日手书,至谢!顷从《联合报》电话中得悉,兄可先自在台北购机票经港到此,票款俟兄到时由此间偿付。此间校方规定,只能到后方可补付也。乞兄迅速定购机票,并速函或电告共费合美金多少。前寄上英文函,曾奉告预算最多为一千五百三十元,如能节余一些则更好,以便移作他用。因物价大涨后,此间预算甚紧,而有些年轻学生亟需补助也。关于达到此间之日期与时间,亦请预函告知,并告航空公司及班机号码,以便届时派人来机场迎接。论文事,事先排印好为便,到会者可能有五六十人,须准备六十余份,如能在五月十日左右寄

达最好，须航空挂号寄弟办公室，以便分寄国内外各与会人员。论文请勿发表，盖将来可能由会方编印成书也。惟如会后将要点或节本发表，事先通知弟，则亦无不可。但全文最好不发表，此亦过去国际性学术会议之通例，盖会方有优先发表权也。以上数事，并乞代为转告高阳①先生为感。张寿平先生藏画如航空邮寄，必须保险并挂号，所费当不致太多，可由此间补偿，惟如能由兄亲自手携带来，亦甚妥当，须视兄之方便与否耳。甲戌本弟正函康乃尔图书馆及胡祖望②先生洽借。大陆方面，冯其庸正努力向各方收集中。俞平伯先生虽年迈不能亲到，但允写一短文带交大会，并可能有诗人及书画家写来纪念作品。弟盼兄亲笔写些诗幅，并恳其他书画家惠赐书画、条幅、横披或册叶皆可。此次亦是一大好机会，表现台湾学人及知识分子对中国文学遗产之珍视与发扬也。不知兄以为如何？信写至此，忽得伊藤漱平来信云，近来右目突患脱网膜，经开刀休养，恐难能到会，弟仍在设法接洽中，盼其能来，或找代理人。兄知日本方面另有何人较妥否？此点暂请勿告他人，因尚未知究竟也。匆祝

著安

弟周策纵　手上

四月十八日　一九八○年

补雪芹诗三首，前一首似即汝昌作，后二首出自敝园，作者可不问。台静农先生及兄欲再三增补否？甚盼台先生大手笔写成册叶如何？乞告结果。

---

① 详见《致高阳》(1983 年 3 月 7 日)注。
② 胡祖望(1919—2005)，胡适之子。

致唐德刚,1980 年 4 月 22 日

德刚:

四月十五日的信和《曹雪芹底"文化冲突"》一文已收到了,谢谢。文章大有风趣,主旨我想也站得住。关于论文应否先在别处发表,照一般国际学术会议通例,会方有优先发表权,若各文皆已在别处发表,将来会议纪录如何成书,确是一个大问题。上次马幼垣也来问起,我想一个折衷办法是可以先把论文节要或初稿发表,至少使发表的与会上宣读的不完全相同才好。照你的文章看来,原稿前十页在报志发表全文自然可以,这一段在会上的论文则可删节些,中部细节则会上论文必须详尽。总之,你现在不妨先以此稿发表,也以此印出定稿向大会提出。(印出六七十份寄来,以便分发。)但会后你须答应作一相当详细的修改,交会中纪录发表成书,如此方妥。发表时仍须在文前声明:本文系拟在首届国际《红楼梦》研讨会所提论文之草稿(或大要)云云。此亦官样文章,然无可如何也!

其次,我看你的文章或有修改的必要。你的引文未说明用何版本,这是不成的。你大概用的是程乙本罢?可是像页 16 所引第二十四回的一段文字,脂批庚辰本就没有"大红绣鞋"四个字。乾隆百二十回抄本《红楼梦》稿在"青缎子坎肩儿"一句下原直接"脸向内低着头看针线",但在旁边却加上"下面露着玉色袖袜,大红绣鞋,向那边"云云。便略近于现在的程高本了。此加的一段,在有正戚序本也是没有的。我想曹雪芹原稿大约是没有"大红绣鞋"的。

还有更重要的是你的原稿页 21 所引第六十五回一段,在脂批庚辰本里,"底下绿裤红鞋"下面却接有"一对金莲,或敲或并",然后直接"没半刻斯文"。有正本同,只"敲"字作"翘"。乾隆百廿回抄本与庚辰本也略

同。从这个例子看来,雪芹原稿似乎确曾注意写出尤三姐有"一对金莲"。也许尤家不是旗人传统罢。雪芹既认尤三姐十分标致,那就可能连金莲也算在内了。不过我想他对穿靴子的女孩子的不太大的脚也是很欣赏的。他可能是个折衷派吧?(你论文的主要意思我以为仍然站得住。雪芹至少在绝大部分的例子避免提到女孩子的脚与鞋,尤其是脚的大小。)这只提供你参考。

胡先生的口述自传怎样了?匆祝

近好

弟周策纵

四月二十二日　一九八〇年

致王润华、淡莹①,1980 年 4 月 22 日

久不通讯为念。润华以前来信,关于哈佛访问事,我的介绍信当时早已寄去,不知结果如何?(这种事本亦不可必成,因为这里人偏见亦多,你是知道的。)念及当时希望成功,以为如此,则顺便又可来参加我所提议及主持召集的红学会。后久未见你们来信,不知事情进展如何?我现寄你红学会邀请信一封,希望你们(至少一位)能向校方请到旅费。事情太迫促了一点,主要的是当时我满以为你会到美国来,故未急于发邀请信,再方面,

---

① 淡莹(1943—),王润华夫人,本名刘宝珍,原籍广东梅县,生于马来西亚霹雳州江沙,新马诗人,曾任教于新加坡国立大学等。周策纵早年学生,1971 年威斯康星大学硕士毕业。著有《太极诗谱》(1979)、《发上岁月》(1993)、《也是人间事》(2012)等。

这种信,我通常不大发往外国的中年或青年学人,仅限于少数红学专家。此外则只有本人申请后才发信邀约。不过我想不论你们能否向校方或者什么基金会请到旅费,至少仍对你们有些好处。所以我以为你们仍不妨用这信去申请,即便是太迟了。《红楼梦》会议,北京来者将有周汝昌、冯其庸、陈毓罴。台北有潘重规、高阳,香港宋淇,英国霍克思。日本原有伊藤漱平,但现突患目疾开刀,恐须另换人。美国有刘若愚、余英时、余国藩、白先勇、叶珊、王靖宇、唐德刚、David Roy[1],Patrick Hanan,Lucien Miller[2] 等,到者将有五六十人,并有珍本及文物展览。匆匆祝好

策纵

四月二十二日 一九八〇年

致王润华、淡莹,1980 年 4 月 22 日

22 April 1980

Dr. and Mrs. Yoon-wah Wong

Department of Chinese

Nanyang University

Singapore

---

[1] David Roy(1933—2016),中文名芮效卫,美国汉学家,曾任教于美国芝加哥大学。
[2] Lucien Mervin Miller,中文名米乐山,美国汉学家,曾任教于美国麻省大学、加州大学柏克莱分校等。

Dear Dr. and Mrs. Wong:

It is my great pleasure to invite you to participate in a short-term summer workshop on the great Chinese novel *The Dream of the Red Chamber*, to be held in Madison, Wisconsin, June 16 - 20, 1980. Funding for the workshop is being provided in part by American Council of Learned Societies and the University of Wisconsin.

The workshop will be the first international gathering of its kind, bringing leading scholars in the humanities together from the People's Republic of China, Taiwan, Hong Kong[①], Europe and the United States to discuss their approaches to and views about the novel. The chance to exchange ideas with these scholars and to discuss and evaluate some of the recent discoveries and previously unavailable scholarship on the novel should be especially exciting. In addition, the workshop will provide an invaluable opportunity for junior scholars and graduate students from the United States and Canada to develop skills in literary scholarship in close contact with established specialists in the field.

I hope that you will be able to submit a paper in either English or Chinese (in the latter case, with an English summary). If you do not intend to submit a paper, then perhaps you could take on some special responsibilities regarding the various panels and discussions. (Please see enclosed announcement for the planned focus of papers and discussions.)

Finally, because our funds are extremely limited, I must request that you seek support for travel and other expenses from your university or from other sources. The workshop may be able to provide you with at least part of the expenses of hotel and meals in Madison.

I would be very grateful if you could let me know as soon as possible whether you would like to participate and whether you plan to present a

---

① 作者长期身居海外，原文如此。

paper. I am looking forward to receiving your early reply, and to seeing you in June.

Very sincerely yours,

Tse-Tsung Chow

Director

Workshop on The Dream of the Red Chamber

致陈毓罴^①,1980 年 4 月 28 日

毓罴兄:

谢谢你四月十日的信和尊著目录,具见博学多才,甚佩。前次收到赐赠《红楼梦研究集刊》第一辑,至为感谢,此刊内容切实,学术水平很高,可喜可贺。第二辑及以下各辑如已发表,甚盼航空寄下一份。所费之款,后可偿还,或在此代购书物交换亦可。大著《红楼梦论丛》能用航空寄来一册否?

大作论文《〈红楼梦〉与〈浮生六记〉》写成后请排印至少六十份航空寄弟,以便于会前分寄各与会人。倘不能寄多份,则先寄来一份,由此间复印分发亦可。盼与其庸及汝昌二兄商定办法。照国际学术会议惯例,

---

① 陈毓罴(1930—2010),湖北汉口人,曾执教于兰州大学、美国威斯康星大学、日本广岛大学等,曾任中国社会科学院文学研究所研究员、中国作家协会会员、中国红楼梦学会副会长等。著有《红楼梦论丛》(合著,1979)、《沈三白和他的浮生六记》(1996)、《〈浮生六记〉研究》(2012)等。

在会中提出之论文，会方有优先发表权。故如能不预先在他处发表，则最好暂不发表。如一定要发表，则最好只发表节录稿，以便将来会议另出专书时收入。此点请亦转告汝昌、其庸二兄为感。

前接文化部对外文化联络三司何副司长子立来信，云该部已同意借展版本及文物，弟比于四月十一日回了一信，嘱其将允借版本文物名称及每件应保险之价值告知，以便向校方接洽作出书面保险协定。此事须速复回音，现其庸兄不知是否已回京，请兄一询函告。

兄如知国内学者有好的红学论文愿提出在会中讨论，不妨带来代为提出，惟请先函告知人名及题目，在美的黄庚先生之父亲近由北京到美，可能到会提出所谓香山"曹宅"实物及雪芹"遗作"问题作讨论，兄等如亦带来实物，并提出意见，必可引起讨论之兴趣，如风筝等等，弟亦颇难深信，我们应本实事求是的精神，给国外学人一些切实的答覆。

文物展览方面，我已得到允许，可能借到胡适所藏甲戌本来，另有程伟元之画。希望国内能带些好的东西来给大家看看。吴恩裕先生藏有"空空道人"题字等，是否可商请吴太太借来展览？雪芹画像及尹继善题诗如能带来尤佳，好让大家鉴定真伪。

吴世昌先生我前年在京未能见到，我知道他诗书均佳，能否请他提出论文或写诗为大会纪念？顾颉刚先生我在战时及战后本曾相识，前年访京时旅行社说他身体欠适，致未能见到，甚为可惜，你与他的办公处离得多远？我很想请他也给会议写点东西，不知可能么？诸事匆忙，草草不尽。即祝

著祺

弟周策纵

四月二十八日 1980

于陌地生市

致俞平伯,1980 年 5 月 10 日

平伯先生道席:

久未通候,时以尊况为念。日前收到赐赠尊著《唐宋词选释》,至为欣谢。此书不但选择精要,注释尤便读者。旅途手此一编,殊可玩讽。先生如有暇,将来或可增至三百余首,则更可适应读者之需要与兴趣。诗词文选,由来影响极大,有时过于创作,《文选》《玉台》《唐诗三百首》《千家诗》等,可以想见也。冯正中之名,纵意仍以延巳为确。焦竑《笔乘》引释氏天时:"可中时,巳也。正中时,午也。"意者巳午之间实为正中。冯一名延嗣。按巳、嗣古义本相同,延巳亦即后嗣延续之意也。此事盼先生再加斟酌。迩来为国际《红楼梦》研讨会事忙碌,到者可能达六七十人。纵已得适之先生家属及图书馆同意,借来甲戌原本展览,另有哈佛所藏八旗丛书,及私藏程伟元画等。惜先生不能驾临为憾事耳。先生前允草一短文,除交其庸兄带来外,可否乞先用航空寄下一份,以便早日影印分发。又纵亟欲得大笔亲书咏《红楼梦》条幅或横披一件,咏曹雪芹者亦可,供纵私藏,以光蓬壁。但乞在京代为裱好,托其庸或陈毓罴兄代为带下,以便会时可供众赏也。匆匆草此,敬颂

著安

周策纵　拜上
五月十日　一九八〇年

292

致潘重规,1980 年 5 月 15 日

重规教授吾兄道席:

　　前嘱请吾兄先自购买来美往回飞机票,想已办妥。(1) 尚乞速告到此日期时间及班机,以便设法迎接。(2) 并请告以票价美金多少,以便兄到时偿付,盖此间支付手续,亦须预办时间也。(3) 张寿平先生允借程伟元之画,是否可请兄携带或须邮寄?请即估定保险价格美金若干元,弟可嘱校方正式出具保险证件,可包括往回途中之安全及损失等。康乃尔大学图书馆及胡祖望先生已答应借展甲戌本,保险金四万元。程画及兄所藏书等,请速开一名单,标明每件要求保险多少美金,每件下并作一简单中文说明,每件五六十字(或百余字)以内即可,因须写成英文卡片,于展出时放在旁边,此种事不能临时来做也。(4) 兄之论文已收到,不久即当复印分发,并代作一英文摘要。(5) 前函请代征台静农先生诗书事,不知能办到否?台北方面,王壮为①先生书法极佳,不知能否求得,现大陆方面,已请得好些名诗、书、画、篆刻家作品,如俞平伯、吴组缃等,可为此会增色,台湾方面如不愿逊色,望兄与高阳兄计划设法办理,兄所主持之红学研究组织,不知亦略欲表现否?可否送些纯学术文化性之小礼品与到会人员?(不要用政府或国家名义,个人或学术机构则可。)(6) 另有托者,胡适纪念馆影印《乾隆甲戌脂砚斋重评石头记》请兄代买四册(精装本)带来,价款我再偿付。匆匆即祝教安

弟策纵　手上

五月十五日 一九八○年

---

① 王壮为(1909—1998),本名沅礼,号渐斋、渐翁等,原籍河北易县,台湾学者,曾任教于台北师范大学。

高阳①兄处均此。甲戌复印件可否乞高阳兄代带,他年纪较轻,身体较健否? 旅馆方面你可与高阳兄同住一房否? 会方可付他旅馆费了。各人如欲住单人房,则自己要加付每天十二元美金。

便中请寄下简单履历一份,以作介绍之用。

六月十三四号到此最好,不要等到十五号,因现在飞机亦常有延误。

又二十日会完后,可多住两三天,在此作些游览参观,你们可带图章和大小毛笔来,可能当场写写字,此间有宣纸。

林语堂编《红楼梦人名索引》(台北华冈出版公司,一九七六),请速代买一册,航空寄来为感。

致王文生②,1980 年 8 月 6 日

文生先生:

　　十分感谢你的来信和惠赐的《古代文学理论研究丛刊》第一辑。此刊内容充实,且多采多姿,真是难能可贵。承嘱写稿,秋后当应命呈拙。迩来因国际《红楼梦》研讨会事匆忙,致稽裁覆,想荷雅谅。会后尚有许多琐务清理。纵自一九六四年以来即尝在此讲授中国文学理论与批评史一课,早有计划用英文草一通史,曾发表古代研究之一小部分,将来拟再寄奉。一九七八年七、八月间返国观光探亲时,在上海豫园壁上见

① 详见《致高阳》(1983 年 3 月 7 日)注。
② 王文生(1933—),原籍湖南衡阳,旅美学者,曾任教于美国普林斯顿大学、加州大学柏克莱分校等。

294

有郭绍虞先生书法,想彼或在沪,本拟奉访,而旅行社以为时太促未果为憾。便中尚乞代为致意。纵日内将出外一行,八月底以前归来。余惟后叙。匆祝
著祺

周策纵

八月六日 一九八〇年

千帆教授均此,并问学会诸公好。

论丛第二辑及以后各期甚盼能收到也。

致何怀硕、董阳孜^①,1980 年 11 月 28 日

怀硕、阳孜:

　　秋间在台,得畅谈,并承款待,至为欣感,归来后适贱躯不适,致久未作书也。纵五年前访台仅一星期,此次倍之,因得畅游南部诸胜,深觉五年来进步之速,且一般人民于学术文艺亦多有兴趣,此实大可赞叹者也。报上时见怀硕文章,甚有见地,阳孜作草,大气磅礴,未可以巾帼之论局之。昔李易安之词,清丽婉约,然其诗则殊多丈夫挺拔雄强之气,是人之性灵固往往有多面者,宜因而善导之,斯为得计,不知尊见以为如何。年关在即,诸事猬集。匆祝

---

① 董阳孜(1942—),原籍浙江,出生于上海,马萨诸塞大学艺术硕士毕业,台湾书法家、艺术家。1974 年与何怀硕结婚,经常合办夫妻联展,作品辑成《董阳孜作品集》(1994)等。

295

著祺

周策纵　寄

十一月二十八日　一九八〇年

壮为、静农、寿平诸公处请代为问安。

附　和杜八首

秋兴八首和杜韵①

周策纵未定稿

落尽寒鸦霜叶林，残云万古意萧森。

横江风雨摧天堕，绝海波涛压地阴。

故老失存亡命慨，琴书重契百年心。

苍茫五剧机声切，几为乡关忆暮砧。

迤逦星河北斗斜，万方烟雨暗京华。

凋零草木衰时泪，漂泊衣裳去国槎。

临水惊鸿歔照影，登楼此土孰闻笳。

从来寂寞扬雄宅，一样依篱九月花。

疏林垂柳挽余晖，浅水平沙入望微。

燕市歌残人尽散，湘江风急雁孤飞。

难寻翠竹青衫冷，落到黄花素愿违。

张俭飘零无好计，岂能弹铗为轻肥。

青史谁翻误覆棋，明陵断石忍余悲。

---

① 原载《明报月刊》总第 69 期(1971 年)，第 10 页。

危堂燕去终亡幕，废寺鸡鸣又一时。
陌上芳华俱歇息，江干日月苦奔驰。
寒衾昨夜虚窗影，细雨频催故国思。

南朝歌舞是江山，千古兴亡涕泪间。
叱咤昔谁张楚帜，消沉从约下秦关。
栖鸟北阙虚危议，瘦马西风载病颜。
一占金台无揖让，淫南余药汲仙班。

迟红听雨说枝头，万类垂垂入暮秋。
关塞风高撑老境，桑榆篱下起乡愁。
看成薮泽天边月，待尽亲朋海上鸥。
霜露凋沉犹远适，三湘云梦落神州。

惊嫖轻弹墨般功，绝代兵戈耀枕中。
鹤化辽东伤玉露，鹰飞越北碎金风。
弟兄久阔乌头黑，儿女增痴蜡炬红。
袖手看云成往事，江湖凉处着羁翁。

斜阳驿旅旧逶迤，汉晋钟声印远陂。
雨过横塘摇画阁，路随盘石上高枝。
田园鸡犬秋如昨，院落儿童月未移。
少日主人风瑟瑟，蒹葭憔悴兴低垂。

为唐德刚、宋淇进一解,1980 年 12 月 28 日

既识其小,免失其大
——为《红楼梦》"唐、宋"之争进一解

在《传记文学》上读到唐德刚和宋淇两位教授一连串对《红楼梦》里"小脚与大脚"问题的争论。由于他们两位都是学问渊博、文笔生动的学者,这种论战自然引起读者很高的兴趣,问题看来虽不大,影响却不见得很小。读者对他们所争论的是非曲直,当然会各有判断,本来用不着我多嘴,不过,一方面因为他们两位都是我极敬佩的学者,他们在合理行文之余,偶然给对方以严厉批评,可能会引起误会,在某些读者心目中,对他们都不免有损,这是我很不愿见到的。再方面,唐先生的原作本是我拉出来的,他完稿与发表的经过,我大致知道一些,应该来略加解释。而最重要的,我个人有个看法,觉得他们两人本来的基本论点都各有是处,可是一经争辩,误解就多,反而把大处混淆了。因此对他们争论之点,不妨由第三者来澄清一下。

今年(1980)8 月里在台北见到宋淇先生,他告诉我,对唐文写了些批评意见登在报上,等他回香港后,会寄给我一读,可是后来我一直未收到他 7 月 20 日在《中国时报》"人间"副刊上发表的那篇大作,所以这里只能根据唐文所引,和宋先生在《传记文学》上的答覆一文来了解他的论点。就这些材料看来,宋先生对唐先生"文化冲突"这一主题是否完全赞同,固不可知,至少他并没有明显反对。他既说过曹雪芹因读者多是汉人,不便"明白指出十二金钗个个都是大脚",因为他确有"说不出的苦衷",则宋先生对唐文"文化冲突"的主题,不但可能并不反对,甚至有同意的

可能。唐先生在答覆的文章《未识其小，先失其大》里也许可以引宋先生的原文来拉他做同调或"亲密战友"，何必说"是哪路强人，竟然明火执仗，当众抢劫"呢！

当然，宋先生也指出过，"《红楼梦》对小脚和大脚的满汉界限处理分明"。我因未见他的原文，不敢判断他是否已证明曹雪芹把这界限处理得"分明"，我个人的粗浅印象是，这界限似乎并不太分明，不过书里有极少数人是小脚却是事实。宋先生是否要用这件事实来推翻唐先生"文化冲突"的论断呢？我未见他如此说过。假如他要这样做，我想论证还不足。如果宋先生无意否定曹雪芹有"文化冲突"的问题，倘能这样表明，也就可以避免给唐先生或有些读者一个印象，以为他都在反对唐文。至少在他第二篇文章《未识其小，焉能说大》里若交代得更清楚一点就好了。

话虽如此，在唐先生正文中未提到《红楼梦》里曾记载过小脚这种情况下，宋先生实有充足理由来指出这些事实。可是他没有想到，唐早已知道脂批本已有异文。这也不能怪宋，因为唐虽然在发表的原文末了曾注明说其他版本颇有异文，却并未说明是脂批钞本，也没有提到有小脚的记述。这样一来，宋在文章里就不免表示唐对版本过疏忽，使唐觉得他"目无余子"。真正说来，这件事的本身宋淇先生原不错，不过他"想来"对方"并没有和钞本对照过"，这却只是没有实证的"大胆假设"，自然使德刚不能心服了。

我应该出来作证，唐德刚先生早就知道《红楼梦》里的小脚描述各本有异文存在，包括钞本在内。早在今年四月，我收到他的原稿时，他就说脚注以后再补。当时我也和宋先生一样，以为他未注意版本异同，4月22日在百忙中便草草写了一封信给他，问他究竟用了什么版本，并指出钞本系里写尤三姐原是"一对金莲"。我把信发出后，又打电话给他，就发现他早已知道这些事实。我原信说：

> ……你大概用的是程乙本罢？可是像页16所引第二十四回的一段文字，脂批庚辰本就没有"大红绣鞋"四个字。乾隆百二十回抄

本《红楼梦》稿在"青缎子坎肩儿"一包下原直接"脸向内低着头看针线",但在旁边却加上"下面露着玉色袖袜,大红绣鞋,向那边"云云,便略近于现在的程高本了。此加的一段,在有正戚序本也是没有的。我想曹雪芹原稿大约是没有"大红绣鞋"的。

还有更要的是你的原稿页21所引第六十五回一段,在脂批庚辰本里,"底下绿裤红鞋"下面却接有"一对金莲,或敲或并",然后直接"没半刻斯文"。有正本同,只"敲"字作"翘"。乾隆百廿回抄本与庚辰本也略同。从这个例子看来,雪芹原稿似乎确曾注意写出尤三姐有"一对金莲"。也许尤家不是旗人传统罢。雪芹既认尤三姐十分标致,那就可能连金莲也算在内了。不过我想他对穿靴子的女孩子的不太大的脚也是很欣赏的。他可能是个折衷派吧?这只提供你参考。

我当时觉得,即使曹雪芹提到过小脚,但到底为数太少,总不够推翻德刚的主题,就是:汉人提倡小脚,满人还听任天足,雪芹以汉族旗人家世,最易接触到这种"文化冲突"。所以我在信里又加了一段说:

你论文的主要意思我以为仍然站得住。雪芹至少在绝大部分的例子避免提到女孩子的脚与鞋,尤其是脚的大小。

由于这点信心,加以在电话里发现德刚早已注意到各钞本文字不同的问题,我便没有特别要求他立刻修改正文,同意他将来在脚注里说清楚,在研讨会的正式论文集里再刊出全文。我本来早已要求所有与会者于会前发表论文时只发表删节本,最好省去脚注,以免与将来的论文集雷同。一时未能坚持劝他写明,当然主要是因为我认为这些异文并不能推翻他文章的主要结论。再方面也由于他的原稿似乎早已寄到台湾《传记文学》去了。而德刚的论文主题固然很严肃,却是以轻松而富于风趣的小品文出之,所以也就不想要他受细节之累。现在想来,我也不免负点疏忽之责,我对一个老朋友应该责善更周,要求得更严格一点,要他在正文里补充一些,那就可免去许多误会了。

这一点虽然可说是疏忽之处,提出来纠正的也实在有正当的理由,但因此便肯定唐先生不懂《红楼梦》版本,就未免言过其实。加上别人转述口头随便的批评,说唐德刚"无常识,连旗人天足似乎都不大知道"。这恰好把他的基本论证歪曲了一百八十度,若朋友家属间偶然闲谈而出此,自无大碍,公开发表当然会引起对方的反感。这里我并不是说,德刚那篇轻松的论文无可批评之处,我只觉得批评不能失实。其实,宋淇先生所指出的小脚记载和版本问题原来多是事实,我知道德刚一定能赞同欣赏他的许多论点。只因偶然一些误会推测和言过其实,便引起了好些不必要的争执,这实在有点可惜。

不过他们这次争论,若除去双方一些感情愤激的话,骨子里还是对这学术问题不无贡献。究竟使我们把问题看得更清楚了一点,固然我们还应该做些更详尽深刻的探讨。这里我不妨来补说一点意见。

德刚所提满汉"文化冲突"的问题,当然不限于大脚与小脚这种事实。我个人尝有一种感觉,《红楼梦》里女性占了极异乎寻常的比例,并且显得特别重要,而男女的性关系也特别自由放任,这除了作者个人的思想特性使然之外,是否也受了满洲文化的传统和旗人风俗习惯的影响?贾母地位那么崇高,固然是传统社会里儒家尊祖的教训使然,但像凤姐的无比活跃与弄权,与其他女性的那么生动活泼,是否也反映了一些满族和旗人的生活习惯呢?历史记载可找到不少的例子,满族妇女在家庭内外往往扮演着很积极的角色,男女性关系也比较自由放任,在早期母子、叔嫂、侄姊等通婚不以为乱伦。焦大说贾府里人"爬灰的爬灰,偷小叔子的偷小叔子",这其实从早期满族观点看来,也许本不如汉人习俗下性质的严重。曹雪芹对女性的重视与对性的开明大胆描写,固然来源不止一端,但我想旗人风俗习惯与观点的影响恐怕也是不免的。《红楼梦》初期颇流行于旗人或满族甚至满清王室宫廷之间,也未尝不可能由于极适合于他们的某些观点与生活习惯所致。假如这点有一部分可能,那么,这或许也不失为"文化冲突"或"调和"的一方面。而这种相异与冲突,可能是对这小说一大贡献。当然这也只能算是一种初步假设,还需要深入研究才能证实。

另外我想在这里也附带提到一点，宋淇先生在答覆唐先生一文中论到版本问题时，有这样一段话：

> 自从胡适考证后四十回是高鹗所续写之后，一般读者对后四十回都存有戒心。近年来，学者们对究竟谁是后四十回的作者虽没有定论，但大都认为程高本后四十回不属于《红楼梦》本身，只能算是续书，外加程高本倒过头去审改前八十回，所以大家避之则吉。唐先生则认为研究《红楼梦》只要用通行的一百二十回程高本就可以了。其实时至今日，珍本秘籍的手钞本已大量影印流传，严肃的《红楼》研究者大多数读到八十回为止，而且只读手钞本和脂评辑校。

这段以宋先生多年钻研《红楼梦》的经验，说来自然合于事实。只是我想在这里指出，大家还应该注意他所说的"学者们对究竟谁是后四十回的作者"到底还"没有定论"。目前固然已有许多人指出过，后四十回有好些与前八十回不符合之处，可是我们也已知道，前八十回内部也就有好些前后不相符合之处。固然这些不符有数量和质量的差异，但这是否只是个程度不同呢？并且一个人写小说，前后如牵延上十来年，写到后来把最初构想的情节改变了一些，或因疏忽忘记而致前后不符，或使前文没了下落，这种种都有可能发生。是否因此便可百分之百断定后面的非同一作者所作，恐怕还有问题。最近陈炳藻先生跟我写了一篇博士论文，用电脑统计方法，计算了《红楼梦》里好几十万字，并用《儿女英雄传》来对比，分析用字文法上的习惯特征，得出来的结论是，后四十回与前八十回基本上应出于一人之手。我个人认为，至少后四十回并非完全出于另一作者，可能程、高真得到过一大部分未完的残稿，增补修改成为全璧。他们对前八十回当然也修改过一些，不过不像对后四十回修改的多。因为计算机统计的结果显示，第一到第四十回与第四十一到第八十回这两部分用字文法习惯几乎全同，第八十一到一百二十回这部分与前八十回也非常近似，可是不能像前八十回本身前后两半自比的那么相近。不过后四十回与前八十回之间的差异仍过于细微,显示并非完全出于二人之手。而《儿女英雄传》与《红楼梦》之间,则统计数字明显表示是两个作者所作。当然这个结论也许还难十分肯定,因为我们还未能绝对证明,一个优异的仿作者决不能仿作到如此近真,把计算机骗过,这点也许还需要更多的测验。不过就西洋统计学的原理说来,这种数字结论一般认为有相当的可靠性。在尚无强有力的反证之前,至少不应把这个结果轻易抹杀。当然这并不一定是说后四十回的情节并未经过重大的修改。只是如果贸然断定后四十回全是续作而毫无部分原稿作据,恐怕也还欠缺充分证据,不能令人接受。

当然,宋先生说的目前大多数红学家都避用后四十回也是事实。而且他们也有许多理由,我也不完全反对。我把这事特别提出来,只是觉得专家们这种态度是不是全对还值得仔细商榷,也就是想要强调宋先生所说过的"没有定论"。却绝不是要完全否认宋先生所说的"不应该采取一百二十回程高本作研究《红楼梦》的依据"的说法。我以为应该说,现在决不能只依据一百二十回程高本来研究曹雪芹了。就算是只研究《红楼梦》本身,也应该照顾到不同的重要版本。不过也不好一下就把后四十回认定不属于《红楼梦》本身而避之不顾。至多只能说,如要研究《红楼梦》初期的情况,也许不需把后四十回牵涉进去,便是这一点,也仍然不是绝对的,因为还要看初期到什么阶段。

上面说了这么多,原是想把争论点澄清一下,从大处来讨论一些问题,可是言多必有失。只因唐、宋两先生都是我极重视的朋友,所以也就顾不得这许多了。我以为论战并不是坏事,只要能就事论事,有助于了解问题、发掘史实或求得真理就行,误解和动感情却要避免才好。

1980 年 12 月 28 日匆草于道拉斯市度假时

(原载于台北《传记文学》三十八卷二期,1981 年 2 月)

致王润华,1981 年 12 月 4 日

润华：

　　数月来奔波忙碌,久未通讯,兹将上次在新所摄团体相寄来三张。黄葆芳①先生处已另寄,潘受②先生处亦当另寄。此处一张请寄与报馆朋友,一转徐典③兄。中文大学本月二十一至二十三日将召开一"四十年代中国文学会议",大陆将派十四人来,有唐弢④、黄药眠⑤、孔罗荪⑥、王辛笛⑦、林焕平⑧等人。陈纪滢⑨、余光中⑩、叶维廉、黄继持⑪、梁锡华⑫有论文。闻痖弦、洛夫⑬也答应来。此间坚要我主持会议,实际上也只是名义上而已。不知你和林万菁⑭老弟有什么现成文章可提出否？他们很欢迎战时中国作家在星马香港等地的活动或作品的论文,亲自参加或请人代读皆可也。匆匆祝

① 黄葆芳(1912—1989),原籍福建福安,新加坡画家、工艺美术家。
② 详见《致潘受》(1985 年 10 月 2 日)注。
③ 林徐典(1930—),原名绍旺,原籍海南文昌,新加坡学者,曾任教于新加坡国立大学。
④ 唐弢(1913—1992),原名唐端毅,笔名风子、晦庵等,浙江镇海人,作家、文艺理论家。
⑤ 黄药眠(1903—1987),又名黄访、黄恍,笔名达史、黄吉等,广东梅州人,诗人、文艺理论家。
⑥ 孔罗荪(1912—1996),原名繁衍,笔名叶知秋、罗荪等,上海人,作家。
⑦ 详见《致王辛笛》(1999 年 6 月 13 日)注。
⑧ 林焕平(1911—2000),原名灿桓,笔名方东旭、石仲子等,广东台山人,作家、文艺理论家,曾任教于广西大学、广西师范大学等。
⑨ 陈纪滢(1908—1997),原名奇滢,笔名有滢、生人等,河北安国人,记者、作家。
⑩ 余光中(1928—2017),原籍福建永春,台湾诗人。
⑪ 黄继持(1938—2002),祖籍广东中山,生于香港,中国近现代文学学者、评论家,曾任教于香港中文大学中文系。
⑫ 详见《致梁锡华》(1984 年 8 月 8 日)注。
⑬ 洛夫(1928—2018),原名莫运端、莫洛夫,笔名野叟,原籍湖南衡阳,台湾诗人。
⑭ 林万菁(1952—),笔名林荧、小青、姚鱼等,原籍广东潮安,新加坡作家。

好

策纵

十二、四、一九八一

淡莹、万菁等均此。

致心笛^①,1982 年 5 月 8 日

心笛:

　　你的书和信都收到了,很高兴!久未回信,主要原因是:本想好好读了你的诗后写一封较长的信才好,不料近来总有杂事干扰,心情也不对,所以就耽误了许久。说到心绪,主要是近十来年编写了不少书文稿都延误未能及时出版,有时还觉得愧对朋友!近来又有不少朋友去世,也感到很难过,多少篇追悼文字应该写都未完成。你这次的诗集比以前出的一小册又丰富多了,我觉得的确有不少好诗,冰心选中的那一首你自也选圈了,那诗自然很佳,大约她有意鼓励那末了一行"会飞回到我出发的地方"吧,这意境自然深沉,我呢,我除了也欣赏这意境,同时也喜欢你那两行:"在任何泥土/我都能生长。"关于你的诗,我该留到下次详谈。白马社^②的诗人们过去都被人寂寞了起来,只德刚替大家呼号了几声,是应该的,等我的《海外新诗钞》^③出版后也许可以矫正一下罢。匆匆祝好

策纵

一九八二、五、八

---

① 心笛(1932—),本名浦丽琳,原籍江苏常熟,旅美学者、诗人,曾任职于美国南加州大学东亚图书馆,协助馆方接收过万册周策纵藏书。

② 白马文艺社(简称白马社),1954 年由一群纽约留学生发起的文艺社团,社名取玄奘白马取经之意,创始社员包括顾献梁、唐德刚、何灵琰、马仰兰、艾山和浦丽琳,后获音乐教育家周文中、《未央歌》作者吴纳孙、诗人黄伯飞等学者响应,有"中国新文学运动海外第三中心"(胡适语)之誉。

③《海外新诗钞》(周策纵、心笛、王润华合编)迟至 2010 年始出版(台北新地文化艺术有限公司)。

这信是用一种日制自来水无毛的毛笔写的，中国也有了，你觉得怎样？香港人叫"科学毛笔"，我觉得很好，将来可大流行。

致痖弦，1982 年 11 月 20 日

痖弦：

偶作小诗，真"胡说"也。你觉得可以发表吗？如能制版刊出亦好，否则排印时盼能好好校对，以免错字（连标点和提行，你以前编的当代中国新文学大系，诗选内我那首《顽石》头两行便是误排，从"实"字起到"总总"止是第二行，且不应提得特高）。《弃园偶语》等过些日子当可零零星星寄你。目前尚须还些旧的文债耳。论雪芹家世文何时可刊出，盼航空寄我。匆祝

著祺

策纵

一九八二、十一、二○

聆兰①如暑假回来台北，盼能学些中国话、中国画和装裱字画工作。最好能兼点教英语的工作，便可减轻一点生活费用。请先代留意，余后告你。

---

① 周聆兰（1958— ），周策纵长女。

致高阳①,1983 年 3 月 7 日

高阳先生道席:

　　台北一叙,转瞬已将三年,时以尊况为念。兹有二事商恳:其一,前次首届国际《红楼梦》研讨会上曾宣读尊著论文二篇,现各中文论文皆已收入该会论文集中,由香港中文大学出版部出版,正在排印中,惟据该社魏羽展编辑来函称,元妃影射福彭考一文中有不接及脱落之处,拟请于补正后径寄魏君或弟处,文章大致可不作修改。此事尚请速办,以便全集之出版。其二,香港大学毕业之梁凤仪②女士素仰尊驾于清代史研究精深,伊欲研习清人关于妇女权益地位问题,拟于日内来台,专程请益。伊对此固是初学,然其人明慧,当可深造,用特函介,并转托痖弦兄为先容,尚乞为伊指教为感。匆匆草此,即颂
著祺

周策纵
一九八三、三、七

---

① 高阳(1922—1992),本名许晏骈,笔名郡望、史鱼、孺洪等,原籍浙江杭州,台湾作家。著有《文史觅趣》(1969)、《慈禧前传》(1971)、《胡雪岩》(1973)、《红楼一家言》(1977)等。
② 梁凤仪(1949—),原籍广东新会,香港作家、企业家。

致痖弦，1983年3月7日

庆麟老弟：

　　前寄《风筝》一诗，又一函请代改第二章中行"馆娃宫"之"宫"字为"殿"字，并改注一中之同一宫字为殿字，想已收到。信中并言及台北地球出版社所出《中华古寺名刹》第三册影印有我前在《联副》发表之《漓江》新诗，托代为索赠该书。

　　兹又有一事相托，以前在威大教过书的何文汇博士（他的硕士学位我曾任校外考试委员，时在港大）之妻梁凤仪女士拟向高阳先生请教有关清史中妇女地位问题，纵曾嘱其托吾弟转介，兹有一函，尚盼代转许君，并为先容为感。

匆匆祝

好

策纵

一九八三、三、七

何现在港中文大学中文系任讲师。梁原在公司工作，现拟入中文大学深造。

致张充和、傅汉思^①,1983 年 5 月 12 日

充和、汉思：

　　此次厚扰,感如之何。夜谈联吟,春韭白饭,此乐何日可再耶? 风城德意之行,望一切忻快。青绿山水,尤盼早惠也。致谢不一,即问
吟安

策纵　手上

八五、五、一二

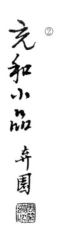

---

① 傅汉思(Hans Hermannt Frankel,1916—2003),美国汉学家,曾任教于美国耶鲁大学。张充和之夫。著有 *Biographies of Meng Hao-jan*(《〈新唐书·孟浩然传〉英译注释》,1952 年初版,1961 年增订)、*The Flowering Plum and the Palace Lady: Interpretations of Chinese Poetry*(《梅花与宫闱佳丽：中国诗选译随谈》,1976)及 *Two Chinese Treatises on Calligraphy*(《孙过庭〈书谱〉及姜夔〈续书谱〉英译注释》,与张充和合译合注,1995)等。
② 此为周策纵在同信中所写书名题签及落款。

致痖弦,1983年6月30日

庆麟老弟:

前见《联副》有读者投书希望见到一些译诗,又知台北曾演出过叶慈的剧本,故特将春间所译叶慈小诗六首抄出随信寄你,不知能在短期内刊出么?

景小佩①小姐多次来信,谢谢她的好意,我因目前赶还别的文债,故关于"书"的文章一时未能写,但不久也许可寄点短东西给她。

匆匆祝

好 并问

景小姐和彦明②等好

策纵

一九八三、六、三〇

---

① 景小佩(1951—),台湾高雄人,作家。
② 丘彦明(1951—),原籍福建上杭,台湾画家、作家,曾任《联合报》副刊编辑,《联合文学》执行主编、总编辑,现寓居荷兰,为欧洲华文作家协会理事。

致高阳,1983年8月17日

高阳先生:

　　顷读八月十至十一日《联合报·副刊》尊著《梅丘生死摩耶梦》一文,引张善子画虎自题:"无惨南郭,索读西厢,慨世局之沧桑,学曼倩之善谑,公牛哀七日而变封,使君一旦成形,人兽何分?庄谐杂引。"云云。尊著乃谓:"至于题记作何解?自惭腹俭,不知所云。如'公牛哀七日而变封',公牛复姓,为齐公子牛之后,公牛哀亦有其人,但何谓'七日而变封',则尚待考。颇疑耳食之言,传闻有误,如'索读西厢'之'索',或为'素读西厢',误作'索读西厢'就难索解了。"按张君原作乃对偶之文,五六两句为对,应读作:"公牛哀七日而变,封使君一旦成形。"十分工整。考《述异记》:"汉宜①城郡守封邵,一日忽化为虎,食郡民。民呼曰'封使君',因去不复来。故时人语曰:'无作封使君,生不治民死食民。'"至于上句公牛哀事则出《淮南子·俶真训》:"昔公牛哀转病也,七日化为虎,其兄掩户而入觇之,则虎搏而杀之。"高诱注:"转病,易病也。江淮之间,有易病化为虎,若中国之有狂疾者,发作有时也。其为虎者,便还食人,食人者因作真虎,不食人者更复化为人。公牛氏韩人。"此不称齐人而作韩人,不知何据。张君一生爱虎,其自畜者驯不噬人,故于虎之典故,运用自如,二句皆含人化为虎、转而食人之故事,殆上文所谓"慨世局之沧桑"耶?又"索读西厢"之"索"字,原文似不误,此"索"字疑即"索莫""索然""索索"或"索居"之意耳。揆诸上句,改为"素"字似反有不顺也。再者,尊文谓张诗"悬知玉女峰头月,照汝骑驴过华阴","华字失粘"。实则

① 当作"宜"。

312

华阴县因在华山之北得名，"华"字固有平去二读，"华山"字本以读"户化切"为正，旧诗亦多用作仄韵字，如杜甫五律《有感》："大君先息战，归马华山阳。"七律《峡中览物》："巫峡忽如瞻华岳，蜀江犹似见黄河。"是善子诗实未尝失粘也。匆匆草此，当否尚乞鉴正。即颂

著祺

周策纵

一九八三年八月十七日

致《明报月刊》^①编辑，1983 年 10 月 4 日

"唐琼"？"唐眷"？"董欢"？^②

编辑先生：

刚才读到贵刊十月号作者投书栏林以亮^③教授的信，他接受夏志清教授的建议，放弃以前认为 Don Juan 应译作"唐璜"的意见，改认吴兴华译做"唐琼"是对的。我三十年前曾译过拜伦此诗中的一部分，对这名字译得又不同。按原名无论照英语或西班牙语读，前后两字的韵尾都不是舌根音，而是舌尖音，正如我们不能把姓"万"的唤作姓"王"的。而"唐"

---

① 1966 年 1 月创刊，综合性文艺月刊，含时事评论、文化艺术专题、生活特稿及人物历史文章。
② 载《明报月刊》总第 215 期（1983 年）"读者·作者·编者"栏目，第 107—108 页。
③ 宋淇笔名，见《致周汝昌》（1980 年 2 月 1 日）注。

"琼""璜"都带舌根音-ng而不是-n。依英语读的 Don 实找不到恰好相当的字,若不计较韵尾,则"党"字较近,但"唐"字虽是送气声母,到底是比较普通的姓,也就勉强算了。如依西班牙语原读法,则应译作"董"。Juan字现在英、美语已读成"玩"。不过正如志清兄指出过的,拜伦在诗中押韵数次,因此英文字典中往往注明,如读此诗,则须读作 jooan(或 juən)。拜伦原是把这字和 one 押韵,后者又和 woman 押韵。所以这字比较与"俊"或"眷"音近,而"眷"字的元音较近西班牙语原来的读音;"眷"又有"眷爱"之意,与此人个性还相似。所以我以前译作"唐眷"。"琼"字不单是舌根韵不合,而且是送气的辅音,也不适当。正如不能把"吉"音改成"奇"音。(其实 Don 字原不是姓,只是一种客气称呼,像"君"或"先生"之类,本应译作"眷生""眷子"或"俊生"才恰当,但既已有"唐吉诃德"在先,也就算了。)

不过真正说来,汉译此诗时究竟应该依拜伦的读法吗?恐怕也无必要,他的读音与译文已无太大关系。而通常惯例,这种人名还是以依原来的读音为妥。正如日文里如提到李白,英文翻译过去虽有人(如庞德)照日文译做 Rihaku,现在内行人便都翻成 Li P'o 了。至于中、日文中凡遇印度佛教人名,英译者也都已照梵文读音翻译,更是众所周知的事实。而且 Don Juan 这个脚色,并不止于在拜伦诗中出现,西洋其他诗书与歌剧中多有,中文译名应从普遍和原音着想。西班牙语这后一字有喉音(h),因此全名还不如译作"董欢"或"董焕"。

这儿想顺便提出一个问题:多年来我就在提倡,我们用汉字对音译外语,应制定一套固定的对译用字,即一个外语单音对译某个汉字,必须固定,以后才易于复原。此事中国在五十年代曾试用于新闻报道方面,但字表制得不太好,也没有普遍推行。我自己曾有几套草稿,也还不认为妥当。不过这事也许还是很需要的。现在是太混乱了。

以上这些浅见,还希望志清、以亮二兄和读者诸君指正。

周策纵

一九八三年十月四日

于美国陌地生市

致心笛，1983年10月14日

心笛：

　　好久没有给你写信了，为什么呢？首先是因为你上次来信末了说：寄我《摺梦》和《菜叶发黄》两首诗，可是信中只见有后面一首，而没有《摺梦》，大约是被你"摺"到好"梦"里去了，我喜欢这题目，一直等着，以为你会补寄来，却不见"梦"来，因此也就耽搁写信了，后来别的事夹杂，八、九月间又忙着去香港开会，赶写了几篇论文，几乎把诗兴都赶走了。可是一直还想念着要和你谈诗。

　　前次在《传记文学》上读到令尊回忆你母亲的文章，因此得知你们家一些往事，想你对此一定不胜感慨罢！时间真可怕，前回我译了几首咏时间的诗，以后如印出，再寄给你。

　　《菜叶发黄》一诗立意很好，我挺喜欢最后那两句"远方山河的形影／反映在叶脉的纹路上"。我有一小诗《海外》，居然也从叶说起，只是我的诗真是小而又小了，菜叶更实在些。

　　有空盼寄些诗来，匆匆祝

近好

策纵

一九八三、一〇、一四

德刚、艾山近来通讯否？

寄《诗古》①《胡说》②《海外》书③、《八十年代》④。

———————

① 即《诗字古义考》，见《致金祥恒》(1968 年 4 月 27 日)注。
② 1982 年 11 月 18 日作，其后发表于《香港文学》第 1 期(1985 年)，第 49 页。
③ 胡文彬、周雷编：《海外红学论集》，上海：上海古籍出版社，1982 年。
④ 《八十年代寄四十年代》(第一届国际现代中国文学讨论会开幕辞)，《新晚报·星海》
1981 年 12 月 22 日。

致查良镛①,1984 年 4 月 18 日

良镛兄：

三月二十八日手示奉悉,关于陈祖言②同学欲来此从学事,弟已促校方准其入学,顷并已给予助教职位一年。盼其能及时办理出国手续,于八月下旬来美注册上课也。知关锦注,特以奉闻。尚祈转告陈祖德③先生为盼。

上次在港讲学时,数欲造访,深恐吾兄事忙,而弟又无车,故牵延未果。至兄云曾托人约聚,则大约是友人忘记,致迄未相告也。

《明报月刊》近年来少年新进佳作日多。弟偶然亦有诗文凑数,如第二一一期(去年七月号)为萧公权先生所作诗词集序④,对文言及旧体诗词之性质,颇有辨解,固于时人为不入耳之言,然自谓不为无见也。又如二一六期(去年十二月号)据古文字正解释经典之误,并探索古代社会经济与思想史,虽系在飞机上草成之作(为古文字学会所作,可参看二一四期《讨古诗》末章),诸例证自意尚不无创获。特此种种,似鲜为一般人所重视耳。

数年前弟在此间召开首届国际《红楼梦》研讨会,各报刊颇多报道。其中文论文集近已由香港中文大学出版部出版。弟与一友生另编有《首届国际红学会纪盛》一稿,收集各地报道,大会经过,如俞平伯、茅盾、周

---

① 查良镛(1924—2018),笔名金庸,原籍浙江海宁,香港报人、小说家。著有《三剑楼随笔》(合著,1997)、《金庸散文》(2007)、《明窗小札 1963》(2014)、《明窗小札 1964》(2015)及多部武侠小说。
② 陈祖言,原籍浙江宁波,旅美学者,曾任教于美国纽约州立大学宾汉姆顿分校等。
③ 陈祖德(1944—2012),浙江宁波人,曾任中国棋院第一任院长。陈祖言二兄。
④《小桐阴馆诗词》(台北：联经出版事业公司,1983 年)周序。

汝昌、冯其庸及弟等，当时各人所写诗词、文物书画、图片，及与会各人影片，另附台湾《联合报》续开之座谈会纪录。可说是海外红学活动之一重要纪录。不知《明报》愿意出版否？大陆与台湾皆不能出，因有双方报刊之记载，此亦一悲剧性之事件也。惟既有彩色图片，印刷亦不能草草，报道则除弟之报告纪实外，多为转载各处报道之原文，大约有一百余页或近二百页。

两年前在港时读到《明月》上吾兄为《鹿鼎记》所作一文，似曾提到康熙为曹寅送药事，谓药仍无效而寅死。实则药尚未送到而寅已死。恐兄有笔误。当时原拟相告而未果，今一时又查不到原文。不知是否为我误记。匆祝
大安

弟周策纵
一九八四年四月十八日

大作我手头只有《书剑恩仇录》。我颇想要有《射雕英雄传》和《鹿鼎记》及其他诸作。不知能否寄些来么？我原答应过为兄作序，今后仍当献丑也。

近来因家犬新丧①，致此信迟覆为歉，附上诗词三首，能否在月刊近期登出？

---

① 德国种牧羊犬，犬名"知非"（Jiffy）。周策纵曾于同年 11 月《明报月刊》总第 227 期发表《客居香港一年还家重见吾犬知非（外二章）》诗词三首（附长跋）志念。

致梁锡华^①,1984 年 8 月 8 日

锡华老弟:

  谢谢你的来信和大著小说《独立苍茫》。小说初读便使人想到《围城》。《围城》文字颇富于反讽,你这篇写得更是生动有趣。开头和后半似乎特别好。前半有时使人觉得男主角三人不免有点像半洋化了的花花公子,天天谈女人。但后段自麦、聂修好结婚起,以至许杏林之死,李梅的离婚与归来,都十分深沉,可令人反复思考。结局李梅留函远引,已是高人一等的手法,而更难得的是处理萧和杏南的关系,在隐约迷离却又盈盈在望之间。对"独立苍茫"主题刻划甚妙。篇中特色之一在引用旧体诗词极多,大都恰当妙合,仅少数或嫌过长过多。你知道我是对中西新旧诗都很喜欢的,所以我是能充分 appreciate 到你的那许多征引,只恐世人滔滔,未能完全接受耳。也许保留那些诗句,对读者是有教育作用罢。男主角对女人的态度,未免受尼采哲学影响特深,此亦过犹不及之累,然偶然亦有自反而缩之词。知者罪者,当付之来哲耶?

  篇中引《双照楼诗词稿》,此书亟欲一见,能否请代购寄一部或如"田老"(思果?)代为复印一部?

  文中尚有些笔误或遗漏字,想现已校正:如(六七):首段末行"使他良心不安",他应作她。(八五):首段中"不结婚尤可",尤应作犹;"警剔"剔应作惕。(九六):二段"独苍然而涕下",苍应作怆。等等。你常管给初生小孩取名字叫"改"个名,不知是什么方言?也许该是"给"字吧?(一二四等)

---

① 梁锡华(1947—),本名梁萑萝,原籍广东顺德,香港作家、学者,曾任教于香港中文大学等。著有《挥袖话爱情》(1982)、《独立苍茫》(1985)、《如寄集》(2007)等。

暑假仍然忙乱,不多写了。祝

近好

周策纵

一九八四、八、八

附《名寺》中《漓江》诗及《吾家》日记一则。

致高信疆[①],1984 年 8 月 15 日

信疆兄:

你突然匆匆归去,我竟来不及送行,实觉歉然!以前你要我一张丑字,许久牵延,现在草上一纸。所写之诗:"阅尽时贤欲悔名,江山如醉逞平生。苍凉叹老非关老,或为横流发楚声。"是我一九七五年除夕答和萧公权先生的旧作,送给你似乎很适当(当然你还未老,那是说我自己)。我本楚人,你生秦地,古虽敌国,实好对手也。故我仍用你"上秦"名字,以当一笑。四颗印章都是我自己刻的。"弃园白丁",你自然知其用意。"不可无一,不可有二",古人用以品人物,我用的意义更广。"马蹄秋水"乃《庄子》篇名,"虎尾春冰"取自《易经》。乱世人生,亦可以警惕而自解否?何时希望你再来陌地生吃火锅喝酒谈诗文时事,盼先告。

匆匆草此,即问

① 高信疆(1944—2009),笔名高上秦,河北武安人,台北中国文化大学新闻系第一届学生,曾任《中国时报》主编、《现代文学》总编辑等。编有《证严法师静思语》(1989)。

近安

周策纵

一九八四年八月十五日

元馨①均此致念。

致痖弦，1984 年 8 月 27 日

痖弦老弟：

日昨连寄你两信，想不到今天还得写这第三封。事情是实在有点不得已，因为仔细把《序诗》②一看，第一页的末了一行末了一字"鈦"③字竟误印成"鉢"字了。麻烦之处乃是"小鉢"也读得通，而且岂不更通俗？这就大遭其殃了！不料好好一个《大书坊》，第一页上就出了两个使人哭笑不得的错误，像这样一首坏诗，怎么见得读者？更对不起这书的许多优秀作者和他（她）们底妙文。这使我一看到就坐立不安起来。因此万不得已只好把上次寄你的更正页补充一下。务必请你托人赶快用这一张表印好夹入书中，已寄出给各作者的书，也请补寄去。（这又使我想起：《大书坊》应该有人写一篇"校书"或"校对"的文章才好。）

匆匆祝

---

① 柯元馨，台北中国文化大学新闻系第三届学生，言心出版社发行人。高信疆夫人。
② 《书——代序》，载梁实秋等著《大书坊》，台北：联合报社，1984 年。后印本已改正。
③ 即"玺"字。

好

策纵

一九八四、八、二七

想来别的文章也有误排之处,如能印一完全的正误表固佳,恐怕时间拖长了,反不好。事情请速办罢!

更正:

(一)《代序》诗首页,第一首第三行:

要我不相信她

应删去"不"字。全行乃是:

要我相信她

(二)又同页,第二首第二行:

琬琰底小鉢

"鉢"应作"缽"。

致顾毓琇,1984 年 11 月 9 日

一樵先生道席:

前承寄赐英文自传①,拜读至感甚佩,顷又得手示及整理影印王静安

---

① 指 *One Family — Two Worlds*(1982),即 1985 年 3 月 10 日信所言《天下一家》。2000 年上海人民出版社出版中译本,书名作《一个家庭,两个世界》。

《颐和园词》与注，尤为欣感。承询王湘绮《圆明园词》，纵手头藏有"光绪丁未（三十三年，一九〇七）刊于惠州讲舍"之原本《湘绮楼诗集》，其卷八（庚午辛未[一八七〇—一八七一]）中载有此诗，兹特影印一份寄奉。按陈衍《近代诗钞》中亦选有此诗，且前附有同治十年（一八七一）长沙徐树钧之序文，可供参证，一并复印寄上一阅。十月中旬纵应邀出席安阳殷墟笔会，会中以研讨甲骨文及以甲骨文为主之书法为主体，纵曾提出《甲骨文"巫"字初义探源》一短文，并参加书法展览。此次出席中外古文字学者及书法家约二百五十余人，中有胡厚宣[1]、张政烺[2]及徐悲鸿[3]夫人严静文[4]女士等，另有美国教授二人，日本三人。会中遇见柳翼谋（诒徵）[5]先生之孙曾符[6]，现执教于上海复旦大学中文系，云数年前曾晋谒先生于沪寓，特将手写甲骨文书法一张托带交，兹特随函寄奉。王湘绮公曾与纵曾叔祖竹香公相知，其集中有赠叔祖诗[7]，夙谊可钦，亦可令人发噱，兹承便亦复印一份以供一粲。近作小诗数章，一并录呈粲正。匆匆即祝

冬安

周策纵　拜上

一九八四年十一月九日

婉靖[8]夫人均此。

---

① 胡厚宣（1911—1995），河北望都人，历史学家、古文字学家，曾任职于齐鲁大学、复旦大学、中国社会科学院历史研究所等。
② 张政烺（1912—2005），山东荣成人，历史学家、古文字学家，曾任职于北京大学、中国社会科学院历史研究所等。
③ 徐悲鸿（1895—1953），江苏宜兴人，画家。
④ 当为廖静文（1923—2015），湖南长沙人，徐悲鸿夫人。
⑤ 柳诒徵（1880—1956），字翼谋，亦字希兆，号知非，晚号劬堂，江苏镇江人，历史学家、书法家。
⑥ 柳曾符（1932—2005），字申耆，江苏镇江人，曾任教于复旦大学。柳诒徵长孙。
⑦ 见《致顾毓琇》（1962年8月9日）注。
⑧ 王婉靖（1901—2006），江苏无锡人，画家。顾毓琇夫人。

致董桥①,1984 年 11 月 13 日

存爵兄:

收到十一月号月刊,"犬"诗乘全部刊出②,颇令人有 Love me love my dog 之感! 谢谢你和金庸兄。

"枣树"短文③,真是掷地有金石声。月前我曾应邀去安阳开会,在中国只呆了九天,来也匆匆,去也匆匆,不免惘然!

金庸兄前些时来信说,我应寄些诗到月刊发表,也可凑数。自思多年来旧诗多写在小纸头上,散乱不堪,所失已多,今一时兴到,抄出一些寄你,颇乏铨次耳。请正之。(最后一首即今晨所作,未及细斟也。)④

匆祝

编安

周策纵

一九八四、一一、一三

良镛、俊东及社中各友均此。

---

① 董桥(1942—),本名存爵,福建晋江人,报刊主编、美文家。台湾成功大学外文系毕业,毕业后任香港美国新闻处"今日世界"丛书部编辑,1973 年在伦敦英国国家广播公司从事新闻广播及节目制作工作,并于伦敦大学亚非学院进修。1979 年返回香港,历任《明报月刊》及《明报》总编辑、香港中文大学出版社主任、《读者文摘》中文版总编辑、《苹果日报》社长。创作文类以散文为主,笔文带有英国散文的幽默与冷峻。著有《双城杂笔》(1977)、《在马克思的胡须丛中和胡须丛外》(1982)、《藏书家的心事》(2000)、《读书便佳》(2017)等。
② 即《客居香港一年还家重见吾犬知非》。
③ 全名为《枣树不是鲁迅看到的枣树》,与"犬"诗载于同一期《明报月刊》,作者只署"编者"。
④ 这一批诗刊于《明报月刊》总第 229 期(1985 年),第 59—61 页,题为"剩诗一束",最后一首为《读画》。

附

忆 秦 娥
——悼吾犬知非之丧也

通宵雨,潺潺湿透空窗树。空窗树,灯昏孤影,满庭悲诉。　隔篱望我车来去,迎门急就亲怜抚。亲怜抚,梦里还家,仍然呼汝。

一九八四、四、一三侵晓

哭知非(一九七一——一九八四)

生聚难占死别来,丧非经过不知哀。

相依十二年相慰,反衬人间万事乖。

(知非以"五七"国耻纪念日出生,四月十一日逝世,差二十六日即十三岁,然其间予旅港几一年,故相依共十二年也。)

——一九八四、四、一三

致王润华、淡莹,1984 年 11 月 22 日

润华、淡莹:

前得来信,甚慰。关于吴连英①女士升学事,因她在夏威夷所学是语言方面而非文学方面的学位,所以威大只让她来念第二个中国文学方面的硕士学位。后未见她再来信,想是没兴趣了。此事此间系上问题也不简单,容以后和你再说。(她如来念硕士,以后自然仍可继续攻读博士

————————————————

① 吴连英,夏威夷大学东亚语言学系硕士,曾任教于台湾佛光大学。

学位。)

近来(十月中)曾应邀去河南安阳殷墟笔会开了一次甲骨文和书法会议,在中国只住了九天。回来后患咳嗽多时始愈。明年四月上旬我将去台北参加古典文学会议。

小诗一首寄你们。祝

好

策纵

一九八四、十一、二二

致向阳[①],1984 年 12 月 1 日

向阳先生:

谢谢你寄来大著《十行集》。这就我看来的确有划时代的意义。三四十年前我就觉得,"定形新诗体"是新诗人可能发展的一个领域,可是总无法推动优秀的诗人去尝试。许多人还不能了解,我们要尝试发展定形诗,并不意味着要全部用定形的或不定形的格律诗来取代自由诗,我们中国人太容易落进非此即彼、只有两个取舍的思想模式了。一九六二年我在纽约的《海外论坛》月刊发表一篇《定形新诗体的提议》后,有人就在香港一个刊物上非常感情冲动地反对,好像我是在企图推翻自由诗体

---

① 向阳(1955—),本名林淇瀁,另有笔名林璟,诗人、作家,曾任教于台北教育大学。著有《银杏的仰望——向阳诗集》(1980)、《十行集》(1984)、《照见人间不平——台湾报导文学史论》(2013)等。

一般,真有点像无的放矢。我那篇文章后来给痖弦和梅新①转载在他们所编的《诗学》第三辑里,希望台湾的新诗人们能够注意到。我那篇文章里举的例子五、三"八行体",格律自然太严,我不过是用一个最严的例子去帮助许多可能的规律,实际上当然还有更多的格律不太严的定形诗体,所以我在第二节里说:"这也可包括一些格律较宽的诗体,所以它发展的范围可能很大。"这就是说,只规定行数的定形诗体,也该算在内。目前恐怕还只能做到这种最宽的定形体。所以你的尝试是很富于实际价值的。我们还不妨去试试各种行数,如五行诗、七行诗、九行诗、十二行诗,或十五行诗等等。也就是我在那篇文章的末了说的:"尤其希望大家用各种不同的方式,来创造更多的定形诗体。"

你这诗集里,好诗和好句很多,前言和附录中,他们已指出和征引过了,用不着我再说。我还喜欢其中关于"雨"和"水",以及季节与自然现象的几首,以至于"闺怨"的数首。句子像"人类双脚所踏,都是故乡","甚至连风也不敢咳嗽","所谓心事是杨柳绕着小湖徘徊"都非常好。我也很欣赏《楚汉》。以前淡莹写有一首《西楚霸王》,也很好。

来不及多写了。特此致谢。《阳光小集》②还继续出版吗? 祝
近好

周策纵

一九八四年十二月一日

---

① 梅新(1935—1997),本名章益新,原籍浙江缙云,台湾诗人。
② 新诗季刊,陌上尘、张弓(张雪映)、陈煌等台湾南部诗人所组诗社出版,向阳出任发行人,1979 年创刊,1984 年结束,共出刊 13 期。

致张忠栋①,1984 年 12 月 1 日

忠栋教授：

　　收到你寄赠的大作《胡适使美的再评价》一文，十分感谢，使我能读到这样一篇小心细密、平情合理的评论。以学者做大使，自然有好有坏，不能笼统作结论，大作的优点正在于对各方面考虑较周到。珍珠港事变之前中国无法争取到美国更大的援助，乃客观事势使然，恐任何好大使也无法能做到满足当时中国人的愿望。正因为事势如此，所以胡适的任命是非常得当的。而胡氏的到处演讲，的确对我有长远的好处，乃别的外交官所无法做到。他之去职，主要关键应是与孔、宋的冲突，尤其是宋氏坐镇美国，使大使形同虚设，这当然使胡氏无法做下去。我以为他的去职显然是中国政府的一个大损失。不过，就胡氏本人说来，还是以做校长和研究院长为好，尤其是在当时官场环境下，恐无别法。你以为如何？匆此致谢。并祝
著安

周策纵

1984 年 12 月 1 日

---

① 张忠栋(1933—1999)，原籍湖北武汉，台湾历史学家，曾任教于台湾大学。著有《大学教授的言责》(1977)、《胡适五论》(1987)、《自由主义人物》(1998)等。

致杨联陞,1985 年 1 月 22 日

莲生兄:

　　收到一月八日来信和诗,非常高兴。五古两首皆写实纯朴可喜,七绝与词亦清新可诵。惟后二者音律方面还有可商处。《浣溪沙》首句"休问赵州东院西",三五字平仄自可任意,如韦庄"惆怅梦余山月斜"即是一例,但我总觉得以正格最协调,大氐古今来此词最传诵之作,以平韵收的此句,大多数仍是用正格。不过兄此句音节仍然很好,所以无碍。七绝第二句照兄意改"迷"为"觅",自然更"平妥",此处用平声字念来不起劲。我常觉得律绝第一句和倒数前一句(即律诗中第七句)用拗体或任意格比较可自由,如用得好且可增加特殊韵味,若第二句则不然也。兄诗首句"混沌凿窍通天趣",按《庄子·应帝王》篇实作"浑沌"。《释文》称:浑,胡本反。沌,徒本反。把二字都读作仄声。多年前我和萧公权先生诗有两句是:"无多老辈浑沌器,久别南朝绮丽山。"萧先生颇赞赏第二句,没有说到前面一句。后来刘殿爵兄(D. C. Lau)住在我家,他就说"浑沌"二字似应读上声,为此我们又查了一下。我个人总觉得《释文》有什么根据还大成问题,因为此二字本来都有平仄两读。《左传·文公十八年》及《西山经》都有"浑敦",《释文》固然说读作仄。但枚乘《七发》:"沌沌浑浑,状如奔马;混混庉庉,声如雷鼓。"五臣注以混读"胡本",庉读"徒本"如《释文》;但却把沌读作"徒奔",浑读作"胡奔"。由于《七发》此四句的上面两句是"诚奋厥武,如振如怒",都收仄声字,我以为五臣注把浑沌读平是可能较合于枚乘原来的读法的。否则全是仄声字,实太单调,由于混字现在已多读作仄声,浑已多作平,而且《庄子》本是用"浑沌"不是用"混沌",所以我认为你诗中的"混"字不如改作

"浑"字,这样因双声关系,浑在现代则多读平,则沌字也就容易给读成平声了。

兄诗题把我写作"周弃子"①自是一时笔误,台湾有个诗人正用此名,一两年前已去世,我不相识,但见他的有些旧诗也还很好,有些则旧习气太重,此可说难得也难免也。我只有"弃园"一号,其用意本另有说。②

琴霓译的那诗,缺失在用字太多,大约翻成英文便难免如此,否则不能明了。中国旧诗简洁朦胧之妙,外文似不易有能媲美者。此意或不免有文化沙文主义者之嫌,然此实弟多年体认之经验谈也。兄意末句"晚晴"之"晚"应至少有两重意义,beautiful 是一解,另则如彦威③先生诗中所云"芳华晚"。此意自然很对,惟我认为译文 sunset 一字也已含有这另一层意义在内了。extended 等字正如兄所说,过于自伤。another 本甚恰当,可是原本是把"晚晴"比做人生中最后那整个的阶段,加此字,则成了某一天了,不能说是整个人生的晚年了,所以任他模糊一点也有好处。不过这句到底应如何改进,正如兄所说的,还是大可商议,尤其"晚晴"一词,很不好办。

兄意末句原文"仓卒人间得晚晴"的"仓卒"不如改作"栗六",听来较好。后者音较嘹亮,自是对的。惟审此诗所欲表达者乃苍凉沉郁之感,"仓卒(猝)"也是双声字,塞擦声似较能引起此种感觉;若 lateral 舌边声或易得爽朗的快乐感,此恐不太相切。且"栗六"只表忙碌;仓卒则于忙碌之外,尤有匆促、猝然、时我与之意,即短促而急剧之意。《汉书·王嘉传》所谓"临事仓卒乃求",《后汉书·袁绍传》所谓"迫于仓卒"也。此词又有"丧乱"之意,《光武纪》说:"仓卒乃知其咎。"注:"仓卒,谓丧乱也。"此似更符合吾兄主张诗词有不止一解者为佳的标准,此种主张则甚合弟意。以上所说种种,当否尚请裁度。匆匆草此,即祝

---

① 周弃子(1912—1984),名学藩,号药庐,原籍湖北大冶,曾任四川、贵州省政府主任秘书、"总统府"参议等职,台湾诗人。
② 取李白《古风五十九首》其十三"君平既弃世,世亦弃君平"之典故。
③ 缪钺,字彦威,详见《致缪钺》(1985 年 8 月 30 日)注。

健乐

弟策纵　手上
1985.1.22

宓君①嫂均此。

附　周策纵《关于郁达夫和王映霞的两首诗》②

联陞兄嫂：此诗③或可发一笑耳。策纵

王映霞④和胡⑤、阮⑥、程⑦等都是八十多岁的人了，故可说是"老大"也。现在台、港等地多人写文，或责王，或责郁⑧，故云"是非"。"齐"应作动词读，作副词亦可。《传记文学》登有王等好些照片，她年轻时自颇美。

郁、王婚变时胡健中以友好关系曾任和解书见证人，前些时陈公亮⑨在台北病逝前将其最近收到的王映霞从上海寄他的慰问邮片交给阮毅成转示胡、程，并嘱交《传记文学》保存，故阮、程、胡皆有诗纪其事，德刚乃有和作。皆见该刊。西德马汉茂（Helmut Martin）⑩前些时从王处得

---

① 杨夫人缪鋄表字，详见《致缪鋄》（1990 年 11 月 26 日）注。按作者误书"宛君"为"宓君"，后曾写信致歉。
② 原载《传记文学》第四十五卷第六期。
③ 指《摇恨》一诗："故人零落已无多，翻向樽前泣翠娥。老大比他年少多，惹情摇恨去傞傞。映霞旅雁随疏雨，骏马怜香撼玉珂。更有是非齐未得，春风还为起微波。"作者自题"读《传记文学》所载阮毅成、程沧波、胡健中三老及唐德刚教授咏郁达夫、王映霞诗，戏集唐人句却寄，兼柬郑子瑜、王润华、马汉茂教授，以当一笑。"
④ 王映霞（1908—2000），本姓金，学名宝琴，浙江杭州人，初嫁郁达夫，再嫁钟贤道。
⑤ 指胡健中（1906—1993），本名经亚，字絜若，后改今名，笔名薇子，安徽和县人，曾任杭州《民国日报》总编辑。
⑥ 指阮毅成（1905—1988），字思宁，浙江余姚人，曾任台湾"中央日报"社长。
⑦ 指程沧波（1903—1990），本名中行，江苏武进人，曾任南京《中央日报》首任社长。
⑧ 指郁达夫。
⑨ 陈公亮（1912—1984），本名陈铮，浙江绍兴人，国民党官员。
⑩ 马汉茂（Helmut Martin，1940—1999），德国汉学家。

到她以前和郁的书信不少,已特为发表。马本学期在我系访问。王润华是我在威大的学生,现任新加坡大学副教务主任,是有名的新诗人。① 陈公亮是陈仪②的弟弟。郁、王婚变时正当陈仪任福建省主席,邀郁往省府任职,致有此变故也。

致王润华、淡莹,1985 年 2 月 8 日

润华、淡莹:

许多时未见来信,前曾写诗一首邮寄,想已收到(这诗和其他的诗已刊《明报月刊》元月号)。刘绍铭兄回来说,你们曾托他带给我一件小东西,可是他带不了,已给邮寄了。还不知什么时候可寄到,也不知是什么。想到你们的好意,使我很感念! 去年我本想在一两年内退休,但现在威大已无退休年龄限制,只要我们健康和能力许可,可以长期工作下去,而我现在十分粗健,我比里根③还少五岁,如果他可再做四年总统,我们教书轻松多了,再教九年十年也许不成问题,所以现在已更作长期打算了。因此今后如有机会,仍可随时来新大访问半年或一年,不必等退休以后了。暇盼来信。祝
近好

策纵

一九八五、二、八

---

① 《摇恨》附识云"润华对郁晚年在南洋生活甚有研究",故顺带提及。
② 陈仪(1883—1950),字公洽,号退素,浙江绍兴人,国民党官员。
③ 时任美国总统里根(Ronald Wilson Reagan, 1911—2004)。

附寄年片和琴霓英译。又集唐诗咏郁、王事本是要寄你们的。杨联陞兄以为"大妙"也。

致罗青哲^①,1985 年 2 月 12 日

罗青兄：

多时未通音问，只因许久找不到你的通讯处，所以耽搁了，现在只好直寄到学校罢，也许你还在那里。但是时时想到你的。

在报上常常读到大作，很高兴。Joe Cutter^② 现在本系教书，在他夫妇家里见到你画给他们的鱼，比过去画的又多了许多泼剌的风致了。

四月上旬台北的古典文学会议我可能出席，也许我们又能见面罢。

匆匆祝

近好

周策纵

一九八五、二、一二

---

① 罗青哲(1948—)，笔名罗青，原籍湖南湘潭，台湾现代诗人、画家，曾任教于台湾师范大学。

② Robert Joe Cutter(1947—)，中文名高德耀，美国汉学家，曾任教于威斯康星大学、亚利桑那州立大学等。博士论文 *"Cao Zhi（192‒232）and His Poetry"*（《曹植及其诗赋》，1983），著有 *The Brush and the Spur: Chinese Culture and the Cockfight*（《斗鸡与中国文化》，1989）等。

又　随

客里冬残暖旧盟,又随风雪问安平。

年年日月成儿戏,事事烟云恕世情。

叶落巢生思鸟聚,庭空室迩觉邻清。

抛书卧听檐冰裂,仓卒人间得晚晴。

弃园
一九八四年甲子岁冬末于陌地生

致杨联陞,1985 年 2 月 13 日

联陞吾兄如握:

　　元月廿九日来示所论甚洽弟意。译诗二首天然如自出,实异于许多近人生硬的直译。惜匆忙未及找到原文对照,第一首说是某已故女诗人之作,我手头只顺便查了 Sara Teasdale 和 Edna St. Vincent Millay 二人的全集,似未见有,当然查得不仔细,你不会选到早期的 Emily Dickinson 罢? 会不会是 Elinor Wylie,Amy Lowell,Marianne Moore 或 Edith Sitwell 之类,这些人我多有她们的全集,惜未克遍查。第二首你说是 Yetts 的,是不是 W.B. Yeats? 此诗极深幽,较稼轩《丑奴儿》又是一翻滋味,更近于《古诗十九首》意绪。第四句"发白秋风路"弟意如改作"白发秋风路",就诗论诗似更为含蓄而富意趣,盖省去动词尤可供人想象。不知兄意如何? 或者译时欲近于原文之故耶?(后批:重读此句,觉"发白"似

更好,因此可表示一种过程,非传统中国诗境可比。)某女诗人之诗第三、四句转出胜境,绝类中国传统七绝作法,以此体译之极切。

日前得彦威教授来书,并附示近作多首,包括寿兄七十诗在内,诸诗缠绵幽邈,令人环诵不忍释,盖蓄之厚乃能蕴其微也。《咏盆中杜鹃花》五古有汉魏气象而实达近情,尤为难能。《秋怀》七律颔联:"微云作意偏宜雨,疏叶因风渐远人。"弟尤喜"渐远人"句,缘此实微妙难说之境也。

弟迩来正忙于校对一旧作,虽自觉对古代诗体之演变颇有新获,然日检古书,大杀诗兴。惟清晨梦醒之际,偶成二章,寄供一笑,尚乞正之:

奉和杨联陞社长兄见赠韵

窃意诗固有新旧,宁以深浅论高下耳。

岂有深诗惊海外?但求倾我诉玄真。
千门万户追寻遍,偶拾陈言弃妇新。

——1985 年 2 月 9 日清晨梦醒后作

同代一首再柬莲生兄

人物江山尽转移,剑桥难续旧论诗。
唯余风雪年年到,同代萧条愈可思。

——1985 年 2 月 13 日晨

第一首确是梦后之作。弟意旧诗在今日已成弃妇,现承以"旧还新"相砺,故翻出此意象耳。少陵"怅望千秋一洒泪,萧条异代不同时",自不愧千古名句。然弟每怀旧游,尤感同代萧条之易,而往者不来,不免怆然;且更就此整个时代而言,觉同代萧条与萧条同代之感,于我辈尤痛切而深至焉!

彦威先生来信中对弟诗颇多过奖,谓"诸诗清峻疏宕,有灵光奇趣",

并以诸宗元题黄晦闻先生《兼葭楼诗》"纵横著语饶唐律,窈窕为音近楚辞"句"移赠"。此自不敢当,惟念怀素自叙,缕引同时前辈与朋侪嘉饰之言,觉逾恒之奖宜可为鞭策之资,亦未可厚非耶？然弟作荒疏已甚,盖索居无教,讲论乏人,亦天意耳。

去年冬偶作有《当风》一首,为友人将手稿发表于《纽约报纸》副刊《新独立评论》中,细看香港知识分子迩来飘摇之势,亦不免忱然。因复有《香港》新诗之作,并寄一览,兄当呵斥之否？匆匆祝
健乐

弟策纵　手上

1985 年 2 月 13 日

嫂座均此。

致杨联陞,1985 年 2 月 27 日

联陞兄如握:

二月十七日手书并和诗①已收读,甚谢！二诗皆甚有风致,"健笔"固不敢当,但亦可解作"犊健"之意,则此尚相称耳。第二首,首末二"向"

---

① 杨联陞《奉和策纵兄》(一九八五年二月十七日甲子除夕前三日作):"'叹老嗟卑'(板桥所忌)都坐断,太空无外粒尘真(sub-atomic)。'纵横''窈窕'皆成趣(彦威先生借用友人为黄晦闻诗赞语,即阴阳之美),健笔湘灵旧亦新。尽向东风作转移,门墙此日可言诗。春融积雪余寒在,莫向萧条系梦思。"

字，末句是否可改为"莫对萧条系梦思"？弟素觉诗中重字本无碍，有时且可增加某种效果，惟不必要之重复则宜避免，以诗短，故当惜墨如金也。且此句用"对"字似更切。不知兄意以为然否？

《香港》一诗中"曾经让台风/摇出智慧来了"如兄所说，恐不合白话文法，原句的确有点 twist，初意本想使它有点别扭。"曾经……"五个字可能再改进一下，但"摇出智慧来了"原有点转折的意思，像一个小孩被别人欺侮了，不敢对抗，给妈妈一骂，"这一骂，倒骂出勇气来了"。我没有用"倒"字，原想弄得轻微朦胧一点。原文如用散文直接写出来，本应该说："曾经被台风摇撼过，这一摇，倒摇出智慧来了。"这句本也回应第一节里"高楼底细腰/在风里摇摆"。我常觉得，新诗宜善用 ellipsis① 句法，不过如何才能用得恰当，倒真是个难题。所以这句还不妨再加斟酌。第一节的末了两行："海上有山，山上有/云雨。"自然是影用《长恨歌》里的"传闻海上有仙山，山在虚无缥缈间"。恐怕现在许多年轻人已不读古诗，不能领略了。第二个"有"字我想改成"作"字，隐含"翻手作云覆手作雨"之意，但"山上有云雨"似乎也不无一点微妙的好处。不知兄意怎样？

来诗"'叹老嗟卑'皆坐断"句，我辈自须向往，大氐宋诗如东坡等多能臻此。兹更和一首，实即事即景之作耳。仍乞正之：

答莲生兄仍用前韵

夏日悠悠自转移，	"夏日"语用多义，予向有英文《文道探原》一文论及夏代人对时间特敏感，故精于历法。
古今"时"刻化成"诗"。	予于《诗字古义考》一文中曾指出，"诗"字在甲骨文本作"寺"，在金文则作"時"，后人隶释皆误为"时"。（可参看附寄小文中第三项。）

---

① 即省略法。

| "东风负了"何须叹？ | 近来收到尚薇菀女士新著短篇小说集《负了东风》。 |
| "九十""春光"尚可思。 | 莲生兄来示称，其所居"屯镇八九十岁老人随处即是，我辈尚是少年（于镜宇兄[①]今年八十）"。此语甚壮。昨日收到谢扶雅先生寄来赠诗。彼已九十四岁，旅华三月，疲病极剧，急返美，四日后即写赠两诗。此尤可为莲生兄语作证也。 |

"夏日"之夏，除虞夏与春夏外，亦可指今日之华夏，故云"多义"。"东风"一词，自亦须作时髦语看，而"春光"当亦想到《早春天气》[②]一文也。"九十"亦是多义语。（陈陶《春归去》诗："九十春光在何处，古人今人留不住。"）

昨夜另作有七律一首，次句即用兄前诗"粒尘"意：

友　情

并叶同时类宿根，太空微粒互依存。

沉思往事延前世，迟复音书是负恩。

别后但知云可恃，劫余犹有酒为言。

独看月落怀君夜，白玉亭亭万古魂。

（"事"字顺口吗？我故意用了些双声和同音字。）

此诗无多饰，特是真情实感，好友当能鉴照。匆祝

俪祉

弟策纵

1985.2.27

---

① 于镜宇（1907—1999），名震寰，山东蓬莱人，图书馆学家。
② 指费孝通 1957 年所写《知识分子的早春天气》。

Wilma揭发"我田引水"事,兄能否为举一二例以明之?

致杨联陞,1985年3月1日

莲生我兄史席:

　　昨日寄上二函,想已达览。关于"迟复音书是负恩"句,虽然此间同事有人赞成改"是"为"愧",但弟想来想去,仍觉用"是"为好。何以故?盖若用"愧"字,则所愧者未必专为,甚且可全是不为"迟复音书"也。质之高明,以为如何?又"夏日悠悠自转移"拟改为"夏日悠悠影自移"似较妥。匆祝

近安

弟策纵　手上

1985.3.1

嫂座均此。

另寄《题山水画》及《风筝》二诗。

致顾毓琇，1985 年 3 月 10 日

逸樵吾兄道席：

　　接奉大著《天下一家》，无任佩感！其意极佳美，其诚尤可以动天地而感神人也。约四十年前弟亦尝有同感，欲夷国家为郡县，惜未能精析。今日之事，端在如何方能实施耳。兄书注解详征博引，尤为难能而有用，无怪许多曾获诺贝尔奖之科学家皆交相推荐也。但望国人亦多多注意大著之重要性。不知现已引起重要之反响否？近作小诗，附乞哂正。

友　情

　　并叶同时类宿根，太空微粒互依存。
　　（杨联陞兄近赠诗有句云："太空无外粒尘真。"
　　盖谓 sub-atomic particles 也。）
　　沉思往事延前世，迟覆音书是负恩。
　　别后但知云可恃，劫余犹有酒为言。
　　独看月落怀君夜，白玉亭亭万古魂。

　　匆此致谢，即祝

著安

弟周策纵　手上
一九八五.三.十

弘农①学姊均此。

_____

① 弘农，不详。

尊著已向此间图书馆推荐矣。

致杨联陞，1985 年 3 月 13 日

莲生我兄如见：

阳历"上巳"来示早已拜读，只因近来正忙于赶一论文，诗兴索然，致稽裁答为怅！和诗"雁去雁来"一联对仗甚工。末句"候鸟时声认古魂"尤佳。来信所说诸事，弟自多同感。去冬所作《当风》诗中"论史难平悲愤气，删诗顿起莫名哀"，当然也可包括我们亲见亲闻的近代史和当代史也。前些时（三月十一日早晨）做了一首打油诗奉寄：

《我田引水》一首用莲生兄意戏改王维
《积雨辋川庄作》

积郁生怜火气迟，好风原不计东西。

引我水田飞白鹭，任渠夏木啭黄鹂。

山中图像尊周史，庭下讽谣慕楚辞。

野老与人争席罢，海鸥顾客费猜疑。

（按《汉书·晁错传》："故功多者赏厚，功少者赏薄。如此，敛民财以顾其功，而民不恨者，知与而安己也。"颜师古注："顾，雠〔通酬〕也，若今言雇赁也。"又《食货志》："公得顾租。"注："顾租，谓顾庸之值或租其本。"朱骏声以为顾、雇皆可通贾。是顾实亦通雇，俗作僱也。诗中顾字用视、酬、

341

催、贾四义。）

"好风"二字本欲用"灾梨"二字指拙著，但诸公书文皆佳，故不欲用此耳。然更近王诗。王摩诘诗已收在《唐诗三百首》中，兄当能忆诵，兹为便于对看起见，仍抄录于下：

> 积雨空林烟火迟，蒸藜炊黍饷东菑。
> 漠漠水田飞白鹭，阴阴夏木啭黄鹂。
> 山中习静观朝槿，松下清斋折露葵。
> 野老与人争席罢，海鸥何事更相疑。

我这打油诗里谐声和隐语三数处，兄自一望即知，惟不懂美国汉学者或不知"韦慕庭"其人耳。"山中图像"自然是兄来信中所提到的相片。又信中说的那庭下之讽，当是一书评，弟未注意，下次盼告，以便一读。匆匆草此，即祝
健乐

弟策纵　手上
1985 年 3 月 13 日

嫂座均此问安。

342

致陈吾南^①,1985 年 8 月 2 日

吾南先生:

　　谢谢你两封信,尤其是七月二十八日信中抄寄了我的好些诗作和中学时的一些师友名单,读了令人真有隔世之感。诗我大多数忘记了,原只记得"红茶无凭学养生"一句,关于相对论和内分泌二文还记得题目,诗题只记得和彭玉麟梅花诗与寿亲诗等,其余都忘了。一九四八年出国前我还能背诵出自己许多诗句,后来就忘记干净,说来也寒心。

　　幼琴是先父给我的字,因为他字聆琴,号琴公,又号求自室主人。同学有时把我的作品拿去发表,半开玩笑用过"瑟子"之类,那是我事先不知道的。此外我也用过"丝竹"做笔名,是从"策纵"二字的偏旁而来。"琴"是从幼琴简缩的。大概我还用过一些别的笔名,现在想不起来了。先父讳鹏鸾,著有《琴公诗存》,一九四六年南京出版。(不知此书长沙能找到么?《琴公文存》未出版,稿已不知下落。《诗存》我现有影印本。)

　　一九三三年的《一中学生》不会有我的作品,我是一九三四年(民二十三年)才考进一中的,一九三一到三三这三年我在衡阳省立第五中学读初中。我在一中(长高)^②应是一九三四到三六,大约三七年初毕业罢。一九三五或三六我发表一些别的诗作,有《策纵先生之烦恼》^③一题,另有

---

① 陈吾南(1925—　),字湖波,别号吾兰,湖南新田人,湖南省文联成员,曾主编《湖南省志·文化志》。
② 1912 年创校,初名湖南省全省高等中学堂,1914 年更名为湖南省立第一中学("一中"),1934 年秋复改名为湖南省立长沙高级中学("长高"),及至 1952 年改名为长沙市第一中学,校名沿用至今。
③ 诗文见《致唐德刚》(1999 年 7 月 28 日)。

七律四五首，只记得"银樽遣兴呼兰棹，夜月移秋上柳枝"等句，下句曾经国文老师在课堂上大为赞奖过，所以还记得。长沙有个《国光杂志》，是省主席何键①支持办的。《长高学生》一九三七年的第二期，封面是我题的字，那期负实际编务的是唐宏镕②，他有一长文引了许多数字论述数十年来帝国主义侵华经济状况，不知用了什么笔名。他和颜克述③在师范班[十二？]，又普二十一班皆我同期，如有名单亦请寄来。颜克述也是我初中同班，国学很好，后来是钱锺书的父亲基博④先生在蓝田师大⑤的得意门生。我以前还和钱锺书谈起过这事。颜、唐、刘德仪、戴景昭、莫子纯、陈名世等皆我好友，还有皮涌泉⑥等也是。)文字多保守，并非我所喜，但也有些学术论文，所以我也发表了一篇《论儒释道三教在魏晋时代的交互关系》一文。此文如能找到，我很想复印保存。我在中学时写的另一篇《荀子礼乐论发微》登在上海世界书局出版的《学术世界》月刊上(一九三七年一月起连载)，惜因抗战中断停刊，稿之下半全失，已出版部分我以前在哈佛大学图书馆已找到。

我最想查到的，除了《一中学生》《长高学生》之外，还有一九三五或三六年左右上海有个什么经纬书局编印的一套《全国高中学生国文成绩》(书名大致如此，或称"高级中学"也可能)，收入我许多旧诗和几篇短文，其中一篇叫做《臣朔先生传》，是描写国文老师邱楚良⑦先生的，他不以为忤，反曾称赏过。我初中时发表过七绝二十首在上海大东书局出版的《学生文艺丛刊》七卷九集(一九三四年四月)，题作《癸酉暑假新诗二十首》，乃一九三三暑假所写。前几年南京大学已复印给我了。你如查

---

① 何键(1887—1956)，字芸樵(一作云樵)，湖南醴陵人，曾任湖南省政府主席。
② 即唐弘仁(1915—2009)，学名宏镕，湖南醴陵人，长高师范科 11 班，1942 年毕业于武汉大学经济系，曾任贵州省政协副主席、省人大代表等。
③ 颜克述，长高师范科 11 班，后入读国立师范学院，毕业后留校任国文教员，曾执教于湘潭大学、上海师范学院，并为《船山全书》编辑委员。
④ 钱基博(1887—1957)，字子泉，号潜庐，江苏无锡人，学者、教育家，曾任教于上海圣约翰大学、北平清华大学、南京国立中央大学、无锡国学专修学校、光华大学等。
⑤ 1938 年国立师范学院于湖南省安化县蓝田镇创办，钱基博任国文系主任。
⑥ 刘德仪以下数人均为周策纵就读长高普通科 20 班时的同学。
⑦ 邱楚良，湖南浏阳人，武汉大学中文系 1928 级学生，曾任教长沙妙高峰中学、湖南省立长沙高级中学、私立民国大学等。

不到,我可寄给你,那是十七岁时作品,大半幼稚,有八九首编者倒加了浓圈密点,其实一句"桔槔声渴老农忙",用个"渴"字我觉得还不坏,可是他们不曾察觉。

先父与南社诗人慈利、吴恭亨(字悔晦)及唐牺支(字以祀)很交好,以祀先生辛亥革命领军占领荆州、宜昌、沙市一带,从武昌起义抵定,功绩很大。后任司令,北京将军府将军,黎元洪派他和先父去日本考察宪政,后来都反对袁世凯帝制(先父草有《讨袁檄文》),先父在日时曾参加过同盟会,见过孙中山先生,也协助过宋教仁先生(但后即退隐)。民国元年壬子曾在武汉主编过《江声报》《自由日报》《新民国日报》《洞庭波》等。一九二一年辛酉前后在长沙编过《大中国日报》和《大公报》副刊,上面刊载了一些他和悔晦先生的倡和之作,不知能否查到。当时湖南谋自治,制定省宪,先父曾受聘为省宪审查委员。我小时还见到他书柜里保存有大批议案原件,他认为很宝贵的史料,后来乡下土改,我们全部书籍诗文稿,包括许多碑帖书画,都给毁掉了。其中有何绍基、翁同龢、翁方纲等人的书法(我父亲是湘南知名的书法家),还有于右任先生写给我的条幅十来件(于先生幼女后在美曾跟我念书,现仍在美任教中文)、沈尹默先生写寄我的诗词稿,丰子恺先生给我的书画,顾颉刚先生给我的信件,后来都据说都被毁去了。同盟会元老南社诗人叶楚伧先生曾给我一条幅,字好极了,诗见其诗集中《读〈琴公诗存〉奉题》(一九四四年秋在重庆作):"长天云路迥,空谷足音迟。百战三湘泪,千秋一卷诗。深人无浅语,嗣响有佳儿。会听高歌发,江头奏凯时。"(时日寇侵湘,我家陷敌)王云五先生一九四六年也有祝先父六十生辰七律一首,至今也失去了。

我近些年有少数诗文在国内可见到:北京人民日报社出版有《台港与海外文摘》,创刊号(一九八四年十一月)转载了我一首新诗《秋水》。周汝昌著《曹雪芹小传》(天津百花文艺,一九八〇)和冯其庸编著《曹雪芹家世》《红楼梦文物图录》(香港三联书店,一九八三,大型,有影片七百余帧)都有我的序文,内附诗数首。(惟后者序中诗句"岂有箱图追韵迹","有"应作"与"。)还有胡文彬、周雷合编的《海外红学论文集》(上海古籍出版社，一九八二）转载有我的论文三篇①，《古文字研究》（中华书局出版）第十辑（一九八三年七月）转载我一篇考证满城汉墓错金银鸟虫书药酒壶的文章，原刊台北《大陆杂志》②，惜此未注明系转载。又中国社会科学出版社出版沈已尧著《海外排华百年史》有我一篇序文（此书原系香港万有图书公司，一九七〇年出版）。以上诸书刊，你如能找到，看一看也可知道我后来的一些兴趣，不过我研究五四运动的成果国内多半不易见到。（只见彭明近著《五四运动史》前言中提到了一下，他的书在形式上似乎受了我那书的一些影响。我们的观点当然不同。）上述沈书，他的自序末也提到了一下。

　　大约在一九三六年左右，在长沙某大型日报的副刊上我和一些同学合办了一个特刊叫《赛因斯》，我发表过关于内分泌等科学性短文③。还有一九三四年夏天（?）在长沙某小型报纸上发表过一篇极短篇小说，题目可能是《春雨》，当已无法查到。

　　就你已找到的《长高学生》，可否请先把各诗全抄寄来，《和梅花诗》太多，只好请复印一份来，当然如能把诗文全印出，也很好。复印费我可寄还你（或买你需要的书物寄你）。一九三五、三六其他《一中学生》和《长高学生》各期如能找到那就更好了。"儿诗不入诗人眼"，"诗人"是否原为"时人"？"应时梅花作后身"，"时"是否"是"之笔误？"三宿空桑春末秋"，"末"是否原作"未"？有劳之处，特致谢意。

　　匆匆祝

编安

周策纵

一九八五、八、一一

---

① 当为《海外红学论集》，其中收录周策纵所写《论〈红楼梦〉研究的基本态度》《论关于凤姐的"一从二令三人木"》及《〈红楼梦〉"汪恰洋烟"》考。
② 《一对最古的药酒壶之发现——满城汉墓出土错金银鸟虫书铜壶铭文考释》，《大陆杂志》第62卷第6期（1981年），第7—18页。
③ 题目为《内分泌之重要及其功用》。另载《长高学生》第2期（1937年），第1—11页。

致叶维廉,1985 年 8 月 7 日

维廉兄:

几天前回了你一封信,附寄旧诗两首,想已收到。你问到"书"字的古义,我对这个字的起源,以前总觉迷惑难定,甲骨文里尚未找到这字,只能以金文为据。我以前有个大胆的假设,以为经此字可见殷周之际中国可能已发明了造纸术,可惜文献上找不到佐证。我的理由,说来话长,这里只简单给你说说:按《说文》云:"书,箸(著)也。"而于《自序》则云:"著于竹帛谓之书。"箸与著同。而古籍如《尚书》《易经·系辞传》《周礼·保氏》等皆可证"书"字有书写记载之义,也就是著记之意。可见许慎以"箸(同著)"字释"书"是不错的。(頌鼎此"书"字似最清晰。)今金文及小篆"书"字都从聿从者,"著"(箸)亦从者。按"者"(这)"诸"各字在古代称为"别事词",现在我们叫"指词"。我想这还是从记载、著录这一古义演化而来。"者"字上部象树枝,加了些点,可能指果或叶,也可能指液体,下面的 曰 可能是虚加,也可能象一器皿,即容盛的器具,如为后者,则可能是指象征把树枝果叶等放在器内,制造出什么来,类于卤或香等字的造作法。"者"字应是"楮""榯"字的初文。《山海经》里有楮,《毛诗草木鸟兽虫鱼疏》说:"幽州谓之谷桑,中州谓之楮。"《本草》李时珍注说楮树皮可捣以为纸,光泽甚好。唐宋以来多称纸为楮,纸币为楮券、楮币、楮钱、楮镪。颜色之赭也从者。檃本古著字,而据《广雅》:"揭橥,有所表识也。"可见之"睹"也从者。楮皮不但可制纸,也可作纸皮衣,今太平洋小岛人民犹用之。楮子树即 Paper Mulberry。英文如此,即据中国、日本皆以此楮子树可制纸也。《毛诗疏》称之为"谷桑",可能是正确的,我们现在还往往用"桑皮纸"。不过楮纸我只推溯至唐、宋时代或稍前。先秦时代是否有楮纸呢?

这是个大疑问。但我的确觉得"书"("聿者")是可能表纸笔二物。当然，还有个可能，就是"者"象征一个墨盒子，用笔蘸着墨汁或朱墨写字。至于是否也象图腾或祭祀？如果有，我看比记述著录之义还较晚。"者"字上面的树枝形物件似乎与述、術字中的"术"相同或相类，前人有以为"者"上为"黍"，我以为不如说为"术""记述""方術""著述"本有连带关系。

此点我将另为文详考，此但说其大略，不知你的看法如何？匆匆祝好

策纵
一九八五、八、七

慈美[①]均此。

致董桥,1985 年 8 月 12 日

存爵兄：

多时未见，甚念。

兹寄上短序一篇，何文汇的《杂体诗释例》一书，中大即将出版或已出版，我看此书一定会引起广泛兴趣，因有各种文学游戏宝贵资料也。序文既短，也许可排的疏一点（或加直格）。不知能合用么？[②]

---

① 廖慈美，台湾人，叶维廉夫人。
② 《杂体诗释例序》，原作于 1981 年 10 月 5 日，载于《明报月刊》总第 238 期（1985 年），第 98 页。

盼告。匆祝

编安

弟周策纵

一九八五、八、一二

良铺、俊东二兄均此不一。

致缪钺^①，1985 年 8 月 30 日

彦威教授著席：

多时以前，承惠手教及瑶章，拜诵至深佩感。只因弟处开会及讲学，致稽裁覆。（此正《友情》中颔联所说之感耳）然时时展诵大作，得无穷快感，盖积厚沉重，故能动人心魄，是至性中人，又关学养，允为难得。《寄远》《秋怀》及《长亭怨慢》等真绵丽深挚，情词婉约。（《盆花》诗有古意而含深远。）尤爱"微云作意偏宜雨，疏叶因风渐远人"联，下句似不经意而特有风致，可谓妙手偶得之耳。

拙作蒙不弃，以诸宗元题黄晦闻集之句相况，诚受之有愧，曾告杨联陞兄，彼谓"纵横""窈窕"乃阴阳之美，确有灼见。春间与彼常有唱酬，虽不敢云诗，特以友朋玩笑，聊纪一时心迹，又游踪所记，即事即景，本不足为

---

① 缪钺（1904—1995），字彦威，江苏溧阳人，曾任教于河南大学、四川大学、浙江大学等。著有《诗词散论》（1948）、《读史存稿》（1963）、《冰茧庵丛稿》（1985）、《冰茧庵诗词稿》（1997）等。

外人道，特欲抛砖引玉，故抄奉数章，以博一粲。久不倚声，只逢场作戏，亦寄上三数，乞方家指正。

《贞壮诗集》我未见，惟于陈衍《近代诗钞》中读到少许，尝喜其"心知一诺平生负，事许千秋后世传"，及"学古自能成独到，嗜奇不信剩吾侪"诸句。数年前偶在美国南部一杂货店中购得其所书扇面七绝一首，今遍检竟不得，将来盼仍能找出。

与迦陵女士合作词论①已出版否？亟望一读也。匆匆草此，即颂教安

周策纵　拜上

一九八五、八、三〇

附　　　　　　　和　诗　一　首

　　　　　诗笺随菊伴秋来，篱外篱东一例开。

　　　　　古趣谐新原失解，小言违俗岂非才。

　　　　　霜余最念遗根忍，风急难轻落叶哀。

　　　　　惭愧零丁无美意，早拼寒句委蒿莱。

　　彦威教授惠赐佳什，敬步原韵奉酬。即求

郢正

周策纵　未完稿

乙丑暮秋

---

① 即缪钺、叶嘉莹合撰《灵溪词说》，上海：上海古籍出版社，1987年。二人其后出版续编《词学古今谈》，台北：万卷楼图书有限公司，1992年；长沙：岳麓书社，1993年。

致王润华、淡莹,1985 年 8 月 31 日

金 缕 曲
示 威 大 诸 生[①]

壮岁情如月。照高楼、酒徒云集,浩歌声裂。意气相逢千金尽,宝剑明珠凛冽。初不计、人间风雪,匹马关河兴废事,待挥毫草檄冰霜节。蔑险阻,有交结。　　暮年烈士何堪说。对横流、回头故国,大河呜咽。独立斜阳迟未落,海外寒虫切切。剩绛帐、还存吾舌。白发红颜书百丈,铸钑铮孤论涂心血。谁共我,为诗没。

周策纵

一九八五年八月三十一日

于威斯康辛陌地生

给

润华

淡莹

策纵

---

① 发表于《文艺》第 16 期(1985 年),第 77 页。

致杨联陞,1985 年 9 月 5 日

联陞吾兄:

又多时未通讯问,不知近来玉体康强否?甚以为念也。《大陆杂志》上读尊作讲词谈书评,甚富启发。弟前在该志载《"巫"字初义探源》,不知见到么?久未与缪彦威先生通候,近始杂抄诗词新旧作寄去,兼抄出吾兄唱酬诸什,以当谈助耳。兹随函附上一份。春间曾去东部一行,惜时间匆促,不克到麻州一叙。匆匆即祝
健乐

弟策纵　手上

一九八五、九、五

宓君嫂均此。

致王润华、淡莹,1985年9月18日

鹃　思

八年抗战羁蜀,自兹丧乱亦繁。今见故人多有作,因成此篇。

一

危时簪笔论忧患,曾戴吾头抗敌顽。
一路流离成血泪,八年悲壮动江关。
恩仇尽比天山重,家国真同蜀道艰。
雨泣风号神鬼怒,斑斑青史不容删。

二

繁星孤月两难盟,一绝冰弦判死生。
袅袅微波怜逝水,萧萧芳树拨哀筝。
当时似怨原非怨,故国忘情益有情。
重检遗殇追缥缈,啼红宿憾向音萌。

周策纵　未定草
一九八五年九一八之夜

给
润华
淡莹

策纵

致杨联陞,1985 年 9 月 18 日

莲生我兄:

　　得手书甚喜慰。兄改杜《秋清》诗,深得少陵韵味而富今义,"遵""借"二字及"西海客""北鸿书"皆妙,可谓夺胎换骨也。惟末句"三原"似指实事,则非附注难明,不知兄有何别解。(《水龙吟》前数句确太着力为之,盖当时颇欲求脱去陈言耳,有过犹不及之失。)同日收到周汝昌兄信,因昨寄彼《江行》《友情》及《夜飞鹊》三首,故过奖云:"三章各有奇思妙句,匪特文辞之美,其中时见渊然哲理,不禁击赏难已。《江行》固非凡响,而《友情》通体警策,其深婉之致,不可及也。拜服拜服!"云云。(过奖固不敢当,但确可资策勉耳。)汝昌在红学家中最能诗词创作,佳者胜过吴世昌,数年前戏拟曹雪芹七律,顾颉刚先生及吴等皆深信为曹原作,顾先生甚且手书作横幅以赠南洋友人,弟当时见了颇觉惊异和失笑不已。迨后汝昌公开承认,并有在场者证实,而世昌反为文反驳,云此诗非雪芹不能办,汝昌岂可据为己有? 二"昌"为此打了一场颇为"猖獗"的笔墨官司,实亦红坛佳话也。不知兄曾注意及之否? 年来我也写过一些白话诗发表,不过不大寄给朋友看,只缘旧诗读者无多,又便于当信柬明片用,故常分寄二三友好,品评吹嘘一番,亦是私乐而已。百年后读者能有几人? 似亦不必虑及,只要中国文字尚存,若诗真有实感,能动人,则总会有嗜痂者耳。此中文有略胜于拉丁文之处也。《论"巫"字》文寄上乞正。近代中外语言学家多轻视文字学,固然语言学比较容易近于科学研究,文字学则往往论断难必。但我多年来有不同看法,以前在国际汉学会议上也曾提到此事。本文次页下栏中间一段,也曾提到这一点,盼兄亦能与我同声一呼也。另寄上论诗词"当下"美一文。此文实对中国诗学之

354

重建颇有关系，台北《联合文学》今年六月份亦先刊出过此文初稿，编者认为甚多创见。弟自认此文写来亦不易，惟吾人对中国传统文学理论与批评，尚待更多之努力耳。（在哈佛时，I. A. Richards[①] 曾与我有合作研写中国古代诗论之计划，后各分散未果。）

把嫂夫人的别号写差了，抱歉抱歉！好在原是仙女。匆匆祝

健乐

弟周策纵　手上

一九八五、九、一八，不觉竟是个大可纪念的日子

宛君嫂均此。

兄谈"保""包"文盼先读为快。

致叶嘉莹，1985 年 9 月 25 日

迦陵女士：

久未通候，想近来又多佳什。前承寄大作《草堂五律》，直似草堂风韵，允为难得。比以无善可告，竟迟作答为憾耳。

哈尔滨师范大学与威大将于明年六月十三日至十九日在哈尔滨共同举办国际《红楼梦》研讨会，威大命纵负责与哈大筹备，已嘱邀请大驾，盼能赴会，邀请书用两校校长名义发出，不日当可收到。

---

① Ivor Armstrong Richards(1893—1979)，中文名瑞恰慈，英国汉学家，曾任教于英国剑桥大学、美国哈佛大学等。

少作数章,随奉一粲。匆祝

教安

周策纵

一九八五、九、二五

附寄《鹃思》《迟暮》《金缕曲》。

致潘受^①,1985 年 10 月 2 日

国渠先生道席:

　　王润华博士来美转交所惠新版《海外庐诗》,至深感佩! 数年前在星数接欢谈,复蒙题赠佳句,犹悬办公室中也。其后曾寄奉贺年片,竟遭邮局退还,乃于覆颖南先生信中时时询及尊况,知一切佳胜为慰。尊诗清介可诵,在蜀及还都后诸作,如与章行严^②、潘伯鹰、江翊云^③诸君唱酬之什,忧忧独造。"杨柳分春绿可搓"和韵直压原作,允为难得。盖尊诗独到处正如所云"山如负气欲争高"及"一山云护松为国",自成境界也。今日能作旧体诗者固已寥寥,实则真知者更难得。以致报刊或不登载,或

---

① 潘受(1911—1999),本名潘国渠,字虚之,号虚舟,生于福建南安,19 岁渡南洋,新加坡诗人、书法家。曾任《叻报》编辑、柔佛麻坡中华中学校长,抗战期间出任南洋筹赈难民会秘书长,1953 年参与筹办南洋大学,后任该校秘书长,退休后获校方颁授名誉博士。著有《海外庐诗》(1970 年初版、1985 年再版)、《潘受墨迹》(1985)、《潘受诗集》(1997)等。

② 章士钊(1881—1973),字行严,湖南善化(今长沙)人,学者、教育家、政治家。

③ 江庸(1878—1960),字翊云,号澹翁,福建长汀人,法学家、政治家。

刊出又多庸俗不堪，徒损旧体之声誉，益可叹息！南洋近年来盛倡国学，出版界比以前似亦大有进境。尊诗集印制精美可喜，不知以后印刷当方便否。此间乏人切磋商讨，偶有所作，往往散失，颇不成章法矣，奉上数首，聊博一笑。草此即颂

吟安

周策纵　手上

一九八五年十月二日

附：新诗一束

《采桑子》词与《江行》《当风》《友情》《鹃思》《金缕曲》《不为》。

致程千帆[①],1985年10月9日

千帆先生道鉴：

　　张英螺[②]女士转寄来所惠大著《古诗考索》，并附手示，至深铭感！尊著甚富卓识，勋初[③]教授亦已畅述，读后获益良多。论定"悠然见南山"中"见"字，能从作者思绪之演进程序着手，不囿于师说，尤为超特。年初偶

---

① 程千帆(1913—2000)，原名逢会，改名会昌，字伯昊，别号闲堂，湖南宁乡人，文史学家，曾任教于金陵大学、四川大学、武汉大学、南京大学等。著有《文论要诠》(1948;《文学发凡》修订本，后再增订为《文论十笺》)、《唐代进士行卷与文学》(1980)、《古诗考索》(1984)、《闲堂文薮》(1984)等。

② 张英螺，不详。

③ 周勋初(1929—　)，上海人，文史学家，南京大学中文系教授、江苏省文史研究馆馆长。

草小文,论及中国诗之抒情主流及自然境界,惜彼时未得尊著,幸所论大体尚不违耳。兹附上乞正。大作析论《春江花月夜》之源流,补闻一多之缺失,至为允当。窃意此诗于瞬息赏乐良辰美景之际,能贯彻古今、人生、宇宙、时不我与之理,极具惆怅与无可奈何之感,亦拙文中所云对时间特具敏感之一例证。亦不必即"少年式的人生哲理",先生援马氏学说影响为说,恐亦不能不如此附会耶。至于南朝文学与宫体诗素为世所诟病,纵三十年来大持异议,此未能细论。宫体诗固有其局限性,然闻一多入之于"罪",亦未免太过矣。南朝国力不振,是汉族之失,然其文学美术思想上之成就,灵肉之亲切敏锐感,岂必职是而非贬之不可?秦固灭楚,却无骚赋之优美;雅典虽败于斯巴达,其对文哲美术之贡献,尤为不朽。战国之变乱,南北朝之扰扰,由于自由竞争之环境,文学美术与哲学思想历史著述之发煌,固有其特色与贡献,未可以国力论断之。多年前,纵有"偶反成王败寇风"之句,亦此之谓耳。偶论及此,盼指其谬。匆匆,祝著安

周策纵　手上
1985 年 10 月 9 日

致潘受,1985 年 10 月 11 日

国渠先生道席:

日前寄上一函,并附诗词数首,想已达览。诗中似有"当风"一首,末句"堕灰"二字,"灰"字笔误作"欢",不知所寄者是否为此页,如是,当乞

代为改正。自写稿有时正看不出,后来发现,殊自失笑也。

随函另附上近作数首,不记上次已寄呈否,仍乞郢正。匆匆草此不尽,即祝

吟安

周策纵　拜上
一九八五、一〇、十一

致缪钺,1985 年 10 月 28 日

彦威先生史席:

顷奉手示及惠锡佳句,并今年《冰茧庵诗词稿》,及《灵溪词说续》十三论文、刘词,至深感佩。惠诗以"能贯古今寓孤愤,更于卓荦见奇才"相许,自不敢当,然尊句"咏怀归趣思陶阮,修史微辞值定哀",言切而重,敢不以此自励。论文山与辰翁词抉发其沉痛深厚处,读之令人感发,文前绝句,其本身亦皆名作矣。所引王清惠《满江红》词,实可称为女子中之佳构,"客馆夜惊尘土梦,宫车晓碾关山月",意象深至,不失为秀句,或可附带指出,缘前人于宫人之作尚不免轻忽也。文山和词称其末句少商量,经先生一解,可谓得其用心。盖姮娥奔月,原有逃避浊世之象征意义,今尘世皆为元朝所统治,以女子身份而言,亦正如鲁连之赴东海也。清初遗民常以"明月"或"月"方明代,固由其名称相类。实则明月亦象征世外一片干净土,元初遗民诗词中似亦往往以此为怀念胜朝之所寄托。如文山和词"妾身元是分明月",自是以明月比自身之洁白,然句中以

"元"与"月"并举,是否有身虽在元而实属于月即宋之暗示,亦是一疑问。即如尊文所引文词《酹江月》之"孤月",辰翁《柳梢青》中"想故国,高台月明",王沂孙《眉妩》咏《新月》中所谓"云外山河",似亦皆以月为寄托,恐他处之例尚不少。因读尊作,偶有此疑,尚不敢自以为是耳。"江令恨别"句,因自称"二人皆北去",诚如尊论以指江总为妥,惟前人固尝称江总为"江令",如杜甫《秋日夔府咏怀》"江令锦袍鲜",李商隐《南朝诗》"江令当年只费才"。而亦称江淹为"江令",如元人王恽《梦升天诗》"彤笺[1]梦传江令笔",例证颇多。盖淹在宋时为建安吴兴令,南齐建元初又为建平王记室带东武令。东武县本在山东,但此如乃宋所置县,不知是否在江苏北部?"恨别"一词,通常连及江淹,不知辰翁此典,可能融合二人否?此则先生不妨进一层论定之。(似宜以总事为主,然亦受淹事影响?)

尊作《贺新郎》及《鹧鸪天》多有超越之意境,读"自诩渊明篱下菊,能耐风霜时节。更喜见,繁英相接"句,想见高致。昨晨枕上乃以此起兴,率尔草和所赐瑶章,另纸书呈,以当一粲。又近作数首,上次或尚未寄奉,并此附上乞正。

成都将召开诸葛武侯研讨会,寄来邀请函,本来高兴参加,惟时间迫促,兼以十二月初将出席华府美国人类学会之年会,赶写论文,(有一哈佛考古学教授见纵曾发表文字论及古代之巫医,故邀往提出此种论文耳。)以致未能如愿,失此良机,亦殊可惜。

莲生兄月初在港中文大学作钱穆讲座讲演,想已有联络,匆匆草此不尽,即颂
著安

周策纵　拜手
一九八五、一〇、二八

所钤小玺系多年前自刻,印泥乃漳州八宝印泥。邓嗣禹教授转赠,原为邓文如(之诚)①先生于彼出国时手赠之物,故纵亦珍惜罕用之。

附呈《诗词的当下美》一文,另二纸乞代转交武侯祠谭良啸②先生为感。

致刘若愚,1985 年 11 月 9 日

若愚唔兄如握:

得信及手书七律,至以为谢!"残家事物无非泪,故国江山尽是诗",的是好句,恰能道出今日吾人真情实感。

近作《鹃思》《金缕曲》及《一事》等,寄上聊供一笑,并乞指正。

下年行止已定夺否,有新著尚盼随时见示。草此即颂

教祺

弟周策纵　手上
一九八五年十一月九日

---

① 邓之诚(1887—1960),字文如,号明斋、五石斋,江苏江宁人,历史学家,曾任教于北京大学、燕京大学等。
② 谭良啸(1944—　),重庆人,曾任武侯祠博物馆研究部主任、副馆长。

赠《明报月刊》,1985 年冬[①]

诗人疾之不能默，

丘疾之不能伏。

此桓宽《盐铁论·相刺篇》所记文学引孔子语，王充《论衡·对作篇》亦尝引用。二语最足见孔子抗议不屈之精神，而后世鲜有称述，良可叹息。予素以此自勉勉人，因书为

《明报月刊》二十周年纪念

周策纵

一九八五冬日于美之陌地生

---

① 题词见《明报月刊》第 241 期"二十周年纪念特大号"(1986 年)。

致马泰来^①,1985 年

泰来兄:

　　谢谢你寄来复印的《猛悔楼诗》。我尝以为王世鼐应是民初较优秀的旧体诗人,可惜陈衍《近代诗钞》全未收入,也许是因为出生较晚之故,但陈书中实亦多较晚的诗人。

　　上次托王润华博士转告的事,是因近来国内亲友发现了先父一些辛亥革命前后的史迹记载,我因离家颇早,多不知其详。据说至少《湖南历史资料》中有三篇文章可资参考,计为熊光汉(光岳之弟,乃湖南政协委员)自述,《湖南辛亥光复事略》,和《六十年的我》等。他们看了又未记卷期和出版年月。先父讳鹏耆,号琴公,辛亥前后讳业鹏^②,民元(壬子,一九一二)及二年曾在武汉主《自由日报》《江声报》及《新民国日报》笔政。一九一六年左右曾任护国军秘书长,草有讨袁、北伐等檄文。曾轰武汉等地。一九二一年(辛酉)在长沙主编过《大中国日报》,友人中有刘文锦、唐牺支、吴恭亨(悔晦,南社诗人)、蒋翊武、冯经纬(宣三)、符节(剑雄,孙中山曾委彼为湖南都督)、胡石庵、杨壬鹏、马骧等。据熊光汉等回忆,先父曾加入过同盟会,武汉起事前数月曾参加过长沙城南天心阁会议,城东清水圹会议,武汉起义后又与陈作新等在长沙响应。因先父于民国后深感失望,二十年代后即退隐家居,少谈往事。我只在他诗集《琴公诗存》中,找到极少事迹,而此书海外似亦无有(只在南京大学图书馆

---

① 马泰来(1945—),原籍广东番禺,生于广州,香港学者。先后供职于芝加哥大学东亚图书馆及香港大学图书馆,2001年至退休前任普林斯顿大学东亚图书馆馆长。马幼垣之弟。曾编订整理《林琴南所译小说书目》(1967)、《新辑红雨楼题记　徐氏家藏书目》(2014)等。
② 周鹏耆(1886—1952),谱名先球,字聆琴,号琴公,湖南祁阳人。著有《求自室文集》(1912)、《琴公诗存》(1946)等。

找到一部）。故要托兄代为留意。《湖南文史资料》目录如能印寄亦佳。
哈尔滨红学会①邀请信想早已收到，盼你与幼垣都能出席。匆祝
近安

周策纵

---

① 第二届国际《红楼梦》研讨会于 1986 年 6 月召开，哈尔滨师范大学与威斯康星大学合办。

致王润华、淡莹，1986 年 1 月 19 日

润华　淡莹：

你们两次回陌地生来，真使我高兴极了！总觉得时间还太短促。润华寄来的照片和诗都收到了。照片还不错，我这里也有两张，特随信寄来。

润华的《弃园诗抄》好得很！我多年来想写一篇《弃园记》，一直没有动笔，现在有了润华这两首诗，那篇《记》也就可有可无了。这诗不知已寄交什么刊物发表么？刊出后盼寄我一份，或告知我。《香港文学》《联合文学》或《明报月刊》都可以，否则报上也可以。近期《香港文学》上润华的《佛国出家记》，两首立意都好。《坐禅》第二节首行末了似乎多印了一个"过"字？

《弃园诗抄》倜傥有风致，意趣超特不凡，把主人的个性间接地撑托出来，是一种上乘手法。《扫落叶》一首末了忽出新意，落叶下自有绿草，亦是一真理。《扫雪记》中"陈年老雪"这意象兼有 tension 和 irony 之感，最是得来不易，而实是"妙手偶得之"也。"剷"字虽可通"铲"，但用金旁的"铲"字与"冰"相碰撞的尖锐声，当更为适切而突出。又《后记》第二行"今年因参加"的"因"字不妨删去，下句首有"因此"似犯重复。这两件如来得及改最好一改。另有一件，"和淡莹……同行"一句，并列好些名字，现不出亲疏，似可改为"淡莹和我偕杨青矗与向阳、方梓夫妇同行"，不知你们以为如何？

近来忙乱，不多写了，祝好

策纵

1986 年 1 月 19 日

淡莹近来写诗么？哈尔滨红学会盼你们能去。

致叶维廉,1986 年 3 月 21 日

维廉兄:

十一月初我应中国作协之邀,出席了上海的中国当代文学讨论会,可惜未见到你。到了中国作家四五十人,二十二个国家的学者四十余人,水平很不齐。海外华人只见到王润华、淡莹夫妇、李欧梵和陈幼石。我因五年前曾和艾青争论过关于"朦胧诗"问题,他们夫妇对我关系固然一直很好,但他在《光明日报》发表过《迷幻药》一文,后已收入《艾青论诗》①一书里,我一直无暇答覆,因借此机会,宣读了一篇短文作答。替"朦胧诗"作了些辩护。当时王蒙也在场,有一外国人宣读一篇论文,说王蒙的短篇小说《夜的眼》并不如国内某些人所批评的那么朦胧,而是有头有尾的,清楚明白的正规小说,似乎在替他开脱。我当时却说,他那小说实际上还是迷糊朦胧,所以才较好。王蒙当时也不否认。我是又把他拖下水了。所以会后当天我在赴宴的车上写了首打油诗,白桦②拿在餐桌向大家朗诵了一遍。王蒙看了也大笑。他这次在会上,和数十位新闻记者发生过争论,颇遭反对者批评。所以我在诗里用了"汪汪蒙蒙",他是有点满头雾水,但他是同情现代诗的,至少一部分如此。这打油诗见背面。谢谢你的信。我在达拉斯内子处度寒假,元月七日即回陌地生。上海会后,曾招待游览苏州、无锡、太湖、宜兴、惠山等地,在国内两周,第二周起即在无锡患腹痛,归来十来天才渐愈。

匆祝

---

① 即艾青《诗论》。
② 白桦(1930—),原名陈佑华,河南信阳人,诗人、剧作家。

年祺

周策纵

一九八六、三、二一夜

慈美均此。

致张充和,1986 年 8 月 30 日

充和:

　　图章两枚已遵嘱刻好了,特此寄上,"退而不休"省去了"室"字,一来因石头不太长,挤上去觉得不合适;再方面,你玺形像个脚印,与"退"字巧合,作室名似倒不如作四字闲章更好。现在只好欠你一个字,你如一定要,以后有恰当之石,再补刻一个罢。这两个你喜欢不喜欢我可不管,我自爱之也!辛勇说青绿山水你已为我画好。讨价还价,其实两颗宝玺怎么只抵一幅画呢? 应该加写一首美词来罢,不能钞现成的,要新作一阙,如何? 说到"今阿买",想起磨掉"委曲"真有点委曲,将来你还是把这颗也请人磨掉重刻吧,古有名媛喜欢裂帛撕扇子,张充和喜欢磨印,也是千古胜事。不多写了。近作有无? 等着你的画和诗词字,你看我又加了价了。物价飞涨,通例也。祝
安乐

策纵

一九八六、八、三〇

汉思均此。

367

致张充和,1986 年 9 月 29 日

充和:

　　寄来的山水画和扇面及信都收到了,欣喜又感谢之至! 丝画秀丽清逸非凡,简文《梅赋》,汉思曾有英译,得此手书,尤为贵重矣。中国之行,何时成行? 我应邀将出席十一月初在上海召开之中国当代文学国际会议,乃中国作家协会所主持者。王文生教授来函,知彼夫妇在耶鲁,可喜。周汝昌兄及其女在此与我合作,亦是鲁斯访问学人,为期一年。匆此致谢,即问

近安

策纵

一九八六、九、二九

汉思均此。

附:《玉楼春》①、《胡说》(新诗)、陈诏《曹胖乎》文②、《玉玺、婚姻、红楼梦》文③、《如何从古文字……》文④、《杂体诗序》⑤。

---

① 词见《致王润华、淡莹》(1990 年 11 月 10 日)。
② 陈诏《曹雪芹胖乎? 瘦乎? ——刘旦宅为曹雪芹绘新像记趣》,作为附录收入《红楼梦案——弃园红学论文集》(2000)。
③《玉玺、婚姻、红楼梦:曹雪芹家世政治关系溯源》(上、下),连载《联合月刊》第 17 及 18 期(1982、1983 年)。
④《如何从古文字与经典探索古代社会与思想史》,《明报月刊》总第 216 期(1983 年),第 94—96 页。
⑤《何文汇著〈杂体诗释例〉序》,载《明报月刊》总第 238 期(1985 年),第 98 页;另见《杂体诗释例》(1986)。

致赵清阁^①,1986 年 9 月 29 日

清阁先生:

　　哈市喜获畅谈,后获手教与大作,尤深欢感! 兹随函奉上会时所摄教照片两帧,藉作纪念。谢冰莹先生我返美过旧金山时又会见,并道及□先生近况,伊亦嘱代为致念意。中国作家协会函邀出席十一月三至六日在上海举行之当代中国文学国际会议,彼时或又可一叙也。匆匆草此,即颂

著安

周策纵　手上

一九八六年九月廿九

---

① 赵清阁(1914—1999),河南信阳人,作家、画家。著有《华北的秋》(1937)、《诗魂冷月:红楼梦剧本之一》(1948)、《梁山伯与祝英台》(1956)、《沧海泛忆》(1982)等。

致余英时^①，1986 年 12 月 18 日

英时兄：

我那小文载在六月中《联副》上（颇有错字，如明琳都误作明瑞之类）^②，不知你见到了么？虽系牛毛"细"事，但实反映出判断资料之重要问题，亦牵涉到如何阅读也。裕瑞原文："闻前辈姻戚有与之（雪芹）友好者。其人身胖、头广，而色黑。"诸红学大家（包括吴恩裕、俞平伯、吴世昌、周汝昌以及台、港、海外多人）都认为此前一句表明裕瑞是亲见他的与雪芹相识的前辈姻亲直接说的，故颇可靠。实际上他们都误读原文。句中有一"有"字，前面自成一独立句。（且"者"下又无"言"或"云"之类的动词。）此句说明，连前辈姻戚与雪芹交好这件事都是听别人说的。可见这些前辈姻戚本人绝未告诉过他。其实这更暗示那些前辈姻戚是谁他也不知道。事实上，正是敦敏、敦诚、明义。而这些人自写的诗却又明说雪芹是瘦的。可是三四十年来，专家误读误断之后，害得画家也把雪芹弄得黑胖起来，岂不冤枉！至于那两张画，吴世昌、俞平伯先生等更曾用裕瑞这话来作证，说既与话相合，画当然也就的真了！吴更因此大骂胡适之先生。我看这正是因果颠倒。不知你的看法如何？

---

① 余英时（1930—　），原籍安徽潜山，旅美学者，曾任教于美国密歇根大学、哈佛大学、耶鲁大学、普林斯顿大学等。著有《方以智晚节考》(1972)、《论戴震与章学诚：清代中期学术思想史研究》(1976)、《陈寅恪晚年诗文释证》(1986)、《士与中国文化》(1987)等。
② 《曹雪芹胖瘦辨》，载《联合报》1986 年 6 月 19—20 日 8 版副刊；后改题《有关曹雪芹的一件切身事——胖瘦辨》，收入《红楼梦案——弃园红学论文集》。

在会场上①宋谋玚②说，诗句不可靠。这自然也有理由。但我认为雪芹如是个胖子，一个亲近朋友于他死后几天内写追悼诗，能用"四十萧然太瘦生"这种句子吗？既非幽默与反讽，那是极不近情理的。端木蕻良③等人当即支持我的说法。敦诚这句如是说雪芹死前变瘦了，当然也可能。但敦敏诗说他"嶙峋"如石，那就不尽如此了。连那些与雪芹相识的前辈姻戚是谁，他都不清楚。我们现在知道，那些前辈姻戚正是敦敏、敦诚、明义等人，而这些人自己写下来的诗句都明明说雪芹是瘦的。可是三四十年来大陆以至海外及台港诸红学家都不顾敦诚挽雪芹诗"四十萧然太瘦生"的说法，而许多画家也把雪芹画成黑胖！我这文章翻案以后，两位最著名的红楼梦画家刘旦宅、戴敦邦都已开始改画成瘦俊之像了。端木蕻良写《曹雪芹》小说传，说也要采纳新说了。这虽"细"事，但亦是趣事耳。

上个月中国作家协会在上海召开了一次"中国当代文学国际讨论会"，ACLS 资助我去出席，五年前我曾和艾青对新诗发生过一次争论，他说台、港、海外的"朦胧诗"是"迷幻药"，大加反对，在《光明日报》上写文批评我向"大陆推销"。吕剑④更批评得厉害。虽然香港《明报》上有人写文章替我辩护，但几年来我一直没有好好答覆，所以这次乘机提出了一篇短文作答。（此稿以后当另寄给你。）

上海会议之后，曾招待去苏州、无锡、宜兴等地一游。在国内只待了两星期，写了不少打油诗，附寄《苏州》一首。题张乐平⑤画四幅乃是应魏绍昌⑥之托在会场题的。张乐平以画《三毛流浪记》著名，此四小儿着色像画得很好。

匆匆不具，即祝

---

① 《曹雪芹胖瘦辨》原为 1986 年 6 月哈尔滨国际《红楼梦》研讨会上所提论文。
② 宋谋玚(1928—2000)，原籍湖南双峰，生于上海，曾任教于山西大学、晋东南师范专科学校中文系。
③ 端木蕻良(1912—1996)，原名曹汉文，辽宁昌图人，作家，曾任北京市作家协会副主席。
④ 吕剑(1919—2015)，原名王延觉，字聘之，山东莱芜人，曾任《人民文学》《诗刊》编辑。
⑤ 张乐平(1910—1992)，浙江海盐人，漫画家。曾在《大公报》连载《三毛流浪记》。
⑥ 魏绍昌(1922—2000)，浙江上虞人，红学家。

健乐及年安

策纵

1986 年 12 月 18 日

嫂座均此。

我昨天到达拉斯内子处，元月七日才回陌地生。

致汪荣祖,1987 年 3 月 14 日

荣祖吾兄如晤：

　　承寄示近作七律,立意甚佳,情见乎词,殊堪环诵。惟略有数字平仄尚可商。一般总以为"一三五不论",七律中紧要之句,往往并不如此。故"可恨冰霜埋旧踪"之"埋"字仍须以仄韵声字为较协调。改为"没"固可,若用"压"字,似用意更觉特殊。"浩浩满天迷道路","满"字亦以用平声字为好,不如改为"漫"字。"道路"一词似太易,且与"三松"对仗欠工,不知可考虑改"道"字为"大"字或"异""旧"诸字否？如此则与下句"昂昂独立慕三松"较为对称也。(若更大胆,则不妨改"漫天"为"横飞",庶与"独立"相对。)偶发谬论,不当之处,请海涵为幸。匆匆草此,即祝
著祺

周策纵

一九八七、三、一四

此信写得太潦草,故迟未付邮,然近日太忙,仍无法重写,只好寄出,草草请谅。

致陈怡真^①、罗智成^②,1987 年 5 月 18 日

怡真、智成:

五月四日的报纸和你们特别函寄的那张^③,十七日才收到。《联合报》与纽约赠我的报纸,也独缺这天的。"中央日报"海外版的这天寄到了,可是副刊中《话五四》一文^④,并非我所写的,只是一篇我未预目的访问记(记录不少已去信更正)。《联合报》五四我本没有文字,但不知为什么却缺寄那一天的?

今天读到《人间》所载周汝昌兄一文,这儿特寄来我近作序文一篇,尚未发表过的。希望副标题"序"一项和首段没有防碍,不须删去。万一你们觉得有很大困难,就请删去,不过第二段首句就得改作"记得一九八○年六月在陌地生首届国际《红楼梦》研讨会开会的时候",这样才能明白。当然,一切如能不删改,那就更好。我的"三问",第一问,所答与汝昌兄"文化小说"有类似的看法,不过我的解释更宽广些。第二问关于著者问题,首先是反驳俞平伯先生前不久在香港讲演主张"集体创作"的说法,同时也反对自胡适以来许多红学家把后四十回当作高鹗伪作之说。第三问还很少人认

---

① 陈怡真(1950—),原籍浙江余姚,台湾作家,曾任《中国时报》"人间"副刊主编、《时报周刊》撰述委员、正中书局总编辑等。著有报告文学《莺歌的脉搏》(1980)、传记《人间迦叶——王清峰》(1996)、儿童文学《李田螺》(2003)等。

② 罗智成(1955—),原籍湖南安乡,台湾诗人、文化评论者。周策纵学生,威斯康星大学东亚系硕士、博士,曾任教于台湾中国文化大学、淡江大学等,并历任《中国时报》"人间"副刊编辑、《中时晚报》副总编辑、台北市政府新闻处处长、香港光华新闻文化中心主任、"中央通讯社社长"等。著有《倾斜之书》(1982)、《梦的塔湖书简》(1987)、《透明鸟》(2012)等。

③《中国时报》1987 年 5 月 4 日第 19 版"人间"副刊载有周策纵所撰《张忠栋著〈胡适五论〉序:五四思潮得失论》。

④《不堪回首话五四》,载"中央日报"(国际版)1987 年 5 月 4 日"海外"副刊,后于 1987 年 5 月 24 日投同刊"来函"更正。

真讨论过,我算是首先"严肃"提出来的一个了。此文能早日刊出么? 匆匆祝
好

周策纵

一九八七、五、一八

《红楼》三问:

1.《红楼梦》为什么这样有吸引力?

2.著者问题能这样决定吗?

3.新校定本是否较好?

智成的散文集《书简》已收到了。有几则正是很好的散文诗,可比《野
草》。照片也有些很好的。

致戴敦邦①,1987 年 6 月 1 日

敦邦教授吾兄如握:

　　久未通讯,时以尊况为念,兹随函寄上尊绘雪芹著书图②摄影一张及
底片,盼将来能收入尊著中。底片以后用完时尚乞寄回为感。

---

① 戴敦邦(1938—),江苏镇江人,国画家、插图师,曾任职于上海工艺美术研究所、上海交
通大学人文学院等,作品见于《红楼梦》(杨宪益、戴乃迭英译,1978)、《戴敦邦水浒人物谱》
(1997)、《戴敦邦新绘全本红楼梦》(2000)、《戴敦邦画谱》(2009—2014)等。

② 戴氏画过一幅清癯的《曹雪芹著书图》相赠,周策纵曾在其上题词。

令郎上次寄来照片及《书法》刊物，该刊所载弟之书法，诗之末二句原为"字字造成皆有血，一波一磔带相思"，该刊将"血"字误释作"主"字，大为不当，尚盼转告该刊编辑，如得便，不妨更正也。

匆匆草此，即祝

教安

周策纵

一九八七、六、一

致孙淡宁^①，1987 年 6 月 8 日

淡宁：

高兴收到你的长信，还承你好意寄赠那颗鸡血印石，真是厚情可感。前些时周汝昌兄在我家，我特别给他看，他也十分珍赏。这里写了首《咏老》的诗给你和绍政^②兄。白居易的原诗《咏老赠梦得（刘禹锡）》非常有风趣，所以我也续貂一番，总有点不服老罢了。白氏原诗是："与君俱老也，自问老何如？眼涩夜先卧，头慵朝未梳。有时扶杖出，尽日闭门居。懒照新磨镜，休看小字书。情于故人重，迹共少年疏。唯是闲谈兴，相逢尚有余。"白和刘于大历七年（七七二）同年生，刘卒于会昌二

① 孙淡宁（1922—2016），笔名农妇、张昭明、紫笺等，原籍湖南长沙，香港散文家、编辑，曾任职于《明报月刊》《明报》《明报周刊》等，并执教于香港浸会大学新闻系。著有《锄头集》（1977）、《水车集》（1978）、《犁耙集》（1978）、《西风寄语》（1987）等。
② 马绍政，上海人，孙淡宁丈夫。

年（八四二），实年七十。故白氏此诗作时比我还年轻也。我在大陆时，几乎天天写日记。数十年的留在国内，土改时全毁失。惟一九四八年出国时带了一本出来，前些时一看，竟发现那年一月二日记有你们夫妇清早来访，留午餐一事。想来真同隔世了，那时我住在南京珠江路，已辞职准备来美。我还记下了你说的一句傻话呢，不知你还记得么？下次再谈，祝

　　绍政兄和你好，并问候可伭一家

策纵　匆及

一九八七、六、八

"青眼长看笑，白头短免梳"下句亦实情耳。"半夜得闲居"，半夜始得闲居，亦不免有反讽味耶？

附：《象征主义与客观主义纵谈》①。

致张佛千，1987 年 8 月 9 日

佛千先生道席：

　　拜读手书及尊作，至感喜悦。棋道得此幽默之作，增色殊多也。

　　每次访台，均曾向友人探问先生电话，皆未得要领，未及一叙为憾。

　　数年前承索拙书，曾覆函请示尊诗，以便抄写。久未得覆，兹谨录小诗

---

① 新诗，自言"一九八七、五、二三清晨于陌地生"，发表于《香港文学》第 31 期（1987 年），第 48 页，题目改为《象征主义和客观主义——新商籁》。

一首,聊以报命耳。纵本月廿七日将离此往新加坡大学中文系客座一学
期。元月底仍返此间,此期间信可寄该系。匆匆祝
著安

周策纵　拜手

一九八七、八、九

"打油"一词固已成俗语,然传说起源已古。此亦可见雅俗、文白有时颇
难分别,且诙谐滑稽之作,本来多以用俗为好也。

我在《中国时报》"人间"副刊四月九日发表有《从"造形象棋"谈到"通
文"》一文,不知已见到否?另有象棋起源小论,因事忙尚未脱稿。

弃子先生诗未曾多读,其诗集何时出版?[①]

致王润华、淡莹,1987 年 8 月 15 日

润华、淡莹:

　　我已买好飞机票,八月廿七日离家,到旧金山住两天,见见聆兰和琴
霓。三十日半夜乘新加坡航空公司一号班机离旧金山,将于三十一日
(星期一)下午一点三十五分到达新加坡。人事处的 Candice Lim 女士
说,可在飞机场临时办签证手续,先住入 Garden Hotel,然后再定住处。
我已把这里的房子租给一位英国来的在 Forest Research and Products

---

① 周弃子生前只出版《未埋庵短书》,台北:文星书店,1964 年。

Institute 任研究的教授两夫妇和他们一位九岁的女儿。此间清理家务琐事极忙,行动真不容易也! 南华①和两个女儿可能元月间也来星一游。聆兰如能抽空早些来,我很希望她能旁听几星期中文。我教课的事,希望不要太忙,undergraduate 的新课,我恐怕没多时间准备,而且照念些基本教材,也大费时力。我来后再和你们商量罢。余回叙,即祝

近好

策纵

一九八七、八、一五

给林万菁兄一信请代转。我已另有信给徐典兄。

致柏杨②,1987 年 8 月 17 日

柏杨、香华③贤伉俪如握:

  台北聚谈甚快,谢谢寄赠大著《中国人史纲》,还有《不眠的青青草》新诗集。诗多清新,像"绝唱"般绝唱。新诗究竟怎样才算好,的确还难得定评,恐怕最好让各种方式多彩多姿地发挥,总会苗长出绚丽的花果

---

① 吴南华(1919—2009),原籍江西九江,曾任职于美国威斯康星大学附属医院、德州大学医学院。周策纵夫人。
② 柏杨(1920—2008),原名郭定生,学名立邦,后易名衣洞,另有笔名邓克保等,祖籍河南开封,台湾作家、学者。著有《蝗虫东南飞》(1953)、《丑陋的中国人》(1985)、《柏杨版资治通鉴》(1983—1989)等。
③ 张香华(1939—),原籍福建龙岩,台湾诗人。柏杨夫人。

来。《史纲》用浅显明白的笔调给读者知道历史的大要领,揭发统治者的真面目,可说难得。这样作当然也不易避免小处的疏忽,若经仔细检点修改,当可渐近完璧之境。尊论《红楼梦》成就一节,自多中肯之论,惟曹雪芹"是满洲贵族"一语,恐不确或易滋误会。他乃汉人。他的曾祖曹玺早已任江宁织造,不是从祖父曹寅开始。又《红楼梦》百二十回本恐亦不到"一百余万字",也许只有七十余万字?凡此似不妨细考,但不碍尊著的大处也。匆匆草此,妄论无似,尚盼覆正。即颂

著祺

周策纵

一九八七、八、一七

我已应邀将去新加坡大学客座半年,八月廿七日即离此,明年元月底仍返此间原址。此后五个月通讯处是:新加坡 国立新加坡大学中文系 National University of Singapore, Department of Chinese Studies, Singapore。

致马鹤凌^①,1987 年 8 月 17 日

鹤凌老弟:

　　收到来信和七律三首,甚慰。诗多忧国哀时之感,颇富康、梁、谭诸志士风趣。台湾目前既已定改革民主自由之决策,虽泥沙俱下,事不可

---

① 马鹤凌(1920—2005),名戌三,以字行,原籍湖南衡山,曾任国民党中央考核纪律委员会副主任。著有诗集《梦想风驰吟草》(2003),收入诗作一千多首。

免,但大势终当有利于全体也。弟诗末联"谁奋忠诚能叩阙,愿作春蚕吐尽丝",失黏,在七律之末决不可用。依原意若改为"春蚕甘尽吐余丝",差可合律,"尽吐"二字或倒转作"吐尽"亦可。弟意如何?惟弟或可另得更佳之结语,亦在尊裁耳。① 兄已应邀去新加坡大学客座半年,八月廿七日离此,明年元月底仍回此间原址。行色匆匆,不及一一,即祝

近好

小兄策纵

一九八七、八月十七日

厚修及合家均此。

仲揆弟并此致念。

---

① 《梦想风驰吟草》收《丁卯五日》(丁卯即 1987 年)七律三首,其三末联曰:"谁奋忠诚能叩阙? 春蚕有愿吐余丝。"

致方良柱^①,1988 年 6 月 22 日

良柱先生:

你三月底寄来的信,因我于春季到史丹福大学客座一季,最近才回到陌地生家中来,所以耽搁未能早日作覆,真是万分抱歉!

《五四运动史》下册蒙关注拟予继续出版,至为感荷。本来下册的翻译,去年秋已由丁爱真博士(她也是上册翻译人之一)初步完成,正因为我去年下半年去新加坡国立大学客座半年,后又去史大一季,以致耽误未能修改。再方面,去年曾答应台北的桂冠出版公司在台湾出全书,后来也未能按期交稿。

现在正打算在暑假修改完毕,果尔,则当可交贵社与桂冠同时分别在港、台出版,不知尊意如何? 桂冠方面我当去信说明此事。英文版权属哈佛大学,但中译上册早已在港出版,台北龙田又早已出有盗译本全部(下半译错许多,并已再版)。既已多年未有过问,大约在港台出正式中译,应无问题。中文版权由我作主。^②

专此奉覆,即祝

大安

周策纵

一九八八年六月二十二日

---

① 方良柱,香港中文大学新闻系毕业,收信时为明报出版社经理,后任明报出版社总编辑、明窗出版社总经理兼总编辑。
② 丁爱真、钟玲等译《五四运动史》上册于 1980 年由香港明报出版社印行,同年台北龙田出版社出版盗译本。明报出版社原拟先请作者修订上册,于 1988 至 1989 年间先行再版,再于 1989 年 5 月 4 日五四七十周年当日出版新译下册,后未果,只于 1995 年重印上册。另台北桂冠图书于 1989 年在台出版上册。

附　　　**展读五四游行学生致美国公使说帖原件，**
　　　　有感自当日迄今予乃国人之首次发阅者①

　　　侮我者我救我□，自由钟竟共谁鸣。
　　　我来初展字犹活，巨浪读作楚歌行。
　　　烈日焚巢天地翻，啁啾雏凤动繁喧。
　　　温翎点滴熊熊火，不废儒林九折魂。

周策纵

致钟玲②,1988 年 6 月 22 日

钟玲:

　　你月初来信,因我春季在史丹福大学客座,往返忙乱,致延作覆为歉。最近才回陌地生来,秋季仍在威大不再外出了。八月中将去新加坡开会(润华弟与西德合办的)

①　1919 年 5 月 4 日北京学生游行至东交民巷西口,欲与美、英、法三个公使会面,但被捕房阻挠,与东交民巷官员数次通电,罗家伦、段锡朋、傅斯年等四名学生代表方获放行,但美国公使不在,学生留下说帖而去,详见《五四运动史》第四章"五四事件"。说帖及此一弃园诗笺(多"周公"及"目无目人"白文印)插图见于 1989 年桂冠图书中译本卷首。
②　钟玲(1945—),原籍广东广州,生于重庆,笔名雁零,台湾作家、学者,曾任教于美国纽约州立大学、香港大学、台湾中山大学、高雄大学、香港浸会大学、澳门大学等。周策纵学生,1967 年入威斯康星大学比较文学系攻读硕士、博士,1972 年取得博士学位。著有《赤足在草地上》(1970)、《现代中国缪司——台湾女诗人作品析论》(1989)、《我心所属——动人的理想主义》(2011)等。

这儿附寄覆方良柱先生的信，关于《五四》出版事，你读了便知大概。爱真的翻译大致准确，惟文字上须加修改润饰，颇为费力。港大学生另译恐亦不便。[①] 他们如愿意，可否要他们分别把我的第二册 *Research Guide to the May Fourth Movement*（亦哈佛出版）译出？固是资料，也还值得同时出版也。并可加入为第一册作个详细的中文索引。

此间天旱，前几天热到一百零一度。匆祝

近好

策纵

1988/6/22

最近《大陆杂志》发表威大学生蔡君[②]中译我的一篇五四前后的孔教与反孔教一文，我曾费力修改，不料他只照我改的前面五段抄了就去发表，后面我改了五百多处都没有照抄就寄去刊出了！错得不像话，如顾颉刚的颉写成诘，朱祖谋的谋成了谟等等，而文末却又注明我是亲校过了的！

---

① 方良柱原拟请钟玲联同学生合译《五四运动史》下册，由钟玲逐字修改，后因丁爱真已初步译出作罢。
② 指蔡振念。

致李瑞腾^①,1988 年 12 月 12 日

瑞腾兄：

　　日前寄你《述作要目》五十九页和传记资料四页，想已收到。顷已收到十二月份《文讯》^②，印得比以前似更好了，谢谢你的精心安排和设计。读了那些年轻一辈的记述，有时自然使我莞尔，有时也不免伤心。知我者其唯二三子乎！真已不可多得了。"文"而成"宿"，本已难免无可奈何的悲哀也。我当然十分感谢他们的好意，请你便中代为转达，尤其是玉山兄，我还和他兄弟二人没见过面，承他们好意，真是难得。

　　《要目》不知能在以后刊出么？我希望能在什么地方全部刊出，以后国内有人要时，我便可以复印寄去搪塞，因为草稿页数太多了，邮寄不便也。如《文讯》不能全部刊出，我拟另找别处，或自印。如何之处，请函告。

　　现发现《要目》稿有三处遗误，另有一事须注意，条列于后：

　　（一）页 9，第 26 项《新政周刊》后请加"（发刊词）"。

　　（二）页 15，第 67 项二行"Ginsber's"遗落了"g"，应该作"Ginsberg's"。

　　（三）页 31，第 21 项之前遗去了一项，应加：

　　21. "Foreword to Stanley M. Ginsberg's *A Bibliography of Criticism on T'ang and Sung Ts'u Poetry*"（University of Wisconsin China Series，No. 3，1975）。原 21 项应改作 22，以下数目须照改。

① 李瑞腾（1952— ），笔名牧子、李庸等，台湾南投人，文学评论家。曾任《文讯》《台湾文学观察》总编辑、台湾文学馆馆长等，并执教于淡江大学中文系及"中央大学"中国文学系，现为"中央大学"文学院院长，著有《六朝诗学研究》（1978）、《抗战文学概说》（1987）、《牧子诗抄》（1991）、《诗心与诗史》（2016）等。
② 1983 年创刊，原为国民党办文艺工作者杂志，1984 年 11 月延聘李瑞腾为总编辑，编辑方针转向纯文学及学术研究，曾策划当代文学问题及抗战文学等主题研讨会，并推出香港文学、菲律宾华文文学及报纸副刊特辑。

（四）《要目》中凡字下加有曲线～～～号之书报刊物名称，请于改排时都加《　》号（或［　］号），以资区别。

祝

年祺

周策纵

1988.12.12

致祝敏申^①，1988 年 12 月 17 日

敏申博士道鉴：

上月收到尊著对《说文解字》之研究上下二巨册及《书法欣赏与学习》，并附来函，至为佩感。适因当时赶赴加拿大至多伦多大学讲演，致稽裁覆为歉。大著剖析古文字之渊源与发展，详尽且多创见，允为难能可贵之作。《书法》一书亦便于实用，陈述诸家各体之特征，尤为简要。关于《说文》之尊著，盼能在香港或他处正式出版，以惠士林也。门人 Kenneth Thern（汉译名沈康）^②现居夏威夷，已久不从事《说文》之研究，其所译《说文叙》则系以前在纵讲授班上之习作。惟彼数年前尚与一友人合译《山海

① 祝敏申（1950—　），上海人，学者、企业家，复旦大学中文系出身，曾留校任教，后赴澳大利亚国立大学攻读博士学位，著有教材《大学书法》（1985）、《书法欣赏与学习》（主编，1987）及博士论文《〈说文解字〉与中国古文字学》（1998）。
② Kenneth Lawrence Thern（1933—2016），美国学者。1961 年毕业于威斯康星大学，曾任教于夏威夷大学。著有 *Postface of the Shuo-wen chieh-tzu*（《说文解字叙英译》，1966）及 *Shan hai ching: Legendary Geography and Wonders of Ancient China*（《山海经英译》，1985；与郑小杰、郑白慧贞合译）。

经》全文为英文,早已出版,犹不负所学耳。纵于古文字研究甚有兴趣,但著述不多。惟所编英文书 *Wen-lin*(《文林》)中有《诗字古义考》一文,指陈殷契 即寺、邿、诗字,论证颇详。又台湾大学中文系古文字研究所编印之《中国文字》第四十八册(1973 年 6 月)中有拙文《说尤与蚩尤》,美国出版之 *Chinese Literature* 创刊号中有《文道探原》一文,台北出版《大陆杂志》六十二卷六期(一九八一年六月)有对于满城出土之"鸟虫书"有所考释,已转载于北京《古文字研究》第十辑(一九八三年七月)。又《明报月刊》(1983 年 12 月份)二一六期载有纵在中国古文字学研讨会上之论文,或可参看。此外则台北联经所出拙著《古巫医与六诗考》,对殷、医等字颇有新论也。关于书法者,香港《书谱》二十六期(一九七九年一月)及三十一期(同年十二月)有拙文论及"对称性"问题。如能见到,都望商榷。台驾明年如来美,自盼能来此一叙也。请早告行期。匆祝

年祺

周策纵

一九八八年十二月十七日

致唐振楚[①],1989 年 2 月 1 日

得诗寄介凡芳兴南京军次

(一九三五年秋作)[②]

(作者自注:二人皆我一中同班,中途政入军校,邓介凡大约入军校十二期,后在长沙为水雷炸死。他也许和郝伯村[③]是同期罢,也在炮科,人极有才能,可惜早死了。)

风雨中宵湖海身,戎衣未改昔年情。

斩蛟射虎矜除害,击鸭驱羊说用兵。

万事但羞文士老,一身甘向战场鸣。

于今看剑孤城外,多病垂垂大死生。

十年落拓近何如,余戴吾头四海趋。

① 唐振楚(1914—1999),衡阳道衡阳县人,蒋介石秘书、国民党要员。从初中、高中至大学均与周策纵同学,曾就读湖南省立长沙高级中学、南京中央政治学校行政系本科、研究部及国防研究院,后赴获美国哥伦比亚大学研究院硕士学位。1947 年周策纵考取自费留学赴美,推荐学长唐顺之继任其总统府侍从室秘书一职,为蒋介石在大陆的最后一任机要秘书。后随蒋氏赴台湾,为其到台后首位机要秘书。

② 邓介凡、王芳兴均为周策纵就读长沙高级中学普通科 20 班同学。"一九三五年秋作"为作者在影印件上补注。此诗亦载《周策纵旧诗存·初蕾草》,自记云:"约作于一九三六年。邓介凡乃湖南省常宁县人,平生慷慨任侠,大节凛然。后于抗战时乘轮船赴南京途中沉于长江淹殁。惜哉!"(第 10 页)

③ 郝柏村(1919—),字伯春,江苏盐城人,国民党要员,前台北市长郝龙斌之父。陆军官校十二期炮科毕业,旋即加入抗日战争,参加过 1938 年广州之役及 1939 年皖南战役。后随孙立人赴缅甸作战,战胜后于印度休整。1948 年辽沈战役期间从锦州前线被召回,成为蒋介石的侍从官,后随国民党撤台。1958 年金门炮战后,由少将师长升任"金门防卫司令部"司令;1981 年晋升至陆军一级上将,并调升"国防部"参谋总长,在职八年。任"行政院长"期间批准成立"陆委会"和"海基会",为两岸"三通"开辟了互相联系的通道。

铗岂归来弹以后,诗成破戒草之余。

(《破戒草之余》,龚定庵诗集名。昔余亦尝戒诗,惜未竟志耳。)

闲居觅梦如搜窜,乱世论交胜读书。

昨遇荒祠吊太傅,笑他终作魏王瓠。

江左何人擅将才,夕阳立马蒋山来。

恩仇种种君应哭,身世萧萧我尚孩。

易地吴歌成楚谚,入江湘水过秦淮。

(介凡近简余录《南京女校竹枝》一章,同学讽不绝口。)

国门请听胡儿啸,王气而今安在哉。

谁云此是义熙年,八月售儿各剩钱。

纳帛奴能称侄帝,薄征官幸有民田。

贼繁漏网皆戎首,人直如弦死道边。

读《易》岂能征剧乱,空教三欲绝韦编。

——《长高学生》第一期(民国二十五年,一九三六),页四七

(作者补注:湖南省立第一高级中学此时已改名长沙高级中学,为了反对改名,我们闹了一次风潮。这期刊物是我编的。)

振楚兄哂正。

读此少作,当亦不免有隔世之感。台北出版的《文讯》双月刊 39 期(去年十二月份)登有关于我的一些照片与文章①,兄或可找到一看也。

弟纵

一九八八②、二、一

---

① 《文讯》双月刊第 39 号(1988 年)以周策纵为封面人物,其中《文宿专访》以"弃园主人周策纵先生"为主题,收痖弦、王润华、古蒙仁、罗致成和张蕙珠的回忆文章,以及周玉山谈《五四运动史》,见第 211—228 页。
② 作者笔误,当为"一九八九"。

致痖弦,1989年3月28日

痖弦:

这里寄你近作《纸醉》一首,最近威斯康辛大学美术馆和伊利诺大学及夏威夷的美术学院合作举办当代中国大陆的画展。所选五十六件水墨画,多是"现代派"画,除吴冠中外,余皆在五十来岁以下,有二十九岁的。他们都不跟官方御定作风绘画,多用中国传统纸墨毛笔和彩色,融合中西,尤其近代西洋印象派和抽象派、立体派等作风,很有创意,以纯美为主,绝无政治宣传意味。美术馆要我题字,所以我就写了这首新诗,并自己译成英文。他们印在请帖上,又在报上大作宣扬,并要我于四月九日在美术馆作公开讲演。我主要想讲传统中国绘画与书法包含有宜于发展成"现代派"绘画的要素,无论精神与技法皆如此。并把中国传统哲学文学思想尚"动"的看法,结合传统绘画理论"气韵生动"说来解说当代新派绘画。这也代表我历年来对中国诗和书画的系统阐释。这里我从展览说明书中选印数张画,不知《联副》能否刊出我这首诗,并配上几张画? 请你选用。因《联副》只印黑白的插画,故我只复印数件,似乎还算清楚。你如需要彩色的原印件,可电告,我也许可弄一册寄你。但这诗、画,请设法尽快在四月上旬或以前刊出。威大画展期为三月二十五日至五月七日。

台湾古典文学会将于四月二十九、三十日为"五四"开七十周年纪念会,我应邀拟于二十六日到台北,但因大陆从五月一至七日有两"五四"会议,我事先早已答应去,另有香港的会,所以二十九日晚上就得离开。盼能在廿七、八日见到你和马森①兄等。

---

① 马森(1932—),原籍山东齐河,台湾小说家、剧作家。

匆匆不尽，即祝

近好

策纵

一九八九年三月二十八日夜

"金迷纸醉"一词自宋以后即已流行，我用此词，已反其意。

附　题当代中国画展——为威大蔼尔微穆美术馆
(The Elvehjem Museum of Art)

周策纵

吃景风都我花石岩剖解因生人威宙宇道霸行横车笔干饮了纸
了　　给们和　　　为　　胁　故　　　　　　　　开海墨　醉
　　　　　　　　　　　　　　　　　　　　　　　　　水

——一九八九年三八妇女节，于威斯康辛陌地生

致刘绍唐①，1989 年 8 月 2 日

绍唐兄如握：

　　四月下旬台北一叙为快。顷读到《传记文学》五十五卷一期(今年七

---

① 刘绍唐(1921—2000)，原名刘宗向，笔名李光裕、吴中佑，辽宁锦州人，《传记文学》杂志创办人、社长。遗文收入《不容青史尽成灰：刘绍唐文集》(2003)。

月份）选载胡适之先生"最后一篇引起争议与围剿的演讲"：《科学发展所需要的社会改革》一文，不胜感叹。胡先生这演讲里有两点意见，我个人曾对他有些催动的努力或影响。一件是，他晚年正在大力宣扬"容忍"的重要时，我曾当面向他提醒，也不可忽略"抗议"的重要性。为了这事，我还特别在一九六〇年十一月三十日针对胡先生的看法写了一篇《自由、容忍与抗议》，和他寄来的《所谓"曹雪芹小像"的谜》一文，一同发表在我和一批朋友所办的《海外论坛》月刊二卷一期（一九六一年一月出版）里。胡先生那篇引起争论的演讲，不但充满了抗议的精神，并且很明显地说："一个文明容忍像妇女缠足那样惨无人道的习惯到一千多年之久，而差不多没有一声抗议，还有什么精神文明可说？"这就把"容忍"和"抗议"对举，而且充分承认有时必须"抗议"了。我们固然并不认为中国传统文明中没有精神文明，但胡先生的用意只在反驳那些传统保守派所谓东方文明是精神文明，西方文明只不过是物质文明的说法。结果引起卫道诸公口诛笔伐，我个人当时也不免感到歉然。我也许是怂恿"作弄"胡先生去做"魔鬼的辩护士"的人们之一。胡先生去世时，《海外论坛》由我编辑了一期《胡适之先生追悼号》（三卷五期，一九六二年五月一日出版），我便写了一篇《胡适之先生的抗议与容忍》长文来替他辩护。徐复观先生是我的好友，我也曾当面数次批评规劝他对胡先生的态度，他尚不以为忤。胡先生演讲中第二件事是提到"知识上的变化或革命"。这个观念也是我早些时候和胡先生讨论过的。一九六〇年哈佛大学出版我的英文《五四运动史》之前，胡先生曾见到我的初稿，我这书的副标题是"Intellectual Revolution in Modern China"。我用"Intellectual"一词，不仅指"思想"，也指"知识"，当时中、日文有些书评也就把这副标题译做"知识革命"。我在书的结论里也曾指出用这字是采取广义。后来在一篇文章里也曾说明过："我把五四运动叫做一种广义的'知识革命'。"我当时向胡先生解释，我用"Intellectual Revolution"一词，比孙中心先生说的"思想革命"意义较广，中文没有恰当的翻译，勉强可说成"思想、知识革命"，但又太累赘了。胡先生也觉得不好翻译。他后来也许觉得不妨就强调作"知识革命"吧。由于《海外论坛》极力主张自由民主，也支持《自由中国》半月刊,所以在台湾不能流通。我上面这两篇与胡先生晚年那篇引起争论的演讲有关的文章,台湾读者也就未能见到。一九六一年《自由、容忍与抗议》一文,一直到去年四月才由张忠栋教授交《中国论坛》三〇二期转载,但编者却删去了部分内容及我文末原署的写作年月日,也没有注明系转载自当年不能入口的《海外论坛》。二十八年以前的文章,好像变成了近作,对作者和读者来说,都不太公平了!我多年来提倡作者于作品末最好自署年月日地。这和你在贵刊提倡写信必书年代,用意相似。但往往被编者删去,不免使人白费心思。现在我写这信,并附上一九六二年那篇拙文《胡适之先生的抗议与容忍》,希望能在《传记文学》上重新刊出,使它能和台湾读者正式见面。这篇文字不但和胡先生那篇演讲以及他一生的思想态度有关,而且可能是首次详细指出胡先生和韦莲司①女士的密切关系,和她对胡先生思想的重大影响。唐德刚教授后来为贵刊写《胡适杂忆》和夏志清教授替他写序,生动地描述到胡、韦轶事,似乎并未注意到我那篇早期的长文。其实拙文发表时,曾有几位海外读者,包括顾翊群②先生,写信给《论坛》,认为是研究胡适思想极重要的文字。我想若重刊此文,也不是全无意义吧。匆匆草此,即祝

编安

弟周策纵　手上

一九八九年八月二日

于美国威斯康辛陌地生

附　胡适之先生的抗议与容忍

胡适之先生的去世,好像在我们共同的日历上划下了一条大界线,使我们想起,中国历史上有这么一个狂风暴雨的转变时代;也好像一颗

---

① 韦莲司(Edith Clifford Williams, 1885—1971),胡适留学美国康乃尔大学时结识的女友。

② 顾翊群(1900—?),字季高,江苏淮安人,曾任国际货币基金会中国首任执行干事。

大星落了，余光灿烂地散到每个人身上。敬爱他的人有无限的悼惜，反对他的人似乎也不免惘惘然如有所失，至少是失去了一个人身攻击的对象了。

关于胡先生在各方面的贡献与得失，以后正需要大家作详尽的分析和客观的批判；这儿我只想把他一生做人和思想方面的基本态度与精神，做一个初步的检讨。

胡先生最后的重要见解——抗议

胡先生一生的基本态度与精神是什么呢？这在他最后的两年多当中自己说得最明白。1959 年在《容忍与自由》一篇文章里说，他自己"年纪越大，越觉得容忍比自由还更重要"。这可说是他对自己晚年的思想和态度最直率最确切的重要表示之一。当时毛子水[①]先生还很正确地替他的容忍论申述了一个"哲学的基础"。殷海光[②]先生并且说，胡先生"这篇文章是近四十年来中国思想上的一个伟大的文献。这篇文章底意蕴是中国人应走的大方向的指南针"。

我那时读了，认为容忍固然十分重要，但还只说到了一面；胡先生早期的态度，和这点有程度上的差别；而且我们不应忘了这个问题在中国近代思想史上曾经有一度争论。所以特地在去年[③]一月号本刊[④]发表《自由、容忍与抗议》一文，引述 1914 年章士钊和张东荪[⑤]先生的辩论，并提出"抗议"一点来做补充，指出我们应该用容忍和抗议两个轮子来作为"争取自由民主的基本态度和精神"。

后来李经（卢飞白的笔名）先生读了我这篇文章便更明白地说，胡适之先生一生做人和思想的态度，实际上最能具备这两种因素。李经先生并且拿抗议和容忍来与孔子的"忠""恕"观念相比（见去年 3 月本刊"读者

---

① 毛子水（1893—1988），名准，原籍浙江衢州，台湾学者，曾任教于北京大学、台湾大学等。
② 殷海光（1919—1969），原名福生，原籍湖北黄冈，台湾学者，曾任教于台湾大学。
③ 指 1961 年。
④ 指《海外论坛》。
⑤ 张东荪（1886—1973），原名万田，浙江杭州人，学者、政治家，曾任中国民盟中央常委、秘书长。

投书")。我认为,虽然孔子忠恕的本义如何是另一个问题,对胡先生的这一看法却是很对的。其实,我在我上面那篇文章的末了,曾说到伏尔泰写过"容忍论"做抗议,并且同时具有抗议和容忍的精神,也就想暗示,胡先生的"容忍与自由"实际上也可看做一篇抗议书,而且他有和伏尔泰相类似的地方。本期本刊张君劢①先生在他的《悼适之先生》一文里,甚至说胡适和伏尔泰在思想和作风上都"最为相似"了。我想,整个说来,胡先生似乎比伏尔泰更偏向于容忍一方面。但无论如何,我们仔细检讨胡先生的一生,可以肯定地说,抗议和容忍实在就是他的基本态度与精神。

胡先生对于我们所提出的"抗议"这个问题,虽然来不及参加详细讨论就去世了,但在他一生最后的一次重要讲演里,似乎接受了我们的一些看法。去年11月6日他被邀请到美国国际开发总署在台北所主办的亚东区科学教育会议开幕典礼中讲演,讲题是《科学发展所需要的社会改革》。在这篇讲词里,他说,"为了给科学的发展铺路",我们东方人必须经过一种"知识上的革命"。这种革命有两方面:在消极方面,我们应该开始承认东方的"那些老文明中很少精神价值或完全没有精神价值";在积极方面,我们应该了解西洋近代的科学和技术文明决不是纯物质的或唯物的文明,而实是"高度理想主义的""高度精神的"文明。这篇讲演发表后,台湾和香港的传统主义者曾加以猛烈的攻击。胡先生这个意见的本身原不是新的,在这里且不必讨论;但他为这一主张所提出的两点理由和态度,却值得我们注意。他所提的第一点,即消极的一面,最受反对者的攻击,那原文是这样的:

> 我认为我们东方这些老文明中没有多少精神成分。一个文明容忍像妇女缠足那样惨无人道的习惯到一千多年之久,而差不多没有一声抗议,还有什么精神文明可说? 一个文明容忍"种姓制度"(the caste system)到好几千年之久,还有多大精神成份可说? ……

---

① 张君劢(1887—1969),原名嘉森,字士林,号立斋,江苏宝山(今属上海)人,学者、政治家,曾任中国民主社会党领袖。

很显然的，胡先生在这里把"容忍"和"抗议"并列，并认定对某些不合理不人道的事，不但不应该容忍，而且非抗议不可了。这自然是对他那《容忍与自由》一文的一个补充或修正。

我在我那篇文章里曾经说过，单有容忍而没有抗议，"还可能成为奴隶的道德"。我举的例证之一便是中国妇女过去所受的压迫。我说："中国的妇女在旧礼教的束缚下不是容忍了几千年么，她们何尝得到婚姻上和经济上的自由？"这和胡先生这儿举妇女缠足的例子意义也很相近，只是我说得比较广泛一点。本来胡先生在1934年也说过："讲了七八百年的理学，没有一个理学圣贤起来指出裹小脚是不人道的野蛮行为。"但现在则更明显地用"容忍"和"抗议"两个观念来表示了。

他这篇讲演，表面上讲的虽然是东西文明问题，实际上也反映他对容忍与抗议的看法。这从他的第二点理由，即积极的一面，也可以看出来。他在这儿仍旧用他在容忍论中引过的"理未易察"来证明科学和技术的文明实际上乃是极高度的精神文明，因为这需要"忘我的求真的努力"，需要能克服"足令人心灰气馁的失败"的耐性和毅力，而这些都是精神的表现。我在我那篇文章里也说过，"求真理的热忱和坚持真理的精神"与抗议的精神密切相关。这也就是李经先生说的"保持个人人格与判断的独音"。我们所说的原来也可包括在胡先生所说的"求真的努力"之内，不过他所注意的是在说那是"精神"，而我们则注重那是"独立"的精神罢了。

而且事实上，他这篇讲演的本身，便是针对当前一班假借"精神文明""物质文明"等名词以阻碍中国现代化或科学化与民主化的人们的一个抗议。他因这篇讲演而连受围攻时，也不曾气馁。在他去世的前几天，法新社驻台湾的记者为了这事问他自由主义以后在中国的命运将如何？他便答道："自由主义在中国没有死！"这更是一声严肃而强烈的抗议和号召！

所以我们有充分的理由相信，胡适之先生在他一生的最后时期，主张勇于抗议，教大家为理性主义和人道主义而抗议，用容忍的态度抗议。在这最后的日子里，他已把抗议看得比容忍还更重要或同等重要。我觉得这是我们检讨他一生时最值得注意的一件事,也是纪念他时大家必须记住的一个榜样。

早期影响他抗议与容忍的因素

用"抗议"与"容忍"两个观念来分析胡先生的做人和思想,固然不是唯一重要的方法,因为一个人的成就还得看这些态度用在什么方向以及其他的因素而定。可是我们把这些当成极重要的基本态度,把这种分析方法当成一个很重要的方法,也不是没有理由。一方面,我们认为一个人对人、对事、对问题所采取的态度和方法,并不仅是一个表面的现象;它们实际上与言行的本身原不可分离,而且往往可以决定或限制言行的成就与后果。再方面,胡先生的一生素来就特别注重态度和方法。而更重要的,他一生的言论行动本来就多半和抗议与容忍有关。不但如此,他早期并且曾经自觉地考虑过这两种态度的问题。所以用这个标准来分析他的一生,似乎特别有意义。

现在我们且先检讨一下他过去怎样形成这两种态度与精神以及对它们的看法;然后再来看这些态度与精神怎样表现在他的言论和行动里,怎样影响到这些言行。

胡先生小孩时所受最早的教育,似乎已给了他一些抗议和容忍思想的种子,他三岁零几个月发蒙读书时,最初读的是他父亲自己编的一部《学为人诗》。这书开头就说:"为人之道,在率其性,子臣弟友,循理之正。"又说:"义之所在,身可以殉。求仁得仁,无所尤怨。"还说:"为人之道,非有他术:穷理致知,返躬践实,黾勉于学,守道勿失。"这些都偏重抗议的精神,也就是忠于个人人格与思想的独立精神。这书里又说,人应该"谨乎庸言,勉乎庸行",应该"因爱推爱,万物同仁"。这又在教人有容纳异己的雅量,教人不要过度走极端。固然一个三岁多的小孩子不能懂得这些大道理,但胡先生后来在自述里郑重提出,可见这最早的教训给他的印象是非常深刻的。

胡先生最初看到的小说是一部最富于反抗精神的书,那就是他七岁多时偶然在废纸堆里发现的被老鼠咬剩了的《水浒》。他开始看到的便是"李逵打死殷天锡"那打抱不平和反抗的故事。这当然并不是说，李逵说的"便是活佛，也忍不得"对胡适思想有什么特殊重要的作用。只是我们要知道，《水浒》对胡先生的抗议态度，决不是没有影响。试看他二十岁时在美国再读到这小说时便在日记里写道："偶一翻阅，如对故人。此书真是佳文。余意《石头记》虽与此异曲同工，然无《水浒》则必不有《红楼梦》，此可断言者也。"他第一篇小说考证便考的是《水浒传》，还认定它是"发挥宿怨"和"反抗政府的书"。而他那轰动一时的名言"四川省只手打倒孔家店的老英雄"，也正是当他读《水浒传》时摹仿的句子。《水浒》对胡先生的影响自然只有那打抱不平和反抗的精神及文学技巧。这书所鼓励的手段却不见得是他所能完全同意的。

胡先生描写过他几个嫂嫂怎么没有容忍的性格，他说这使他渐渐明白："世间最可厌恶的事莫如一张生气的脸；世间最下流的事莫如把生气的脸摆给旁人看。"他深深记得他母亲如何用容忍的态度来应付这些家庭的争吵。他说："我母亲的气量大，性子好，又因为做了后母后婆，她更事事留心，事事格外容忍。"但她也不放过应有的抗议。他记得他母亲如何请人到场当众质问他五叔对她的诽谤。他说："我母亲待人最仁慈，最温和，从来没有一句伤人感情的话。但她有时候也很有刚气，不受一点人格上的侮辱。"他在《先母行述》里也说："先母一一处之以至诚至公，子妇间有过失，皆容忍曲喻之；至不能忍，则闭户饮泣自责；子妇奉茶引过，始已。"这种容忍与抗议平衡发展的态度，给她儿子一个好榜样。

九年家乡教育后，在上海的六年，尤其在澄衷学堂和中国公学，同学和朋友中有不少的革命党、革新派和积极闹风潮的人，这些对他的态度都不能没有影响。

可是对他思想和态度最有决定作用的还是他在美国所受的七年教育。尤其是1914年，可说是他一生的转折点。这时他留美已将近四年，他的思想起了一个大变化。抛弃了许多守旧的观念。过去他替中国的传统辩护，现在却采取更多的批判态度。他对现状和习俗越来越表示不满。总之，他从此变得更勇于抗议了。并且开始意识到容忍和抗议两者之间如何选择的问题。

引起这个大转变的,似乎有几个重要因素。原来他于1910年秋天到美国后,一直和基督教教会里的人接触很多,注意到"耶稣之容忍精神";后来所往来的却多属于理想主义和社会抗议的教派人士,例如"一尊派"(Unitarian)、"木尔门派"(Mormon)、"朋友派"(Quaker)等。1911年6月他甚至公开宣布:"遂为耶氏之徒矣。"但不久就"深恨"那些教会"玩这种""用感情的手段来捉人"的"把戏"。所以入教不成事实。可是他的思想还是受了基督教一些理想的影响。1914年11月他还在一封英文信里说:"我虽然从来不曾标明自己属于哪一个宗教,但从某一意义说来,我是个一尊派。要是我们把耶稣看做一个人,而不是什么上帝的儿子,我对他会有更大的敬爱。"大家都知道新教原是因抗议而起来的,所以它的名称便是"抗议者"(Protestant)。而一尊派素来主张宗教自由,容忍异端。在十六七世纪时,这派人自己被教会当作异端看待,成千的被处死刑。它是较富于抗议精神的一个派别。我这儿只是说,胡先生曾受过这些社会抗议和容忍精神的影响。我们要注意,他终于对整个基督教以及其他一切现存的有组织的宗教都是拒绝的。

在另一方面,胡先生那几年在世界学生会(Cosmopolitan Club)里的活动越来越多。从1911年9月到1914年9月他一直在会所里住了三年,1913年5月起还做了一年康乃耳大学分会的会长。这个会里的许多人当时都是理想主义者和热心社会抗议的人。他受了这些朋友们的影响,同时也因为他和他们气味相投,所以热烈地反对战争,主张和平,反对狭隘的国家主义,主张世界大同主义。他的所谓"不争主义"实际上是要坚持一种"道义的抗拒"(Ethical Resistance),可说是一种具有容忍精神的抗议主义。

更重要的,在1914年,他所读的书渐渐地由古典主义著作转移到社会批判的著作。这时他组织了一个读书会,读了好些易卜生、赫仆特满(Gerhart Hauptmann)和萧伯纳的剧本。人道主义对他大有吸引力。他似乎已接受了激烈的自由主义和理想社会主义的许多原则。这年9月他初游波士顿时和哈佛的一个中国学生谈到自由平等学说,便说:"今日西方政治学说之趋向,乃由放任主义(Laissez faire)而趋干涉主义,由个人主义而趋社会主义。"所以我们不该再拾西方十八世纪放任主义这种"唾余"了。事实上他还深信自由平等之说和个人主义,但那已是经过十九世纪社会主义批判后的自由平等学说和个人主义了。我时常觉得这应该叫做"社会的自由主义"和"社会的个人主义",也就是他自己所说的"健全的个人主义"。这比他后来所用"非个人主义"一词也许更恰当一点。这种从十九世纪的英国发展出来的思想,很具有容忍性的社会抗议的精神。

胡先生开始注意实验主义也是这紧要的 1914 年。在这年 1 月 25 日的札记里,他已经注意到中国所急需的是思想方法,他说:"今日吾国之急需,不在新奇之学说,高深之哲理,而在所以求学论事观物经国之术。以吾所见言之,有三术焉,皆起死之神丹也:一曰归纳的理论,二曰历史的眼光,三曰进化的观念。"这几乎可说决定了他以后一生整个的思想和治学的方向。同一天的札记里又说他"近来所关心之问题"有下面三个:"一、泰西之考据学,二、致用哲学,三、天赋人权说之沿革。"这三件事对他后来一生的关系真非同小可!这儿所说的"致用哲学",即是他后来所说的"实效主义",也就是那成为他"生活和思想的一个向导"与他"自己的哲学基础"的实验主义。第二年的夏天他更整个的把它研究了一番。他说:"我在 1915 年的暑假中,发愤尽读杜威先生的著作,做有详细的英文提要。"这时他已申请准进哥伦比亚大学的哲学系念书,杜威是系主任。9 月里胡先生便进了哥大。我们要知道,当时杜威的思想乃是一种激烈的自由主义,他对社会和政治问题的看法,也往往和当时流行的习俗思想相反。例如他积极主张妇女参政,胡先生便看见过他亲身参加妇女运动者的集会游行。所以杜威思想给胡先生的极大影响也往往是批判的态度和抗议的态度,而杜威思想以主义学说为待证的假设,也就在认识论上给胡先生的容忍观念供给了一个理论基础。这方面都是直承十九世纪英国思想体系,如穆勒、赫胥黎等而发展出来的。

"闺阁中历历有人"与"逼上梁山"

上面所说的因素都是比较广泛的。另外还有两种因素,却比较特殊而具体,对胡先生的思想和态度,尤其是抗议的态度,影响特别的大。一种是女朋友的吸引和鼓舞,另一种则是对环境和朋友们的抗辩。

我说女朋友的吸引和鼓舞,指的是他日记里最常提到的,康乃耳大学一位地质学教授的第二个女儿韦莲司(Edith Clifford Williams)女士。胡先生以前在上海时本来也很放荡不羁,但到美国后变了个老好人,四年中从来不找年轻的女朋友。不料也就在这我所谓他一生转折点的1914年6月8日的夜里,忽然心血来潮,"第一次访女生宿舍",去找起女朋友来了。大约就在这个夏天结交了这位C.W.女士。

这位韦小姐可说是个天生的畸人。胡先生尝说她有像穆勒所说的"狂狷之行"(eccentricity),也就是说对流俗最有反抗精神。她"最洒落不羁,不屑事服饰之细"。穿的衣服,"数年不易。其草冠敝损,戴之如故。又以发长,修饰不易,尽剪去之。蓬首一二年矣。行道中,每为行人指目"。她母亲和姐姐屡次劝告她,她反而说,别人奇装异服,换来换去,才是怪事,怎好说我不变换是奇怪呢? 但她"极能思想,读书甚多"。胡先生说她"见地之高,诚非寻常女子所可望其肩背。余所见女子多矣,其真能具思想、识力、魄力、热诚于一身者惟一人耳"。可见对她估计之高。

这个女孩真可说是具有容忍性的反叛型女性。她能反抗她父母对她的拘束,但也没有过度地破裂,她往往坚持自己的意见,却又能用诚恳和大度对人。胡先生说:

> C.W.,女子中之有革命眼光者也。其家庭中之守旧空气,C.W.对之如在囹圄,其远去纽约,终岁尽数归,未尝不为此故。此君盖可谓为"divine discontent"者也。

又说:

> 女士深信人类善根性之足以发为善心,形诸善行,因引嚣俄之《孤星泪》(Les Miserables),证大度不疑之足以感人。……女士盖真能实行此道者。其待人也,开诚相示,倾心相信,未尝疑人,人亦不

敢疑也,未尝轻人,人亦不敢轻之。其所交多贫苦之画师,其母恒以为惧,女士坦然处之,独居纽约如故。与女士谈论甚有益,以其能启发人之思想也。

这儿说的"神圣的不满"乃是引用十九世纪英国小说家肯斯黎(Charles Kingsley)的话,很可代表一种高尚的抗议精神。这儿说的"大度",自然可说是一种容忍的态度。

我这样详细的介绍这位韦女士,只因胡先生和她曾有非常密切的友谊,而且在思想和态度上曾受她很大的影响,还没有被一般人注意。他从认识她后直到离美之前的三年中,都和她有不断的往来。有时在秋尽冬初,同游湖滨,"共行三小时之久","且行且谈","不觉日之晚也"。有时在初春"斜日未落"时同游河边作长谈。有时同"行月光中",她便告诉他"其言甚艳"的"印度神话月中兔影"(胡先生后来参考佛经,把这故事写进《西游记》的第八十一难里,成为那一回"伪书"的主题)。有时同去看戏。我以为1915年秋胡先生从绮色佳搬到纽约去进哥大,也许还一部分是为了她住在纽约的缘故。她住的地方离哥大不远,暑假里回绮色佳父母处时,这寓所就让给胡先生和朋友暂住。胡先生和她住在一个城市里也还时常通信。两年多他写给她的信有百多封,平均每星期一封。他们所谈的和信里讨论的问题,范围很广,从哲学、伦理、政治理想、社会习俗到个人关系等,样样都谈。1917年5月4日,胡先生缴博士论文的那一天,也就是"五四事件"的整整两年前,在札记里写道:

> 昨在韦女士处见吾两三年来寄彼之书一大束,借回重检读之,乃如读小说书,竟不肯放手。此中大率皆1915与1916两年之书为多,而尤以1915年之书为最要。吾此两年中之思想感情之变迁多具于此百余书中,他处决不能得此真我之真相也。

这句"他处决不能得此真我之真相也",说得多么重!我希望以后替胡先生写传记的人能充分利用这一部分资料。

他们到底是什么关系呢？我想道义和理想大约与感情有同样的多。而他的另一位女朋友瘦琴（Nellie B. Sergent）女士则可能偏于感情也说不定。胡先生和韦女士的关系也许是一种"升华"了的感情。她给他的信里讨论到"男女交际之'礼'"，认为"最适合于最高尚的人"的，乃是一种"思想之礼"（propriety of thought）。她说：如果明知"性的吸引"已"没有用处"而抛弃不顾，把注意力转移到"更高尚之友谊"，便无所谓"非礼"。这样，在两人之间，也只有在两人之间，便能有最亲密、最富于思想启发的关系。这真不失为胡先生所说的"见道之言"。结果他们的友谊能发展到最理想、最有益的方向去。这在普通一对二十多岁的青年是很不容易做到的。

我这样说，并不是否认他们间的特殊感情关系。胡先生说他自己生平"无'闲情'之赋"，又"惧他日读者之妄相猜度也"。但他自己也承认1915年"重事填词，偶作绮语"。他的《满庭芳》和《临江仙》或者真是"语意一无所指"，但"枝上红襟软语，商量定，掠地双飞。何须待，销魂杜宇，劝我不如归"，"多谢殷勤我友，能容我傲骨狂思。频相见，微风晚日，指点过湖堤"以及"共穿幽径趁溪斜。我和君拾葚，君替我簪花"，"更向水滨同坐，骄阳有树相遮。语深浑不管昏鸦，此时君与我，何处更容他"，恐怕也不免"醉过才知酒浓"，照他自己的"诗的经验主义"，是不能不"有经验做底子"的。要不然，他这"绮语"为什么偏偏出现在1915年？我想胡先生终会宽恕容忍我们不愿"像张惠言、周济一班腐儒向晚唐、五代的艳词里去寻求'微言大义'"，也不愿像汉儒说"诗"一般来读他自己的词吧。

胡先生对这一种友谊所给的益处，自己当时便已充分承认了。大概说来，有"专心致志"和"启发思想"两点。他能专心立志，选定哲学为专业而不流于"求博而不务精"，便是和韦女士共同约定的。他给她的信承认她可能是他唯一"掌舵的人"（Steersman），能把他指引到专一而正确的航路上去。

关于思想启发方面，韦女士给他的影响往往和抗议与忍容的精神有关。胡先生1914年11月3日的札记标题做"'容忍迁就'与'各行其是'"。这一条和他的思想与做人态度很有关系，全文如下：

韦莲司女士语余曰:"若吾人所持见解与家人父母所持见解扞格不入,则吾人当容忍迁就以求相安乎? 抑将各行其是,虽至于决裂破坏而弗恤乎?"此问题乃人生第一重要问题,非一言所能尽,余细思之,可得二种解决:余东方人也,则先言东方人之见解。昔毛义有母在,受征辟,捧檄而喜。其喜也,为母故也。母卒,即弃官去。义本不欲仕,乃为母屈耳。此东方人之见解也。吾名之曰"为人的容忍"(altruistic toleration)。推此意也,则父母所信仰(宗教之类),子女虽不以为然,而有时或不忍拂爱之者之意,则容忍迁就,甘心为爱我者屈可也。父母老矣,一旦遽失其所信仰,如失其所依归,其痛苦何可胜算? 人至暮年,不易改其见解,不如吾辈少年人之可以新信仰易旧信仰也。其容忍也,出于体恤爱我者之心理,故曰"为人的容忍"。

次请言西方近世之说,其说曰:"凡百责任,以对一己之责任为最先。对一己不可不诚。吾所谓是,则是之,则笃信而力行之,不可为人屈。真理一而已,不容调护迁就,何可为他人之故而强信所不信,强行所不欲行乎?"此"不容忍"之说也。其所根据,亦并非自私之心,实亦为人者也。盖人类进化,全赖个人之自莅。思想之进化,则有独立思想者之功也。政治之进化,则维新革命者之功也。若人人为他人之故而自遏其思想言行之独立自由,则人类万无进化之日矣。(弥尔之"群己权界论"倡此说最力,易卜生之名剧《玩物之家》亦写此意也。)吾于家庭之事,则从东方人,于社会国家政治之见解,则从西方人。

这里所谓"西方近世之说",正是我在论抗议时所举的一部分理由。最有趣的是,同是穆勒的《自由论》一部书,胡先生在这二十三岁时觉得它倡"各行其是"的"不容忍"之说"最力",可是到了六十八岁时却又说这书在支持"容忍"了。我以为这并不纯粹是他的自相矛盾,而是我说的穆勒提倡容忍抗议,本来就包括容忍和抗议两种精神。主张思想自由的人单注意一方面是不够的。

韦女士这里所提出的问题虽然以家庭为主体,其实正牵涉到整个做人的态度和社会政治问题,胡先生把它扩充来讨论,而且说它是"人生第一重要问题",可说很对。可是他想在家庭与社会国家两者间来区别,却大有问题。因为"父母所信仰"的难道不往往也牵涉到社会国家的问题么?他这时还只领悟到感情和道义来支持容忍的说法,而尚未注意到知识论方面。他自己接受了父母包办的婚约,当然完全实践了这个原则。

其实这个观点在西方也有。所以韦女士立刻写信给他便引了英国毛莱(John Morley)子爵"调和论"(On Compromise)的话来印证胡先生的说法。毛莱以为唯有父母子女间可以忍痛沉默;但他又极力主张不顾习俗的观念而坚持自己独立的见解。韦女士在信里还引到刚多赛(Condorcet)的话:"单是做好的事还不够,还必须用好的方式去做。"她这样注重态度与方法,以及引起胡先生注意毛莱鼓励人勇于表白自己独立的思想,对胡先生都有积极的影响。

事实上,他这时早已十分同情韦女士对她父母的抗议了。他这时把"社会国家政治之见解"划归"各行其是"这一方面,抗议早已比容忍多得多,就是家庭方面,他也逐渐同情子女的独立了。后来韦女士的母亲问胡先生东方人对美国青年妇女惊世骇俗的性格想法如何,他回信便说了一大篇"教女儿之道",认为父母必须让女儿有自由,必须信任她,不可把她当成奴隶或傀儡。这种思想自然是受了易卜生主义的影响,但胡先生自己在 1915 年 10 月却承认,他对妇女独立解放的思想,关键还在认识了韦女士。他说:

> 吾自识吾友韦女士以来,生平对于女子之见解为之大变,对于男女交际之关系亦为之大变。女子教育,吾向所深信者也。惟昔所注意,乃在为国人造良妻贤母以为家庭教育之预备,今始知女子教育之最上目的乃在造成一种能自由能独立之女子。国有能自由独立之女子,然后可以增进其国人之道德,高尚其人格。

后来胡先生事实上把家庭中"为人的容忍"一方面看得并不如子女

应有独立人格的重要。他母亲信神佛，他自己便不信鬼神。这至少是"容忍"而不"迁就"。1914年他写《易卜生主义》英文初稿时，对娜拉固已表示同情。而在他1919年写独幕话剧"终身大事"里，女主角田亚梅甚至违背父母之命而出走，和他先前所主张的东方人家庭内"容忍迁就"的观点更不相同。和他自己接受包办的婚姻的态度也相差很远。原来他思想上早已倾向韦女士独行其是这抗议派一边了。

韦女士不但使胡先生对女子的见解发生了变化，而且处处影响他对独立思想的看法。例如他1915年5月8日的札记说：

> 偶语韦女士吾国士大夫不拒新思想，因举《天演论》为证。达尔文"物种由来"之出世也，西方之守旧者争驳击之，历半世纪而未衰。及其东来，乃风靡吾国，无有拒力。廿年来，"天择""竞存"诸名词乃成口头常语。女士曰："此亦未必为中国士大夫之长处。西方人士不肯人云亦云，而必经几许试验证据辩难，而后成为定论。东方人士习于崇奉宗匠之言，苟其动听，便成圭臬。西方之不轻受新思想也，未必是其短处；东方之轻受之也，未必是其长处也。"此甚中肯。今之昌言"物竞天择"者，有几人能真知进化论之科学的根据耶？

这儿说的"中国士大夫不拒新思想"，固然不见得真实；而且达尔文主义在西方所受阻力较大，恐怕还是由于"创世纪"的宗教信仰比东方人坚强。但韦女士说的西方人不易轻信，而"东方人士习于崇奉宗匠之言"，喜欢标语口号，轻信权威，却很有道理。这也就是说，西方人比较注重独立思考和坚持己见。胡先生自己这时写的《老树行》诗说，"既鸟语所不能媚，亦不为风易高致"，也是表示这种独立的态度。当时有人便说他的"大病""在于好立异以为高"。胡先生则替"立异"下界说道："不苟同于流俗，不随波逐流。不人云亦云。非吾心所谓是，虽斧斤在颈，不谓之是。行吾心所安，虽举世非之而不顾。"他对这种立异则"窃有慕焉"，并引韦女士的话来作支持。这样注重独立思想的结果，不久他就更调"调和之害"了。

韦女士又曾和胡先生讨论到一个伦理上的基本原则问题,也牵涉到容忍问题和对儒家"忠恕"的解释。1914 年 10 月 26 日的札记说韦女士曾问起:"人生伦理繁复难尽,有一言以蔽之者乎?"胡先生的答覆是:"此不易言。无已,其惟'一致'(consistency)乎?"意思是说:"言与行一致,今与昔一致,对人与对己一致。"这也就是"一以贯之"。并且说这就是孔子所说的"己所不欲,勿施于人"的"恕"和穆勒所说的"自由以勿侵他人之自由为界"。

这样单用"恕"字来解释"一以贯之",到他写《中国哲学史大纲》时更做了较详细的分析,而且推广了。在这书里,他接受章太炎认"忠恕"为孔子的根本方法的观点,但否认他把"忠"解作亲身经验的知识("亲知")和另把"恕"解作推论得来的知识("说知")。而认为"'忠恕'两字与'恕'字同意",即是以"类似之点"为根据的"推论"。并且说:

> 我的意思,以为孔子说的"一以贯之",和曾子说的"忠恕",只是要寻出事物的条理系统,用来推论,要使人闻一知十,举一反三。这是孔门的方法论,不单是推己及人的人生哲学。

章、胡二人用方法论和知识论来诠释"一贯"和"忠恕",可说是研究儒家思想的一大进步。这也许是胡先生后来用"理未易察"的知识论观点来说明容忍的一个过渡阶段。孔子说忠恕时恐怕还是偏重在伦理观念,但这背后暗示有方法论和知识论,却无可疑。

但是胡先生把"忠恕"就当做"恕"而忽略"忠",证据是很薄弱的。这也有点像他在《容忍与自由》一文里只注意到容忍而没有想到抗议的重要一样。这两点在他思想的发展上也许还有连带的关系。《论语》里说到"忠"的地方还不少,意思颇近于"诚"。后人用孟子的"尽心"或"尽己"来解释,也并不是完全没有道理。不过胡先生 1915 年 2 月所立的"自课"把"表里一致"解做"不自欺",把"言行一致"解做"不欺人",把"对己与接物一致"解做"恕",而以"今昔一致"为"恒"。这"不自欺""不欺人"也就等于"忠"或抗议的精神。可见他所说的"一致"也并不止于"恕"了。

除了上面这些思想问题外，韦女士给胡先生的影响还很多，如她的坚持不争主义、世界大同主义、对教育的重视、对老子柔弱观点的批判等。但最重要的还有她在美术方面的思想可能曾影响到胡先生文学革命的主张。原来韦女士专攻绘画，乃是属于当时"新派美术"。胡先生说她"所作画，自辟一蹊径，其志在直写心中的情感，而不假寻常人物山水画为寄意之具，此在今日为新派美术之一种实地试验"。又说："此'试验'之精神大足令人起舞。"她的画曾在纽约的独立美术家协会（The Society of Independent Artists）画展里展出，成绩很好。胡先生曾两次去看过。这些画家都属于当时大有反叛革命性的所谓"后期印象派""未来派""立体派"等。这些美术上的派别影响到当时的文学潮流，在美国产生"意象派""自由诗""尝试派"和"未来派"的文学革命运动。他们主张打破旧诗的格律，用白话作诗。在我的英文《五四运动史》（*The May Fourth Movement: Intellectual Revolution in Modern China*，1960 年哈佛大学出版）里我曾较详细地叙述胡先生如何受这种"美国文艺复兴"思潮的影响。当时胡先生的反对白话诗的朋友早已这样说过，胡先生自己也承认过，并替这种"新潮流"辩护。他在日记里说他对诗的主张和"意象派"诗人的"多相似之处"，还引证说，这派诗人的作品是"一种对生活与诗中粉饰雕琢的抗议"。

胡先生自己曾说他努力文学革命是被"逼上梁山"的，是因为他在美国的一些中国朋友"越驳，越守旧"，便把他逼得"变得更激烈了"。这种被逼出来的抗议精神已是大家所熟识的了，这儿用不着多说。但我觉得他被"逼"之外，还有被"诱"的一面。他如何被师友与中外的著作引诱到支持"不通行的"（unpopular）和"反流俗的"（unconventional）潮流，以至于推崇"狂狷之行"的抗议精神，还不曾得到应有的注意。所以我不厌其详地指出他一些思想变迁的关键。我这一篇关于韦女士的话，固是"村言"，却非"假语"，胡先生的高文典册都还存在，原用不着我来使"闺阁昭传"，不过这样提出来，也许可以"醒同人之目"罢了。

但"逼上梁山"，胡先生只用文学革命方面，我以为他其余的许多思想行动也往往是"逼上梁山"的结果。1914 年之所以对他重要，当时客观的环境便是一个重要因素。那年世界大战爆发,逼得他更去反战非争。那年袁世凯下尊孔令祀孔,逼得他对宗教和儒教更怀疑起来。他回国时在路上听到张勋复辟的消息便决心献身于新文化的改革运动。所以他在文化政治方面抗议的态度也多半是环境逼出来的。

(原载于台北《传记文学》第五十五卷第 3 期,1989 年 9 月)

致痖弦,1989 年 9 月 8 日

痖弦:

八月三十一日来信已收到。"轻诗"一词,我因英文诗中有 light verse 一类,指的是非"高尚"(lofty),非"英雄式"(heroic),而颇有机智和悦心的诗。《韦伯第三国际英文大字典》对此有一简要的定义:"Verse that is written mainly to amuse and entertain and that is often marked by qualities of wit, elegance, and lyric beauty."可见虽近于幽默,但仍具有典雅和抒情诗之美。并非如中国的所谓"打油诗"。我想 light 当有"轻松"的意义,所以我以"轻诗"为名。你所说的"轻派诗歌"和"轻文学",我不知其定义为何,也许是类似的吧? 其实我的那三首诗,若说是 light verse,也近于"吊诡"(paradoxical),也许是似是而非,或似非而是,而有点自我反讽也说不定。你们如觉不妥,就改称"近诗"也可以。

王润华和淡莹已来陌地生,润华来我们系上任"荣誉研究员",他们在我家住了两天,现已住到一个 apartment,到十月底才会离此。

匆匆祝

好

策纵

一九八九、九、八

台湾出版的《八十年代诗选》及别的好新诗集,盼得便寄我一些。

李元洛[①]前些时寄来论我的诗一文,要我交《联合文学》发表,我当即寄去,但马森说他正要离职,已交下任处理。我又去信陈义芝[②]催问,迄无回音,不知何故。

---

① 李元洛(1937—),湖南长沙人,诗论家,曾任教于湘潭大学、西南师范大学等。

② 陈义芝(1953—),台湾花莲人,诗人、学者,曾任职于台湾《联合报》。

致郑良树^①,1990 年 3 月 16 日

良树兄如握：

　　香江一叙,不胜快慰。嗣得寄惠大著《战国策研究》及《商鞅及其学派》,二书考论精审,允为难能可贵之作,后有他著尚盼随时寄我一读也。纵旧作小文《卷阿考》于《卷阿》诗之时代及作者问题,颇有论列;另有一文讨论《论语》中"史之阙文^②,有马者借人乘之"之解释问题。特随信寄奉一份,尚乞指正。近况如何？ 时在念中。匆匆草此,即颂
著祺

周策纵
一九九〇、三、一六

① 郑良树(1940—2016),字百年,原籍广东潮安,马来西亚华裔学者、书画家。著有《战国策研究》(1972)、《续伪书通考》(1984)、《商鞅及其学派》(1987)、《韩非之著述及思想》(1993)等。
② "文"下脱"也"字。

致王靖献,1990 年 5 月 25 日

杨牧兄如握:

收到来信和大著《一首诗的完成》,甚佩甚慰！此书中有些篇章你以前在报上发表时我已零星读过,现在一编在手,可随时翻阅,快何如之！

你论诗文字,能融合古今中外,又出自诗人的灵感,深邃不同寻常。当今能谈及此者,环顾海内外,已不可多得了。

在论自然方面,你提到《赤壁赋》,我数年前曾特地去游览过"东坡赤壁",可惜石壁下原来的大江,早已填成陆地,而屋舍杂秽不堪。可是岩石上亭台倒规模可观,不知你去过么？《红楼梦》林、史联句,"寒塘渡鹤影"那一幕受了苏赋的启发,写得很生动。(我给周汝昌兄著《曹雪芹小传》写的序提到东坡的影响。)苏东坡多才多艺,又极端敏感,故为古今难得。先父最佩服他,咏赞他的诗有两句是:"余艺十人差足了,众长一手自来无。"所以我小时也不免受到一点影响。十多年前有一美国学生跟我写了一篇博士论文:《苏轼在黄州》。虽非完备之作,却还可见东坡在那短短四年间思想转变的痕迹和文学上的成就。

我还没有退休,因为威大已不加退休年龄限制,但亦不免有和尚撞钟之感。且此间人亦不易相处,国人心态殊难细论也。《文林》二期已在港出版(中文大学)。但海邮尚未寄到,且错字不少,颇觉难堪。此书经过挫折不少。使我日夜不安,现终能面世,也算了却一装①心事而已。

我秋间拟续开"中国文学理论批评史"一课,你如有这方面写作,尚盼随时寄我。

---

① 当为"桩"字。

关于古代巫医问题,我又有一假设,去冬在台北开会时,曾在淡江大学讲演过,就是我认定《易经》里的咸、艮二卦爻辞实本于针灸术。我在前书中已指出巫咸、巫更、巫抵的"咸"(针)、"抵"(柢、根、刺)、"更"(鯁)都是打针用的针。艮即"根柢"字之初文,古所谓"砥砭",古义是树刺,此二卦都说的是针刺什么经穴部位,与现存针灸部位皆合。最有趣的证据是艮卦爻辞:"艮其辅(颊),言有序。"现代针刺术仍是凡口舌不灵即针刺面颊经穴。我并发现爻辞两次用到的"随"字乃是《黄帝内经》中论针刺的术语。这些似皆非牵强附会之说了。你如有兴趣,不妨一查《易经》。不久我将撰文发表。(资料和前部分都已弄好了。)

匆匆草此,即祝

著祺

并问嫂夫人好

周策纵

1990.5.25

附寄:(1)《风诗五首》(稿)加《闻道》(2)《香港》(《港文》)(3)《当风》(《快报》)。

致郑良树,1990 年 5 月 28 日

良树教授吾兄如握:

谢谢你五月二十日来信和大作二篇。你明年下半年来美休假研究,

自是盛事。哈佛方面，不妨写信去哈佛燕京学社去申请，看他们可否给你安排一 visiting scholar（最好指明不要薪给的）位置，如可以，他们大概会设法代为介绍住处，写信给东亚语文系似亦可。在剑桥附近的女校 Wellesley College 当助理教授的有我以前的一位女生 Prof. Marina Sung（宋秀雯）①，她也和陈永明认识，你如要她帮助，说是我介绍的即可。加州方面，你如要去旧金山附近的 Berkeley 加大，也可径函该校去询问可否给你 Visiting Scholar 或 Honorary Research Fellow 的名义，当然通常为无薪给的。我相信他们会给你安排的。旧金山南部不远是 Stanford University，信可直接写给其系主任 John Wang（王靖宇）（但下年他不做了，并将去港大访问），他和我很熟，我在那里还客座过一星期，你说是我介绍的即可，你也许已认识他吧？你们如来中西部，就可住在我家。

《韩非子》亟需人好好研究，甚盼早日完成。《古书真伪考辨》一文极精审，我多年前在此授"治学方法与资料"一课，尝有所论，多与尊见不谋而合。我并认为某篇中即使有一句或数句为后来渗入，亦只能以此一句或数句为非真，不可谓全篇，不可谓全书为伪也。吾兄此文于"回顾"部分大约不求完备，唐、明、清之间，独遗宋代。其实宋代辨伪风气颇盛，梁启超已一再说到。当然你所举的明清三家，自然专书所辨更多。惟大作页 250 表中既已列宋濂《诸子辨》认《尉缭子》为"真"，却于次页引宋氏语"则固后人依仿，而托之者也"。以为他肯定该书为伪。恐系一时疏忽。宋濂全文实已承认此书为真，故说"或曰魏人"，"或曰齐人"，"未知孰是"，并云较之《汉志》"已亡五篇"，引其文之余，复曰："战国谈兵者有言及此，君子盖不可不与也。"颇加称赏。至云"后人依仿"，乃指"《三略》《六韬》《问对》之类"，意盖不应将《尉缭子》夹在这些伪书和真古书《孙》《吴》及《司马兵法》等之间耳。故梁氏表中亦列宋氏认之为真也。又兄下文指摘姚际恒认今本《尉缭子》乃后人所依托，自系事实，惟兄并云："姚际恒还指出梁惠王时并无尉缭其人。"不知此另有所据否？《古今伪书考》论《尉缭子》的那一段我找不到明文，不知兄是否系从姚氏举书中

① 宋秀雯，旅美学者，1988 年威斯康星大学博士毕业，曾任教于美国韦尔斯利学院。

"天时不如地利"语,谓与《孟子》所说同,因说"岂同为一时之人,其言适相符合如是耶? 其伪昭然",便推论姚认梁惠王时无尉缭其人? 我以为他只在指证书是后人伪托,并未说梁惠王时无尉缭其人,即下文提到杨素的行为与此书主张相似,至多也不过暗示书是此种后人所仿作,并未否定尉缭本人之存在也。不知兄台是否另有所据或推论? 其实姚氏以为同时人之言不致如此适相符合,这种论点何能成立,同时人自可互相转引,亦可共引自别人或当时流行之格言或口头语,岂可因此便断定"其伪昭然"? 以上偶抒拙见,未加细审,定有不当,尚盼呵正。

大作"前瞻"一节指陈后世及近代学人轻率否定古人诸事,读之大快。我多年来认为此等例子可汇集论评,写一大书或一博士论文。轻年学者,精力有余,时日方多,不妨一试也。刘殿爵教授在我所编 *Wen-lin*(文林)第二册中有文论《解老》篇之形而上思想与柏拉图之 Theory of Form①。我亦有《墨家起源新说》一文,由中文大学吴多泰语文中心出版,中大出版社代售,不知你见到了么? 匆匆草此,即祝

著祺

周策纵

1990 - 5 - 28

此信写了好久了,因忙着去了旧金山,竟忘记付邮,真对不起! 久不得陈永明信息,甚念。请转告,得便来信。

7 - 30 - 90

你如需我函介,当亦可办。

《解老》与《喻老》作意既不同,体裁自亦有异,犹如郑玄既作诗注,又作诗谱,恐难以此推论为非同一作者。郭沫若之说,可能误导耳。

---

① 参见《致刘殿爵》(1972 年 4 月 4 日)注。

致璐玮①,1990 年 6 月 3 日

不知则问,不能则学,虽能必让,然后为德。——《荀子·非十二子》篇。
胸中不学,犹手中无钱也。——王充:《论衡·量知》篇。

璐玮高中毕业,即升大学,赠言志庆,并勉其百尺竿头,上进不止。

周策纵
一九九〇年六月三日于陌地生
时年七十四

致梁文福②,1990 年 6 月 6 日

文福老弟:
　　收到录音带《新加坡派》,非常高兴,此间朋友听了也很喜欢。我那

---

① 璐玮,不详。
② 梁文福(1964—),原籍广东新会,新加坡作家、音乐家。1990 年推出音乐专辑《新加坡派》,著有《最后的牛车水》(1988)、《嗜诗》(1996)、《写一首歌给你:梁文福词曲选集》(2004)等。

首短诗,稍加变动演奏出,自别有风趣,主题比较集中了。谢谢你多方费力,并请代为谢谢黄谯赪和梁启燕小姐,她们唱得挺美,增色不少。曲子极有媚力。

中国过去有"诗史",你的《新加坡派》以歌作史,可惜"歌史"一词却表达不了"诗史"那层意思。《紫竹吹新调》和《麻雀衔竹枝》都非常富于民歌情调。《摇滚话三分》用大鼓节奏入新歌,很富创意。《老张的三个女儿》固多现实风趣,其实似乎也继承了一个非常古老的传统,就是魏晋南北朝时代的《三妇艳》。《红豆词》你续得很好,也十分不易。《爱情烈士外传》使听众回到一些旧时名歌精华,都能从旧创新。此卷评论情况,盼随时寄告。

歌词印得本很美观,只是就我来看,字太小,又因背景颜色浓,不易阅读。黑白的那一面,每个字用白地,孤立着,不容易看,恐怕还是用大块白地较好。背景影像亦不妨重行调整,不知你们和其他读者意见如何?组屋走廊你小时的照片好极了,初看好像一个可爱的小东西在迷宫里奔窜!引言也都写得很生动,并有深意。

"使用费"请即用来买录音带十五卷,(不知多少钱一卷?)其中十二卷寄给我,以便分赠朋友。另三卷请代为分寄台北我堂弟叔厚和侄女碧珊,另一寄我以前的学生痖弦,通讯处开列在上面。你近来有何新作?匆匆祝

好

小兄周策纵

1990 年 6 月 6 日

附《"金钗谣"及其他》。

《话三分》第五节,"千里"的里字误印作"裡",想已见到了。

417

致范道瞻①,1990 年 8 月 3 日

道瞻学长兄如握:

　　多年不见,时萦梦念,数年前弟赴华府出席美国人类学会,宣读论文,曾函约拟与兄一叙,竟未得联系,思之惘然! 顷收到世伯遗著《颐园诗稿》二册,曷胜感荷。弟知吾兄能诗,且诗境日进,读此集始悟家学渊源有自,固非偶然。集中弟甚喜《曹家坂》七律一首,不独"频来"联工巧,"榕树"二句平淡道来,尤富不尽之意。弟多年前曾有一假设,谓榕树即古"扶桑"之所指,不日当撰文论之,虽系臆测,似亦言之成理。榕树亦为桑科,其气根如柱,故名"扶"桑,有朱果晶圆,正如日之种子,故有日出于扶桑之神话,且此树极高大,可容数千人集于其下,传统说法谓为朱槿,略如海棠,树小不类日出之所,因世伯诗句,偶然及此,供兄一笑耳。匆此

　　即颂

著安

弟周策纵

一九九〇、八、三

另册即转赠本校图书馆。

弟客冬跌破右腕骨,久未能执笔,后又时有远行,致久稽作书也,现已全愈矣。

---

① 范道瞻(1920—),字夔生,原籍四川永川,中央政治学校毕业,曾任职台湾外事机构,及台湾"北美事务协调会首席顾问"。

致范道瞻,1990 年 8 月 28 日

道瞻吾兄如见:

得手书及尊诗多首,读之甚喜,尤爱《丁卯元日》及《时清浮海》数首。前一首颈颔联皆为警句,"入诗狂语避人删"更刻绘入微,后一首弟最欣赏"隐树"一联及尾联。"一发千钧系"一章甚有杜陵韵味,诚"诗成吐肺肝"之作也。近来忙迫不堪,今晨枕上勉成短章,聊表念衷耳,录奉乞正:

道瞻书来云近已退休附诗琳琅即以奉念

书到如握手,巴渝事宛然。
犹堪垂老后,翻羡遂初先。
秀句蒸霞绮,羁怀涩雨弦。
时艰纷异旧,忧患竟忘年。

一九九〇年八月二十八日清晨枕上

另附旧作《鹃思》《和杜秋兴》及《不寐》,并供一笑。匆匆草此,即祝

吟安

弟周策纵　手上
一九九〇、八、二八

致古德明^①及《明报月刊》编辑，1990 年 9 月 4 日

古德明先生：

谢谢寄来的九月份《明月》，诗得尽速刊出，十分感谢。

《友情余稿》诗刊误^②

编辑先生：

贵刊二九七号（一九九〇年九月份）所刊拙诗《友情余稿》末章《东来》第五句"哀时竟止钩沉史"，"止"字误排作"上"，成为半通不通，读之不免黯然。前特寄上一信，称旧诗如出错字，最难卒读。然仍不能免，只好请将此信在十月份尽速刊出为感。亦盼共存一戒也。即祝

编安

周策纵　敬启

一九九〇年九月四日于陌地生

---

① 古德明（1953—　），广东中山人，香港英语教育作家、时事评论家。1976 年香港中文大学崇基学院英文系毕业，1981 年考获同校中文系哲学硕士。曾任香港大学新闻组翻译员、香港科技大学翻译组主管，1989 至 1991 年任《明报月刊》总编辑。

② 此文经修改后刊载于《明报月刊》总第 298 期（1990 年 10 月），第 116 页。

致王润华、淡莹,1990 年 11 月 10 日

润华、淡莹:

好久没写信了。六、七月间忙着去 Stanford 大学开会,八、九月间忙着聆兰结婚,十月下旬又因南华开会,同去了 Saint Louis 一趟,不料就引起伤风咳嗽,现已渐愈。Lena 和 Kevin Smith 于九月二日结婚,现已在西欧度假,可能到十二月下旬才返美。八月中曾寄你们通知和请帖,不知收到否? Kevin(史克文)①曾在威大历史系毕业,后在旧金山州立大学读了公共行政硕士学位,他不懂中文。南华从九月起退休,每二、四、六、八、十、十二月仍全部工作,但一、三、五、七、九、十一月则全部休息,所以这个月已住到 Albany 琴霓的 condo 那里了。我于十二月中到一月中也可能去那里住。

你们回新加坡后,一直未见来信,甚以为念。我以前想早告诉你们,休假在外一年回去时,一定会有些异样感觉,尤其是人事方面,心理上须有些准备,我多时就想向你们说到此点,但竟牵延未写。希望你们一切都顺适。

纪念册文字,蔡振念②(现跟我写博士论文:唐以前诗中的时间观念。现住在我家)曾有一文及一新诗寄给你们,想已收到。(初寄联副痖弦,被误退。)王晓薇③、丁爱真等人文章想已收到? 香港中文大学中文系

---

① Kevin Matthew Smith(1954—),中文名史克文,生于美国威斯康星州,曾任职医院行政管理。

② 蔡振念(1957—),原籍福建金门,台湾学者,威斯康星大学东亚系博士,任教于台湾中山大学。

③ 王晓薇(1950—),原籍台湾,旅美学者,聂华苓之女,周策纵学生,于威斯康星大学东亚系攻读硕士、博士学位,任教于多伦多大学东亚研究系。著有 *Departure and Return: Chang Hen-shui and the Chinese Narrative Tradition*(《离去和返回: 张恨水和中国叙事传统》,1987)。

黄坤尧①(我以前中大学生,现任中文系讲师)寄有《和东坡词》多首,赠别人之作似可不录入。他说"稿已寄台北痖弦先生处,可酌情选用,不必全载"。现选了六首寄来给你们斟酌。我以为其中《瑞鹧鸪》(卢园)、《昭君怨》(柏林围墙)、《卜算子》(己巳岁除)似可选入。当然可收入《鹊桥仙》,因是怀念我的一首。中文大学何文汇应有诗寄来,可与联络。香港罗忼烈教授(曾任香港大学中文系教授多年,退休后又曾在中文大学教育学院及澳门大学任教,对散曲及词甚有研究,著有《北小令文字谱》《元曲三百首笺》《周邦彦清真集笺》《话柳永》《词曲论稿》等书多种),他寄来的词一首如下:

玉 楼 春

先生利涉长居兑,多艺多才惊海外。早将佳句拟清真,还赋新诗夸必大。　　今年喜叙耆英会,何日同开椒叶盖。深杯遥举劝王乔,七十五翁方秀艾。

他来信说:"多用尊姓故实,一笑。"又说拟用毛笔书写一幅由文汇共转,不知是你们那里还是痖弦处,以供影印云云。是否影印,看你们方便决定。

又威大以前同学余盛孝玲②写了一短文《陌地生杂忆》,说稿已径寄给你们。我发现第二页倒数第三行"周汝昌先生年轻时手抄的脂评甲戌本","抄"字下应加一"过"字。

匆匆不尽,祝

近好

策纵

1990 年 11 月 10 日

---

① 黄坤尧(1950—),原籍广东中山,香港学者,任教于香港中文大学。
② 余盛孝玲,原籍湖南常德,美籍学者。周策纵学生,曾任教于美国俄勒冈大学。

盼来信。

新大方面，林徐典、吴德耀①教授及中文系各同事盼代问候。我讲《红楼梦还是石头记》②一稿，陈美玲③小姐记得很好，请代为道谢。

致缪鉁④,1990 年 11 月 26 日

宛君嫂：

今晚从办公室回家，收到通知，惊悉联陞兄仙逝，不胜悲痛！你二十一日寄信，五天才收到，当是因 Thanksgiving 假期邮局耽搁了，已过了丧礼日期两天，所以这信也迟了。

联陞兄一生不但学术大有成就，对朋友和学生尤其真诚感人。我在哈佛工作的六七年，常常在你们家聚会畅谈，饮食诗酒，欢笑终宵，回想起来，如在目前。

前些时寄给你们在香港发表的《友情余稿》，内有联陞兄和我唱和的诗，并附我家照片，当已收到，想来那可能是他最后见到他发表自己的诗罢了？只盼望给他一点安慰。

这次因邮局耽搁，未能亲来参加他的送别仪式，真觉难过！只有希望你和德正侄节哀顺变，善自珍卫。

---

① 吴德耀(1916—1995)，原籍海南文昌，新加坡学者，曾任教于台湾东海大学、新加坡南洋大学等。
② 陈美玲记录：《〈石头记〉还是〈红楼梦〉？——主题试探》，载林徐典编：《学丛》（新加坡国立大学中文系学报）创刊号（1989 年）。
③ 陈美玲，原籍福建厦门，新加坡国立大学中文博士，曾任职于华侨中学高中部、新加坡教育部、新加坡国立大学中文系、新大肯特岗学院等。著有《红楼梦中的宁国府》（1999）等。
④ 缪鉁(1916—2001)，字宛君，江苏溧阳人，词学家缪钺七妹，1930 年夏与杨联陞结婚。

南华现休假住在东旧金山小女琴霓处,她们在电话中听到消息都很难过,要我问候你,长女聆兰现尚在西欧旅行。

我除了把殡仪直寄给哈佛东亚系外,兹匆匆撰就挽联一幅,以表哀思。

匆匆草此,即祝

健康

弟周策纵

1990 年 11 月 26 夜

内子吴南华及小女琴霓附候

附　　　　　　　　　**挽杨联陞先生联**

我有得则喜,我有失则规,我无眠则分药①,恍如昨日;

兄相近必邀,兄相远必讯,兄既去必曜灵,永兮方生!

联陞吾兄千古

弟周策纵　　拜挽

一九九〇年十一月于陌地生弃园

---

① 初稿作"赠药"。

424

致汪荣祖,1990 年 12 月 28 日

荣祖教授　夫人：

　　近去台北为胡适之先生百岁诞辰纪念作讲演,现住旧金山附近次女处。元月二十一日仍返陌地生。萧公权先生全集书信卷不知已出版否,甚盼得一册也。近来有何新著? 匆祝

年安

周策纵

一九九〇、十二、二十八

致吴宏一^①,1991 年 3 月 22 日

宏一教授如握：

台北一叙,荷蒙招待,至为感慰,惜时间短促,未克畅谈耳。

承约为新创《集刊》撰文,归来后初则患伤风,嗣又为课务及琐事所绊,致近时始能执笔,而稿则颇长,然弟固甚欲其能在《集刊》创刊号上发表,以了多年心愿。此文颇多新见,其目的实欲显扬中国古代最重要之个人自由主义,及《庄子》之中心思想,非徒阐释庄书之一篇也^②。尚希惠予指正为感。

又弟出生于民国四年乙卯旧历十二月初三,乃阳历 1916 年 1 月 7 日(但我的护照已误作 1916 年 2 月 17 日,亦只好听之)。时不我与,读《庄子》斯篇,每觉未能忘情,有愧于先哲也。

此文如能刊在《集刊》创刊号中,当十分感荷。万一不能,则请代转《汉学研究》,看能否在近期刊出。倘皆不能,则请代商学生书店,作小书出版。(用钱穆先生的《庄子纂笺》或叔岷的《庄子校诠》正文大字排版,则作一小册子,大约足够。)如须弟津贴出版费,亦未为不可。惟文前提到兄为《集刊》约稿句,则须删改说明耳。有劳之处,亟盼赐覆。

---

① 吴宏一(1943—),台湾高雄人,中国文学学者、作家。台湾大学中文系学士、硕士、文学博士。历任台大中文系副教授、教授,中山大学教授,香港中文大学客座教授,香港城市大学中文系、翻译及语言学系讲座教授,2008 年荣休。1989 年至 1992 年间,任"中央研究院"中国文哲研究所筹备处主任兼设所学术咨询委员会召集人,负责《中国文哲研究集刊》组稿事宜。另曾任《新潮》《海洋诗刊》《中外文学》等刊物主编。著有《回首》(诗集,1965)、《微波集》(散文集,1966)、《常州派词学研究》(1970)、《清代词学四论》(1990)、《六祖坛经新绎:圆融淡定的生命智慧》(2013)等。
② 指《庄子·养生主》篇本义复原》,载《中国文哲研究集刊》第 2 期(1992 年),第 13—50 页。

匆祝

著安

弟周策纵　拜

1991 年 3 月 22 日

致王润华、淡莹，1991 年 8 月 22 日

润华、淡莹：

这次在新，又蒙你们多方照顾，至为感慰。槟城和峇里①游得也十分痛快！

从新加坡回来后忙得不可开交，身体还算好，只是未能坐下来写信。托寄的书不知寄了么？还未收到。

何庆华②已寄来一文（她先生是任先民③），内有她一相片，因已无底片，用后务盼寄回给她。

访问记已印好数份，其中胡菊人的三篇都比较重要。

我昨天清早应华美协进社之邀去纽约主持一会议（在纽约住洪铭水家），顺便偕舍弟同去，并一游华府，九月二日回陌地生，即已开课了。八月份《传记文学》载有我的《我的故乡》一稿（丁爱真据口述录音整理），你

---

① 即巴厘岛。

② 何庆华（1940—　），原籍湖北武汉，周策纵学生，曾任教于台湾中国文化大学、美国夏威夷大学、加州州立大学等。

③ 任先民（1930—　），原籍湖南汨罗，曾任教于美国加州州立大学。

们当可见到。匆祝

近好

策纵

1991、8、22

致张充和，1991 年 10 月 19 日

充和：

久违了，时时在念。我近年来也很忙乱，所以很少写信。这儿随信寄你小册两本。《白玉词》①中抄存了大作二阕②，类似狐假虎威吧？好在是"非卖品"，否则你要是算起账来，可吃不消了！先斩后奏，如此而已。《梅花诗》是我十九岁时所作③，自然幼稚不堪，由于你和汉思都喜爱梅花，寄与亦不免有深意，故不怕献丑也。近来有何新作，作何消遣？暇盼告我，匆草不具。即祝

---

① 1991 年自印本，弟周策横手书，线装，封面用蓝色纸面，共十九页。

② 即《浣溪沙》(早春访柳)二阕，张充和于后记云："一九八五年五月四日与策纵观梅展两小时，得益甚多，此亦平生乐事，回忆廿年前陌地生联吟，宛如昨日，更是一番乐趣，何日可再得也。"

③ 此书亦自印本，版权页题"梅花诗八十五首　周策纵旧作，周策横手书　一九九一年八月初版　美国威斯康星州陌地生市　弃园藏版　非卖品"。全诗题为《和彭雪琴梅花诗八十五首》，是中学时和衡阳彭玉麟《梅花诗》的少作(约作于 1935—1936 年间)，原载长沙《长高学生》第 1 期(1936 年)，第 98—102 页，后收入陈致编：《周策纵旧诗存·初蕾草》，第 10—25 页。1980 年代由省人陈吾南先后钞录和影印寄呈，事见《致陈吾南》(1985 年 8 月 2 日)。作者于 1987 年自识："予少作既什九毁于浩劫，幸存者乃不忍割弃，亦犹继绝抚孤之意耳，然未克删芜除秽，复不图自掩昨非，是则非所以传诗之道矣。"

428

吟安

策纵

一九九一年十月十九日

汉思均此。

致汪荣祖，1991 年 11 月 20 日

荣祖兄：

来信及先后所惠论章太炎与史学二大著，皆已收到，甚谢。二书都具卓识，可喜也。

介绍信早已寄出，甚盼此事能成功，于协助海内外史学之发展必不少。

随信寄信①小书二本（《白玉词》及《梅花诗》），聊供一笑耳。匆祝

著安

周策纵

1991 年 11 月 20 日

---

① 后一"信"字疑衍。

致王润华,1991 年 12 月 4 日

润华:

　　收到来信,知香港中大出版社已同意出版事①,甚妥。洪铭水说当改写回忆文。盼陈炳藻(应去催他)能改用小说或散文,他素擅长于此。我已和张于念慈②通电话,她打算写一回忆文字寄你,她是于右任先生的幼女,曾跟我念过书,也在我系任过助教和讲师。(一九六六年离开陌地生。)她在宾西凡尼亚州立大学(Pennsylvania State University)东亚系任讲师多年,现已退休。她先生(已去世)是张笃伦(曾任湖北省主席)之子,乃一西藏和佛教专家,也在威大念过哲学和佛学,名澄基③,有著译不少。希望钟玲和罗智成有作品。

　　近作诗数首,能收入更好。盼能也影印《金缕曲》,因系给威大诸生,勉其作诗者,似较有纪念意义。又我很喜欢弃园的红叶,如能彩色印出,则可附上照片后的诗。不妨一试。匆祝

近好

策纵

一九九一年十二月四日夜

淡莹均此。

---

① 指《创作与回忆——周策纵教授七十五寿庆集》出版事宜。
② 张于念慈(1926—),陕西三原人,于右任二女。1944 年入成都燕京大学国文系,毕业于金陵女子文理学院,1948 年与张澄基于汉口结婚,翌年 2 月随夫至印度,1951 年起定居美国。在威斯康星大学取得硕士学位,曾留校教授中文,后随夫至宾夕法尼亚州立大学任教。
③ 张澄基(1920—1988),原籍湖北安陆,曾任教于美国纽约新学院、内布拉斯加大学林肯分校、宾夕法尼亚州立大学宗教学系等。著有《佛学四讲》(1957)、《佛学今诠》(1973、1983)、《净土今说》(1982)等,译有《密勒日巴尊者传》(1965)、《冈波巴大师全集选译》(1986)等。

我十二月十四日即去旧金山,元月十八日才回陌地生。

致王润华,1991 年 12 月 5 日

润华:

补告数事(末附简历):

(1)周汝昌兄与我和潘受先生的诗,我放在什么地方,一时遍寻不得。现仍在翻检中,一找出即寄你。(他的通讯处为何?亦盼告。)

(2)你的《天书》和《象外象》诗似可收入纪念册,尤其是前者。(最好能保留原载《明报周刊》的跋文。)

(3)《金缕曲》盼仍能影印入册。

(4)《红楼梦外一支》我已找到一份原开会时分发的①。此曲已有两种英译,一为 Bodman②,曾在我系任教,现在 Olaf 大学任教;另一为余定国③,原在我系念书,后转入英文系。这一曲子可表示我召开首届国际红学会,如能用红黑二色依原样缩印,自较有意义,且有我自

① 全名《〈红楼梦〉外一支·血泪书——为首届国际〈红楼梦〉研讨会作》,仿曹雪芹自度曲而作,以弃园笺纸亲笔工楷誊写,盖有"幼琴""策纵草"及"周公"篆印三枚及动物印两枚,红黑两色印制。题目下署"周策纵戏笔",落款题"一九八〇年六月十六至二十日于美国陌地生威斯康星大学",于会上分赠学者。自度曲、译文及笺纸均未印入《寿庆集》。曲文见《红楼梦研究集刊》第 5 辑,第 198 页。
② Richard Wainwright Bodman,中文名包瑞车,美国汉学家。1980 年加入明尼苏达州圣奥拉夫大学院(St. Olaf College)亚洲研究系教授中文课程,2014 年荣休。
③ 余定国(1955—),美籍历史地理学家,1989 年威斯康星大学英文系博士毕业,曾参与该校历史地理学研究项目,1989 年起任教于美国马里兰州圣约翰学院(St. John's College)。

刻知非①像的图章(另一为兔,因我出生于乙卯年,生肖属兔)。如能附两件英译,则更好,英译迄未发表过。

~~(5) 余定国又译有我的《五四》一诗。其《Snow Storm》、《Rereading the Dream》则是我自己译的,是否可用,不一定,可斟酌。~~ 改用《招友》及琴霓、聆兰英译。

(6) 缪钺(大陆四川大学历史系教授,杜甫学会会长)教授文史兼优,现已八十余岁,他是杨联陞的妻兄,也可能教过他。他赠我的诗很好,字亦好,似可连我的和作一同影印。周汝昌赠我诗不少,这里只寄你一首,诗很好,他目力已不行,所以字写得不正。程曦那一首,诗也很好,字则随便写的。不知他文章中引过了么? 这些供你参考。

(7) 我的近作《未济》或尚有时代意义。旧诗《大雪独居二首》我颇自觉不坏。二诗可说是你这次信催成的,专为纪念册用的。

(8) 我在密西根大学做学生时画的一幅山水,上题有七律一首。有两位同学(美、中)合作译成英文。译诗和画曾刊在密大《世代》年刊上,该画曾挂在 Lane Hall,那房子就是后来亚洲学会的总办公室,后来不知是否还在。画并不满意,寄你一看,如需照一份好的,我可把刊物照相。英译颇好,Don Hope② 发表过不少英诗。

(9)《自君之出矣》乐府诗四首,乃由陈广才③用电脑打出的,亦别开生面。广才是我以前的学生,现在本系任正教授,主持中文语言教学多年,最擅长计算机。

(10)《吾家》可见舍弟书法,他的书法在大陆颇有名,如黄鹤楼、黄帝陵、三苏坟、岳飞故里、米芾纪念馆、茅盾纪念馆等多处都保存有他的字。有些是石刻在碑上的。

---

① 周策纵先生爱犬,因 1971 年始养之时正指导王润华研究司空图及《诗品》,遂取司空图别号"知非子"为名。周策纵寄王润华信中附《忆秦娥》及《哭知非》二诗,并附《客居香港一年还家重见吾犬知非》,影印件上自注:"知非归我时,王润华适从予读博士学位,其论文乃晚唐之司空图,图号'知非子',故用此名。次女 Genie 首名伊为 Jiffy,其音亦近于'知非'。"
② Donald C. Hope(1927—),简称 Don Hope 或 D. C. Hope,美国诗人。1953 年密歇根大学文学硕士毕业,曾任教于宾夕法尼亚州朱尼亚塔学院(Juniata College),杂志 Burning Deck(1962—1965)编辑之一。
③ 陈广才,美籍学者,曾任教于美国威斯康星大学东亚语文系。

（11）……

（12）《长城》一诗，由何怀硕配画，原已在《联副》刊出，惟亦别致。洛夫以前曾告我，他颇喜欢此诗。

以上一切都只供你参考而已。但不用的资料盼为我保存，或将来寄回给我作他用。

策纵　又及

1991.12月.5日

红叶如不好印，则作罢，诗亦平平。

印刷费津贴，如不足，要不要我津贴一些？或者由我预定二十册，以赠亲友，先付款，是否可称一种津贴？

《招友》诗最好能与琴霓和聆兰的英译一道刊出，并刊琴霓的画①，此较有意义，也给她们一点 surprise。

梅花亦我自画，图章"年安"（仿甲骨文）亦我自刻。

《读红》年片印得较好（现已罕存），"如石"二字是我的篆书，写得还满意，英译是否可用，则可斟酌。

---

① 《招友》手稿、译诗及画见《创作与回忆——周策纵教授七十五寿庆集》，第 76—80 页。

致孙淡宁，1992 年 3 月 28 日

淡宁：

　　谢谢你的信，本来早拟回信，又给许多杂事耽搁了！

　　你问张溥泉先生①那首诗的缺字，"雨落空山里，鸡鸣寺〇中"。据我看，"寺"下缺字很不适当，如果说是"寺院中"，也不太好，其他仄声字也想不出来。似乎只应缺在"寺"字之上，与上句"空山"对文，如"野寺""古寺""废寺"等等，都有可能，未可臆定。台北"中央党史会"编印有《张溥泉先生全集》(1951 年出版)和《补编》(1952 年出版)，国会图书馆一定有此，你不妨托人或亲去一查，应可查到。② 诗写的不错。"献策愧陈东"大约是指当时的学生抗日运动罢。这就使我想起我在中学时写的一些诗，虽是小毛头，愤时忧国，亦不后人，回想起来，每怀隐痛！

　　溥泉先生我在渝、京皆见过多次，前辈风范，令人怀念不已。他那首诗写得很有杜诗风味，极不易得！

　　我近来忙乱不堪，总想多写些东西，愧未能完稿。去年写了《〈庄子·养生主〉章本义复原》一文，两万余言，倒自觉发前人之所未发，心中亦大快也。台北"中央研究院"中国文哲研究所的《中国文哲研究集刊》

----

① 张继(1882—1947)，字溥泉，河北沧县人，民国时期政治人物、国民党元老。早年留学日本，参与兴亚会、华兴会、同盟会等爱国组织，同盟会改为国民党后任参议，并历任第一届国会参议院议长、国民党北方执行部部长、护法军政府驻日本代表、国民党宣传部长、北方支部长、第一届中央监察委员、军事委员会委员、国民政府司法院副院长、北平临时政治分会主席、国史馆馆长等职。著有《中国国民党党史概要讲演汇辑》(1943)、《日知录校记》(与黄侃合撰，1955)，遗作收入《张溥泉先生全集》(1951)、《补编》(1952)、《续编》(1982)及《张溥泉先生回忆录·日记》(1985)。
② 此五言律诗收入《张溥泉先生全集》，台北："中央文物供应社"，1951 年，第 139 页，题作《秋夜不寐》，全文为："雨落空山里，鸡鸣野寺中。离忧思屈子，献策愧陈东。揖盗图何用？翻盟祸未穷。披衣长夜旦，九仞待收功。"缺字处正作"野寺"。

三月底将印出（第二期），你如能找到，不妨一读。（当然有点噜苏。）

　　匆此，即祝

近好

策纵

1992.3.28

绍政兄均此。

你母亲那几首诗写的很好，你应复印下来，并请寄我一份。

致清水茂^①，1992 年 3 月 31 日

清水茂教授道席：

　　去年新加坡汉学会上，得亲教言，并读新章，至为欣佩。顷奉手书，并蒙惠赐诗文，尤深感荷。论纸之发明与汉代学风，举证详赅，殊多胜义。《寸又峡温泉》诗古意昂然，直薄二谢，可喜。和千帆教授之作亦清新意远，不同凡响。千帆与我亦时有通问，其《闲堂诗存》（附在《被开拓的诗世界》一书中，页三六二）有闻予将返国讲学，诗以逆之之诗也。尊诗第三首末二首句云："满地坚冰冬至节，时念小春始履霜。"意自佳，惟平仄失律，末句不知可否改为"小春时念履初霜"，意未变，而音较洽耳。十余年前，吉川幸次郎教授写示其所作汉诗四律，至为精致，予有和作。日本汉诗，予

① 清水茂（1925—2008），日本汉学家，曾任教于日本京都大学。著有《中国诗文论薮》（1989）、《中国目录学》（1991）等，中译本论文收入《清水茂汉学论集》（2003）。

素喜夏目漱石，时有绝句，逼近唐人。惟偶亦有平仄失调处，如其《明暗》八月二十二日七律第二句"趺坐何处古佛逢"，"处"字不能作平声用。《题画竹》："竹里清风起，石头白晕生。幽人无一事，好句嗒然来。"（见松冈让编：《漱石の漢詩》一书，页一五一，朝日新闻社，昭和四十一年版）不知是印错或笔误，抑另有说耶？[①] 偶然及此，尚盼教我也。匆此即祝

著祺

周策纵　拜手

一九九二年三月三十一日

附上小文讲"必也"及《剩诗一束》[②]。

附　　　　　　　　　**从光岳抵寸又峡温泉**[③]

白石受朝阳，晓峰微发光。

（光岳有光石，闻说夕映斜阳，大发灿光，因名焉。

此时清晓，唯见发白而已。）

东瞻莲岳顶，南限偃松冈。

（偃松只生高山，从此以南无之。）

寻径缝千木，（千木平）绚绳架一梁。

（柴泽绳桥）悬流激渍薄，（三升瀑）堰水湛青苍。

（千头水库）穿峡清风爽，沿溪小洞长。

---

① 清水茂于同年 7 月 31 日回信云曾致信《漱石全集》出版社岩波书店求证，店方请教漱石汉诗研究专家宇都宫大学加藤二郎教授，加藤乃托书店转寄漱石汉诗原稿复印件。信中称："'好句嗒然来'之'来'，正系草体'成'之误读。初印《漱石诗集》（按：岩波书店 1919 年刊行线装铅印本，引诗见第 10b 页，原作《无题》，前一首为《题画竹》）已误，后来以误承误，乃至如今。'趺坐何处古佛逢'，初稿作'趺坐何时古佛逢'，后来改作'何处'，确是漱石偶误平仄也。"

② 前者为《释"无以"与"来"——兼说"必也"与"归去来兮"》，1965 年威斯康星大学东亚语言文学系油印本，第 81 页；后者载《明报月刊》1985 年 1 月号。

③ 诗注原无标点，为整理者所加。

桃源识何到，仙窟或能藏。

渴饮皆甘露，困眠真玉床。

行行几百里，尘垢洗温汤。

清水茂

和程千帆教授入梦四首

曾要骅骝辟雾烟，平原黔首仰翩然。

蔷薇散尽谁能哭，周穆何当是返年。

河水澄清笑巨灵，红花开遍耀潘城。

观颐天地养民物，有客听雷于掩声。

恭祈万寿举琼觞，非孔何尝学楚狂。

满地坚冰冬至节，时念小春始履霜。

鹏徙南溟竟起波，三章约法忆萧何。

韩非终服李斯药，老子宫前犹颂歌。

清水茂

437

致毕小元^①,1992 年 8 月 6 日

小元女士:

谢谢你两次来信,我因六、七月间去加州史丹福大学和台北开会,前几天才回来,所以未能及早给你回信。真对不起!

新版拙译事^②,用简体字未为不可,但我以为有好些字简省得很不好,如"餘"作"余","隻"作"只"等,既已推行,也只好罢了,可是"葉"作"叶",实在引不起读者的美感。可否请在书的适当地方加一注说:"译者认为因联想和美感关系,故'葉'字未用简体'叶'字。"麻烦你们,真难过!(其余印刷事都可照你办。)

你父亲想已回北京了,希望他注重身体。要经常做些轻微运动,多吃蔬菜水果,略减体重才好。他近来还写旧诗吗^③? 杨云史^④诗集是否已出版? 便中盼代致念,我十月中将应邀到扬州出席国际红学会议,恐无时间来京。匆祝

近安

周策纵

1992 年 8 月 6 日

附《对不起》文^⑤与朔望。

---

① 毕小元,原籍江苏扬州,曾任职于中国对外翻译出版公司。毕朔望之女。
② 《萤》及《失群的鸟》简体字修订本,1994 年北京中国对外翻译出版公司出版。
③ 《致唐德刚》(1979 年 10 月 5 日)云:"大陆来的诗人毕朔望君喜作旧诗。"
④ 杨圻(1875—1941),又名朝庆、鉴莹,字云史,号野王,江苏常熟人,诗人,著有《江山万里楼诗词钞》。
⑤ 《从"对不起"到"负恩"》,载《联合报》1992 年 7 月 21 日。

致严志雄①,1992 年 9 月 9 日

志雄老弟：

　　来信及计算机打样皆已收到，甚谢。题目补译大致适当②，有数处略为改动，弟可再加斟酌。打字双行又太疏，为节省篇幅计，仍以单行为宜。

　　序文已草就，是否妥当亦盼告我，当可修改。近数年之英文目录，尚未整理，稍候将改定寄弟不误。

　　近来重读《夏完淳集》，不胜感叹。屈大均于夏氏父子至为敬佩，时有述及，想弟早已注意及之。偶成小诗，即寄弟一阅。

　　耶鲁近况想佳，选修何课，风便不妨告我。匆此不尽，即祝

近安

小兄周策纵
一九九二年九月九日破晓

---

① 严志雄，香港学者，1992 年春随周策纵先生于威斯康星大学东亚语文系学习，后转入耶鲁大学并取得博士学位。曾任台湾"中央研究院"中国文哲研究所研究员、台湾清华大学中国文学系合聘教授，现为香港中文大学中文系教授。著有博士论文《屈氏咏史诗之春秋大义与用世思想》(1989)，并有专著《钱谦益〈病榻消寒杂咏〉论释》(2012)、《秋柳的世界：王士禛与清初诗坛侧议》(2013)等。
② 指为周策纵先生编订著作目录事。严志雄《周策纵教授著述目录》(2007)编者说明云："本目系周策纵教授嘱编者据其手订旧目及散页诠次、扩充、编订、翻译而成。"又云："条目中英对照，遵师意，俾中外学者便于索解也……翻译部分，大抵在一九九七年以前者，曾经周师目验、首肯……"

致痖弦,1992 年 10 月 3 日

痖弦:

　　前寄你一短信,想已收到。这里寄你近作小诗二首,不知可发表么?偶觉《诗经》中短诗,自有其简单的好处,又数年前译叶慈小诗《女郎的歌》,曾在香港《艺文》发表,亦觉其有微妙处,故试作此二诗也。此诗稿及此信都是用聆兰最近购赠我的日本制无毛自来水笔所书,虽不如用毛笔便当,似尚可行耳。近正赶写一论文,十月下半月将去扬州参加国际红学会议。匆匆祝

近好

策纵

一九九二年十月三日

致王润华、淡莹,1992 年 12 月 9 日

润华、淡莹:

　　新年快乐! 我于十一月二日自上海返家之夕,即在地下室跌破膝盖

骨,次日动手术,住大学医院十一天,回家休养,照常上课。十二月十七日到阿尔巴尼。元月十八日再回陌地生,现已步行。不久当可全愈。在华时曾登黄山,一切均好。回家反跌伤,亦一笑话也。

扬 州 慢

今年暮秋,予应邀出席扬州第三届国际《红楼梦》研讨会,寓西园宾馆,邻天宁寺,曹寅故地也。会间访个园,探汉代广陵王墓木,惊识"黄肠题凑"之制。放舟瘦西湖,过二十四桥,复车至金陵随园故址,亲预曹雪芹塑像揭幕典礼,嗣又品尝红楼宴,听南京昆曲苏扬评弹。于时西风动云,芳草已碧,盛席之余,不禁有感时之作焉。

北固山危,瓜州渡急,维扬是处如诗。感名园翠竹,吊古墓黄题。记前劫、飘风铲地,晚花零落,犹剩残枝。暮云沉、萧索微凉,欺薄秋衣。

盛筵对酒,访红楼、歌绕惊疑。伴南国潇湘,芙蓉豆蔻,瘦舞腰支。郁郁约人垂柳,伤心绿、淡月争迷。想清盈湖水,年年无奈当时。

周策纵
一九九二年壬申十二月六日
于跌破左膝盖骨手术后疗养中

致孙康宜[①],1993 年 2 月 19 日

康宜教授如握:

谢谢你寄赠大著《陈子龙柳如是诗词情缘》和英文讨论明清女诗人及才、德问题之论文[②]。读后良深佩感。一书一文,皆使我受益不小。陈柳情缘一书分析明清之际士女殉国殉情的精神,深刻周密,引人入胜。译笔亦甚流丽可喜。多年前我读陈寅恪《柳如是别传》,本曾写了数则简短评感,并觉柳如是事迹应做成戏剧和电影。当时亦曾怂恿胡金铨[③]和钟玲,应制作此片,除爱情、文学之外,亦以柳、陈、钱等助郑成功反清复明运动为重心,则观众(尤其台湾者)必有兴趣,且柳是[④]一生亦甚具浪漫性、戏剧性和悲剧性,值得一写也。不料胡、钟当时忙于他事,后来又婚姻触礁,事竟不成,殊觉可惜。

陈寅恪的《别传》考证详审,自不待言。惟仍不免偶有偏蔽可疑之处,现只举与尊著有关者一事,及译文数点,略述如下:

(一)柳如是《男洛神赋》,陈寅恪论定系为陈子龙而作。我却认为不完全如此。此赋之缘起,应是:宋徵璧[⑤]于秋塘(白龙潭)之游时因陈子龙之介而初识柳如是,此于宋所作《秋塘曲》序文中所云"坐有校书"等

---

① 孙康宜(1944—),生于天津,美籍学者,曾任教于美国普林斯顿大学、耶鲁大学等。著有 *The Evolution of Chinese tz'u Poetry*(《词与文类研究》,1980)、*The Late-Ming Poet Ch'en Tzu-lung*(《陈子龙柳如是诗词情缘》,1991)、《古典与现代的女性阐释》(1998)等。
② 似指"Liu Ju-shih and the Place of Women in 17th Century Chinese Poetry"(论柳如是及女诗人在十七世纪诗坛的地位),收入 *Faculty Seminar in East Asian Humanities*,*1988—1990*(East Asian Studies, Rutgers University, 1991),第 78—88 页。
③ 胡金铨(1932—1997),原籍北京,香港电影导演。
④ 柳是,中脱一"如"字。
⑤ 疑为"宋徵舆"。

442

语，及陈命其即席作歌诸语调中可以看出。钱肇鳌《轶事》所云宋"未与柳遇"之前即去径访如是，以致落水，显然错乱了时间。若秋塘酒会时宋、柳已有落水一段往来，则宋氏《秋潭曲》序与曲皆不会如此写法。倘钱说落水一事确曾发生过，则应系宋于秋潭饮后，自去访柳，失足落水，并非柳故意要他"跃入水俟之"。此事正可从柳如是《男洛神赋》的序文中看出，所谓"友人感神沧溟，役思妍丽"，乃指宋氏心上感到水上有神女，苦思一见，"虑求其至"。下文"偶来寒溆，苍茫微堕，出水窈然，殆将感其流逸，会其妙散"。按"入溆浦"见《楚辞·涉江》，似指来访柳氏水边居所，有"涉江采芙蓉"之意。"微堕""出水"当指失足落水而出，柳认为这大概宋是要受她的流放奔逸所感动，对她的"妙散"有所会心，故而致此。下面说她想到古人从虚无空洞处去求印证"徵"实情爱的发端，未必能如现在他这种涉江追求落水的"真"切。这里用了"徵"字，赋中也有"徵合神契"之句，似乎暗示有宋徵舆的名字。"真"字也可能包含宋的"含真堂"之名（我尚无暇去查考《含真堂诗草》取名于何时，故此尚不能断言），"引属其事，渝失者或非矣"。"渝"乃"变污"之意，此似乎是说：推究起件事来，失足落水沾污，也许有些不对。"况重其请，遂为之赋。"但由于重视宋的请求，所以写了此赋。其实男人落水而来，也的确近乎男洛神的情景。看来这赋还是宋请求柳写的。至于说赋中说到"湘娥"，而陈子龙恰好著有《湘娥赋》，这很容易说明，因为《男洛神赋》虽由宋落水追寻而引起，柳当时心目中的"男洛神"不见得就是宋，或只有一个宋。据我的看法，那不过是指她当时心目中理想的男人，当然可能有好些友人的许多较好因素和影子在内。其实，宋的《秋潭曲》作于崇祯六年（1633），宋落水事即在作此曲之后，应即此年冬天，故云"寒溆"。（不过此"寒"字亦有如"寒舍"之意，乃是谦词，惟亦可能兼含"冷"意。）因此，《男洛神赋》可能作于1633年底或1634年，因为崇祯八年（1635）春天柳、陈就同居了。1633年陈二十五，柳年十六，陈寅恪以为宋、柳同年，这个说法还大有问题。宋不大可能这时已是举人，若这样年轻，他和陈之间的称谓往来也许会有点不同。即令如此，陈寅恪以为柳因宋和她年龄相近便会偏爱宋而不偏向陈，这是过于简单化而不大可信的。我们还没有

443

找到具体的证据证明1634年柳偏爱过宋而不是陈。钱肇鳌的说法似乎不完全可靠。即使如此,也就更不能否定《男洛神赋》是由于宋落水那件事而引起的。

附带一提:陈寅恪建议"逶轮"应是"委输",我看不然。"轮"和上下文"衡""陈""纯""深""文"都是押韵的。改动来和上句"处"押韵就不顺。"逶迤"是迂回之意,"逶轮"应指"屈驾"迂回来访的意思。"轮"和"辕""舆"相似。下文押韵"飞文",宋徵舆即号"辕文"。还有第二句"荡回风之溰远"。你书的中文译本把"溰"字印作"漾"字。《文选》卷七,扬子云《甘泉赋》李善注引《字林》:"溰,绝小水也。"原文"溰远"应倒转作"远溰",方能与下文"衡""陈"等叶韵。当然,改作"漾"与上句末的"绎"相对,也未为不可,但倒转则是必要的。

因为我手头没有你的英文原著,所以我对《男洛神赋》这些解释便可能不合你原来的读法了。我说的当然也许是不对的。其实陈寅恪对他自己的说法,本来也有点怀疑,曾借"论者或疑"的口气作过另一假设;但他因"湘娥"一典,终于判断:"职是之故,仍以男洛神属之卧子,而不以之目辕文也。"(《别传》页139)我的看法与陈寅恪不同之处,主要的正在于他认为此赋非属某一人不可,非卧子即辕文,非辕文即卧子;而我认为所谓"男洛神"只是指柳如是自己心目中理想的男子,其因素未必不可包括卧子与辕文及其他她所认识或想象中的人物在内。因为这个主要看法的不同,所以我对《男洛神赋》写作的起因和内含,便有大大不同的解读了。

(二)你书的页141,关于柳如是《浣溪沙》(五更)词首二句"金猊春守帘儿暗,一点旧魂飞不起",在注27里说:"我从陈寅恪之说,对此句作不同的解法,见《别传》,一:二四三。"云云,想是指陈改"起"为"返"。这自然是个明智的选择,因为"起"和"暗"不叶韵,定系传写之误。可是中译书中既然引文仍作"飞不起",译注中也说得不明白,所谓陈的"解法"如何,读者如不查《别传》原书,实不易了解。英文原句因有英译,也许可看出已改"起"为"返"。中文就不可照译了,此处应明白指出改字及其理由才对。

444

（三）你中文书页 55 有云：“这些忠贞之士变成乡野‘草民’，显然都效法司马迁‘卑微活着’，以便完成文史大作。”注称宇文所安对这点有所申述，引其 *Remembrances* 一书。中译并不算错。不过 Owen 原书页 136—137 说“man of the wilderness（*yeh-jen*）”，明指“野人”，此词见《论语》等书，固是指“乡野之人”，并非指野蛮人。宇文用此词和“野史”对举，原很恰当。现中译作“乡野‘草民’”，加上“草民”一词，反不相称，因我未见到你的英文原著，无从论断。如觉用“野人”恐引起现代读者误解，则似乎用“乡野之人”即可。此点倒不重要。惟中译出现“卑微活着”一词，则颇嫌①生硬。此句是否系引用 Owen 的“to live on in degration”？或引其下文“who lived on, enduring his shame, to remember and write”？不论如何，Owen 既系根据司马迁《报任安书》，则原文应是从“所以隐忍苟活，含粪土之中而不辞者，恨私心有所不尽，鄙没世而文采不表于后也”而来。因此“卑微活着”似不如改为“隐忍苟活”为妥，或甚至即引用司马迁这句全文为好。

以上因我手头没有你的英文原著，说得恐有不妥之处。但从中文译著看来，也可见你思辨精微，令人钦佩了。对陈寅恪的《别传》，我以后如有暇，或当再论。

现在且略谈读你那篇英文论文的几点意见。整体说来，觉得你的论证十分平允，征引亦极广博。我前回在报上读到你那篇论及女子“露才”问题一文，觉得你对袁枚一些女弟子过于露才扬己，不免有微词，我深知你是由讨论到美国那位女作家过于推销自己而起，才比论到清代的一些女诗人。不过我未见你在那篇文章里提到清代妇女所受“女子无才便是德”的教条的压力，所以在电话里和严志雄谈起，认为“袁门女将”现得过于露才扬己，也许是对此种压力的反感所造成的，情有可原。现读你此文，才知你对才、德问题已有如此周详的分析，不觉读之甚快也！我多年来对中外女诗人的作品虽曾留意，但此已成专门之学，你的论文旁征博引，使我学到不少。现在写下几点读后意见，以供参考。

---

① 疑为“嫌”。

（1）你的原稿页5："Yuan's idea of *xingling* led him to claim that poetry 'has domains of its own and need not necessarily be a vehicle for moral edification'."按此系引Waley对袁枚诗论的撮要叙述[1]，似非袁枚的本文，你引用时说袁claim，又用了引号，看起来好像是袁枚亲自说的，如果袁有此语，似应注明出于何处，否则似应加上in Arthur Waley's summary之类于引文之前，或用别的方式说清方可。

（2）与此相关者，原稿p.45，注9，翻译袁枚一段话：

"But there were women who, though uncultivated and superficial in learning, were sometimes able to produce one or two lines that even Li Bai and Du Fu could not outdo them."译文很流丽，惟原文"有妇人女子、村氓浅学，偶有一二句，虽李、杜复生，必为低首者"。"妇人女子"与"村氓浅学"乃并列之文，实于妇女之外，另列有"村氓浅学"之人，非谓妇女为浅学也。当然，说此"浅学"亦包括妇女，亦可说得通，但"村氓"义为"rustic villagers（common?）"之类，决非形容词，故此应作There were women and rustic villagers who though uncultivable and superficial，或类似译法方可。还有此处"妇人女子"到底单指women还是"妇人"与"女子"有别，亦不清楚，是否指women与girls呢？在无法区别清楚时，只译作women，也不失为一法。总之，在此"村氓"指另一种人，则译文不可省去耳。

（3）原稿页9，"Mencius' idea that 'talent is naturally good'（*cai ben shan*）"，此当是说"才本善"，可是《孟子》书中并无"才本善"之语，《孟子·告子》篇只有"若夫为不善，非才之罪也"。你的注（24）引的是Clara Lau[2]，不知她说的如何？

（4）原稿页12第二段：你根据苏者聪[3]，说妇女"才德"问题，"we must start with"班昭之《女诫》；又说章学诚的《妇学》篇提到"德、言、容、

① Arthur Waley（阿瑟·韦利，1889—1966），英国汉学家。此处所谓"对袁枚诗论的撮要叙述"，指其名著 *Yuan Mei: Eighteenth Century Chinese Poet*, London: George Allen and Unwin, 1956。
② 刘咏聪（1963— ），香港学者，香港浸会大学历史系教授。
③ 苏者聪（1932— ），湖南长沙人，曾任教于武汉大学。

功"也本于《女诫》,且章氏承认《女诫》之道德力量。此二点不无疑问。其实你在原稿页14也说到,"德、言、容、功"早已见于《周礼》,则不得云始于班昭的《女诫》。还有,章学诚的《妇学》篇篇首提到"德、言、容、功"时,明说见于《周礼·天官》并未引自班昭的《女诫》。章氏此篇似乎从未提到班昭此书。只有下文说到"四德",但亦未说到《女诫》。当然,我并不否定班昭此书的重大影响,只是对章学诚而言,《周礼》和《礼记》(《昏(婚)义》篇亦说到"德、言、容、功")的权威性更大。

(5)你在页14讨论班昭对"妇功"的解释较宽,类于《左传》"三不朽"的观念,此自甚有见地。其实你似乎并没有指出在她之前是把"女功"解释做织绣工作,通常引用的郑玄注不管用,因为郑玄已在班昭之后了。大约郑众(司农)(郑玄注所引)是早于班昭一些时候,他说"女功"是"丝枲",惟更早有《礼记·郊特牲》篇好像已把"女功"解释作针绣一类工作了。《管子》《墨子》称做"女工",恐怕也是这种意义,后世率兴叫作"女红"了。我以为你该指出在班昭以前对"女功"的解释是针绣纺织才对(不知你说过么?我未细查)。再方面,我仍怀疑她的解释与"三不朽"中的"立功"之"功"究竟有多少相似,因为"立功"的"功"大概是指"功业""事功",可是班昭说:"专心纺绩,不好戏笑,洁齐酒食,以奉宾客,是谓妇功。"这不过只把纺绩之外加上厨房烹调工作而已,与"立功"之"功"大有差别。我手头无《女诫》原作,一时也没去细查。我如说得不对,盼你指正。

(6)原稿页21引用李冶和薛涛的父亲的说话以证有人以有才即等于无德。可是细读原记载,李冶的父亲只因她咏蔷薇作了"经时未架却,心绪乱纵横",便惠曰:"此必为失行妇也。"我想这是因"架"和"嫁"同音吧。不论如何,他大概只因这两句诗暗示她经不住寂寞,没有持守的节操,所以如此担心,并不是因她有才之故。薛涛的父亲也因她续咏井梧诗说"枝迎南北鸟,叶送往来风",便"愀然久之"。这两句自然可暗喻妓女接客的个性,所以他就愀然不乐了。这两个例子是否真实本来大成问题,即使是事实,也只因父亲见到女儿的诗作暗示有无操守的个性,将来可能"失德",这是因诗中特殊内容而引起 worry,不是因女儿有才才恐怕

447

她们会失德。(当然,这有才的因素,也可能使他们更担心,也不无可能。)我以为这两个例子如不说明分析清楚,恐怕就不易用来支持有人"equate talent with immoral conduct"的说法。特别是由于你未引用她们的诗句,而只说她们父亲见她们有才便那么叹息,这就大有不同了。

(7) 同页,你接下去引徐月英自叹没有机会去展现"三从"之德。这个例子当然很好。我以为一个少女在过去道德教条压力下宁取德而不取才的例子,不妨用李清照失去一个可能很有天才的诗词女弟子为例。此事见陆游《渭南文集》卷三十五《夫人孙氏墓志铭》:"夫人孙氏……幼有淑质。故赵建康明诚之配李氏(清照),以文辞名家,欲以其学传夫人。时夫人始十余岁,谢不可,曰:'才藻非女子事也。'宣义(其父孙综)奇之,乃手书古列女事数十授夫人。夫人日夜诵读不废,既笄,归文林郎宁海军节度推官苏君琯。逮事舅姑左右,就养唯谨,凡组织缝纫、烹饪调齑之事,非出其手,舅姑弗悦。舅姑殁,夫人执丧哀,终丧,事家庙如生。"这位苏孙氏(据铭文推算,她的生卒年是 A.D. 1141—1193)十多岁时就在才、德之间去作了选择,而且终生行之。我以为这对你的论文应该很有用处。

(8) 你的英译都非常流丽,无话可说。在 p.39 翻译夏伊兰那首诗,我有一点小意见,不知对不对。"人生德与才,兼备方为善。独至评闺材,持论恒相反,有德才可贬,有才德反损……"你译头两句作:It's said man's virtue and talent are good provided he has both.你译得看来很好,而你下面两句也反衬得很好:Yet when judging talented woman, the standard of evaluation is reversed.可是我如细读中文,头两句实不仅指男人,而是指包括男人和女人,一般的人。当然你也可以说:man 和 he 在英文里这样说通常也可兼指男人和女人,不一定只说男人。可是你的第三、四行既用 woman 来反衬,英语读者自然会觉得那第一、二行的 man 和 he 就一定是只指男人了。中国过去用"人"字,尤其是在文言文里,实兼该男女两性而言,如《荀子》说:"人之性恶,其善者伪也。"《三字经》上说:"人之初,性本善。"当然都包括男女两性。因此我颇倾向于把头两句译作:

In human life virtue and talent

Are good provided one has both.

这样,似乎仍可与第三、四句反衬,因为说一般人时如此,而单说女人时标准就变了。而且"人生"二字这样翻译也还贴切。我常说,英文woman, human, person 等字都很麻烦,摆脱不了男性中心的偏见。中文"人"字却较好,是个不偏袒的中性词。还有第五、六两句,你的英译明白晓畅,我只觉得不如原文说得严重,尤其第六句,单说 will be in question 是否太轻呢? 如果译作 But a woman's talent will supposedly diminish her morality 是否才能加强语气呢? 可是,我当然也知道你的翻译读起来较流丽,无疑的是较好的英文诗。也许我们应该这样译诗才对罢。

(9) 还有几点小处:为 p.31 和 p.65,Yu Tong 尤侗,Yu 应作 You,好像还有一二处,一时未知在可处。p.37,nü zhong zhi ru 女中之儒? 在 Glossary 内失收。又 p.38,shi jie fu ren 失节妇人? 及 wan jie 晚节? Glossary 也找不到。不知你现在已加上了么?(p.38 那一条我的胡著旧版完颜惮珠的《例言》中作"青楼失节妇人",也许须引全?)

以上拉杂写了许多,谬误之处,望你指正。近来正忙于他事,信有耽搁,也请原谅,并再谢惠赠书文。匆祝

教祺

周策纵

1993 年 2 月 19 晚

再者:你论文最后四、五页讨论夏伊兰、叶小鸾、金逸等短命才女,以及你的结论,写得十分动人,盼后多介绍。

致念蓉^①,1993 年 2 月 22 日

念蓉：

　　收到你元月十九日的信和录音带八卷,知道你这些年生活安好,至为喜慰。你以前寄到香港中文大学的信,也已转给我,因你当时在旅行中,住址不定,所以我没能回信,真对不起。

　　我近些年一切都好,只有去年十月去扬州开会后回家,在十一月二日回家的当晚,在家中地下室跌破左膝盖骨,次日动手术,住院十一天。吃了一个多月的苦头,不过现已痊愈,步行如常了。我这许多年都独自居此,南华经常在德州工作,两个女儿都在旧金山附近。大女儿聆兰你见过,她前年已和一美国人结婚,和她是威斯康辛大学的同学,原学历史,后在旧金山读了个卫生行政硕士。我的两个女儿都是学美术的,所以工作都不易找。但她们对父母亲都特别好。

　　我现在还全工教书,决定明年六月退休。身体很好,忙着写些学术性的论文,想你无大兴趣,也不寄你了,只有一篇《我的故乡》,是你也见过的地方,所以随信寄你一阅,我如描写的不对,你也许可告我。

　　录音带以后请不再寄了,我不听这些。我并不信什么特定的宗教,但我也不反对宗教。你知道,我父亲晚年还是信佛教的。我有时也看看佛教经典和基督教的《圣经》。我只认为那都是人写的,用意很好,但我不信那是神著的。你信中说的什么预言,我只觉得是迷信。真对不起,当然会冒犯你。我有个大学同班在美国,最信基督教了,还正式在教堂传道呢。谢扶雅先生中译了好些基督教经典著作,他生前和我通

---

① 不详,应为周策纵同乡。

讯过多年,他晚年回中国,在广州去世时快一百岁了,你也许听到过他的名字吧。

有一年,你弟弟写过一封信给我,大约是八十年代初期从长沙写来的吧?可惜当时忙乱,信夹在什么地方,一时找不到,所以忘了通讯处,他似乎是在一家报馆担任编辑。你在中国见到过吗?他是我没见过的那位。

三月中旬我要到香港去一趟,下旬就回来。现正忙着赶写一篇讲稿。不多写了。祝

健乐

策纵
1993 年 2 月 22 日

致程章灿①,1993 年 4 月 27 日

章灿博士:

谢谢你四月十一日的信,过誉之处,很不敢当。前读尊著《魏晋南北朝赋史》,至佩征引详实,分析周密,极富新意。你在《绪论》章中征引到"斯蒂芬·欧文(Stephen Owen)"②,他自己取有中文名字"宇文所安",一般人都已如此中译了。你讨论赋体的渊源时,认为与"楚地民间通俗文

---

① 程章灿(1963—),福建闽侯人,南京大学中文系教授,著有《汉赋揽胜》(1995)、《魏晋南北朝赋史》(2001)、《赋学论丛》(2005)等。
② 宇文所安(Stephen Owen, 1946—),美国汉学家,曾任教于美国耶鲁大学、哈佛大学。

学和楚文化"有关,颇为合理。也许还不限于楚地。我在拙著《古巫医与"六诗"考:中国浪漫文学探源》(台北:联经出版公司,1986,后有再版)一书里曾有专章讨论这个问题(原书页233—240,又论及屈原、宋玉赋的部分,页141—154)。我以为早期赋体的起源,可能和古代的巫医与高禖传统有关,当然和齐、陈、楚等地的文化很有密切关系,与你的结论也还相合。我固然多是假设和推测,或不可必,但也可说明一些前人未能解决的问题,如为什么会说"登(升)高能赋,可以为大夫","哀高丘之无女","登徒子好色赋"之类。此书我曾赠送一部给程千帆先生,你也许有些兴趣。

承你中译拙文,至为感谢。现据来信所提问题,分条解答如下:

(1)页178,第14行:我的意思是:高本汉分别把"寺"和"邦"的archaic(我们通常称做"上古音")/ancient(我们通常称做"中古音")/modern(现代音)拟了音。据他所拟,"寺"字的上、中古音是邪母三等带音的(浊音)齿尖前擦声(旧称"齿头音"[voiced dental fricative in the third division]);"邦"字的上、中古音则是书母三等不带音的(清音)舌面中擦声(voiceless palatal fricative in the third division)。"寺"属齿音,"邦"属舌音,似无直接关系,不过我们已知道,就"谐声"体系而论,邪母三等齿尖前擦声和书母三等舌面中擦声和齿尖塞声(dental stops)有关连,所以这样就可证明"寺"音实际上和"邦"音是有关系的。下面所举的"似""始"和"治"即是类似平行之例,正可与"寺""邦"和"持"对照看。("治""持"皆齿尖塞声)。

(2)注18:Achilles Fang 即方志彤。题译可以。

(3)注43:*Grummata Serica Recensa* 中文通常译作《新订汉文典》。

(4)注48:*BMFEA*,你不妨中译作《瑞典远东博物馆馆刊》(*Bulletin of the Museum of Far Eastern Antiquities*)。最好写明英文全文,因为国内也许有许多人不知道。

(5)注64:*HJAS* 即 *Harvard Journal of Asiatic*(不是 Asian)*Studies*。通译《哈佛亚洲学报》。

(6)注156:Vincent Shih,最好全写作 Vincent Y. C. Shih,即施

友忠。

又注 1 所说的古代文字数,乃当时所能知道的数字,似不妨在注末加一行:(此系本文发表时[1968 年]的估计。)

如有别的问题,请随时问我,或将译稿寄来时标出,待我校阅改正亦可。匆祝

著祺

周策纵

1993 年 4 月 27 日

千帆、勋初教授等均此致候,不一。

致郑良树,1993 年 6 月 7 日

良树教授吾兄如握:

前函及所绘扬州瘦西湖,已先后收到,至深慰感!尊画将悬之蓬壁。拙诗固不足当"诗中有画",尊画则诚然"画中有诗"。取形周圆,圈中留白,特见匠心。古木垂柳、二十四桥,想见玉人吹箫月下。楼塔远山,逸兴横生,发人遐思。久观尤觉入神。铭谢无已!祝寿文,暑期自当完成,又去秋曾草有《论一部被忽视了的〈红楼梦〉旧抄本:〈痴人说梦〉所记抄本考辨》一文(此文颇多校勘,性质尚合),曾在扬州第三届国际会上宣读此文,如尚未在近期《红楼梦学刊》发表,则亦可作候补否(约二万字)?匆祝

著祺

周策纵

一九九三、六、七

暑期拟草者,乃论经典方面之短文。

有人函告在近期《红楼梦学刊》上见到我在扬州红学会上之照片,未提到
有文,似未刊出。惟盼兄代为一查,或代买一册寄下为感!(三联书店当
可买到,款容后偿。)

致陈毓罴,1993 年 8 月 8 日

毓罴兄如握:

　　松青①嫂来此,得所惠《沈三白年谱》及《何处招魂赋楚蘅》二篇大作,
至为欣感敬佩。后篇前在扬州已拜读,《年谱》至为有用。弟生平喜搜集
年谱,海外不易得,只有数十种耳。沈复字三白之取义问题,弟意古人名、
字多相关,若取三次见雪之释,则与复颇难联系;冬至后四日亦不必为
复。窃谓沈氏名字盖取《易经》与《论语》。朱熹《易本义》于复卦下注云:
"剥尽则为纯坤十月之卦,而阳气已生于下矣。积之逾月,然后一阳之体
始成而来复,故十有一月,其卦为复。"三白生于十一月,故以复命名。又
《论语·先进》云:"南容三复白圭,孔子以其兄之子妻之。"朱熹《集注》

---

① 喻松青,陈毓罴夫人。著有《老子》(1962)、《明清白莲教研究》(1987)、《民间秘密宗教经
卷研究》(1994)等。

谓:"《诗》大雅《抑》之篇曰:'白圭之玷,尚可磨也;斯言之玷,不可为也。'南容一日三复此言,事见《家语》,盖深有意于谨言也。此邦有道所以不废,邦无道所以免祸,故孔子以兄子妻之。"按《孔子家语·弟子行第十二》:"独居思仁,公言言义,其于《诗》也,则一日三复白圭之玷,是[南]宫縚之行也。孔子信其能仁,以为异士。"沈复之字三白,似即取义于"三复白圭"一语。以上皆弟一时读大作之浅见,由于我对沈复无甚深究,亦不知前人是否已有此种解释。吾兄研究有素,若以为是新意而不以为谬,或可采否?暇盼教我。松青将偕冰梅①、陈致②于今晚再来舍下餐聚,特草此柬,托为代寄。匆匆不尽,即祝

著安

弟周策纵　手上
一九九三年八月八日

致孙康宜,1993 年 9 月 7 日

康宜教授:

谢谢你 Aug. 28,'93 的信,你的谦虚和推重,对我说来,很不敢当。我常觉得该向年轻一辈学者像你这样的优秀份子多学习一些才好。

今天秘书打电话来问讲演题目,我回电给你时,把时间弄错了,你已去上课了,所以没联系得上。现依她说的,Fax 此信告你。前些时,我写

---

① 陈冰梅,陈致夫人。
② 详见《致陈致》(2004 年 10 月 20 日)注。

了一篇讨论周邦彦《兰陵王》词的长文，约三万字，牵涉到考定它的作成时期和背景，与前人及近人的说法颇不同，还讨论到清真的生活，不知在你班上讲下面这题如何：

"诗歌·党争与歌妓——周邦彦《兰陵王》词考释"

英文题拟作：

Poetry, Politics, and Courtesans: A New Interpretation of Chou Pang-yan's Lyrics "Lan-ling Wang"

另外一题：

"时间与中国传统诗论和诗"

Time and Traditional Chinese Poetics and Poetry

（我把 Poetics 放在 Poetry 之前，因所讲的内容之故，与 Owen 的不同）

如前一题可在你班上讲，则可择一晚上座谈时随便谈后面一题，并由大家讨论。严志雄说：他打算安排一个晚上，也许 Wednesday 晚上吧。

你班上如果必须讲清代诗或讨论，那我就打算讲："王士禛神韵说的要义、应用和困境。"不过因近来很忙，恐无法作详尽探索。当然，如有必要，仍可应付也。

我的演讲材料，如为《兰陵王》方面的，我可即寄你，不妨交志雄复印，系上秘书如不太懂中文，则由志雄代办较方便，他说很乐意效劳。

……（整理者按：此处为机票安排事，从略）

匆祝

教祺

周策纵　顿首

1993 年 9 月 7 夜

你的英文诗写得很好，我尤喜后半部，谢谢你寄给我拜读！

致孙康宜,1993 年 9 月 10 日

康宜:

　　我就照你的意思这样称呼你了。①

　　随信寄上我讲演的"资料"。由于一部分是从我近来写的草稿取出,再杂入引证用的材料,所以很不整齐。如能先发给学生看看,也许更好,当然也可以临时分发。

　　请即交志雄代为复印,并在左上角钉好。一切请指正!

　　如有疑问,请电话告我。

　　谢谢　祝

好

周策纵　拜手

1993 年 9 月 10 夜

志雄弟均此不另。

附稿件 40 页。

第二页第六行末"经国"是谁?② 我一时未查到,你和志雄如找到,请代填入,谢谢!

---

① 《孙康宜致周策纵》(1993 年 9 月 8 日)附记:"以后就称我为'康宜'如何? 称'教授'真不敢当!（别人这么称我还敢当,只是您这么博学的人如此称呼,就真不敢当了。)称'康宜'也较亲切些。"

② 指《诗歌·党争与歌妓:周邦彦〈兰陵王〉词考释》引及严沆《古今词选序》,其中提到南宋词人名经国者。正式发表时于经国后加括号注明"陈经国,一名陈人杰",见《中国文哲研究集刊》第 4 期(1994 年),第 37 页。篇首作者按语云:"此文原系为庆祝友人缪钺教授九十寿辰而作,并曾在耶鲁大学及台湾大学讲演过,惟皆大有删节,此则为全文也。"

致孙康宜，1993 年 10 月 2 日

康宜：

　　谢谢你这次一切厚意招待，也真高兴见到了一些老朋友。讲得太长了，可惜没要你提醒我时间。原来你的信里说是 4 点到 5 点半，所以我本就准备讲一个多钟头的材料，后来也未能压缩。我年轻的时候替一位要人写了一本小册子，分发给开会的人，结果不太理想，我颇觉歉然。可是他说：不关紧要，只要大家见到封面就够了。这次只可惜没时间听听听众的宝贵意见。

　　照的相片还不坏。附寄数张，一张和 Sharon 照的，请代转交，又附寄机票收据，她 process check 时也许需要用到。

　　这次和你谈得很高兴。后来承愁予招待吃湖南馆，又在他家谈得很开心，品茗到夜深。次晨大清早志雄来旅馆，不料 taxi 车子忽然发不动了，好在车后另有一车，赶到机场时飞机快要开动了。所以一切很顺利。匆匆祝

好

周策纵

1993 年 10 月 2 日

致郑愁予、余梅芳①，1993 年 10 月 2 日

愁予、玫芳②：

这次蒙厚意招待，感激之至！

大家在府上煮茗清谈，真是人生一乐也。愁予的诗能为大众普遍欣赏，真是奇迹。

这次只可惜充和不在，她从大陆回来后，一定会告诉你们那边一些情况罢。

以后有机会到中西部时，盼来陌地生重游。

匆匆致谢，即祝

近好

周策纵

1993 年 10 月 2 日

照片洗好后，盼寄我数张。

---

① 郑愁予(1933—)，学名文韬，祖籍河北宁河，山东济南人，台湾诗人。中兴大学(现台北大学)统计学系毕业，美国爱荷华大学英文系创作坊写作艺术硕士、同校新闻学院博士。历任爱荷华大学东方语文系讲师、耶鲁大学东亚语文学系资深讲席教授，并曾任《联合文学》月刊总编辑，耶鲁大学荣休教授及终身驻校诗人。曾获台湾现代诗奖、中山文艺奖、香港大学文学终身成就奖、国际诗人笔会终生成就诗魂奖等殊荣。诗作流露家国之情和游子心声，以细腻诗风抒发丰满的情感。著有《草鞋与筏子》(1949)、《梦土上》(1955)、《郑愁予诗集》I 及 II(1979、2004)等。夫人余梅芳，郑愁予在基隆港务局工作期间与之相识，1962 年结婚，后随夫旅美，曾任职于耶鲁大学图书馆东亚收藏部。
② 梅芳的笔误。

致程千帆,1994 年 2 月 14 日

千帆先生道席：

别后久疏音问，时以尊况为念，想近来一切清吉为颂。纵拟今年暑假即退休，仍住原处，研究写作当未能休耳。便中尚盼赐示大作。纵近草有小文考释山东邹平龙山文化古陶片，载香港《明报月刊》十二月及今年一、二月份，想国内已见到矣，尚乞指正。匆匆草此，即祝
著安

周策纵　拜上
一九九四、二、一四

致杨晋龙^①,1994 年 3 月 18 日

晋龙兄：

谢谢你的信。（1）关于陈经国，因经国过去都作为他的名，无作字

---

① 杨晋龙(1951—)，台湾学者，任职于台湾"中央研究院"中国文哲研究所。著有《钱谦益史学研究》(1989)、《治学方法》(2014)等。

者，所以我加称陈经国。但《龟峰词》的作者应是闽人，可能以称陈人杰为妥。同时稍后有名陈经国者，乃潮州人，原非一人。可是此书前人既有称陈经国作，亦有称陈人杰作。可能系以潮州陈经国误为此书作者；亦有可能人杰亦名经国。饶宗颐教授是潮州人，他曾考定二人有别，可是却仍肯定此书作者为陈经国；但又说："即陈人杰。"唐圭璋[①]先生于《宋词版本考》和《两宋词人占籍考》中都用陈人杰之名，后者更称其为潮州人。可是在《两宋词人时代先后考》中却又说："陈经国字伯夫，小字定父，一作字人杰，潮州海阳县人。宝佑四年进士，有《龟峰词》。"皆见其所著《宋词四考》中。其所编《全宋词》中作陈人杰，余则略去，可见其犹疑之处。我对此事无暇细考。恐正如你所说，应称"本名陈人杰"。惟括符中大概以加上"本名"或"一名"二字较妥，以明经国亦是其名，非如严沆暗示其为字号也。(2) 关于"沈""沉"二字。我的初稿本系从俗，姓字作"沈"，深沉字则作"沉"。后者自系俗字。我原来以为从俗作此区分亦不恶。当然，自皆以正写为好（因我此文所引皆是古文）。所以请你都代为改作"沈"罢。

有劳之处，谢谢！

仍盼能再校一次，并过目地图校样。匆匆祝

研祺

周策纵

1994.3.18

戴琏璋[②]所长及其他所内同仁请代问候。

---

① 唐圭璋（1901—1990），字季特，江苏南京人，曾任教于中央大学、金陵大学、南京大学、南京师范大学等。

② 戴琏璋（1932—　），原籍浙江丽水，台湾学者，曾任教于台湾师范大学、新加坡国立大学等。

答饶宗颐,1994 年 5 月 25 日

龙山陶文考释答饶宗颐教授[①]

很高兴读到《明报月刊》4 月份饶宗颐教授对我去年 12 月到今年 2 月在本刊三三六、三三七、三三八期发表的《四千年前中国的文史纪实》一文的《书后》。

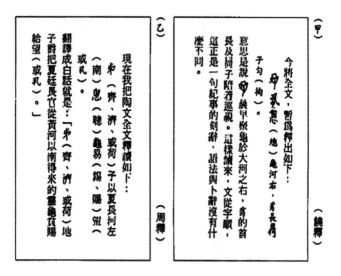

现在为了讨论方便起见,且先把我们释读的结论引录下来。为恐排错,希望能影印原文。饶先生的是:(看上引文甲)。我的原文是:(看上

---

① 连载于《明报月刊》总第 344 及 346 期(1994 年 8 及 10 月),是为回应饶宗颐《周教授龙山陶文考释书后》(载同刊总 340 期[1994 年 4 月])一文而作。饶宗颐亦于总第 346 期有《答周策纵教授》一文回应周策纵的问题。

引文乙）。

饶教授在《书后》的开头说：

> （我）作首次的试读，只是轻描淡写，提出一些假定；想不到策纵兄却花了那么大的气力狮子搏兔地去上下求索，企图把问题作全部解决，他求知的彻底精神，令人起敬！可是在未有坚牢不破的结论以前，大家仅能作一种猜想来看待，而周先生文章题目上竟标名曰《文史纪实》，似乎大有商量的余地。

我当然承认，我们的释读还"未有坚牢不破的结论"，我在文末说："真只望抛砖引玉而已。"正是希望有人能提出比我更适当的解释。我绝对不会自认为全对，我也自然承认所有的提议都还只算是一种假设，如有新的证据或更好的释读，当然可以部分修正或全部推翻。凡作这种文史考证工作，此乃理所当然的事，也用不着处处多说了。

饶教授特别指出我"企图把问题作全部解决"，好像野心太大。其实他和我的"企图"并无两样，正如上文所引我们两人的结论，都明说将"全文"释读，不同的只是结果，他有一字"未识"（即他的第一字），我则识作"易"字（即我的第十字，这是因为他从左读右，我是从右读到左的结果）。我相信比我们见到陶文较早的学者可能有些人都"企图"过作全部解决，至少最初释读人该是大陆的一些学者如李学勤①先生等，其次是日本的松丸道雄②教授等人，我虽未能见到他们本人的说明，却从《光华》杂志得知一鳞半爪，我当然承认并感谢他们和饶先生的各种贡献和努力。只是各人所能，或假定所能认识的字数多少，有不同而已。在这一点上，我也许是首先假定我已将全文十一字都已读释了，而且认定于史书中有文字关联之确证的人。宗颐兄从这点来批评我，我当然必须招供不讳，恭敬接受。

饶先生又说我"在文章题目上竟标明曰《文史纪实》，似乎大有商量的余地"。这话如是怀疑陶文为伪作的人说的，我当然无话可说，可是饶

---

① 李学勤（1933—2019），北京人，历史学家、古文字学家，曾任教于清华大学。
② 松丸道雄（1934— ），日本汉学家，任教于东京大学。

教授既已说过这片陶文"决非一般初学或伪作者之所能为",又说过"这正是一句纪事的刻辞,语法与卜辞没有什么不同"(见上引他的结论)。他在原文的下文又说:这陶文"可能指龟人某聚龟取龟于河上;亦可能是秋收之际,负责官吏的工作记录"。又引《尧典》说:"此陶文即记'平秩西成'之事,不仅与祭祀有关,也是日常生活的写照。"这不是说那是"文史纪实"了么?可是他竟自我否定了这点,逼着我把确认陶文为"文史纪实"这一主张,只好算做我自己的"首罪"或"首功"了。

真正说来,我和饶先生的不同,只是释读内容的不同。他认为陶文是记载唐尧时有某人在早晨聚龟于河右,叫一些官长来巡视。我则认为是记载虞夏时齐(夅)地子爵以夏廷长官从河左(南)得来的灵龟赏赐给某人(某人因作此陶器以为纪念)。虞舜统治的最后十七年或二十年,夏禹已当权。我不认为陶文属于唐尧时,因为即使照饶教授的读法,聚龟何必巡视,且与《尧典》无关,《尧典》并未说到龟卜。若读龟作秋,则《管子·四时篇》原书中"聚收"和"徇时"并非连文,聚与数是平列的两个动词,上下文有"聚彼群材,百物乃收"可证。原文又说:"顺旅聚收。"注称:"谓顺时理军旅,聚而收之也。"原文说:"三政曰:慎旅农,趣聚收。"旅和农是二事,则聚和收亦为二事,"聚收"非动宾格可明,何能换称"聚秋"?"徇时"如孙星衍所说,徇同循,乃顺之意,《白帖》即引作"顺时",并非巡视。

我把那个像直立人形或猿形的字读作"夏"(山东大学历史系早已读作"夒")。饶教授则读作动物"豸"字,释作地名。可是从来就没有这个地名。不知何以与邳相近。他在《书后》文中说:

> 我最不同意的是"夏"字一说。因为夏字在金文、帛书及战国文字右旁从页十分明显,和豸形全不相近(见附表),周君提出"夏长"一名,尤为不词。至于易字、望字,在字形结构上亦说不过去,不拟多谈。这些一时还不能解决,它的读法,是左读抑右读,便很难决定了。至于"聪龟"一词,在古书所见只有灵龟,没有聪龟,亦乏佐证。

这段话具体批评到我的考释之一部分了,我非常欢迎。现在分别答覆如下：

关于"夏"字说，我很惭愧未能使他相信，他当然可以否定它，可是他所举的唯一理由："夏字在金文"等"右旁从页十分明显"，和陶文那字形"全不接近"，并且附了一表来对照，这倒使我有点诧异起来。他的附表是：

他举了春秋、战国文字来表示夏字从"页"，和陶文"🔸形全不接近"。可是大家都知道，《说文》云："页，头也。"夏和夒字都从页，甲骨文和早期金文那个王国维释作夒字的字，上部都作头形，可见夒字所从之页在甲骨文中形状和在春秋、战国时代的页并不全同，则夏字所从之页，亦可类推，即它所从之页不必与春秋、战国之页形状全同，而可能只和甲骨文夒字的头形较接近，丁公陶文此字的上部是头形自无问题，只是较甲骨文夒字的头较圆整而已。无论如何，我们不能以"夏"字从页为理由，便说它不会写成像丁公村陶文那种头形。因为"夒"字之页在甲骨文中早已写成头形，与春秋、战国的页已不全形似了。我在《文史纪实》一文已举了好些甲骨文和金文例子，指出丁公村陶文那个字的头部偏向椭圆形，

而《秦公毁》和《秦公钟》及古文夏字的头部外廓也作椭圆形或圆形。现在饶教授把陶文上部摹写得像两根头发，左线不曲盖在上，下不提到甲骨文和金文的夒字；又把《秦公毁》夏字上部分摹写成一"笔直的"横线，当然两者便不相似了。《秦公毁》夏字上面应如我所摹，是左方与下相连的曲线，此字原拓本上部虽有残损，但左面与下相连作曲线并无可疑，容庚《金文编》所摹也和我相同。饶教授也许把先秦的金文写成秦汉以后文字或隶楷了吧？

我把甲骨文、金文夒字和夏字头部的外廓来和丁公村陶文那字的头部比照，并非完全虚构，因为甲骨文夒字的头部内固然多有圆圈或线条以示目形，有些却只有头的外廓，如《甲编》3452，《前编》六、一八、一等不一而足。金文《史墙盘》亦然。其次，若把《秦公毁》夏字两旁不连接的手指符号删去（此在夒字的甲骨文及早期金文原亦无有），则与丁公陶文便颇为相似，左方伸出之手尤为接近。小川环树等编《角川新字源》所引籀文固不知其所据，亦不妨参考。现作成表，可与饶表对看（见下表）：

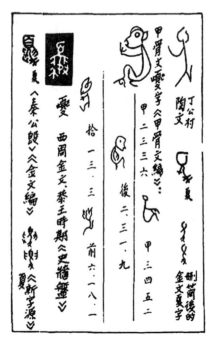

466

我本来认为上表中《前编》那个夒字和丁公陶文最形似,若释作夒,和我的整个解释仍相合。如我在《纪实》文中已指出过,夒原是禹在舜时的同僚,后又为其臣属。不过从陶文和夏字古文头部偏向椭圆形或圆形看来,我仍趋向认定那是夏字。我当然承认这都是假设或推测,但和我们释读"龟"字方式比较起来,也不算完全凭空。

饶君又说:"'夏长'一名,尤为不词。"他也许认为那是不能成为词语或词汇吧。其实国名加职称,在古书中颇常见,如"郑相""周史""楚将"等,曷胜枚举。本文首所引饶教授自己的陶文结论中即用"豸长"一词,说豸是地名,意谓"豸的首长"。但夏亦国名地名,"豸长"可用,为什么用"夏长"就"尤为不词"呢?我真百思不得其解。

至于"易"字、"望"字,他说:"在字形结构上亦说不过去,不拟多谈。"我释"望"字时,本已说过:"陶文此字,可读作'卬',也可能是'望',还难肯定。"因为这两字和陶文都不全同。我也建议过,这也许是"挈"字的初文。但如读作"望",则颇有史可证。饶教授读释作"夙"(晨早)。可是"夙"字从夕,陶文此字并不从夕,所以我认为应是人名。关于"易"字,他说:"可能是一人名或氏姓,未识。"他既不同意我的释读,又未提出新释,只好听之了。

关于"聪龟",我早也知道古无此词,只有"神龟""灵龟"等。但我也征引过扬雄以"聪""灵"对文;说明"聪"的本义是"心智明慧",和"神明""灵明"相似,"聪龟"是"神龟""灵龟"的渊源词。如果设定夏代的每一个词汇商、周时代都还存在又相同,这是可能和合理吗?即是商代的称谓,周代及以后便常已不存在,卜辞中的"大邑商""妇好""受 ㅂ 又"等,古书中怎能找到?这当然并不是说,这便证明"聪龟"一词夏代不定已存在;这只是说,饶教授不能用古书没有此词作为唯一的或最强的理由,来否定我的释读。

当然,我也不能不替自己辩白几句:我那拙文花了五分之一(两页)的篇幅去讨论菏水、济水的问题,还画了幅地图,也不为无故。因为饶教授引了《元和郡县志》:"兖州鱼台县下为邹县。"又指出菏泽在定陶县,菏水距金乡县十里。结论说:

"菏子"即菏泽封地之王子,其地距邹平不远。今定此字形为菏,与甲骨文正是一脉相承。

　　鱼台、菏泽、菏水、定陶、金乡等地的确和"邹县"很近,可是离"邹平"却很远。甲骨文的"菏"字从日从何,不是"菏"字。我为了想要厘清邹平县和邹县不同,指出菏水和济水的关系,并说明济水古写作沛水,与陶文第一字形似;要辨清一两件隐晦埋没而搞混了的问题,愧我无能,就只好流于繁琐了。这当然还需要大家来严格批判。

致罗忼烈,1994 年 8 月 20 日

忼烈吾兄如握:

　　久未通问,时以兄况为念。弟今年暑假已退休,清理家中及办公室书物,至为忙乱。关于《兰陵王》词小文,原欲以初稿先请吾兄指正,只因太冗长,原稿页数太多,航寄不便,只好等印出后奉呈。数月前在电话中亦曾托文汇代达鄙意,不知彼已转告否? 按弟平生服膺"同固欣然,异亦可喜"之义,虽于各种问题,往往有不同意见,实皆出于敬意善意,而于兄之积学好义,素甚倾佩,文中亦曾屡及,想不以为忤。其中谬误之处,盼兄直言指正,以便将来重印时修正也。(弟于尊著,征引实多,盖同多于异也。)文太冗长,盖本性如此,为之奈何!

　　近来为邹平龙山陶文事,与饶宗颐兄颇有商讨,载在《明报月刊》,想兄已见到。其实弟对宗颐兄素称友好,对其批评,决无芥蒂。而于彼之学识才艺,评论亦高,并允为其诗词集作序,以资赞扬。只因近年来

心绪未宁,诸多牵延,盖重之而益迟误耳,稍缓仍当应命。弟于学术上往往直陈不迁,恐惟吾兄宽厚,能容其陋。草草书此,未能尽言,诸维心照不宣。匆祝

近安

弟周策纵　手上

一九九四年八月二十日

附奉：① 论《兰陵王》词小文,② 评清代诗学文,③ 小诗及词各一。

致罗忼烈,1994 年 9 月 3 日

忼烈吾兄左右：

今晨收到传真手示,至为喜慰。嫂夫人设计徙加,兄得两地兼顾,亦是得策。弟二小女皆住于旧金山屋仑①与柏克莱之间,置有小公寓,每年寒假皆住彼处,气候较暖和。内子十一月间亦将从德州大学医学院退休,搬回陌地生同住。寒假仍将同往旧金山附近寓所。舍弟策横与其妻前自南宁来美探亲并作书法展览及示范,本月中旬将经港回国,大约王晋江②兄当代为照顾。内子吴南华因母校华西大学校庆,亦得偕次女琴霓经港往成都,并重游三峡、庐山,返九江、南昌老家一行。本月十一日可到港,

---

① 即加州奥克兰市(Oakland)。
② 王晋江,香港学者,曾任教于香港中文大学中文系。

前港议员黄梦华①医师乃伊同学，大约将有人安排一切，或另有同学同伴。弟此次不拟同行，实因家中零乱，正待清理也。

兄提到《兰陵王》"风格老成，或非少作"，若以"少作"论，此虑甚是。以兄著为序言之，自《少年游》(并刀如水)以下三十四五首，至《忆旧游》(记愁横浅黛)，或可称为"少作"。以上绝大多数皆为小令，且多咏歌妓关系，间有自作身世、怀乡之叹者；但极少感喟到外在环境。惟末首《忆旧游》下片"但满目京尘"，已趋向老练，可说是在汴京少作期之结束。弟意《兰陵王》似可列于此首之后，实为一承先启后，划时代风格之作。此后乃有在庐州作之《宴清都》(地僻无钟鼓)，在溧水作之《满庭芳》(风老莺雏)，及"金陵怀古"之《西河》等不少佳作。其后重返汴京，自《浣溪沙》(日薄云飞官路平)(不为萧娘旧约寒)，尤其是《瑞龙吟》等旧地怀人诸作，又启另一种境界。故弟以为《兰陵王》实已为少作结束后突开新境的分水岭。盖此次"罪逆不死"与"萧娘旧约寒"的经验，对他一生刺激最大，颇如东坡在乌台诗案时险遭丧命，谪居黄州后故能有前后《赤壁赋》及《念奴娇》(赤壁怀古)诸杰构之作也。其实《兰陵王》固因当时之别去最刻骨铭心，写得最为痛切，但在风格上，似与其前后极接近的《忆旧游》与《宴清都》仍不无相似之处，并非全部脱节。此自系弟个人观感，对否尚待指正耳。

来示提到尊著印错字不少，将来希望能修正重版。此书对研读清真者贡献至巨，弟尝喜置于床头随时拜读，甚盼不久即能重版。弟对标点方式，久有一看法，以为仍不如用逗(、)、点(，)、句(。)三种符号，而以句(。)标韵脚，最为有用。不标韵脚不但对初学者不便，即对原作之重点与风趣亦往往遗失。此点说来话长，乞兄不河汉斯言为幸！

《话柳永》弟早已收到。弟多年前曾为德国出版的宋人传记一书写有英文《柳永传》一篇，虽不能详，惟尚平允，亦可见弟对柳之重视而已。

两年前舍弟在此时，曾代抄少作《和彭雪琴梅花诗》及拙稿《白玉词》小集，只是复印手订者，非卖品，不知曾寄赠兄否？又"中研院"《文哲集刊》

---

① 黄梦花(1920—2007)，一名梦华，原籍浙江余姚，香港呼吸科专家。1967 至 1986 年间出任港英政府市政局议员。

去、前年亦载有弟论《养生主》篇及《易经》"修辞立其诚"二文,乃《书目季刊》(台北)为王叔岷兄八十寿辰所作《孟子"义利之辨"别解》一文,不知兄能找得一阅否?

匆匆草此不尽,即祝

著安

弟策纵

1994 年 9 月 3 日夜深

致张充和,1994 年 9 月 16 日

充和:

承你来书过誉,并写寄新词,不仅情文并茂,且书法秀雅,尤为难得。拟和之作,自是打油,聊供一粲耳。

某兄之诗,源源不绝,走入偈道,我曾数谏,以为固须创新意,然旧诗仍不能无体,向亦赠与王梵志诗集,冀作观摩,似未蒙措意,惟其创新之处,亦往往可喜也。近忙于文债,即颂

吟安

策纵

一九九四年九月十六日

汉思均此。

致陈永明^①,1994 年 11 月 21 日

永明老弟:

浸会大学对联大体很好,典雅庄重,适合实情。惟有数字尚可斟酌:

(1)"笃信力行"意固甚当,但与上联"守信"同一"信"字。

(2)"同权共立",意不太明白。可否改作"立诚明德"?上联既已说了"格物致知"和"博文约礼",近代教育似仍应兼以"诚"与"德"为重,以资平衡。若如此,则下句似可改作"察理力行"。除"道"之外,"理"在中国哲学思想上也算一 Key Concept,最好能写进去。且可避重复"信"字。"血汗"的"血"字似乎太重,又不好改。是否可用"汗墨"二字?

商代祭祀与《诗经》之关系一文当可代为审阅,但不知有多长?不妨寄来。

英文摘要不日当传真寄你。我文章的古字已航空寄你系上。应可在一两天内收到。像篆文"薰"字,可照我寄来的剪贴影印。其他"勺""久"诸字亦然。

匆祝

近好

小兄策纵

这两天南华和两女儿都已回来度 Thanks-giving。(Lena 和她丈夫 Kevin

---

① 陈永明(1939—),香港学者,曾任教于香港浸会大学、香港教育学院等。著有《中国文学散论》(1991)、《哲学子午线》(1992)、《原来孔子》(1996)、《乐者乐也:有耳可听的便应当听》(2016)等。

472

Smith 和他们的儿子 Jessie[周史哲孙]也来了。他是元月初生的。)南华现已退休,在 Dallas 的 condominium 将卖掉。家具今天已运来,堆挤不堪,故忙甚。

致痖弦，1995 年 3 月 31 日

痖弦：

你二月十五日信来时，我和南华正去游览纽西兰和澳洲了。二月底回来时又患感冒半月，所以牵延到三月中才从加州旧金山附近的 Albany 回到陌地生。因此玉镯刻文问题，现在才能回答你。你猜的十一个字大致不错。至于 𤽸 字，真成疑问。因你未寄来拓片或照片，摹写是否准确？就字形看，似乎较近"𦠿"字，即上面从肉（月），下面从目或百（首），或页。古代文字的偏旁，上下左右皆可任意安放。按《说文解字》𦠿的小篆作 𦣻。金文目字多作 𠃌，有时隶变作目或页或首也不无可能。《说文》九篇上部："𦠿：面和也，读若柔。"段玉裁注以为即古柔字："今字柔行而𦠿废矣。"《集韵》说，此字也写作"𦠿"。𦠿敖是否为国名，不得而知。如𦠿（柔）为国名，则敖（傲）当是形容词；如敖是国名，则柔（脆）可为形容词。古有"柔然"，《山海经·海外北经》有"柔利国"。凡此皆未能定。全文读法，我以为可能皆三字句："二月至，见（？）益公，征𦠿（柔）敖，益至吉。"你摹写的原文"征"字双人旁"彳"已是楷书，篆体通常是"𠁁"，不知原状如何？镯上刻的字，不应像你写的方向，是你都写直立了么？最好拓出，或填上颜色照相寄我一看。当然，玉的质料是古代的吗？不曾目验，很难判断。

匆匆草此，不能细说。你说准备退休，为能集中精力写作，也非失策，收到《诗儒的创造》很高兴。还有《散文的创造》二册也收到了，谢谢！余后谈。

祝

近好

策纵

1995 年 3 月 31 日

致王美琴[①],1995 年 9 月 5 日

零雨：

近来忙乱,失眠,所以延迟写信。

收到你寄来的《城的连作》真是高兴！自《城的岁月》以后,你的诗作越来越精炼了。比《上山》《日出》有进益。依着时间顺序的叙述不容易挣脱时序的拘束。所有关于城的诗,还有《北国纪行集》及以下诸作,有 Turgenev[②] 散文诗的意境,但手法更前卫了,说得也更丰富。希望你大胆创作。当然需要沉思,要关切到人生和宇宙的紧要问题,同时要掌握精炼中国语言,力求以少胜多。收到了《现代诗》6—9 月份,谢谢你和鸿鸿。希望以后轮编后仍能收到。上个月在纽约参加"对日抗战胜利五十周年国际纪念研讨会",见到梅新,他把我在大会宣读的一篇短文拿去了,说要在"中央日报"发表,不知如何了？后来我略有改正,可能在近期《传记文学》上刊出,你不妨买一本来看看,那是改定稿。

在《现代诗》里我看到很多东西和问题,非常有启发性,盼望以后还能多读到,也想看到一些你以前编的任何一期,不知还能找到一些吗？

匆匆祝

好

小兄周策纵

1995.9.5 日

---

① 王美琴(1950—),台湾台北人,笔名零雨,台湾诗人。威斯康星大学东亚系硕士,曾任《现代诗》季刊主编。著有诗集《消失在地图上的名字》(1992)、《木冬咏歌集》(1999)、《我和我的火车和你》(2011)等。
② 屠格涅夫。

《民初书法》图片部分已印出,印错不少。

致程章灿,1995 年 10 月 10 日

章灿博士吾兄如握:

得手书及尊作,知已到哈佛已一月有余,至为欣喜! 四十五年前我亦曾在哈佛担任过一年"访问学人"也,但那时我不在哈佛燕京学社,而是在历史系。当时在哈佛燕京学社任访问学人的有劳榦兄,我们时常在校园附近一道散步。想现在风景依然吧?

你集的义山诗,天衣无缝,有如己出,感人甚深。第三首"目断故园人不至",你把"园"字一时笔误作"国"字了。希望另稿未误。《感事》末句"佳期不定春期赊","春"字平声成拗体。正规合律的七绝末句,就我记忆所及,此处例用仄声字。不知你找到有例外否? 读来颇不顺口也。

三十年前,萧公权先生寄示其 1938 年所集义山诗,我当即集了《草下》一首作答:"草下阴虫叶上霜,何劳荆棘始堪伤。西园碧树今谁主,玉殿秋来夜正长。永忆江湖归白发,未妨惆怅是清狂。天荒地变心虽折,不信年华有断肠。"(1965 年秋于陌地生)集得不工,仅纾个人所感耳。

程千帆、周勋初诸公处,你去信时请代我问候。我时时想念着他们。前些时在香港浸会大学出版的《人文中国学报》创刊号上发表我一篇长文《〈易经〉里的针灸医术考释》①。因为李欧梵教授也是该刊顾问,你在哈佛图书馆或他那里应可借到,不妨一看。(偶有排错字处,尚无大碍。)

---

① 全名《〈易经〉里的针灸医术纪录考释》,载《人文中国学报》创刊号(1995 年),第 1— 54 页。

希望你明春能来此一游。匆祝

近好

周策纵
1995.10.10

过寄《一察自好》《忧患》《春阴》《金缕曲》、罗青贺诗、《书》诗。
请代问候吴文津[①]、李欧梵、杜维明及 Owen 教授等人。

致罗青哲,1995 年 11 月 27 日

岁暮怀绍唐并答青哲
——兼寄海内外诸亲友六首

集严几道(复)句

一

平生梦想深饥溺,头白扬云老著书。
沧海狂流横莽莽,岁寒日暮且蹰躇。

二

清谈岂必能亡晋,预判霜风特地狂。

---

① 吴文津(1922—),原籍四川成都,旅美学者,曾任职于美国斯坦福大学胡佛研究所东亚图书馆、哈佛燕京图书馆。

477

朝植党魁野政党，人间处处沸蜩螗。

三

似闻大陆龙蛇起，变徵仍题小雅诗。

回首幽燕见尘土，奈何煮豆亦然其。

四

贱子与君夸健在，行藏图里见千诗。

而今学校多蛙蛤，惭负朱弦属子期。

五

几度回船鬓已皤，霸才无主悔蹉跎。

平生献玉常遭刖，壮不如人奈老何。

（青哲近有诗贺予八十）

六

四海共知惟白发，东南战鼓况相仍。

只余野史亭中语，谋国人谁矢血诚。

（野史亭乃遗山藏史处，绍唐创办《传记文学》，

有野史馆长之誉）

一九九五年乙亥十一月二十七日于美国威斯康辛州陌地生市

青哲教授、夫人哂正。

致刘绍唐，1995 年 12 月 2 日

绍唐兄：

　　寄上《忆袁同礼先生》一篇，不知能在元月份刊出否？[①] 袁先生继梁启超和蔡元培担任国立北平图书馆长，晚年在美，著作尤多，可令人钦佩。（此文是他公子要我写的。）

　　另附小诗六首，系怀念吾兄者。虽皆用严复诗句，似尚切合今日情景。现弟已印作年节贺片，原件另用空邮寄上。此诗如能在《传文》元月号刊出，尤可当弟对"野史馆长"致念也。特此致谢。

　　匆祝

著安并颂

年祺

弟周策纵　手上

1995 年 12 月 2 日

弟素主张政党政治，故"朝植"二句对政党并无恶意。"蜩螗"殆亦可作"周"与"唐"读，德刚与我或"绍唐"之"唐"，"虫"非害虫，我们只是小蚂蚁耳！（"蜩螗沸羹"t'iao-t'ang fei-keng 原只说嘈杂耳。）

---

① 《忆袁同礼先生》，载《传记文学》第 68 卷第 1 期（1996 年 1 月），第 57—60 页。

致严志雄,1995 年 12 月 9 日

志雄老弟:

    真觉不好过,这么久才能给你写信。上次收到你的信和稿子及《投笔集》影印本,原十分有兴趣谈下去,却为他事纠缠,想到要对你说也未能执笔。现在明天就要去加州避寒了,只好先匆匆写此短信,钱诗句"扫穴金陵还地肺,埋胡紫塞慰天心","地肺"一典出《海录碎事·地(部)·地(门)》:"金陵者,洞墟之膏腴,句曲之地肺。"旧注谓:"其地肥良,故曰膏腴,水至则浮,故曰地肺。"此诗应作于己亥,顺治十六年,南明永历十三年(一六五九),时郑成功水师薄江宁,钱意明将扫穴金陵,使其复还膏腴之旧也。我要三月十六才回陌地生,一月下旬至二月上旬之间可能去哈尔滨开红学会,和香港浸会大学的国际文学与宗教会议上作主讲。

    你近况如何? 论文想进展甚好。我要以后才能和你详细商讨了。

匆匆祝

新禧

周策纵

一九九五年十二月九日夜半于陌地生

致孙淡宁,1996 年 1 月 5 日

淡宁:

邮局转来加州你的信,至慰至感! 高兴你和绍政虽有尊恙,幸能平安渡过。我们已不能和时间赛跑了,远游定须小心。我过去每次回中国一趟都要伤风一次,所以每次医院都要我打防疫针,又带了泻药,但都不管用! 我于十二月十日便到了加州旧金山附近的阿尔巴尼市,和次女琴霓住在一起,南华比我早来十来天,此地在柏克莱之北,聆兰一家住在屋仑,在柏市南,开车二十分钟可到。她儿子过四天就要满两岁了(名叫"周史哲思"[Jesse Chow-Smith]),能说好几句英语和中文了。"公公""奶奶"叫得好甜,你们是过来人,当然知道其中乐趣! 我们在此买了一个 condominium。有两个睡房,所以可供我们过冬。我定三月十六日才回陌地生,南华也差不多久。蓓蓓伲①已接任华梵大学校长,可喜可贺。是母是女,可以推知。琴霓信日本的日莲(创价学会),也是佛教。先父晚年信佛,台湾以前的著名佛教会长道安法师十多岁时到我家借佛经看,才开始信佛教,其自著年谱中还提到此事。五月我由何创时书法艺术基金会之邀去台北住了一个月,主持一次"民初书法——走过五四时代"展览。在金山南路二段二二二号,有一百二十余人的作品,上册印得还好,下册释文和小传应该也会印出了,不妨要蓓蓓弄一份寄你。那会的老板何国庆也信佛,是证严法师的徒弟,他们初次展览的是"明清高僧书法",我是高信疆介绍拉去捧场的。我近三四年发表了十来篇文章,四

---

① 马逊(1947—),幼名蓓蓓,祖籍浙江余姚,生于湖南长沙,11 岁时移居香港。曾任教于台湾成功大学化学系,1996 年起任华梵大学校长。2006 年于五台山普寿寺释梦参座下剃度出家,法号隆迅。

篇在"中研院"《中国文哲研究集刊》(第二期有《〈庄子·养生主〉篇本义复原》,以后有论《易经》"修辞立其诚"本义①,周邦彦《兰陵王》词与党争及歌妓的关系②,第七期有讨论《犬窝谭红》所记《红楼梦》残钞本一文③)。《传记文学》九月份有《抗战回忆极短篇》。香港浸会大学《人文中国》创刊号有我一长文《〈易经〉里的针灸医术纪录考释》。该校将于二月初召开一"宗教与中国小说"研讨会,邀我去讲演,计划便道去哈尔滨参加"两岸《红楼梦》研讨会"。我正寄出护照申请延期,不料两三天后就恰逢美国政府关门大吉,一关就二十来天,现尚不知怎办,真是"乌龙"!恐怕去不成了。"塞翁失马,焉知非福",少患次感冒罢!承你买印石惠赠,感谢之至!匆祝

年安

策纵

一九九六年一月五日

绍政兄及蓓蓓、可可合家均此。

写倒了④,别告诉他们罢!免得说伯伯糊涂!

---

① 《〈易经〉"修辞立其诚"辨》,载《中国文哲研究集刊》第 3 期(1993 年),第 27—53 页。

② 即《诗歌·党争与歌妓:周邦彦〈兰陵王〉词考释》。

③ 《〈犬窝谭红〉所记〈红楼梦〉残钞本辨疑》,载《中国文哲研究集刊》第 7 期(1995 年),第 1—13 页。

④ 蓓蓓、可可二人次序原本写倒。

致顾毓琇，1996 年 5 月 9 日

樵翁道席：

奉手示惊悉艾山兄仙逝，不胜哀悼，匆草一挽联，寄与羽音嫂及施颖洲①先生，未能尽其所怀也。艾山得公附载其文，可以不朽矣。其所引尊作悼友人黄方刚②诗，其中"家贫儿让山中果，世乱妻吟海外诗"之句，真可令长江呜咽也。通首精警，在先生诸七律中，似最为上乘，不知以为然否？承告评叶公超③先生做诗人更好，极是极是！三十余年前彼到哈佛讲演，纵亦曾面陈此意。春寒尚乞珍卫。草此即颂
道安

周策纵　拜上
一九九六、五、九

夫人均此。
原信传真复印因风化不可尽谈，特重抄，毛笔写在弃园笺纸上。

---

① 见《致施颖洲》(1996 年 6 月 21 日)注。
② 黄方刚(1901—1944)，江苏川沙(今属上海)人，哲学家，曾任教于广西大学、东北大学、北京大学、四川大学等。
③ 叶公超(1904—1981)，祖籍广东番禺，生于江西九江，外交家、书法家。

致陈三苏^①,1996 年 5 月 18 日

羽音嫂座：

久不得艾山兄音讯,正在念中,忽得顾一樵先生手书,惊悉艾山兄仙逝,真如晴天霹雳,不胜哀悼,匆遽中谨撰一挽联,聊表吊唁之忱,尚乞节哀顺变,善自珍卫。我于前年退休后仍住原址,惟寒假常小驻旧金山小女处,致往往与友人失去联络耳。

艾山兄去年曾来一电话,云其诗选集尚有数册,允即寄我,后竟未收到,想已病疲矣。其去世日期及详情,尚盼告我,将来或可供撰文纪念之用。尊况并盼告知。草此即颂

健安

弟周策纵　拜手

一九九六、五、一八

附　　　　　　　　　哭 诗 人 艾 山

暗草埋沙不掩辉,明波飘笛发诗微。

同驱白马参前卫,早避红羊识劫几。

脱帽我曾宣美锦,裁笺谁复咏《无衣》。

兰成去国江关泪,更感斯文哭大归。

---

① 陈三苏(1916—2008),广东南海人,笔名羽音,美国哥伦比亚大学教育学博士,曾任全美英语教师学会大学部委员。林振述夫人。

484

《暗草》《埋沙》《明波》皆君诗集名,《飘笛》亦其诗篇之题也。君与予同隶白马社,并同于一九四八年来美。《艾山诗选》一九九四年由澳门国际名家出版社出版,君嘱予作序,题曰《脱帽看诗路历程》。

小注:宋朝人柴望统计,自秦庄襄王至晋天福十二年,凡值丙午、丁未者二十有一,皆有灾变,世因谓丙午、丁未之厄为红羊劫。盖丙、丁皆属火,色赤,未在生肖为羊,故云,予以一九六六、六七年两年恰为丙午、丁未,文革开始,红卫兵横行,造成浩劫,故以红羊劫称之。《诗》秦风有《无衣》篇,咏秦人乐从军以御犬戎之入侵。庾信小字兰成,侯景乱后,自梁至北周,终生未能返梁。杜甫《秋兴》诗云:"庾信平生最萧瑟,暮年词赋动江关。"王羲之《兰亭序》:"后之览者,亦将有感于斯文。"《庄子·知北游》:"人生天地之间,若白驹之过隙……已化而生,又化而死……魂魄将往,乃身从之,乃大归乎。"

——一九九六年五月二十一日于美国威斯康辛州陌地生市之弃园

致汪荣祖,1996 年 5 月 20 日

荣祖教授吾兄如握:

承寄赠《菊畦集》,甚谢!集中尊诗,铸辞立意,颇多创新,远别常流。若于格律音韵更加讲求,则尤有可观矣。此集他作庸俗者太多,大氏此类雅集亦在所难免。今海内外旧体诗词,没落日甚,恐不易挽救矣!惟册末二人年仅十九,偶有白描平淡之句,清新可喜,亦间有草率之处耳。

另汪莲芳①女士所作诗词类皆秀出。其《桂枝香》冷翠哀怨,情景含蓄可诵。惜"寒"字既已一见,又两出"冷"字,或可称美中不足。《高阳台》亦轻盈可喜,惟"寒"字亦一见,又两用"冷"字,"红"字亦重出。《琵琶仙》清越幽丽,略似白石,《点绛唇》亦能相配。若《淡黄柳》则颇有变徵之音,苍凉之境。惟第三、四句"冷锁"与"寒螀"亦犯重。殆作者于寒冷之意颇有偏好,亦善能道之耶。此人不知是谁,相片中曾一露面,而别人诗词序跋中皆未见提及,不知何故,其才情在海内外恐不多见也。多年前孙克宽②教授自加拿大过陌地生,留一名片见访,惜我正远游,失去一见面机会。洛城诗社自孙捐馆后,更无知者矣。我尝坚持,中国旧体诗词乃一伟大优秀传统,成就可观,然若不能浸润深入其"境界"中,则无能真赏,尤不易继承发扬耳。此间四五日前尚严寒,迩来则转瞬如入暑夏。昨日偶购得桂花及白兰各一盆,芳香盈室,夜不成寐,得句云:"每忆潇湘兰桂芳,少年日月去堂堂。而今勉强江湖惯,愧向风前认故乡。"亦偶发遐想耳。

匆草,即颂

著祺

周策纵

一九九六、五、二〇,用廉价无毛自来水毛笔书

(年初在哈尔滨所购天津制,只人民币六元也。)

---

① 汪莲芳(1935—),原籍安徽桐城,旅美诗人。

② 孙克宽(1905—1993),原名至忠,号靖生,改字今生,号茧庐,原籍安徽舒城,台湾学者,曾任教于台湾东海大学。

致施颖洲[①],1996年6月21日

颖洲先生：

　　奉到手示及译诗,至深铭谢,尊译求信求全,远迈前人,实为难能可贵,弟觉所译义山《无题》,诚所谓"文章本天成,妙手偶得之",虽是功夫,实亦一时灵感凑合,方能恰到好处也。少陵赠卫八处士"今夕复何夕"之句,承点出,亦确具独见。弟四十余年前中译欧美诗不少,但于英译汉诗则未敢多试,洪煨莲先生尝自谦英文功力不足,弟亦受其感染耳。羽音嫂近日将稿费转来,本意将此作购尊译之用,如此反费周折,亦无可如何,容后用书交换可否?弟正为美国一大学出版社审查一书稿,忙迫不及详覆,惟艾山兄之喑,似应有诗,特更寄上,以羽音嫂曾询及所用典故,故并自注出,不知能赶上尊编之纪念号否?匆祝

著安

弟周策纵　手上

九六、六、二十一日

附《海峡》手稿。

---

① 施颖洲(1919—),原籍福建晋江,菲律宾作家、编辑、翻译家。著有散文集《文学之旅》(1997);译著包括《古典名诗选译》(1971)、《中英对照读唐诗宋词》(2006)等。

致王美琴，1996 年 9 月 5 日

美琴：

　　收到你的新诗集《特技家族》真高兴极了，只因当时正在美西黄石公园等地游览，匆忙中无法写信。日前又收到你寄来的《现代诗》刊，十分感谢。你近来的诗大有进益，对意象的创造和语言的精炼，都特有成就，我真为你觉得骄傲了！明天就要去美东梅田和加拿大东部 Nova Scotia 等处旅游，二十一晚才回家，以后再和你细论。你的《面书访谈录》时有精采之论，你说"如鲍照哭路歧的抒情"，鲍照诗似乎只在《幽兰》诗末章有"驷马停路歧"之句。难道你是指《登大雷岸与妹书》吗？此信绝美，我小时只知杨朱哭歧路，阮籍哭穷途的故事，今匆遽也来不及详考。忙笔不具，容后谈。祝

好

小兄周策纵

一九九六年九月五夜

致王元化[①],1996 年 10 月 17 日[②]

元化先生道席：

前蒙赐寄《关于京剧与文化传统丛谈》[③]大文,具见博识,至为佩感。亡友施高德(A. C. Scott)[④]教授专研亚洲戏剧,在威大任教多年,弟尝与谈及,叹息京剧传统之不彰。今读尊文,自不免有同感也。惟因七月至九月皆在美西、美东及加拿大旅游,致稽作覆。嗣又收到《学术集林》卷七,拙序承刊出,使能与国人见面,实所心感。

偶读江维辉[⑤]先生《〈章太炎遗嘱〉释文校正》,第七项对原释文"端砚今仅存一方"有按语云：

> "仅"字误。检原件,此字似应是"所"字,然与全文其他"所"字又有别。疑莫能定,俟诸高明。而非"仅"字,则可以肯定。录作"仅"恐是以意为之。

---

① 王元化(1920—2008),湖北武昌人,文艺理论家,执教于华东师范大学。著有《文心雕龙创作论》(1979)、《文学沉思录》(1983)、《文心雕龙讲疏》(1992)等,论著结集成《王元化集》(2007,全十册),并主编《学术集林》(1994—2000)等刊物。

② 此信其后发表于《学术集林》卷十,上海：上海远东出版社,1997 年,第 338—342 页,题作《论章炳麟梁启超墨迹释文书》,文字略有出入。

③ 载《学术集林》卷七,上海：上海远东出版社,1996 年,第 288—319 页。

④ 施高德(Adolphe Clarence Scott, 1909—1985),英国汉学家、中日戏剧专家。"二战"后于内地城市、香港和东京考察京剧、昆曲及歌舞伎。1956 年到北京考察并访问梅兰芳,归来后写成《梨园魁首梅兰芳》(*Mei Lan-fang: Leader of the Pear Garden*,1959)。1963 年,应威斯康星大学邀请,为戏剧系开设亚洲戏剧课程,1978 年退休。有译著《传统中国戏剧》(*Traditional Chinese Plays*, 1967—1975)三大卷及回忆录 *Actors are Madmen: Notebook of a Theatregoer in China*(1982)。

⑤ 当为汪维辉(1958—),浙江宁波人,现为浙江大学中文系教授,《校正》一文载于该刊卷七,第 320—321 页。

愚意此字似是"衹"字。末笔正写，本应向上反挑，但行草亦有直向下行者，如章氏原稿第四行"或"字"成"字皆然。《诗·小雅·我行其野》(188)："成不以富，亦衹以异。"又《何人斯》(199)："胡逝我梁，衹搅我心。"皇侃疏释"衹"为"只"。①《汉书·司马迁传》："于俗不信，衹取辱耳。"②都与今语"只"同。若读成"所"，不但与章氏其他"所"字写法不同，且"端砚今所存一方"，文义亦不足。原释作"仅"，恐即此故。"衹"意即同"仅"也。

又江释"葆"为"葆"，甚确，惟并非"别构"；章氏墨迹，"木"上一直本微曲，晋、唐、明人草书"保"字实即如此。还有，江说："'葆藏'同义连文。"当系认"葆"即"保"存意，此颇不然；"葆"实即"宝"字。《吕氏春秋·尽数览》："凡食之道，无饥无饱，是之谓五藏之葆。"高诱注："葆，安也。"许维遹《集释》云："此借为宝。"《易·系辞》："'圣人之大宝曰位。'孟喜本宝作葆，是其例。《书钞》一百四十二引此(《吕览》)文亦作宝。"又《史记·留侯世家》："果见谷城山下黄石，取而葆祠之。"《集解》引徐广曰："《史记》珍宝字皆作葆。"章氏遗嘱所谓"葆藏"应即"宝藏""珍藏"之意。

因章氏墨迹，使我注意到《学术集林》卷三首页影印梁启超《致王国维札》墨迹的释文和注解，似有失误数处：

(1) 第一札又及条"今年投考新生欲将其所呈验旧作为细阅"(页3)，释文于"为"字前遗落"稍"字。

(2) 第三札："此且不论，尤惧者天才至美而于考题所发问者偶缺注意则交臂失之。"(页4)"尤惧者"的"者"字，细审原迹，似应是"有"字。

(3) 同札下文："幸获与遗珠，两皆难免。"(同页)"幸"字依原迹应作"倖"，意谓"侥倖"。繁体通常不作"幸"。此当由于简体制度设计不善之故。下句"欲采"也应作"採"。释文引言中的"幸中"一字(页1末行)，亦应照改。第一札注中"赵萬裏"，"裏"自应作"里"。凡此可见简体字制度不应采用流行繁体字作简体字，否则不仅徒滋混扰，且减损文字的准确性。诚可悲也！(即如以"采"代"採"，以"表"代"錶"，以"云"代"雲"，以

① 发表文章将皇侃疏释更易为："毛传、郑笺均释曰：'衹，适也。'"
② 发表文章增补颜师古注："衹，适也。'刘淇《助字辨略》云：'适字，犹衹也，仅也，但也。'适、衹、仅、但，"一段。

490

"叶"代"葉",以"只"代"隻",以"系"代"係""繫",不胜枚举。)

（4）第一札释文及注判定原稿所署"廿九日"为阴历三月二十九日，即阳历"一九二五年四月廿一日"（页2及3）。但鄙意以为：梁启超此时写信与人绝大多数已用阳历纪月日，只有用干支纪年者及其他极少数例外，细察丁文江编《梁任公先生年谱长编初稿》所录存的梁氏信札可知。因此所署"廿九日"应是阳历三月二十九日，即阴历三月初六。据《王国维全集·书信》（页411），王氏于阴历二月二十七日（阳历三月二十一日）所写《致罗振玉》书云："昨别后午刻抵京。"罗氏当时住在天津，王国维从北京去看他后回京，那时火车三个多钟头可达。此所谓"昨"，似即指阴历二月二十六日（阳历三月二十日）早上离津，中午到京。梁启超是王氏离津后九天给王写信，故云："闻一多曾一至天津，正拟奉谒，则已归京，怅甚。得吴君（宓）书，知先生不日移居校中，至慰。"王是阳历四月十七日（阴历三月二十五日）移居清华园的，若把梁氏此札定于阳历四月二十一日（阴历三月二十九日），则王早已移居清华四五天了，怎么还能说"知先生不日移居校中"？李国俊编《梁启超著述系年》（页238）也正确地把致王国维此札定作阳历3月29日。不过他说"王国维是年3月住进清华学校"，却又误用阴历了。

梁启超在同札里又说："考试命题事，校中所拟办法至妥。弟因家中有人远行，此一旬内颇烦扰，不能用心于问学。欲乞先生将已拟定之各考题先钞示一二，俾得在同一程度之下拟题奉商。"这里说的"家中有人远行"，是指他的两个女儿思顺（令娴）、思庄于四月十五日去加拿大温哥华的事。行前打点一切，要忙上十多天，所以说不能用心。若是四月二十一日写信，她们已去了六天，也就不会那么烦扰了。再说，同札又云："四月半后当来校就教一切。"正是自己估计，女儿在四月十五日离家后，便可去北京。这个"四月半"决不是阴历，因为在阳历四月十七日他给这两个女儿写信还说过"我打算礼拜一入京"，"在京至多十日便回家"。礼拜一即是四月二十日。五月一日又从家中有信给思顺，可见这天（五月一日）或以前，的确已由京回津。

（5）第三札所署"七日"，原释注定作阴历四月七日，即阴历"四月廿

491

九日"。我认为原文仍是用阳历,而且是五月七日,不是四月。据上文提到了的梁氏于五月一日给思顺的信中曾说:"在京忙得要死,号称看花,却没有看成。"可见这次并未如约到清华去看王国维。又此一札开头便说:"奉示敬悉。所拟二十题具见苦心,超亦敬本我公之旨拟若干题,别纸呈教。但两旬以来再四筹思,终觉命题难于尽善。"这所谓"两旬",似系从他女儿出国后两天,即四月十七日算起,这以前他没心思来考虑出题。若照原释注把梁氏初札写于阳历四月廿一日,第三札写于四月廿九日,八天内王氏要拟出二十个题目寄给梁,梁又依王的题旨拟出若干题寄给王,而这几天梁正"在京忙得要死",如何可能呢?

(6) 第四札,照上面相同的理由,原所署"三十日"实即阳历七月三十日。即使当作阴历六月三十日,也应是阳历七月二十日,不是二十一日。

上面这几点本来都是细微末节,无关宏旨;只因出于敬重前贤笔迹之心,故不惮繁琐,是否得当,尚盼高明指正。同时也希望大家凡写诗、文、书信,最好都写明年、月、日。

知道你去年身体不适,非常挂念,希望时时留意,好好保重。想来"为道珍摄"这句现成话还是十分恰当的。匆匆草此,不尽欲言。即祝
健乐

周策纵

1996 年 10 月 17 日于陌地生

我因近来太忙,老是在外旅行,以致未补寄资料给高国平[1]、钱文忠[2]先生,不知随笔事进行如何了? 请代向他们致意。
此信可否在《集林》近期发表? 或即题作《与王元化先生书论章炳麟、梁启超墨迹释文》? 请斧正酌定。

---

[1] 高国平(1934—2009),江苏扬州人,曾任上海文艺出版社编审。
[2] 钱文忠(1966—),祖籍江苏宜兴,现为复旦大学教授。

致余英时，1996 年 11 月 19 日

英时兄如握：

多时未晤，思念为劳。数月前邮局转到兄与狄百瑞①教授发出之英文函，欲邀出席夏威夷儒家国际研讨会，惟因弟近年来皆在外地旅游，信到时已逾开会时限，致未克出席与诸友一叙。亦未能及时函谢，殊觉歉然！尚乞代向狄百瑞教授深致感载之忱（因一时未能查到其通讯处也）。

近日拜读兄在《联合文学》为柳存仁②教授《和风堂新文集》所写之序，言之有物，尤富新意。因文中提到明清间士人从商问题，特取出数年前惠赠之大著《论戴震与章学诚》及《方以智晚节考》《方以智自沉惶恐滩考》（后此补充之文尚盼惠寄）（方以智应系投水自尽，弟相信尊说较确）等，与自藏之尊著《中国近世宗教伦理与商人精神》等重读，启发良多。本来早欲将拙著一二回报，总觉无甚可观，且刊物所载之文，吾兄又多与刊物有关，必已将全刊径寄，无烦更寄复印本，故尔作罢。如"中研院"《中国文哲研究集刊》，近年弟曾刊有四文，一论《庄子·养生主》，一论《易经》"修辞立其诚"，一论周邦彦《兰陵王》词，一论《犬窝谭红》所记《红楼梦》残钞本，想兄手头皆有，故未另寄（如有需要，自当寄奉）。此中释《养生主》一文弟自觉较重要，甚盼能得兄之评断也。他如香港浸会大学《人文中国》一期中拙文论《易经》中有针灸医术记载，想该刊亦已径寄矣。惟两年前台北《书目季刊》载有拙论《孟子义利观念别解》③一文，与重商、

---

① 狄百瑞（William Theodore de Bary, 1919—2017），美国汉学家，任教于美国哥伦比亚大学。
② 柳存仁（1917—2009），字雨生，原籍山东临清，后移居澳洲，曾任教澳大利亚国立大学。
③ 《孟子义利之辨别解》，载《书目季刊》第 27 卷第 4 期（1994 年），第 18—31 页。

轻商思想有关,或当为兄所注意,兹复印一份寄上,我和戴震的疏证略有不同,我不太注重用自己的哲学思想释孟,我认为先要真正读懂《孟子》才好。对《庄子》及其他作品皆然也。另寄上《古巫医与"六诗"考》,内多假设推测之词,姑妄言之耳,弟意推测亦无害,但须先指出只是推测而尚非定论耳。

你为存仁兄所撰之序,征引钱大昕《正俗》中所云"小说教",尤为有趣。惟引文之末有云:"或訾吾言为迂,远阔事情,是目睫之见也。"此处句读似应作"或訾吾言为迂远,阔事情,是目睫之见也"方确。《史记·孟荀列传》言:"则见以为迂远而阔于事情。"此似为钱文之所本也。此系细节,无关宏旨。殆手民或编校者一时疏忽所致耳。

现有二事相托:(一)数年前杨联陞夫人宛君嫂来片云,大陆将出版联陞文集,嘱弟向兄索取一本。弟因疏懒,久未函询。如尚可设法,当如见故人也。(二)近读兄在《联副》一文,始惊悉严耕望①兄作古,无限悲痛。弟虽有台赠报纸,竟未见到消息。尚盼将其去世日期及情况赐告,并告其家人最近通讯处为感。匆匆草此,不尽欲言。即颂
教安

弟周策纵　再拜

一九九六、十一、十九日

你的住址和电话及传真请告。

---

① 严耕望(1916—1996),名德厚,号归田,原籍安徽桐城,台湾历史学家、"中央研究院院士",曾任职于台湾"中央研究院"历史语言研究所、香港中文大学等。

494

致罗青哲，1996 年 11 月 21 日

静　藏

灵素疏寒静自嫣，逢诗雪月映潜渊。
沉沉更契藏书境，充栋琳琅尽哑弦。

周策纵
一九九六年十一月二十一日雪后
于美国中西部威斯康辛

致非马①，1996 年 12 月 20 日

非　马　吗

诗人兼画家和科学家非马，寄来诗文，逸趣横生，爰有此作。

---

① 非马(1936—)，原名马为义，旅美作家、诗人、翻译家。著有《白马集》(1984)、《非马集》
(1984)、《没有非结不可的果》(2000)等。

孙儿把我当马骑，

我能是"非马"吗？

他"鞭影"一摇，

我就变成了一匹"龙文"＊，

一径驰驱到

沙发的边疆之外。

他忽然大声一叫：

Gong-gong，wake up!

我才发觉自己

醉卧在玉门关的沙场上。

＊我五六岁时，父亲命发蒙读"四字经"《龙文鞭影》；"龙文"者，据说是古之神驹，"见鞭影而绝尘"，喻儿童有天才，无需鞭策，就一日千里也。

——一九九六年十二月二十日，于美国加州阿尔巴尼市匹尔斯街五四五号三二〇七寓

致刘广京^①,1997 年 1 月 20 日

广京吾兄如握：

久违教范，时切驰念，想迩来一切顺适，为颂为祷！……（按：原稿有缺损）前年五月弟曾应台北何创时书法艺术基金会之邀往主持一"民初书法：走过五四时代"大型书法展览，其实包括二十世纪中国书画诗词名家一百二十余人，起自王闿运、杨守敬、马良、吴昌硕、康有为、赵尔巽、令外祖、沈曾植、林纾、张謇、陈三立、严复、徐世昌、朱祖谋、郑孝胥、曾熙、黄宾虹及齐白石、吴敬恒、罗振玉、蔡元培、章炳麟、梁启超、黄兴、杨度、林长民、王国维、于右任、谭延闿兄弟、胡汉民、陈独秀、高剑父、王宠惠、叶恭绰、章士钊、沈尹默、马一浮、谢无量、周作人、马叙伦、蔡公时、袁克文、胡适、郭沫若、洪业、顾颉刚、萧公权（以上三人系写给弟的诗和信或题字）、吴湖帆、徐悲鸿、郁达夫、溥儒、罗家伦，而终于丰子恺、张大千、梁实秋、沈从文。也有曹汝霖、刘三、李石曾、易培基、林语堂、钱穆、王云五、胡小石、柳诒徵、经亨颐和其他许多人。《民初书法：走过五四时代》一书由我主编，影印了所展作品，一大册，附册为书家小传及释文，由该基金会出版。（台北市金山南路二段二二二号，定价新台币二千一百元，贵校图书馆或可购藏。）令祖所书为自集唐宋词句为《浣溪沙》词十六首，皆极工丽，末署"听水老人陈宝琛时年八十有六写于故都城西钓鱼台"，此词不知见于其集中否？第一首云："闲想闲思到晓钟，酒醒人静奈愁浓，碧天无路信难通，终是疏狂留不住，几

---

① 刘广京(1921—2006)，原籍福建闽侯，旅美学者，曾任教于美国哈佛大学、耶鲁大学等。著有 *Anglo-American Steamship Rivalry in China*，1862—1874（《英美航运势力在华的竞争，1862—1874 年》，1962）、*China's Early Modernization and Reform Movement*（2009）、《刘广京论招商局》(2012)等。

回魂梦与君同,掩琴无语意忡忡。"诸词固可作艳词读,但弟意可能系溥仪在天津为罗振玉、郑孝胥等怂恿赴东北,会议决裂有感而作,不知兄意如何?弟年前在北京曾去看过瞿同祖兄,身体尚好,记性较逊耳。匆祝

大安

弟策纵　手上

一九九七、一、二十

此书弟及何怀硕与傅申①皆有长篇序言。

致顾毓琇,1997 年 1 月 27 日

樵翁道席:

　　承示《自君之出矣》二首,晚景灿然可观,实不易得。此体自有其好处,故前人屡用之,纵之拙作,自觉"秋风结成冰"为前人所未道,欲极言之,恐人亦未必识耳。公之回文诗,初读以为"晨旦散霞彩"句意较流畅,但细审后发觉"散"与"月"不协韵,"彩"与"艳"亦然,故不能用。就格律论,只能取甲首"晨旦碧霞散"一首。又尊和秦淮海七绝,意绪清丽,直薄古人。惟第三句"穿云青鸟传桃笺","笺"字似属"先"韵,为平声,手头无书可查,不知此字可作仄声用否?若改作"信"字,正可与南唐中主"青鸟不传云外信"相合,即用"简"字亦可。末句"拂晓黄鹂鸣柳枝","鸣"字虽

---

① 傅申(1937—),原籍江苏南汇(今属上海),台湾学者,曾任职于台北故宫博物院、美国普林斯顿大学、耶鲁大学、台湾大学等。

属五不论,但究以仄声字为好,故秦亦用"卧"字,不知可改用"唤"字否?妄论高深,仍乞尊裁也。匆此即颂

吟安

策纵 拜上

一月二十七日 一九九七年

致顾毓琇,1997 年 4 月 8 日

毓琇翁道席:

兹嘱舍侄自纽约邮奉舍弟策横手书大陆影印之《悟园草书》①一册,敬乞先生与婉靖夫人指教,并乞先生即用行书题一书签,以便在台湾或海外重印时印上,以光篇幅,四字及署名式样如下:

> 悟园草书
> 顾毓○题时年九十又六

书名题好后请赐寄纵处,有劳清神,至深感谢!

专肃,即颂

道安

周策纵 拜上

一九九七年四月八日

---

① 收周策横书《出师表》《书谱》《正气歌》及《千字文》,1995 年 8 月于南宁以彩色印行。

夫人均此。

致施颖洲,1997 年 5 月 14 日

颖洲先生:

　　谢谢来信和尊译诗稿,弟近来正忙于修改旧稿及应付文债,兹先作简覆如下:

　　(一)命为译诗作序自无问题,一俟接洽出版时,当可应命。

　　(二)在美出版事,正如吾兄大札所说,此间出版界有种种困难,所顾虑者:(1)读诗者越来越少。(2)你所选译的诗、词、散曲,多已有英译不少,要通过审核比较不容易,当然具体问题还在经费。(3)尊译似最近于原作,如韵律等,弟所深知。但英美近数十年诗风,愈走向现代派和后现代派,不求格律,只求新异,兄求全之苦心,弟十分同情;惟如何说服审稿者和出版者,确是一问题。当然,自须一再试为之,不可先自消极耳。

　　(三)弟意不如先再整理好原译稿,弟则去信数出版社(只能一个一个来,不可同时进行数家),问他们是否有兴趣,如有,再将稿寄去。故弟须复印(copy),恐须等兄修正后再复印全稿一份,以便留原稿在弟处。

　　(四)你的原译稿,我目前无暇细读,只约略选看数页,觉有些问题:(1)既是以英文读者为主,中文似应列在英文之后。(2)专名似已一部分采用 Wade-Giles 制,似宜全依 Giles 修正过而为一般汉学界所采用者,如陶潜应作 T'ao Ch'ien("'"符不可少)。沈佺期应作 Shen Ch'üan-ch'i("'"及 umlaut 号"¨"皆不可少,名字间亦应加" - "号。)我是依一般汉

学界惯例。因为英美较好的出版有关中国文学者，多会送给两位专家审稿：通常问他或她们：是否有新贡献，有销路否，是否已有同样作品竞争，style 及格式和内容有错否，等等。我做过多次审稿者，所以知道，又如唐朝也最好作 the T'ang dynasty，石崇作 Shih Ch'ung，孙秀作 Sun Hsiu (Siu 是旧式，现已少用或不用)。(3) 中文 texts 如柳宗元(Liu Tsung-yüan)《江雪》首行通常作"鸟飞绝"，不作"飞鸟绝"，除非注出理由。李白的《夜思》原稿"夜"字前似遗落"静"字。陆游《示儿》非《寄儿》。我是偶一翻阅，尚未全看也。

（五）请你加数件：(1) 译稿的英文书题或更附中文书题。(2) 英文或并中文目录。(3) 你的英文小传，特重译诗经验和出版目录。

以上只是暂时想到的问题，请你参考，弟以为不论将来在何处（美、英、加、星、港、澳或台湾）出版，恐上列修补仍有帮助也。

前偶作《非马吗》和《花神》《微茫》等小诗，附寄乞正，匆祝
著安

弟周策纵
1997 年 5 月 14 日

赠林焕彰[①],1997 年 6 月

九 份 夜 景

淡 莹

（原载《联合报·副刊》一九九七年二月十四日）

前记：焕彰先生邀我们去他九份山上的房子观赏夜景，黑暗中一推开门，窗外无数璀璨的灯火让人怀疑非置身人间。

推开门

一阵惊呼

穿越过整片落地玻璃

跌入山脚

远远近近的灯火、渔火

闻讯赶来

为防止意外再发生

它们密密麻麻镶满窗户

一览无地守住

我们

---

① 林焕彰(1939—)，笔名牧云、方克白等，台湾宜兰县人，儿童文学作家、诗人。龙族诗社同仁，参与创办《龙族》诗刊、《布谷鸟儿童诗学》季刊、《儿童文学家》季刊等，曾获台湾中山文艺奖(儿童文学类)等。著有《牧云初集》(1967)、《近三十年新诗书目》(1974)、《中国新诗集编目》(1980)、《林焕彰诗集》(2013)等。

予甚爱淡莹此诗,谓其意境幽远,绝非等闲可及也。因与小女琴霓试译成英文,然终难仍其原趣。信乎福劳斯特之言曰:诗者何?诗即是翻译后所失去之一部分也①。痖弦嘱写此诗,为诗人

林焕彰先生存念,特题此寄之。

周策纵

一九九七年六月

致王菁棣②,1997 年 7 月 24 日

菁棣嫂座如见:

得七月十六日手书,惊悉仲炎兄已于六月二十五日仙逝,不胜痛悼。自前年仲炎在电话中告我身体不适,不能多谈,其后迁往西部,虽曾有短信来,但无通讯处,又无电话号码,王正义③兄与我皆不知如何问讯。后来我查出早期一邮箱号码,只好用来通讯,又不知你们是否收到。正在无法可设之时,忽得此恶耗,诚无可奈何,大觉震痛也。我定于八月五日去北京出席《红楼梦》会议,十月中旬方返此间。惟甚盼告知仲炎去世前具体情况,有何遗言。数月前,读到大陆有关陈寅恪及吴宓传记,提到仲

---

① 指美国诗人 Robert Frost(1874—1963,通译弗罗斯特)经常被引用的名言:"Poetry is what gets lost in translation."原语出自 *Conversations on the Craft of Poetry*(1959),字句有所出入。
② 王菁棣,程曦(字仲炎)夫人。
③ 王正义(1920—2016),原籍河南,旅美学者,曾任教于美国威斯康星大学。

炎在广州时不顾其师一事①，想仲炎必另有解说，后死者应代为澄清。你的信可仍寄此处，来信时请告你的电话，及儿女近况。匆匆不尽，即祝安好，并盼节哀顺变

周策纵

一九九七、七、二十四日

内子吴南华 Nancy 均此附笔。

---

① 当指吴宓之女吴学昭所著《吴宓与陈寅恪》(北京：清华大学出版社，1992 年)，其中第四章云："一九五一年夏，寅恪伯父在岭南大学辞去中文系教职，专任历史系教授。助教程曦君离寅恪伯父而去，晓莹伯母自任助手。程曦为寅恪伯父在成都燕京大学任教时的学生，北平解放时南下广州，是由寅恪伯父与校方商议安排在岭南大学中文系任助教的。"(第 132 页)

致蔡元丰、陈颖,1998 年 3 月 12 日

元丰、陈颖：

　　我上次给你们回贺年片时,曾说要等我三月十五日回陌地生时才能回信讨论元丰关于"儒"字原始意义的问题。大后天我就要回去了,今天清行李,偶然翻到手头一点资料,便来写这短信,不知元丰已看到大陆上吴龙辉[①]作的《原始儒家考述》(北京：中国社会科学出版社,1996,共 261 页)一书么？我手头无此书,但香港浸会大学中文系的卢鸣东[②]在该校出版的《人文中国》学报第四期(1997 年 7 月)上有颇详细的书评,值得一看。卢引用到徐中舒《四川大学学报》1975 年第 4 期《甲骨文中所见的儒》一文,但认为徐说尚未得其他甲骨文专家的接受,如于省吾主编的《甲骨文字诂林》(北京：中华书局,1996)第一册,页 94,则或称"不可识",或释作"汰"。卢还举出了一些别的理由,认为释"儒"有可疑之处。我看这问题还得更深入去探讨才行。不过我个人倒相信徐中舒可能是对的。但如不细细推论证明,则恐难服人之心也。《人文中国》创刊号上有我一长篇《〈易经〉中的针灸医学资料考释》论文,其刊头是我题字。现在可能已出到第 5 期了？不妨向九龙窝打老道 224 号该校或香港九龙土瓜湾马坑涌道 5B 二楼中华书局买来一看。匆祝

近好

周策纵

1998 年 3 月 12 日

---

① 吴龙辉(1965—),湖南平江人,任教于湖南大学岳麓书院。
② 卢鸣东(1969—),香港浸会大学中文系教授。

去年11月上海文艺出版社出版了我的《弃园文粹》一书,450余页。不妨要你们图书馆去买一本。

致林耀椿^①,1998年5月9日

耀椿先生如握:

多时未见,正在念中,接奉四月十五日手书,得知去年又回学校进修,至为欣喜。前在《文哲通讯》中见到尊著《钱锺书研究书目》,甚佩用功之勤,亦觉可以嘉惠士林也。钱氏夫妇我多年前曾在北京见过,并曾通讯,闻健康已欠佳,其诗集曾在台北一友人处见到,惜手头无有。承告《论学谈诗廿年》中胡先生曾提到我的信,兹寄上支票一张(美金二十元),请代买一册寄来,如有他书,便盼告我或代买(如钱穆先生之回忆录等),不足之款,告知必将另偿。匆此即祝

近好

周策纵
一九九八年五月九日

去年十月贵阳贵州人民出版社出版巩本栋^②编《程千帆沈祖棻学记》一书,中有我给程教授论诗短札,见页二一六至二一七,或可一读。又香港

---

① 林耀椿(1962—),台湾台中人,"中央研究院"文哲所图书馆馆员。著有《钱锺书与书的世界》(2007)、《钱锺书学术思想研究:以〈管锥编·老子王弼注〉为主》(2013)等。
② 巩本栋(1955—),江苏丰县人,南京大学中文系教授。

浸会大学《人文中国》创刊号有我论《易经》中针灸长文。

致周汝昌,1998 年夏

八十松龄正少年,红楼解味辟新天。

两周昔日陪佳话,寔证相期读后贤。

据一九九五年统计,美国有百岁或以上者共五万二千人,预计二〇
五〇年时将达七十二万三千人,此皆未计亚裔移民及印第安人也。杨联
陞兄尝致函与我云:八十岁人犹是少年耳。海外红学家往往戏称汝昌为
东周,我为西周,故有两周之称。

汝昌学长兄八十大寿志庆

周策纵

一九九八年夏于美国陌地生

致黄美之^①,1998 年 7 月 10 日

美之女士:

奉读来信和大著《不与红尘结怨》,不胜欣喜钦佩,你的书文,都特别富于人情味。(书名尤具哲理可喜!)《伤痕》里记载的自然是那人生不可多得的经历,其实"不幸"也可说是"有幸"。"六经皆史"的看法,其实王阳明早就提出过了。你那篇《扶桑神话》写得很有风趣,只有中间一段说十九世纪西方学者"才想到扶桑即榕树"一句不确,他们只知道尼拘陀就是榕树,英文叫 banyan tree,但没有人知道扶桑就是榕树。所以我才写了那篇文字。此点也许你可在《侨报》上更正,以免读者误会。我八月一日就要参加一旅游团去华北旅游,九月下旬才回家,匆匆草此,并寄上《创作与回忆》等三册。以后盼常来信,并惠近作。匆草,即祝
近好

周策纵　拜手

一九九八年七月十日

---

① 黄美之(Mimi H. Fleischman, 1930—2014),本名黄正,祖籍湖南沅江,生于长沙,旅美作家。著有《八千里路云和月》(1979)、《不与红尘结怨》(1998)、《欢喜》(2000)、《烽火俪人:六篇乱世儿女的真情故事》(2010)等。

致王元化，1998 年 8 月 13 日

元化先生道席：

久未通讯，时在念中！兹因香港中文大学出版社打算在今年出版我的红学论文集[①]，前几天写了一篇自序，不知能否在《学术集林》上刊出？尚乞指正裁夺。

关于"五四"的讨论，可能又要拖延到秋天了。因我已参加了美国一个旅游团，将于明天（偕内子）离美去北京，往东北、山西、内蒙、承德等地观光，只是看风景而已。九月下旬回陌地生家中。明年五月北京大学要开五四纪念会，希望能见到你。匆祝
著安

弟周策纵　手上
1998 年 8 月 13 日于加州阿巴尼市

---

① 即《红楼梦案——弃园红学论文集》。

致王润华、淡莹,1998 年 11 月 11 日

惜 双 柳

三十年前予手插中国垂柳,原如指纤,现已巨干逾抱(围约八英尺),枝叶干云,荫蔽屋宇。今日突为大风连根拔倒。

狂风倒拔巨垂柳,除去烟云世更寒。
美善真为天所忌,鹅黄鸭绿叹摧残。

昨日所作,录寄润华、淡莹存念。

周策纵
一九九八年十一月十一日夜深
于陌地生之弃园

致黄美之，1998 年 12 月 2 日

美之女士：

　　谢谢你九月底的来信和大作，前文提到扶桑为榕树事，承你费力请报刊登更正，尤为感谢！读了你讨论对联一文，想起许多往事，因为赵恒惕①和何云樵（键）两先生，我在抗战时与战后在重庆和南京都见过，何夫人也见过，竟不知她还在美。你三姐的挽联真是情文并茂，平仄虽有些问题，联内尚不紧要，只上联末句末字须用仄方可，不妨改作"感谢良缘经患难"即可，或另作他改也可以。兹随信寄你论对联与集句小书，此书虽小，却在中国发生过不小的影响，因十八年或二十年之前我把它送给周汝昌先生一部，他转借给顾平旦②先生，顾先生大感兴趣，觉得对联确有重要性，便和同人组织了一个"中国楹联学会"，现在各省多有分会，出了刊物和书籍不少，也聘我担任做顾问，他们出版有顾平旦、常江、曾保泉合编的《中国对联大辞典》（北京：中国友谊出版公司，一九九一年初版，九二年有再版），十六开大本精装一千一百八十三页，不妨一看，比另一类似的书较好，平旦以前有信告我，此会之发起，实由我那本小书所引起也。现随信寄你一册，聊供消遣。错印字只改了一部分，高信疆先生多年怂恿我出再版，我改了一部份，因事耽搁未改完。这儿偶然想起，余不一一。十二月十六日我将去加州阿巴尼市小女处，明年三月上旬方回此，邮局仍会转信。匆祝

---

① 赵恒惕（1880—1971），字夷午、彝午，号炎午，湖南衡阳人，曾任湖南省省长。
② 顾平旦（1930—2003），江苏苏州人，作家、红学家，曾任职于北京出版社、北京社会科学研究所、中国艺术研究院等。

著祺

周策纵

一九九八年十二月二日

致顾毓琇,1998 年

毓琇翁道席:

　　两次手示皆已奉读,至为欣谢。补顾颉刚先生谈羌族传说夏禹生日事,尤为有趣。纵去年旅游川北九寨沟与黄龙,途中作有即景诗,曾提到禹为北川县出生事,惜未至禹穴一游。(请看所附黄龙诗注。)传说生日固不足据,仍是一说耳。参寥子唐宋皆有其人,前人早已注意及之。宋之参寥子为僧。李白所识者前人只知是"逸士",姓氏无考,据白诗所言,当系荆襄人,曾如李白,为玄宗所赏识,后"长揖不受官",拂衣归隐。其他待考。顷得舍弟策横函告:去年承赐书题签[①]曾印有《悟园草书》,因印制不精,故纵亦未见。现国内又有一出版处欲出版《悟园草书毛泽东诗词集》,由毛之孙任主编,较为完备。舍弟仍欲请先生题签,式样见附纸。如何之处,尚乞尊裁。又舍

　　(整理者按:原信至此)

---

① 事见《致顾毓琇》(1997 年 4 月 8 日)。

致顾毓琇,1998 年 12 月 3 日

毓琇翁道席：

　　两奉手示,因忙迫于赶"截限时间",竟迟作覆,罪甚罪甚！萧艾[1]著《王国维诗词笺校》纵未得见,王词《浣溪沙》下片"试上高峰窥皓月","上"字原不误,校改作"向",殆因上句有"上方孤磬"字之故。但就全词意境言,则"试向高峰窥皓月"反有逊色也。且向高峰窥月,亦不成话说。不知另有何理由。拙著写成于一九六〇冬,香港初版于一九七二年,台北时报初版于一九八一年。二版另排于一九八六年底,反多错字。此书许多报导皆误作"论人间词话",且鲜受征引。如一九八五年香港三联书店出版有田志豆编注《王国维词注》一书,于《前言》中即说"对王国维词却几乎没有论及"者。显然未见拙书也。纵于台版自序中曾论及对王词看法,兹复印一份乞正。匆匆即颂

年安

周策纵　拜上

一九九八、十二、三

夫人均此。

随信附上《弃园文粹》一册,请指正并代推介。

尊和自佳,"偶遇"之"偶"字,通句本甚流畅,惟未得坚持之意,或与下句"欲穷"不相称,不知尊见如何？南京大学出版之词曲集遍查未见。

---

[1] 萧艾(1919—1996),原名萧家林,湖南宁远人,曾任教于长沙师范学校、湘潭大学等。

挽潘受,1999 年 2 月 26 日

哭潘虚之(受)先生

一九九九年二月二十五日半夜后自美飞抵新加坡,王润华教授急告予,虚之先生方期此次到星出席人与自然环境文学会议时仙逝。忆十八年前予在美召开首届国际《红楼梦》研讨会后,来访星岛,于新闻出版界欢迎会上,先生即席挥毫赠诗云:"是非聚讼苦悠悠,识曲端推顾曲周。能使一书天下重,白头海外说《红楼》。"自后每次来游,辄有文酒之会,今竟人天永隔,悲怆如何! 即日用田流①先生追悼文②中所引先生遗诗原韵为悼。

聚首无缘老泪弹,但留白发戴南冠。

如何两日人天隔,万古诗书再见难。

周策纵敬悼

一九九九年二月二十六日破晓,于新加坡国立大学专家楼,时年八十又三,用日制无毛自来水毛笔。予既撰文论"天人合一",则"人天永隔"亦不全真耶?

---

① 田流(1930—),本名钟文灵,另有笔名司马班、徐幸、唠叨等,祖籍广东丰顺,新加坡作家、诗人,新加坡作家协会创始成员。
② 《不谢的花——悼潘受先生》,《联合早报》(新加坡)1999 年 2 月 25 日。

致顾潮^①,1999 年 5 月 19 日

顾潮女士:

在北京大学开会时见到你,非常高兴,仿佛见到了你父亲颉刚先生。承你惠赠你编著的两部大作,粗略翻阅,如见故人。当于以后细读。并此致谢!

五月六日我到南宁,住在舍弟策横处。在他那里把我编的《民初书法:走过五四时代》中所收令尊于 1948 年在南京写给我的送行横披托他复印一张,并所附小传和释文,随信寄你。小传乃助手所写,虽经我过目,但未及细改。二十九日我将返美。或可找出复制较好的印件寄你。匆祝
合家安好

周策纵
1999 年 5 月 19 日

---

① 顾潮(1946—),原籍江苏苏州,任职于中国社会科学院历史研究所。顾颉刚之女。著有《顾颉刚年谱》(1993)、《顾颉刚评传》(1995)、《历劫终教志不灰:我的父亲顾颉刚》(1997)等。

致王辛笛^①,1999 年 6 月 13 日

辛笛先生吟席：

  沪上一叙，至深快慰，承赐和诗，其中"下笔每难评月旦，读书何意计彭殇"之句尤令人返复拜诵，无以为怀也。兹奉上短诗一章，以志感念。另附旧作数篇，尚乞指正，并盼善自珍卫，余容后叙，即祝
双安

弟周策纵 再拜

一九九九年六月十三日

圣思^②、效祖^③均此。

附寄照片五张。

  己卯（一九九九年）五月二十三日重访诗人辛笛及文绮^④伉俪于其沪寓，蒙出示赐和《余生》之作，极畅谈之乐，并晤其女公子王圣思与金效祖夫妇，翁于握别时云：以吾辈之年，能见一次即算一次，后会已难预知矣。其言绝真。归后念之多日，犹不胜怅惘。因寄短句以志怀念云尔：

---

① 王辛笛(1912—2004)，原名馨迪，笔名心笛、一民、辛笛等，江苏淮安人，诗人。著有《夜读书记》(1948)、《手掌集》(1948)、《听水吟集》(2002)等，诗作收入《九叶集：四十年代九人诗选》(1981)。
② 王圣思(1947—)，王辛笛幺女。
③ 金效祖，王圣思丈夫。
④ 徐文绮(1913—2003)，浙江湖州人，王辛笛夫人。

暮年欣一见，一见尚能诗；

握手言再见，再见焉可期。

周策纵　未定草

一九九九年六月十日晨

于美国威斯康辛州陌地生市之弃园

致黄苗子^①,1999 年 9 月 21 日

黄苗子先生左眼因黑翳动手术后，寄示七律三章，适予亦因双目动白内障手术，以塑胶换原眼膜，大放光明，戏答一首。

黑翳白障两糊涂，黑白分明道不孤。

刀下幸逃翁负鼓⁽¹⁾，书中能辨乌非乌⁽²⁾。

老妻对面复知美，清水盈杯却见污。

难得糊涂今更甚，谁教鱼目换真珠。

（1）原诗有"古柳斜阳翁负鼓，笔端输与左丘明"之句，自注引陆游诗云："斜阳古柳赵家庄，负鼓盲翁正作场；身后是非谁管得，满村争说蔡中郎。"我三十年前释《周礼》"帅瞽登歌"，曾说过："瞽字的本义便是奏鼓诵诗献曲的盲者。"（见拙著《古巫医与"六诗"考：中国浪漫文学探源》，台北：联经

---

① 黄苗子(1913—2012)，本名黄祖耀，广东中山人，漫画家、作家、书法家。著有《画家徐悲鸿》(1957)、《货郎集》(1981)、《三家诗》(1996，与杨宪益、邵燕祥合集，所著为《无腔集》)等。

出版公司,一九八六年,页一八三)这一盲翁击鼓说书的传统,可能由来古矣。

(2)鸟、乌二字,原已不易辨;简体字的鸟、乌,更容易混淆。

周策纵

一九九九年己卯九月二十一日

于威斯康辛州陌地生市弃园

致顾毓琇,1999 年 9 月 21 日

毓琇翁道席:

拜收尊作《王谢堂前的补充》,至佩至感!数月来久疏恭候,良以四月曾往新加坡开会,五月去北京大学出席五四运动八十周年纪念会,六、七月间双目动白内障手术(很成功)。不意又遭舍弟策横之丧,不胜悲痛苦!他去年曾得大笔题书法封面数件,其所书毛诗,曾先出版一草稿册,闻正式册将于十月初建国纪念时可出版,他已无从见到了!现因他儿子由南宁返纽约,带来其所书毛诗草稿册一本,兹随函奉上,乞收,并代致感谢之微忱。将来正式出版后,自当嘱其家人再寄奉也。另附呈拙作哭弟诗,即求斧正,亦志感念之意也!匆祝

健安,并祈善自珍卫

学晚周策纵　手上

一九九九年九月二十一日

婉靖夫人并此问安。

518

樵翁道鉴：

　　兹更有不情之请，缘纵历年所作旧体诗词颇不少，稿多已散失，将来拟搜集出版一册，以寄亲友，但不知何时可以实现。兹拟请大笔赐题封面或扉页，大小随尊意，式样如下

```
┌─────────────────────────┐
│  弃园诗词集             │
│    顾毓○题□□           │
│    时年○○              │
└─────────────────────────┘
```

　　拙稿尚未收集就绪，并不急需，乞于有便时书寄，先生于纵诗作，素多指教许可，即此欲留一纪念也。匆匆拜请，并预致谢忱。

策纵　拜上

一九九九、九、二十一

致任继愈[①]，1999 年 10 月 7 日

继愈先生道席：

　　九月十五日芜函，请大笔一挥南加州大学用拙名纪念教研室室名[②]，想已达览，现觉前所列式样太大。拟请改书与此信笺两倍高，宽比此笺

---

① 任继愈(1916—2009)，字又之，山东德州人，曾任中国国家图书馆馆长。著有《汉唐佛教思想论集》(1963)、《中国哲学史论》(1981)、《任继愈学术论著自选集》(1991)等。
② 周策纵先生答应赠予私立南加州大学东亚图书馆一万多册藏书(2003 年捐出)，校方为此辟出周策纵教授教研室以作纪念。

红框小一二英寸即可①,字样与式样仍同前函所列。如此,则无需托底,此间即可装配镜框也。有劳清神,特先致谢。匆祝

著安

弟周策纵　拜手

一九九九年十月七日

仍请用楷体或隶体

> 南加州大学东亚图书馆
> 周策纵教授纪念教研室
> 　北京图书馆馆长任○○题□□(印章)

(大小亦可任尊便略加伸缩)

(北京图书馆)是否须加"国立"二字?

致杨仲揆②,1999 年 10 月 12 日

仲揆老弟如握:

　　近来台湾不幸遭逢大地震(九、二一),因不知如何通电话,只为吾弟

---

① 信笺(影印件)通高 28 厘米,宽 21.5 厘米;框高 21.8 厘米,宽 14.5 厘米。

② 杨仲揆(1918—2001),原籍湖南汉寿,曾任辅仁大学及中国文化大学教授,"国立编译馆"四书编译委员会总编辑。著有《中国·琉球·钓鱼台》(1972)、《中国现代化先驱:朱家骅传》(1984)、《琉球古今谈:兼论钓鱼台问题》(1990)、《现代中琉关系》(1997)等。

及家人焦急。且六月及七月间我双目动白内障手术后,正在修养中。而不料七月十五日又有胞弟策横之丧,摧心疾首,无以为怀!横弟因胆结石在南宁一家医院动手术,次日即去世,许多人皆惊叹为突如其来,然亦无可如何矣。横弟乃一九四四年重庆政校地政科毕业,后在农民银行工作及人民银行担任高级经济师。其书法凡篆、隶、楷、行、草皆有出版,一九七九年与友人创办南宁市书画夜校,培植学生近四万人次。一九八六年起一直担任广西老年大学书法教授。一九九一年及一九九四年曾两次访问美国,在各大学及美术馆作书法展览及示范。其书法已收藏于岳飞纪念馆、黄鹤楼、黄帝陵(石碑)、三苏祠堂(石碑)、米芾纪念馆、开封翰园碑林、辽宁抚顺关东碑林、桂林中日友好书法碑林、阳朔碧莲峰摩崖石刻、安徽萧县圣泉碑林、湖北洪湖市"当代天下名人作品专藏馆"、浙江茅盾纪念馆、毛泽东韶山家乡纪念馆、周恩来纪念馆等皆收藏或石刻有他的书法。我有《痛哭策横弟》一诗,特寄上请留作纪念耳。

关于吾弟《趣味文学》大著,七十三页提到我的回文诗,我堂弟的读法似有误,但我还没有时间去细案,你的《正误表》恐怕还不完全。258 页"理怨"自应作"埋怨"。下面一句我查别本作"只做得单剩自参禅"下文"泪珠"句作"泪珠流尽变枯泉"。不知孰是。页 262 的"贤文"似应即《增广昔时贤文》。你在页 219 上已列出了。

吾弟的《参考书目》似应修正补充。关于《老子》,台湾可找到的有蒋锡昌《老子校诂》(台北:明伦出版社,一九七一年影印商务民二十六年排印本),较简的有余培林《新译老子读本》(台北:三民书局,一九七三年),有白话译文。可惜他们都未见到长沙马王堆出土的帛书《老子》甲、乙本,陈鼓应于一九七〇年在台北商务出有《老子注译及评介》,后于一九八四年据帛书修订,在北京中华书局出版,不知台北已有新版否,以上都不能令人完全满意,但对弟之大著,当已足够可用。(我的藏书[关于中国及东亚等]已答应将来赠与南加州大学[私立]东亚图书馆[约一两万册]。)

有些不太可靠的书不妨删去。庄子方面,除郭庆藩外,似应列钱穆《庄子纂笺》增订本和陈鼓应的《庄子今注今译》,或王叔岷的《庄子校释》

（"中研院"出版有上下两大册）。《荀子》可加梁启雄（任公弟）《荀子简释》（有香港太平书局版，台湾应有出版）。《世说新语》应该用杨勇的《世说新语校笺》（香港大众书局有出版，现应有台版了）。宋人胡仔著《苕溪渔隐丛话》当非何文焕所撰，已引见宋人《诗人玉屑》中。（胡仔纂集的《苕溪渔隐丛话》可用廖德明校点本［北京：人民文学出版社，1967年］。）关于诗话，郭绍虞主编有一套《中国古典文学理论批评选辑》，由专家标点，木铎出版社是否系翻印本，我未见到，未能判断。

关于对联，你应列出清朝梁章钜的《楹联丛话》，最有名，不可省。我的小册子《续梁启超"苦痛中的小玩意儿"——兼论对联与集句》（香港：求自出版社，一九六四年二月出版）我应该送过你一册。此书虽只八十四页，但于对联、集句的历史和得失，欲有前人未发之见。并且在大陆上发生过颇大的影响。因我于一九八〇年赠了一册给周汝昌，他借给红学家顾平旦，顾后来告诉我，他因此便和朋友筹组了中国楹联学会，各省都有分会，声势浩大，出版物不少，也请我做了顾问。一九九一年顾和常江、曾保泉三人合编有《中国对联大辞典》大型巨册，精装共一千一百八十三页，书前有彩色及黑白图片，载有古今各类对联极多，也有我作的一些。对我那小册子有介绍，说本书完成于一九六〇年底，是当代较重要的对联理论著作。此辞典乃中国友谊出版公司出版（北京），一九九二年有重印本。我那小册子，和这部大辞典，你不妨列入你的书目中。

你的书目可补充的还不少，现只举我所认识的王利器[①]（原北京大学教授，近已去世）编有《历代笑话集》（上海古籍出版社，一九八一年印了十六万五千部）。他又编有《历代笑话集续编》（沈阳：春风文艺出版社一九八五年印了八万三千多册）。台湾于前书早有翻版。

你列的许多书，大陆往往有较好的版本。不知近年台湾有较忠实的翻版么？近些年来，两岸学者也有不少研究新版。

策横生前极想访台，或将其书法在台湾出版，我曾努力，鹤凌也愿为帮助，但都无着落。想来亦可伤也！鹤凌夫妇近况如何，请转告念意。

---

① 王利器（1912—1998），字藏用，号晓传，重庆江津人，曾任教于四川大学、北京大学等。

云亭夫妇近曾访美，与其次子及媳曾到我家。他回去后，脊椎骨病加剧。遐龄近在大陆出了回忆录。匆匆不尽，即祝

近好

策纵

一九九九、十、十二

太太均此问安。

《红楼梦诗词曲赋评注》蔡义江①著较好（北京出版社，一九七九年），田禾②不知何许人？

致顾毓琇，1999 年 10 月 26 日

毓琇翁道席：

　　承赐题签至感。希望明年得暇或可将拙稿抄出，以了却一桩心事也。

　　日前偶翻李义山诗意作一小诗奉上祝寿，不知合适否，尚乞指正。

　　去年策横弟曾以我兄弟名义书寄一条幅为立夫先生祝寿，立公曾分别各为我兄弟写赐横披以为奖勉。横弟曾缩印数份，兹寄上一份。因纵不知立公通讯处，无法修函道谢，想翁必可赐告也。又策横书法颇有石刻，特奉上拓页二件，另剪报数张，不知翁已见及否。匆匆草此，即颂

---

① 蔡义江（1934—　），浙江宁波人，红学家，中国红楼梦学会副会长。
② 按《红楼梦诗词曲赋评注》有蔡义江编著本（北京：北京出版社，1979 年）及田禾编选本（香港：上海书局有限公司，1980 年）。

523

双安

策纵　手上
一九九九年十月二十六日

附　　**翻李义山《登乐游原》诗寿毓琇翁**

　　李商隐(八一二—八五六)《登乐游原》诗:"向晚意不适,驱车登古原,夕阳无限好,只是近黄昏。"清人何焯(一六六一—一七二二)或杨守知(一六六九—一七三〇)尝评曰:"迟暮之感,沉沦之痛,触绪纷来,悲凉无限。"管世铭(一七三八—一七九八)亦评曰:"消息甚大,为绝句中所未有。"施补华(一八三五—一八九〇)则云:"叹老之意极矣,然只说夕阳,并不说自己,所以为妙。"而有人则以为,美好之消逝与老至,亦别有愉悦可庆之一面。故自来如程颢(一〇三二—一〇八五)即有"未须愁日暮,天际是轻阴"之句。而袁枚(一七一六—一七九七)更有"天意怜芳草,人间重晚晴",以颂老寿。忆十八年前,冰心女士亦曾为我题句云:"天地有正气,江山不夕阳。"其响勉之意可谓壮矣。惟细思实境,江山亦不能无夕阳与黄昏欤?鄙意以为:义山诗自是妙绝,但若倒转末二句,则意境亦可大异。因翻原作,僭易一字,以寄奉九八高寿之顾翁,聊当嵩祝。或不以拙改为搪突古人,即加呵斥耶?

　　　　驱车登古原,向晚意不老。
　　　　只是近黄昏,夕阳无限好。

　　　　　　　　　　　周策纵　拜手
　　　　　　　一九九九年岁在己卯十月二十二日
　　　　　　　于威斯康辛州陌地生市之弃园

毓琇翁及婉靖夫人哂正。

524

致童元方[①],2000 年 3 月 14 日

元方教授:

　　谢谢你惠赠尊著《一样花开——哈佛十年散记》,读了恍如见到许多老朋友。特别欣赏你给洪煨莲先生和杨联陞兄说了好些公平话。哈佛的确太对不起洪先生了!

　　洪先生做的旧诗有些非常好,也许你没有见到。我留存有几首,可惜没带到这里来。

　　你给洪先生的英文《史记三讲》译成中文,可见功力,我想洪先生地下有知,一定高兴极了。我于五十年代下半期到六十年代上半期在哈佛六七年,多蒙洪先生和联陞厚待,至今铭感。洪先生给我的信和诗,我曾选印一件在我编的《民初书法》中(台北何创时书法艺术馆出版),你如有机会或可查看。洪先生在第二讲中提及日人桑原骘藏[②]驳正王国维主张司马迁生于公元前一四五年说,主张应为公元前一三五。前些时老友何炳棣[③]教授在逸夫书院讲演亦主此说,不知你去听了么? 洪先生的英文讲稿不知尊处是否留有,如有,我很想一阅。桑原之文,亦想一查也。

　　我定于四月三日返美。匆此致谢,即祝

---

① 童元方(1960—),原籍河北宣化,旅美学者,曾任教于美国哈佛大学、奥立冈大学、香港中文大学等,现任教于台湾东海大学外文系。著有《一样花开——哈佛十年散记》(1998)、《水流花静:科学与诗的对话》(2003)、《译心与译艺——文学翻译的究竟》(2012)等。
② 桑原骘藏(1870—1931),日本汉学家,曾任教于东京大学。
③ 何炳棣(1917—2012),浙江金华人,旅美学者,曾任教于加拿大英属哥伦比亚大学、美国芝加哥大学等。

教安

周策纵

二千年三月十四日

附：《浣溪沙》《夜尽》《扬州行》等、《黑鼗白障》诗。

致王润华、淡莹，2000 年 5 月 11 日

润华、淡莹：

每当年底和春节时我通常总会想到亲戚朋友，给他/她们寄封短柬；去年底却迟误了，因为我去了香港差不多有四个月。一九九九年十二月八日我离开陌地生去到加州旧金山附近的阿巴尼市，与妻子吴南华和次女琴霓同住了一个星期。十二月十五日我一个人去香港出席一九九九年的国际语文教育研讨会，这是由香港中文大学、香港大学和香港教育学院联合举办，并由其他八个单位，包括牛津大学出版社支持召开的。十二月十七日我在开幕典礼上发表专题讲演"我对中国语文改革和教育的看法"，主要谈的是简化字问题。十二月十九日闭幕时，我也参加了一次讨论会。

会后，我于十二月二十一日飞返美国阿巴尼市，在长女聆兰和她的丈夫克文家，与全家共度圣诞节。她的男孩哲思（Jesse，六岁）、女孩安那（Ariana，两岁半），和我们大人都非常高兴。

可是元旦那一天，我又得回到香港去。香港中文大学邀请我去该校

担任客座人文杰出教授三个月。我的女儿都担心"千禧虫"问题,结果却一切非常顺利,联合航空公司的班机只多了一些空位,容许我多睡了一会儿。

我的教书工作每周开一门课"中国古典文献研究方法",每星期二晚上讲一小时半,学生二十八人都是读硕士或博士学位的,还有一位教授旁听。他/她们都可说是很优秀的青年学人。

在这三个月中,我还做了四次公开演讲。两次是为香港中文大学讲的。三月三日为文学院讲的题目是"半路上杀出程咬金:五四运动后期的歧途",主要的是谈加拉罕宣言的影响。三月十七日为中国语言文学系讲"察'后设':汉学说林之一",这个题目很不容易译成英文,我和刘殿爵教授讨论的结果,他建议用 "Postsuppositions Mistakingly Taken to be Presuppositions",我觉得很好,因为我是借用 metahistory 的一般中译"后设史学"的"后设",来指"后来的假设",往往给误认作事前的设计。如"六家""六书"和许多后来的解释。

另外两次讲演是别的大学邀请的。三月十日我为香港大学中文系讲我多年来对《诗经》第一首《关雎》的怀疑。许多人都接受传统的解释,说这是首咏结婚的诗。我比较全书许多排比句形式之后,怀疑应有阙文;其实是咏君子企图追求淑女而不得,最后还是"哀而不伤"。三月二十二日我在澳门大学文学院讲扶桑为什么是榕树,并提出更多的理由来支持《庄子》中的"栎树"也可能是榕树的假设。澳门有许多榕树,并且有沿海的"榕树路"。

除了上述活动外,我也和老友刘殿爵教授作过四次对话记录,殿爵是我极佩服的学者和优秀翻译家之一。中文大学有个学术对话的计划,找些不同的学者对谈研究的经验,用意很好,希望能顺利进行。

此外我也发表了两篇短文和几首旧体诗,都在香港的报刊上。旧历年关前,二月初,香港中国语文学会要我写春联,他们用大红纸印刷分发,我也得了不少,分赠亲友。

这些工作使我在短短三个月内十分忙碌。如果没有香港朋友热忱帮助,怎能得此。

现在写此短信，补报平安，并祝千禧万福！

周策纵

二千年五月十一日

于威斯康辛州陌地生市之弃园

致毛谷风^①，2000 年 6 月 8 日

谷风教授道席：

久疏音问，时以尊况为念。纵于今年春间在香港数月，一时未找到先生新住址，无由通讯。顷查出陈继礼^②先生来函，得知先生在深圳市通讯处，盼目前尚能寄达也。生平所作七言绝句甚多（可能有数百首），现只能寄上一部分，聊供评选，斯道今人知者已寥寥矣！拙作《旅港杂诗》十首中或可有数首不太恶劣。又《论诗绝句四十首》中第十七首特别咏到七言绝句，或可备一说。其末四五首亦可供参考。如期限许可，当再录三四乞正。来示请寄我家如信封。匆祝

撰安

周策纵

二千年六月八日

---

① 毛谷风（1945— ），浙江兰溪人，诗人、学者，曾任教于浙江师范大学、浙江大学等。曾编选《当代八百家诗词选》(1990)、《二十世纪名家诗词钞》(1993)、《当代诗词举要》(2004)等。

② 陈继礼（1934— ），广西北海人，作家。

附：一、中文《通函》缩小一页。二、《旅港杂诗》十首红黑套印一页。三、《论诗绝句四十首》。四、《风雪》年片。五、癸亥年片。

致任继愈，2000 年 6 月 12 日

继愈馆长道席：

两次承赐书南加州大学东亚图书馆纪念教研室名，皆已收到，至为铭感，第二次裱好之件，尤为美观。只因近数月来皆在加州及香港，致迟作覆，然感与时增，固日夜在念也。兹附上印好之函，聊告近况。又历年所作《论诗绝句四十首》，近日始抄出，特奉上乞正。另去年为人写一短序，节录稿曾载香港《明报月刊》，虽狂言或有逾份之嫌，指教为幸。匆匆草此，即颂
大安

周策纵　拜手
二千年六月十二日
于美国威斯康辛州陌地生市

致蒋英豪^①,2000 年 7 月 10 日

英豪教授道席:

  谢谢来信和替鲍绍霖^②博士《文明的憧憬》所撰的书评。书评写得很平实公允。你提到蒲地典子^③对黄遵宪日本模式的研究,多年前黄遵宪在美国的一个孙子曾以此书相赠。黄氏对日本维新的了解比他人的确较切实具体,值得注意。我只觉得中国早期留日者虽多,通晓日语者却太少,未能多读日人的言论著作,终是隔膜。梁启超深惜晚清改革家多不通外语,言之痛切。今日情况固已不同,但限制又太多。比之日、美对我国的了解,我们仍大可惭愧。不知尊意如何?(台北《传记文学》总 282期,1985,十一月号影印我的《黄遵宪逝世八十周年纪念题词》七绝六首,有详注亦可参看。)

  你的书评可否先交中国文化研究所金观涛^④先生,或可由他转交《二十一世纪》发表,比较快?鲍书原是金教授交给我要我写书评的,书中夹有他给我的短信,不知我交给了你么?不论如何,你可告诉他是我转交你,托你写书评的。如《二十一世纪》不能发表,自然可交《人文中国》,你可斟酌自己决定。不知你的意思如何?(我因已写了序,不好再写书评了。)

  还有,尊稿第 3 页中间一行有"他在当时可说是最熟佑世界的一人

---

① 蒋英豪(1947—),香港学者,1982 年美国洛杉矶加州大学哲学博士,曾任教于香港中文大学。著有《王国维文学及文学批评》(1974)、《传统与现代之间:中国近代文学论》(1991)、《近代文学的世界化:从龚自珍到王国维》(1998)、《黄遵宪师友记》(2002)等。
② 鲍绍霖(1944—),澳门学者,曾任教于香港浸会大学。
③ 蒲地典子(1937—),美籍日裔汉学家,1972 年哈佛大学哲学博士,1971 至 2004 年执教于美国密歇根大学迪尔伯恩分校历史系。著有 *Reform in China: Huang Tsun-hsien and the Japanese Model* (1981)。
④ 金观涛(1947—),浙江义乌人,作家、学者,曾任教于香港中文大学、台湾政治大学等。

了"。"佑"字恐是计算机误排"悉"字,是否如此? 匆祝

教安

周策纵

二千年七月十日夜深

致黄美之,2000年7月

答 美 之 女 士

辋川多好句,携我到穷边。

梦与回风转,心随旅雁悬。

长河流落日,大漠竖孤烟。

偶悟传神笔,唐音出自然。

　　旅美作家黄美之女士寄惠近著《欢喜》一书,中有《孤烟直》短文,辨王维"大漠孤烟直,长河落日圆"之"孤烟"非狼粪烟,谓维《使至塞上》时并无边警,且如为烽燧,亦不能为"孤",并谓曩游沙漠所见,风于远处卷起沙土,上升修长如烟柱。王维诗中之"孤烟"应以此为释。其论甚辩甚确。按清乾隆初赵殿成著《王右丞集笺注》于此联下注云:"庾信诗:野戍孤烟起。《埤雅》:古之烽火用狼粪,取其烟直而聚,虽风吹之不斜。或谓边外多回风,其风迅急,裊烟沙而直上,亲见其景者,始知直字之佳。"(见卷九)是或人所言,与美之意近。惟所云"烟沙",究不知有烟否耳。又王

531

维《辋川闲居赠裴秀才迪》诗有"渡头余落日,墟里上孤烟"一联,亦以"落日""孤烟"为对,而此似为炊烟,沙漠中是否亦有炊烟,恐尚待论定也。因成短句,以答美之。

二千年七月下浣于陌地生市,八月梢抄出,时年八十又四。

致陈永明,2000 年 8 月 18 日

永明老弟:

今年春天在香港时见到你和惠英①,真是万分高兴。承你们招待送行更是感谢。回美以后为琐事繁忙,本想给你们早点写信,但想到你正在换工作地点,一定很忙乱,所以也就延迟了。现因陈致来香港浸大工作,特托他带交此信,并问问你在教育学院近况如何。

有一件事要告诉你:中文大学出版社快要出版我的《红楼梦案——弃园红学论文集》了,不知一两个月能否印出,你可注意自去买一本。还有一件事,刘殿爵教授久为该社顾问,他曾向出版社推荐出我的全集,该社正在考虑中,似乎想请何文汇负责编辑。我的意思可组织一个编辑委员会,包括:(依姓名笔划排列)王润华、何文汇、洪铭水、高辛勇、陈永明。由何文汇作召集人,就近推促联络。其实编辑工作也很简单,因为收集整理稿件都应由我自己做,现在我已把这个意思和文汇与陆国燊②社长

---

① 萧惠英,陈永明夫人。
② 陆国燊,1979 年哈佛大学历史博士,曾任香港中文大学出版社社长,现为香港商务印书馆董事总经理兼总编辑。

说了,看他们如何决定。我并初步拟定了一个全集卷目,是否包括英文,也可升缩。卷目虽多,有些很薄,应该不会太多。现正等待该社如何决定。此事暂可不告别人。匆祝

近好

策纵

二千年八月十八日

惠英均此。

南华现在加州阿巴尼市,九月六日起将与琴霓参加一旅游团往丝绸之路游览,她们约九月底返美。南华十月一日仍来陌地生,我和她定于十一月十九日去加州阿巴尼,我会住到明年三月十五日回陌地生市。

致王元化,2000 年 8 月 28 日

元化先生:

好久没和你通信,总因我这半年多来,曾两次去香港,今年元旦起还在香港中文大学中文系教了三个月书,四月回家后又忙着许多事,无法写信。真是愧罪不堪!其实差不多每天都在想到你,希望你好好保重身体。

你要《文汇报》翁思再①先生寄来的《京剧丛谈百年录》早已收到,非

---

① 翁思再(1948—),江苏吴县(今苏州)人,京剧学者、剧作家,任教于华东师范大学。

常有益,便于参考,有功绩于京剧研究极大!我当另行去信翁先生道谢,请先向他转致此意。

前年冬天我曾去香港讲演关于语文改革和教学问题,尤其是讨论到汉字简化问题。最近修改了讲稿,特寄上一份,请赐指正。如能在近期《学术集林》发表,或可引起注意。尤所企感!

另有《论诗绝句四十首》亦于最近抄出,尚祈哂正。匆此即颂
著安

周策纵　手上
二千年八月二十八日

徐文堪①先生并此致候。
钱文忠先生在香港,我因不知他的电话和地址,故无法联系得上。
高国平先生我曾去信,但久未得回音,至为挂念。

致王元化,2000 年 8 月 29 日

元化先生:

昨天寄上航空挂号信,内附讲稿,末页末二行有笔误,乞请徐文堪先生或其他助理代为改正("修"字前须删去",")号),应作:

---

① 徐文堪(1943—　),浙江湖州人,曾任职上海辞书出版社。

——原讲演于一九九九年十二月二十七日。

二千年八月二十七日修正补充

于美国威斯康辛州陌地生市之弃园。

末行"陌地市",原脱"生"字。

有劳之处,即此拜谢。

所寄拙作《论诗绝句四十首》尚未发表,如在国内有适当地方可发表,亦甚企感。惟如排印,不宜有错字耳。不知有能影印手稿的么?

匆匆,祝

健乐

周策纵

二千年八月二十九日

于陌地生市

致王润华,2000 年 9 月 4 日

润华:

数月(周?)前寄你"学丛"二字,想已收到。近来忙于修改前年十二月在香港关于简化字的讲稿,故未能写信。

今天何文汇来电话,说中大出版社陆国燊社长已同意出版我的全集(经费由何文汇筹集)。文汇想在今年出齐,我想一册一册的出,先由我供给改定稿。(如明年能出齐已很好了。)现将我给陈永明的信复印一份

给你,因所说相同,用不着重复了。那信我也复印了一份给高辛勇,并将寄一份给洪铭水,他现在纽约度暑假。

系上行政工作,想你已接手,一定很忙。我前次给你的信说的"谦虚公平",仍盼你注意。南华和琴霓现正在上海,住在她亲戚家。九月六日即参加旅游团去甘肃、青海、新疆,丝绸之路游览。李学博①的太太刘逸丰(Yvonne Lee)②明天离开陌地生去上海,也参加这旅游团。九月二十七日结束,从北京回美。琴霓也于此时回到 Albany。南华还要去成都参加华西大学的校友会,然后去青岛一游,大约十月十日回阿巴尼市。

陈致已去香港浸会大学中文系工作,原预定明年秋天才去,因他们突然需人,陈致本来在威大还有一年,也只好早一年离此,此间东亚系临时从加拿大温哥华找到一位大陆六七年前去那儿的一位年纪很大的姓孙的男士来暂时接替。陈致的太太和岳父母仍在此住在 Eagle Heights③。他太太冰梅今年十二月初将生小孩,大女儿此君已三岁了。据陈毓罴兄告诉我,她已能认识 120 个中国字了! 小孩真长得快。

淡莹近况如何,念念! 希望你们好好注意身体。余不一,即祝
健乐

策纵
二千年九月四日

---

① 李学博,1957 年台湾大学外文系毕业,曾任职美国威斯康星大学图书馆、印第安纳大学图书馆,退休前为印大东亚特藏主管,编有 *A Guide to East Asian Collections in North America*(《北美东亚图书馆指南》,1992)。
② 刘逸丰,1958 年台湾大学外文系毕业,婚后随丈夫李学博定居美国。
③ 麦迪逊城郊的威斯康星大学宿舍区,为有家眷学生而设,华人留学生称为"鹰岗"。

挽程千帆,2000年9月

突闻闲堂程千帆教授仙逝不胜伤悼

无凭丧乱忍生疑,又报凋伤大木稀。

独息所忧天地憾[1],诠言尝解古今迷[2]。

知音望切归何远[3],故国诗亡史竟迟[4]。

泉下月情逢韵侣,程门济济转多师[5]。

注:

(1) 韩愈《夜歌》有句云"闲堂仍独息","所忧非我力"。李光地评曰:"所忧者世事,则非己力所及也。"

(2) 君早年编注有《文论要诠》(一九四八年),饮誉学界。

(3) 君于一九八〇年闻予将返国讲学,发表七律一首,以志欢迎。中有句云:"旧梦沉浮余白首,新文哀怨话红楼。""待君把臂后湖舟[1]。"予虽返国旅游,未曾讲学,然友情可感也。

(4) 二十世纪二十年代以后,旧诗能作者及善解者日见稀少。闲堂以家学渊源,乃其矫矫者。君于一九五六年撰有宋元文学史稿四十余万言,遭政治运动搁笔三十余年。后与吴新雷[2]教授合作,终成《两宋文学史》(一九九一年出版)巨著。君于《后记》中云:"韶华到眼轻消遣,过后思量总可怜。"殆有刻骨之痛矣。

---

① 舟,程集中依"洲"。
② 吴新雷(1933—),江苏江阴人,任教于南京大学。

（5）君故夫人沈祖棻①教授素有"近代李清照"之美誉。清照晚年怀其夫赵明诚诗中有句云："今看花月浑相似，安得情怀似旧时。"君一生教学，门生遍天下，多在各大学任教。

二千年九月上浣，于美国威斯康辛州陌地生市。

致潘耀明②，2000 年 10 月 21 日

耀明老兄：

好久没通讯了，时以为念。每读《明月》，想见贤劳。

我多年来写有《论诗绝句》，前些时整理抄出，迄未发表。痖弦读了，颇加推许。我多年来在《明报月刊》发表过新旧诗作多首，不知可否将此四十首发表？③ 最好作为书法影印，略加缩小，以免误排。或如今年五月号《弃园打油诗两首》办法，兼用缩小影印（但须全部）与排印，以便读者对照。此四十首代表我对古今中外诗的看法，将来也可为文解说也。匆此即祝

编安

周策纵

二千年十月二十一日

---

① 沈祖棻（1909—1977），字子蕊，号紫曼，浙江海盐人，诗人、学者。程千帆夫人。
② 潘耀明（1948— ），笔名彦火、艾火等，原籍福建南安，香港作家、编辑，现为《明报月刊》总编辑兼总经理。著有《枫桦集》(1979)、《当代中国作家风貌》(1980)、《字游：大家访谈录》(2014)等。
③ 《论诗绝句四十首》，载《明报月刊》总第 424 期(2001 年)，第 82—83 页。

彭小姐、陈小姐均此问候不另。

致毛谷风，2000 年 10 月 22 日

谷风教授：

久未通讯，每念贤劳。前寄上拙诗《论诗绝句四十首》，其第二页之第十一首末二句后来略有改动。特将此页重新寄上，请代为换去。

纵历年所作七绝颇多，一时无法抄出，兹就已印就者检寄一二，或可从中见出一二。又关于五四运动者亦有不少，只能找到少数寄上请正。

陈声聪①《兼于阁诗话》所引近人七绝中颇多佳构，不知已注意之否？其中《香宋神交》一则所引赵熙七绝数首，尤为隽永可喜也。又王世镗《猛悔楼诗集》七绝颇多佳作，不知已见到否？（一九四四年有线装版。）

《历代七绝选》②已进行如何？想来工程浩大，成书当不易。惟此事极有意义，盼能克服困难，鼎力完成也。

匆匆草此不尽。即祝

吟安

周策纵

二千年十月二十二日

---

① 陈声聪(1897—1987)，字兼于，号壶因、荷堂，福建闽侯人，诗人、画家、书法家。
② 指后来出版之毛谷风选注：《历代七绝精华》，香港：艺苑出版社，2001 年。

致陈毓罴,2000 年 11 月 6 日

毓罴兄:

　　拜读了你的大作《往事依稀忆舅家》,缠绵哀艳,恍惚《浮生六记》,不胜敬佩! 望不断写下去,以娱同人之目也。

　　松青嫂的大著《民间秘密宗教经卷研究》中有很多宝贝,容以后详细拜读。像南唐流行的志公铁铭,真的有趣。注中说铭文见《十国春秋》,不知后来对铭文的解释是否亦出于此书? 我手头无此书,不知是何时何人所著、不知《研究》书中有说明否?"江南自有冯"的"冯"我初读时以为可能指人名,但细看押韵则又像应读作"凭",不知对么?

　　我本月十九日将和南华同赴加州阿巴尼市,要住到明年三月十五日才回来。陈致十二月初来陌地生时我将无法见到。希望以后在香港还会见面。中文大学出版社在年内应可出版我的《红楼梦案——弃园红学论文集》,希望陈致留意买到。匆匆祝

全家好

弟周策纵

二千年十一月六日

毓罴兄回北京后务必去看牙医。

致王润华,2001年3月14日

润华:

　　近来想甚忙碌,前些时收到中文系系刊,见到系上教职员团体照,很是高兴。

　　这里寄你我在上个月写的关于徐志摩和陆小曼恋爱悲剧一文,颇有些新的资料和看法,尤其是王世镛的旧诗《绿鬘行》,素来未给人注意。此文虽在美国的《世界日报》副刊于三月十一日和十二日刊出,但经过编辑人员误删误改过,也无法更正了。如"第"字王诗原作"次弟",非我笔误,改作"第"还算通俗,但亦不必改。至于"叶"和"页"的区别,陈寅恪早已用到。王诗末我用"叶"是因原书是线装,一叶分正反两面,改作"页"反不对了。又如末段我用"复丽"表示繁复之美,他们却改成"富丽",反而不免俗气了。因此,再寄给你,不知可否在一刊物上照原文刊出? 如《学丛》或《新华文学》等皆可。

　　我明天即回陌地生家中。匆祝

近好

策纵

3月14日 2001年

淡莹均此。

致痖弦,2001 年 3 月 28 日

痖弦:

　　你的信都已收到,甚慰!"言有序"已写好,随信寄你,如能在扉页印出,图章最好能套印红色,黑色很不好看也。"弃园白丁"是我多年前自己刻的。"周策纵印"四个阳文则是广西南宁《广西政协报》编辑黄英章先生刻赠的,他写旧诗,其诗集是我写的封面。

　　《红楼梦案——弃园红学论文集》于今年初已由香港中文大学出版社出版,并参加了台北的国际书展,我手头已只有一册了。台北商务及各大书店当可买到,新台币可能要四百多元,但书印得很好,有彩色插图数帧,全书 360 页,美金则要二十二元。我以为太贵了。可是著者也无能为力。苏伟贞①请你代我向她问好。《联合报》应该会找到一本,若她能评介,当极感谢也。

　　我近来正忙于报税,并要赶写自选集的自序(山东出版,其实我不喜欢简体字,可也简便),和替人写序,都有时限。

　　匆匆不尽。祝

好

策纵

二千〇一年三月二十八日

桥桥和杨牧均此。

---

① 苏伟贞(1954—),原籍广东番禺,台湾作家、学者,任教于台湾成功大学。

致喻丽清^①,2001 年 4 月 7 日

丽清:

　　谢谢你的信。因为回家后堆着一大批事要清理,所以未能早覆信。

　　《海湾》诗第二联"绿于水""艳到门"的"艳"字,我原也想到改用"红"字,后来以为路上的花有红有白,也有黄紫各色不同,而"艳"本来也可和颜色字相对,所以便没有改了。经你一提起,我又重新考虑一翻,觉得上联"绿"字已是"拗体",照正规应该用个平声字才好,此处应该"救拗",须于下句用平声字才合律,且"红"字还不尽指颜色,也有许多好处。所以你的意见很好。古人常说"一字师",你真是我的"一字师"了! 谢谢!

　　前些时也发表了几首新旧诗,特复印一些寄你,请指正。

　　匆祝

诗安

策纵

二千〇一年四月七日

孟湘^②均此问候。

附:1.《扶桑为榕树综考》原印本及《补论》复印本。

　　2.《海湾春兴》已改"红"字。

---

① 喻丽清(1945—),原籍浙江杭州,生于浙江金华,台湾作家。曾任职于美国加州大学柏克莱分校脊椎动物学博物馆,著有《短歌》(1976)、《喻丽清极短篇》(1988)、《清丽小品》(1996)等。

② 唐孟湘(1939—),原籍河南博爱,曾任美国加州大学柏克莱分校植物分子学系研究员。

3.《小诗四首》《语象·端午诗专号》。

4.《论诗绝句四十首》《明报月刊》四月份复印本。

致罗青哲，2001 年 4 月 12 日

青哲教授道席：

年初从旧金山附近邮寄贺年片《高阳台》词，寄到台北师大英文系，不知收到否？今年三月中回到陌地生家中，始见惠寄《语象·端午诗专号》、海报及手书等，不胜感谢！只因参展手稿事，早已过期，且值内子生病，诸事猬集，致稽裁覆为愧。蒙将《小诗四首》影印刊出，良深铭谢！吾兄在《语象》36 期所刊画页《红屋映白云》《水泥桥》及《小木桥》大胆构图，在中国画史上独创一格，实为难能可贵！数年前在尊寓亦曾获睹，不禁赞赏！黄山诸画，亦别出心裁，为名山增色。黄山弟曾偕舍弟策横于一九九二年一游，惜为时过晚，寒冷不禁，次日即下山，未能尽兴，今观尊画，尤为神往。《端午诗专号》中好诗甚多，尊作《二〇〇〇年犰狳节之年》益见特出，镕古今神话及现实于一篇，可称巨制。当然当今国人已少读书，大约能欣赏和看懂的人已不多了。席慕蓉①那首怀念她父亲的诗也很令人感动，记得一九六六年秋天我经过德国慕尼黑，他父女都在那儿工作，我至今还保存他给我一张名片呢！《语象》所载童二树的胆瓶梅枝诚如你文中的评介。我也收藏有他一张画梅小幅，也题有七绝一首，将来如照出，当评介寄你。现随信附寄旧诗数件，其中有些如能承介绍影印

---

① 席慕蓉(1943—)，原籍内蒙古察哈尔部，台湾诗人、作家。

发表,当甚谢也。近来内人生病住医院,明日或可归家。匆匆不尽欲言。
即祝
教安

周策纵

二千〇一年四月十二日

嫂夫人均此。

你以前寄我的大型藏画年历,我至今还保存欣赏,谢灵运象貌尤惊人,特别是他的长胡须,由于无题款,不知何以知是灵运的造象,请告其详。

(航空)附寄:

1.《海湾春兴》。

2.《论诗绝四十首》(原影印七页)。

3.《余生》(七律)。

4. 王辛笛和诗手稿复印。

5. 我的答诗五绝复印一页。

6.《哭横弟》五古。

7.《合肥会诗》七绝二首。

钱沣的画依他自己署名应是"沣"字,但许多人都写作"澧",即如同期所刊郑簠所题魏武碣石篇的丰字也写作豊了。二字古或可通,甲骨文中即有。盖豆中盛枡枝或玉片,目的固同,其物则异耳。不知兄意如何?

致潘耀明,2001 年 5 月 25 日

耀明兄:

　　前次承你在《明报》撰文介绍《红楼梦案——弃园红学论文集》,至为感谢!(惟首届国际《红楼梦》研讨会并非在香港召开,而是在美国威斯康辛大学——陌地生市,想兄一时笔误也。)又拙作《论诗绝句四十首》手稿影印亦由陈芳①小姐安排在《明月》今年四月份刊出。此皆吾兄提倡传统中国文化文学之伟迹也。个人铭感,更不待言。

　　五月初我又替黄坤尧教授所编《番禺刘氏三世诗钞》写了一篇序言。三世四诗人之诗实作于香港。刘伯端先生是刘殿爵教授的父亲。刘子平和汪精伟同年生,又是同学好友。叔庄是殿爵的叔父,德爵是殿爵胞兄。四人诗各有特色,在清末民初旧诗中堪称秀出。亦香港文学之一重要贡献也。

　　我因殿爵兄素不自眩②,特为指出。又因《明月》读者较多,特嘱坤尧将序文寄给你(坤尧是殿爵和我的学生),希望能在《明月》刊出。序虽文言,但浅近易懂。故不嫌简陋,寄兄发表。(序末时地请勿删去为感!)

　　匆祝

编安

周策纵

2001 年 5 月 25 日

---

① 陈芳,现为香港《明报月刊》执行编辑。
② "炫"之手误。

彭洁明①、陈芳小姐均此问候。

致成露茜②,2001 年 6 月 8 日

成露茜社长:

　　《传记文学》自刘绍唐兄去世后,由你接办,深庆得人,并承继续赠阅,十分感谢! 我读了七十八卷第五期(总四六八期)(五月份)有两篇对胡适先生的专题报道,尤其《胡适情诗手迹新发现》一文,本来想写一信给你提出疑问,因为打算先写信给张充和女士询问她如何失去胡先生替她夫妇写的字幅,致有耽搁。今读到四六九期(今年六月份)上钱存训③教授给你的信,和关国煊④先生对照片的指正,真是大快之事。其实我还想指出一点:胡先生给充和夫妇写的根本不是什么他自己的"情诗",而是抄了元朝时代贯云石(一二八六——一三二四)的散曲《清江引》,贯云石是维吾尔族人,著名的散曲作家。现在大陆作者竟误作胡先生自作的"情诗",还附会"他"是指曹诚英(珮声)⑤女士,并且牵扯上什么"真传示"和"天样纸"的解释来,真有点想入非非了。大陆上还有人说胡要曹打胎,香港刊物还转载了,也没见写出实据。希望以后写这种文章的人要

---

① 彭洁明,现为香港《明报月刊》总经理室高级主任。
② 成露茜(1939—2010),原籍湖南湘乡,前全国人大副委员长成思危之妹,旅美学者,曾任教于台湾大学、台湾政治大学、美国加州大学洛杉矶分校等。文章结集成《理论与实践的开拓:成露茜论文集》(2009)。
③ 钱存训(1910—2015),原籍江苏泰县(今泰州市),旅美学者,曾任教于美国芝加哥大学。
④ 关国煊(1937—2009),原籍广东顺德,香港学者。
⑤ 曹诚英(1902—1973),字佩声,安徽绩溪人,曾任教于安徽大学、复旦大学等。

审慎才好,因为死者已无法替自己辩白了。匆匆草此,即祝

编安

周策纵

二千〇一年六月八日

再者:绍唐兄去世时我正在香港,当时曾寄刘夫人挽联一纸,未见发表,不知收到否?

致张默^①、杨平^②、李进文^③,2001 年 8 月 7 日

张默、杨平、进文诗人:

今天收到《创世纪》今年六月号。印得很美。诸位男女诗人的图像使大家如见其人,尤为别致!我的《山水诗》第三节行五"跟者"应为"跟着",行八"丝丝"应为"咝咝",后者左面都有"口"旁,想来计算机打字这个字也许是没有"口"旁的字罢。好在两处都没有太大的防害,也许还可增加一些"别解"和想象吧。

---

① 张默(1931—),原籍安徽无为,台湾诗人,"创世纪"诗社创办人,曾任《水星》诗刊、《中华文艺》主编,《创世纪》诗杂志总编辑等。著有《紫的边陲》(1964)、《台湾现代诗笔记》(2004)、《水汪汪的晚霞》(2015)等。
② 杨平(1957—),原籍河南新乡,台湾诗人,曾任《新陆》主编,现为《创世纪》编委。著有《清唱》(1976)、《永远的图腾》(1995)、《独行的歌者》(2011)等。
③ 李进文(1965—),台湾高雄人,台湾诗人,曾任《台湾时报》记者、明日工作室总编辑等。著有《一枚西班牙钱币的自助旅行》(1998)、《除了野姜花,没人在家》(2008)、《雨天脱队的点点滴滴》(2012)等。

本期诗文中不乏上品。台东有"陆连岛"奇观,我过去不知道,读了詹澈①的诗才想象得之。谢馨②的《啊! 离江》排行很见巧思,正像见了江边嵯峨的阳朔山峰。落蒂③《飞来句偶拾》拾了不少秀句,我去过张家界,只写了些旧诗,不免有辜负山灵之感。冯杰④的《一卷山水册页》真像读了石涛的《山水册页》。我最欣赏的是《竹林》和《独坐》。还有《在草寮里》和《天池》,我都喜欢最后的两行。

痖弦的《诗林漫拾:从徐玉诺到吴瀛涛》写得很生动,如徐玉诺真有趣。我从早年起就很喜欢他的诗。漫谈的那四位诗人,艾青我比较熟识。有一天在他家里谈朦胧诗,他对北岛⑤很有批评,我却替他辩护。争论了大半夜。艾青早期的诗很好,战时从重庆到延安后,政治口号太多,从诗的角度说,实在读不下去。不过后来他也觉得那样不行了。他的散文诗集《海岬上》虽是薄薄的一本,倒有敢抗议的声音。后来也还写了些不坏的诗或好诗。

论张默诗那篇长文引了不少好诗句。叶维廉译庞德的《诗章》对中国读者很有助益,是不容易的译著。匆祝

编安

周策纵

二〇〇一年八月七日

---

① 詹澈(1954—),本名詹朝立,台湾彰化人,别号农运诗人,曾任《夏潮》杂志主编、《春风》编辑。

② 谢馨(1938—),原籍上海,菲律宾诗人。

③ 落蒂(1944—),本名杨显荣,台湾嘉义人,台湾诗人。《诗友》季刊创办人,曾为《创世纪》编委。

④ 冯杰(1964—),河南新乡人,诗人、作家。

⑤ 北岛(1949—),浙江湖州人,诗人。

致痖弦,2001 年 8 月 8 日

痖弦:

　　匆匆写了这信,不知可否请你传真给《创世纪》编辑部(或张默兄,最快为好),不知可否请他们在下期尽快发表此信(或一部分,我知道他们下期一稿挤)。沈崇的祖父沈葆桢曾于一八七四年受命去台湾应付日本侵琉球事,似未当过台湾巡抚? 他后来只当过江苏巡抚,兼署江西、安徽。Arthur W. Hummel 所编 *Eminent Chinese of the Ch'ing Period* (*1644 - 1912*)(《清代名人传略》)曾有邓嗣禹教授写的沈传。(原出版于 1943。1964,台北经文书局有影印版。)吴相湘所著乃《民国百人传》,自无沈传。匆祝

近好

周策纵

二千〇一年八月八日

桥桥均此。

550

致心笛,2001 年 9 月 13 日

心笛诗人:

今天细细看了我以前要淡莹整理《海外新诗钞》的一部稿件和零星的资料。关于你的那一部分,当时德刚曾把你送给他的《心笛集》(一九七六年台北?)再版,"转送"给我"选用",我选了《惆怅》《贝壳》《佳节》《怀念》《张望》《乞丐》《雨夜》《遗忘》《忙》《避》《拾遗》《乡音》《歌》《蝉》《等闲》《海岛》《没有月亮的晚上》《很久以前》《童心》《认了》等二十首诗,其中包含有我选的一些,但也有我没选的,似可加选你抄的《小路》《白菊》和《勿忘草》三首。你后出版的诗集,我有《时报》出版的《贝壳》(有钟鼎文和德刚的序)(一九八一年八月五日版)(书前有你的画五幅),我在目录上注有你的"自选诗",计有《贝壳》《乡音》《信念》《喜遇》《等闲》《很久以前》《路灯》《佳节》《纽约楼客》《厨妇》《我是蒲公英白球里的伞》《不寻常的园地》《厨妇(之二)》《太平洋岸旁》《昨夜》《等望》《提筐人》《拖把》等十八首。这也许是你在信中说的自选诗罢,都选得很好。似有错的地方,如《不寻常的园地》最后一行"领越"是否应是"领域"(页 170)? 另外一册你送我的《摺梦》(一九九一年八月黄河初版)前有冰心的序,我初略一看,觉得《摺梦》(之一、之二)都好,《长城》也好,我也有一首《长城》,载于《联合报》副刊,洛夫读了对我说:他很喜欢那诗,发表时由何怀硕画插图。这两首《长城》,各有好处,也许可都选入。黄伯飞兄的新诗,可再选些。(他的中英诗集我后来已找到了。)你不妨和他就近商定。此信匆匆写成,字都写得歪了。余后告。匆祝
近好

策纵

九月二日 二〇〇一年

心笛,这封信已写了一个多月了。现在写字往往写不直,大概和视力有关。你的诗还应多选些。

艾山和黄伯飞的诗也应该各人选上六七十首。白马社的人应多选些,你觉得对吗?

现在我觉得德刚给你的《贝壳》序诗虽长,不妨全部选入他的诗部分中。

《摺梦》中你可再加选一些短诗,一共应选六七十首。

今天已找到杨联陞兄写给我的一些新诗。一大快慰也。

(九月十三日)

致毛谷风,2001 年 10 月 3 日

谷风教授:

九月二十二日尊函已收到,谢谢!(一)《七绝精华》我处如能收到十册,目前已够用。(二)南宁罗芳筠①处请寄十册,要她分寄亲友(惟策横处不必分寄)。(三)请寄八本至我三弟周策群②处,也要他分寄亲友(但不必分寄芳筠)。(四)剩下之款可留作购买《律诗精华》一部分之用。(五)《律诗精华》文言序文当可于年底或明年初寄上不误。我定于十一月十七日去旧金山附近小女处。我在该处要住四个月,明年三月十五日仍回威斯康辛州陌地生市家中原址。序文事你也可提醒我一下。(六)尊函告

---

① 罗芳筠(1923—),衡阳人,会计师。周策横夫人。
② 周策群(1938—),谱名绪伟,字季鹏,周策纵异母弟,周鹏翥五男。银行研究员,曾任农村金融研究所副所长,退休前供职于中国农业银行广西区分行。

我"花娇"似可改为"花光",原亦不无好处。惟"花光"古人用法多在天晴时,如庾信《象戏赋》:"水影摇日,花光照林。"陈后主《落花》:"映日花光动,迎风香气来。"李德裕《述梦》:"花光晨艳艳,松韵晚骚骚。"李白《寄远·其七》:"百里望花光,往来成白道。"(原注:李白诗下数句亦有"落晖",又"百里"一作"一日"。)虽系远望,当非阴雨。而弟诗首句即云"雨润残春扰客魂",则用"花光"或不甚妥。按"花娇"见杜甫《宿昔》诗:"花娇迎杂树。"旧金山湾区弟居处路旁正多杂树,尚为妥切也。不知尊意如何?(七)附寄五、七律数首,并请吟正。(八)小传一页当可合用,太长似亦不宜。(九)《律诗精华》征稿事已印发诸友,他们会与你直接连络。匆匆草此,即颂
著祺

> 周策纵
> 二〇〇一年十月三日
> 于美国威州陌地生市

附寄:《忘年诗友》文、《退趣》《风度》《微茫》与五律等六首,又七律《鹃思》《题夏完淳集》《近兴》《春阴》《裁忧》《余生》《友情》余稿。

致孙康宜,2001 年 11 月 29 日

金 门 冬 望

金门借水借山楼,每至冬寒冀小休。

天末彤云疑幕影，太平洋外望神州。

二〇〇一年十一月二十九夜，于美国旧金山附近湾区阿巴尼市借水借山楼。

康宜教授合家新禧

安好

周策纵、吴南华同贺

致孙康宜，2001 年 12 月 22 日

劫　机

毋忘九一一，冤魄六千余。
妇孺成焦土，楼台委废墟。
劫机徒自杀，焚玉亦何居！
势在终驱雀，谁将解与舒？

——二〇〇一年十月十二日，于美国威斯康辛州陌地生市之弃园，时年八十又五。

康宜教授晒正。

周策纵
二〇〇一年十二月二十二日
于旧金山附近湾区

致毛谷风,2002 年 1 月 9 日

谷风教授道席:

　　去年十二月八日寄至加州阿巴尼市之信已收到,甚谢! 尊作《八声甘州·谒缪钺教授墓》,令人读之怆然。《重谒武侯祠》七律亦诚可"盥诵有余哀"也! 我尤喜欢你那首《读诗有感》,今日喜作旧诗的人很多,真是到了"瓦缶雷鸣"的地步!

　　《历代律诗精华》序,日前始写就,兹寄上乞正之。原拟年底以前写成寄上,不料年关时杂事太多,且自十一月中旬来加州后,此地又无中文书籍可参考,仅就平日所记诵,及手头能找到者写就,盼能合用。

　　我在加州小女处避寒,原定三月十五日即回威斯康辛州陌地生市,现因事定于三月二十日始回去。尊作《脊梁颂》立意甚佳,诗首提到鲁迅,我于 1999 年有二首七绝提到五十年代胡适先生面告我他对于鲁迅的看法,很是有趣,近得耿云志①教授剪报寄来上海《文汇报》去年十二月一日所载我那两首诗和他的说明,今特复印一份给你看看,又我前所作五律一首,并请指正。

　　匆匆祝

新年万福

周策纵

二〇〇二年元月九日

---

① 耿云志(1938—),辽宁海城人,任职于中国社会科学院近代史研究所。

致心笛,2002年1月10日

心笛:

(一) Ken① 说的要等学校先决定预算如何办才定旅馆等事,当然很合理,须遵办。如他们已决定了,就请你即刻打电话告诉我们。因为定旅②和买机票都须早些办才好。我们已定计划如下(10 日和 11 日似可住 Acadia):

| 自住旅馆 | 3 月 10 日飞来 L.A.,当天下午你、我(或黄美之?)同去看黄伯飞。如太挤迫,则下一天去。
3 月 11 日或去看黄伯飞,你能开车么? |

| 住学校附近旅馆(招待?) | → 3 月 12 日下午学校纪念会。 |

| 搬旅馆 | 3 月 13 日我家自由活动。(13 日晚似可住 Acadia)
3 月 14 日为黄美之的文学会活动,由她安排。
3 月 15、16 日我家自由安排。
3 月 17 日我们飞回 Albany(Oakland)
我们三人回来(我,Nancy 还有我的次女 Genie Chow) |

等 Ken 的消息似乎只牵涉到三月十二日那晚在学校附近的旅馆一晚的问题,看学校可否招待。其余各日,都应住在离学校稍远的旅馆(可由我家自付)。关于来回飞机,看学校能否招待我和我妻子的,至于我女儿的来回飞机,我可自付。如学校不便付我夫妻二人的来回机票,也没关系,我们自付也可以。你以为这样打算行不行?

(二) 关于艾山改你的那些诗,我个人的看法:《遗忘》他好像要把每

---

① 门人 Kenneth Thern(沈康)简称,详见《致祝敏申》(1988 年 12 月 17 日)注。
② 下脱"馆"字。

行改成都是九个字，似乎也有好处。有些字原不必要。只是第一节第三行"毋忘草"似可不改作"勿忘草"。第二节第三行他加了一个"另"字似乎也有好处，一方面使意义更明白，再方面句子也更整齐。第五行他用了"三数寒星"，我觉得"三数"不大好，到底是说"三数个"呢？还是"数三次"呢？这种模糊并无必要。再方面，突然加上"寒"字，与上文也不全合。你原来的句子太长也有些不必要的字，是否可删成"寂寞的夜晚自数星星"？你自己去决定罢，其实这末一行你也可以不限为九个字。

关于《乡音》我不大主张他把你前面的句子颠倒。我只觉得你第一节有些字可以删去，是否可把原来的"请求着每一个相识者"改成"请求每个相识者"，后面不用"，"号。下面一行"为我谛听最美的声音"。这里"谛听"是否和下面一行的"找寻"对换？通常是否只说"寻找"？（"找寻"或"寻找"似两用皆可。）这儿既不求押韵，我以为不如用"为我寻找最美的声音。"下行则为"他们四出谛听"，所以第一节成了：

> 请求每个相识者
> 为我寻找（或找寻）最美的声音。
> 他们四出谛听，
> 临高山，
> 涉森林。

下节第一行可否省作"他们陆续回来"，余照你的原作。但最后一节，我颇主张删去前面两行，即"真美中的至美，/乐声里的美乐"，因为"真美中的至美"太广泛，不全指美音，"乐声里的美乐"又和下面那行"那最美的声音"颇有些重复，并无必要。当然这只是我个人的一些看法。你不妨问问伯飞，看他的意见如何。最后还得你自己决定。

匆匆祝

好

策纵

2002 年 1 月 10 日

又看背面广告。

致毛谷风,2002 年 1 月 11 日

谷风教授:

元月九日用航空挂号信寄上《历代律诗精华》文言序文五页(共约
1 500 字),及五律小诗一首,并《文汇报》所载耿教授一文,想已收到,或不
日可收到。

兹发现序文第 5 页行 4"诗词,"下之","号忘记删去。又同页行 6
",远道"前之","号,亦应删去。请代为删去为感。谢谢!

再者,上海《文汇报·学林》(2001 年 12 月 1 日)所载耿云志教授介绍
我记胡适先生五十年代中期在哈佛大学告我对鲁迅先生的看法,下面复印
时左栏印脱数行:"道,胡适对鲁迅却是始终尊重其思想文艺上的地位,从
未说过很重的批评的话,并对有些人攻击鲁迅提出很";又右面一栏末了也
印脱数行:"(作者为中国社会科学院近代史研究所研究员)"。按耿教授
以前曾任该院近代史研究所副所长多年,并主编《胡适研究丛刊》数期,
也兼任北京大学历史系教授,著作很多。我对胡适反对律诗素不同意,
但其提倡白话文和新诗与自由民主,功亦不可没。且其人温和可亲,远
非一般作者所能望其项背。此或为我的偏好,恐亦为中外公论也。匆祝
编安

周策纵

2002 年 1 月 11 日

又我前些时曾为纽约汤晏①博士新著《被压抑的天才钱锺书》②写有一序，已转载于香港《明报月刊》元月号。乞能找出一阅，并请指正。汤书被台北时报出版公司改名《民国第一才子钱锺书》，我曾建议改用"中国"二字，汤亦同意，但出版时仍用了"民国"，甚觉无奈。盖锺书大半生皆居大陆也。

致司马璐③，2002 年 5 月 8 日

司马璐先生：

我现随信寄上我的简历（其实是香港中文大学 2000 年出版我的《红楼梦案——弃园红学论文集》背面印的作者简介），供你们于六月一日在会上作介绍之用。

又我在五四纪念会上的讲话"九访五四"，现草拟一个演讲纲要如下：

九访五四：五四运动的当代意义

先解释"九访"的意义。然后讲：

我以前常说：五四运动的历史是一个"活的历史"，随时代不同，都会"充电"引发出新的意义。今天是 2002 年下半年开头的一天，我觉得五四的当代意义有下面几点值得注意：

（一）五四运动和过去一切的改革运动都不同，过去一切改革运动都

---

① 汤晏，纽约大学历史系博士，旅美台湾学者。

② *Ch'ien Chung-shu: Oppressed Genius*，2001 年时报文化出版时改书名为《民国第一才子钱锺书》。

③ 司马璐（1919— ），原名马义，江苏海安人，香港作家。

只关心中国自己如何富强和教育问题；可是五四时期的领导知识分子，如胡适、蔡元培和早期的陈独秀等人却要建设一个"新文化"，取中国和外国文化的特长，来建设新文化。这是一个世界性的问题。现在如哈佛大学教授亨廷顿（Samuel P. Huntington）提出"文明冲突"（conflict of civilizations）的说法，在西洋影响颇大。但五四时期所提出的"建设一个新文化"，正可用短长互补来消解冲突。所以现在来提倡五四运动，还有现实的作用。

（二）大家都知道，"五四事件"（The May 4th Incident）的爆发，曾引起中国学生游行，反抗日本军阀侵略中国山东。当然，自从鸦片战争以来，列强企图分裂中国领土，早已引起过中国人十分反感。不过五四更积极了，更使全体中国人，尤其是青年知识分子，更感觉有团结统一（unity）的必要了。中国应该竭力保存领土完整。这个觉醒恐怕一时还不能摸杀①。

（三）五四提倡民主和科学，提倡怀疑和批判的精神，提倡偶像破产（iconoclasm），打倒威权。这样就促进了多元文化和学术、思想、新闻自由。换句话说，就是要独立思考和多元竞赛。结果当然会反对任何形式的专制、垄断和独裁。

（四）五四极力提倡白话，不但使白话诗、白话文学通行，还使白话成为一般交流的工具②。这个影响极大，对中国人的搆通②、思想和行为，都有决定性的转变，非一般人所能预料。我已在过去多次指出过了。

（五）虽然男女同受教育，在十九世纪末早已由传教士在小规模上推行，但大量普遍开展，还是五四时期的事。

以上这五件都是到现在还有"当代"，甚至"后当代"的意义。当然这还不完全，可是单提出这些来说，已是非常重要的了。

2002 年 5 月 8 日

于威斯康辛，陌地生

（供 6 月 1 日讲演之用）

---

① 即抹杀。
② 即沟通。

马先生：这只是个提纲，请你指教。顺祝

大安 并问

嫂夫人好

弟周策纵　手上

5/8/02

附香港中文大学出版社的简介。

挽顾毓琇，2002 年 10 月 8 日

毓 琇 翁 千 古

造就跨科学与文学，后死终如，
得句已无前辈赏；
成功在育人及励人，先生不朽，
玩诗长念会心同。

晚学周策纵　敬挽

二〇〇二年十月八日

于美国威斯康辛州陌地生市之弃园

致史景迁^①、金安平^②,2002 年 10 月 31 日

Dear Professor Spence & Ms. Chin,

I recently read your beautiful book, *The Chinese Century: A Photographic History* (1996, UK), and found the photo of a school on pp.22 – 23, particularly on the back wall, a pair of poetic couplets.^③ For these couplets I have the original calligraphy, which has been exhibited at the University of Wisconsin-Madison, during the First International Conference on *The Dream of the Red Chamber* in 1980. The couplets have been viewed by such scholars as Pan Chung-kuei 潘重规, Chou Ju-Ch'ang 周汝昌, Ma You-yuan 马幼垣, and Ma T'ai-lai 马泰来, and they considered them genuine.

Now I am sending to you herewith my early *Report* of the Conference, and three photos of the original couplets for you to keep.

---

① Jonathan Dermot Spence(1936—),中文名史景迁,美国汉学家,耶鲁大学荣休讲座教授。著有 *Ts'ao Yin and the K'ang-hsi Emperor*(《曹寅与康熙:一个皇帝宠臣的生涯揭秘》,1966)、*Emperor of China: Self-portrait of K'ang-hsi*(《康熙:重构一位中国皇帝的内心世界》,1974)、*The Death of Woman Wang*(《王氏之死:大历史背后的小人物命运》,1978)及 *Treason by the Book*(《雍正王朝之大义觉迷》,2001)等。
② 金安平(1950—),台湾台南人,金毓黻孙女、史景迁夫人,美籍学者。曾任教于美国康涅狄格州卫斯理大学,现于耶鲁大学历史系执教。著有 *The Chinese Century: The Photographic History of the Last Hundred Years*(1996,与史景迁合著)、*Four Sisters of Hofei*(《合肥四姊妹》,2002)、*The Authentic Confucius*(《孔子:喧嚣时代的孤独哲人》,2007)等。
③ 周策纵藏张问陶行书诗联立轴,联为"十里秋香随屐齿,四更山月上帘颜",落款"船山张问陶",后捐赠威斯康星大学密尔沃基分校图书馆。

562

I would be very pleased to have your comments.

Very sincerely yours,
Chow Tse-Tsung,周策纵

致黄美之,2002 年 11 月 14 日

美之:

收到你的信和《深情》,真是高兴! 许久没有你的消息,也不知我以前给你的信你收到了没有,正在耽心。我只猜想你一定是在等《世纪的漂泊》出版吧? 现在读了你的信,才知果然如此! 几点读后感写在下面:

(一) 你在台湾刻的图章都很好,"德维文学协会"的朱文小篆配得很匀称,笔划圆润,是很美的"铁线篆"。"慰萱"亦同。"黄美之"用隶书体比较近于楷书,容易辨识,配合英文"Mimi"①,一朱文,一白文,也很得法。印泥色泽亦佳。你盖印的也很好。真是难得!

(二) 程怀澄②先生我见过。他给《深情》写的《代序》,非常得体,文字简洁,也正是我要说的话,他却比我说得更好。也真是难得!

(三)《世纪在漂泊》我自然急于见到。目前恐怕只能等到年底或以后了。南华现已回陌地生市,我们定于本月(十一月)二十六日同去加州Albany 市。我要明年 3 月 15 日才回陌地生市。

---

① 黄美之英文名。黄曾创办德维文学协会。
② 程怀澄,旅美报人,曾任《星岛日报》(美西版)总编辑。

（四）《深情》写得印得都很美。我只觉得你说到"西来寺"那一部分也许需要修改或澄清一下。就是页258的第一点：

头一句："佛经虽是玄奘从印度载回来的。"这句话好像是说"所有的"佛经都是玄奘从印度载回来的。这还不太要紧，接着说："他也很有语言的天才，才能把佛经从梵文译成中文，但他的翻译艰涩难懂，幸有文字修养极深的鸠摩罗什修辞润饰，始能朗朗上口又易理解，如金刚经、阿弥陀佛，所以，若没有文学词采的帮助，佛教的传播就会有很多的困难。"你这里把鸠摩罗什说在玄奘的后面，并说幸有鸠摩罗什"修辞润饰始能朗朗上口又易理解"，好像鸠摩罗是在玄奘之后，他把玄奘的翻译加以"润饰"，"始能朗朗上口又易理解"，据我想，你和星云①大师本意也许不是如此，但读者如果这样误解，恐怕也不必全无理由。当然，你，尤其是星云，不会不知道鸠摩罗什比玄奘早生两三百年，鸠摩罗什（343？—413？），玄奘（602？—664）。其实，罗什所译当然很好，他有许多中国弟子帮助，他们都是非常有成就的佛徒僧侣。不过他都是"意译"，有时并有删节和改动。而玄奘译的经比较准确，贡献很大，不可厚非。中国第一个西行求佛经的是曹魏时的朱士行，他于甘露五年（260）从长安西行，辗转到了于阗，终于求得《放光般若》的梵本，于太康三年（282）命弟子弗如檀送回洛阳，他自己却终老西域。自他以后，西行求法已见于著录的有百人左右。而九死一生，多人埋没姓名。其中成功者前有法显（俗姓龚，山西平阳人）（342？—423？），中有玄奘，西行十八年，行程五万里，到达138国。自鸠摩罗什译经384卷，真谛译经142卷，不空译经143卷，法护译经354卷，义净译经239卷，总计自罗什至义净已译出的佛经共1 222卷②，而玄奘则译经1 335卷（他的《西域记》还不算在内），已超过前人的总和。玄奘也精通印度许多方言，并译介《老子》。元朝的《至元法宝勘同总录》记载从东汉桓帝元嘉元年（公元151年）安世高（清）第一部汉译佛经《明度五十较计经》（安清是安息国王的太子，后至中国，通汉语）至北宋仁宗庆历元年（公元1041）解散译经院（这时已无新出佛经），

---

① 释星云（1927— ），俗名李国深，原籍江苏扬州，台湾僧人。
② 实为1 262卷。

这九百年间有姓名的译师共 194 人，译出佛经 1 644 部，5 586 卷。（另外应还有藏语、蒙语和满语的译业。）

真对不起，上面说了许多啰嗦的求法和译经的历史，这中间当然有不少错误和疑点；不过我也想借此机会说一说或认为前人没有说得太清楚的地方。

你《深情》说到你女儿和弟弟的几篇当然都很亲切。我最欣赏的却是你那短短的《雪夜》，看了真惊心动魄，又觉好笑！我那时也许正在长沙城南书院读高中吧？或者已毕业，正和一些同学住在橘子洲吧？因为日本鬼子正在长沙轰炸，所以还有些印象！

你说的谢冰莹①先生的《女兵自传》里那个女兵喊声"报告！"，"小便！"那句话我在那书里还没找到。谢先生以前在大陆已去世的丈夫黄震（雨辰）②先生，是我高中的生物学好老师，所以谢先生我早就认识。她和贾先生③生的女儿④还到我陌地生家中来过，她和贾教授在旧金山时我也常去看过她们，这说来话长。下次再说罢。匆匆祝

好

策纵

2002 年十一月 14 日

---

① 谢冰莹（1906—2000），原名谢鸣岗，字凤宝，湖南新化人，作家。
② 黄震（1900—1968），原名黄经芳，后改本名，字雨辰，福建仙游人，曾任教于福州大学、福建师范学院、华南女子文理学院、福建农学院等。
③ 贾伊箴（？—1988），字明达，曾任教于台湾东吴大学。
④ 贾文蓉（1948—　），排行第三，美籍著名钢琴家、音乐博士。

致毛谷风,2003 年 3 月 12 日

谷风教授道席:

　　弟定于本星期六(三月十五日)飞返陌地生市老家。故信封上即写老家地址。《近百年诗词选评》拙稿回家后当选寄一部分,以供决择。

　　顷重读《历代律诗精华》卷九,觉凡一九一一年辛亥革命以前去世者,实应入"清代"。计有张维屏(1780—1859)、陈沆(1785—1826)、林则徐(1785—1850)、龚自珍(1792—1841)、魏源(1794—1857)、张际亮(1799—1843)、何绍基(1799—1873)、汤鹏(1801—1844)、林昌彝(1803—1876)、鲁一同(1804—1865)、姚燮(1805—1864)、黄燮清(1805—1864)、郑珍(1806—1864)、郭柏荫(1807—1884)、贝青乔(1810—1863)、莫友芝(1811—1871)、徐子苓(1812—1876)、孙衣言(1814—1894)、江湜(1818—1866)、金和(1818—1885)、俞樾(1821—1906)、洪仁玕(1822—1864)、徐同善(1823—1890?)、邓辅纶(1823—1893)、王韬(1828—1897)、李慈铭(1830—1894)、翁同龢(1830—1904)、石达开(1831—1863)、谭献(1832—1901)、雷钟德(1832—1910)、张之洞(1837—1909)、袁昶(1846—1900)、舒云迻(1847—?)、张佩纶(1848—1903)、黄遵宪(1848—1905)、朱铭盘(1852—1893)、程颂万(?)[①]、范当世(1854—1904)、文廷式(1856—1904)、杨锐(1857—1898)、刘光弟(1858—1898)、宋恕(1862—1910)、李希圣(1864—1905)、谭嗣同(1865—1898)、林旭(1875—1898)、秋瑾(1875—1907)。若云龚自珍之诗风影响康、梁,故可入近现当代,则杜甫固不可作宋代人也。总之,我认为上面这些人应该入清代,现亦无法更

[①] 程颂万(1865—1932),字子大,一字鹿川,号十发居士,湖南宁乡人,程千帆叔祖父。在清末创立湖北中西通艺学堂,曾任方言学堂提调、湖北高等工艺学堂监督,晚年寓居上海。

改。我很想听听尊见。

　　匆匆草此。即祝

年安

弟周策纵

2003 年 3 月 12 日于加州

致潘耀明,2003 年 4 月 15 日

耀明吾兄如握:

　　拙文《红楼梦与紫鹃名称出处考》终能在《明月》今年四月份刊出,至谢!细读同期黄凤祝[①]君《魅力统治的现代走向》一文,用韦伯的理论居然得出结论说:"伊拉克的总统萨达姆和美国总统乔治·布殊[②]都是民选的独裁者。"(页 47 上栏)黄君当然有表达他意见的自由;但他的文章未注出根据韦伯的何书何文,无从查起。再方面,贵刊于同处引用"美联社"也说过:"用韦伯的理念来说,萨达姆和乔治·布殊都是民选的独裁者。""美联社"乃是美国的新闻机构,不知何时有此新闻或言论,未见注明;又左边的图画,是否也出于该社? 也未见说明。我在美国已住了快要五十五年了,深觉美国总统受宪法和种种限制,不可能做独裁者:例如他要面对反对党;又有立法、司法、行政的"三权分立";总统每四年要改选一次,布殊的父亲

---

① 黄凤祝(1947—),福建晋江人,任教于同济大学。

② 通译为布什,余同。

就是被选掉了的。我并不完全赞同希殊①的政策。萨达姆当权了十七年，他的选举真相如何？现在如果把他和希殊同样当作"民选的独裁者"，是否有问题呢？我要求你把我这信"尽快"发表，就当作"批评与回应"罢。

弟周策纵　手上
二○○三年四月十五日
传真自威州陌地生市

致马鹤凌，2003 年 4 月 28 日

鹤凌老弟：

　　顷得吾弟四月十日手书，惊悉云亭、仲揆两弟于今春相继去世，不胜悲悼！正如吾弟挽联中所云"高谊雄图全是梦"，"暮云春树不胜哀"及"六十年形影相随，壮志未酬，老去共栖林下"，"千万卷诗书自遣，雄心犹在，余生卓峙文坛"。曷胜悲痛！今勉制五绝八首，聊志哀思，特寄吾弟及遐龄弟存念。

　　关于屈章桃②先生事，因兄处已无留稿，现正向老伴吴南华之弟在中国大陆查询，如有所获，当再告弟办理。想不到的事发生，实亦无可奈何，劳弟费心费力，殊觉不安耳。英九③侄能再胜选，其贤能为公民赏识，诚可慰也！匆匆草此，即祝

---

① 即布什，余同。
② 屈章桃，不详。
③ 马英九（1950— ），原籍湖南衡山，曾任中国国民党主席、台湾地区领导人。马鹤凌之子。

近好

小兄策纵　拜手
二○○三年四月二十八日
于陌地生市

厚修①并此问候。

致马鹤凌,2003 年 6 月 7 日

鹤凌老弟如握:

　　收到尊著《梦想风驰吟草》及所附诗件,至深感谢。吾弟诗词联语,皆有足观,沉郁顿挫,诚国士之作,非寻常吟风弄月可比也。此绝非多年交好亲昵之言,实有目所共睹者。内弟吴建中②已于数月前移居南昌其弟妹家,突于日前去世。屈章桃先生之事,承蒙关照,虽结果不如人意,亦只好听之而已,已交内子转交,并此志感。光亚③先生处尚祈转奉拙作,并乞指正。匆匆草此,即颂
近好

小兄周策纵　拜手
二○○三年六月七日
于陌地生市

---

① 马鹤凌夫人秦厚修。

② 吴建中(? —2003),周夫人吴南华之弟。

③ 马光亚(1914—2005),原籍湖南衡山,马鹤凌从叔。

厚秀①贤妹及英九侄并此致念。

自序中所记穆济波②教授各事尤可感人，亦关史实也。（见诗集页九和穆教授诗后记。）

附

鹤凌盟弟惠寄其从叔马光亚先生九十感述

七绝二十首命草短句为贺

吾楚有奇士，风流世鲜兼。

悬壶成国手，作画比乡贤。

诗是君家事，名须族契传。

京华期富庶，端欲与歌弦。

——二〇〇三年六月六日于美国威斯康辛州陌地生市之弃园，时实年八十七岁。

致痖弦，2003 年 6 月 19 日

痖弦：

现随信寄回你的《记哈客诗想》原稿，我已留有一份复印本，等你寄来或传真来"记哈客"是什么树，我会写好序文传真给你，你在《附记》中

---

① 疑为厚修笔误。

② 穆济波（1889—1976），字其美，四川合江人，曾任教于西北大学、中山大学、西南师范学院等。

所说的"记哈客"是什么树说得不够多,对我没有什么帮助。你的原稿中附有给我的信一封,我现复印这信给你,我已留了你的原信,以作纪念。你的《诗想》写得很好。只有十二月六日那一篇写波赫士的下半页复印似有缺失,我已用红笔注明。你有些文后提到一些参考书文,有时忘记写上出版年月,如能查出,最好补上。如查不到,也就算了,不必因此耽误。还有你《诗想》原稿后面有空白多页,我为航邮减轻重量,多已撕去,后来一想,对你修改或有不便,但已做了,也悔之无益了!也许"记哈客"是什么树,你要问清楚才能回我信,故传真迟了些,是不是?匆匆草此不尽,即祝

近好

策纵

二○○三年六月十九日

于陌地生市

桥桥均此问候不一。

致钟玲,2003 年 6 月 24 日

哭 温 健 骝[①]

多年前有一天,钟玲对我说:温健骝想来陌地生市威斯康辛大学跟

---

① 即温健骝(1944—1976),原籍广东高鹤,香港诗人、作家,殁后出版《温健骝卷》(1987)及《苦绿集》(1989)。周先生误记作"温健镏"。

我念书。我当时心情十分忧郁,答曰:要他不来。后来听说他去世了。今晚想起,不觉黯然!

> 你的诗魂像两页蝶翅
> 一开一合,展现五彩缤纷后
> 随着秋风而凋落
> 唉!真是时代错误 anachronism

——二〇〇三年六月二十四夜,于美国威州陌市之弃园。时年八十七。

致林耀椿,2003 年 9 月 24 日

林耀椿先生如握:

日前寄上新诗人孙大雨①先生的一些资料,想已收到。现偶然发现我于一九八七年五月二十日曾有一信给梁实秋先生,说到他当时寄我的墨宝,现特将他那墨宝的照片和我给他的信影印寄上,或可在《文哲通讯》或《历史月刊》上发表(似曾印彩色),他写的张可久的《人月圆》尤可珍贵。我信中说的王闿运的条幅,我曾在香港给徐复观先生看过,是徐先生评为"老到"!实秋先生给我的墨宝上盖有图章(红色),希望《历史月刊》或其他刊物能用彩色印出。实秋先生曾给我回信(一时已找不到了),我只记得他信中说过两点:(一)冰心对平仄问题可能并未弄错,是

---

① 孙大雨(1905—1997),原名孙铭传,原籍浙江诸暨,诗人、翻译家,曾任教于武汉大学、北京师范大学、北京大学、浙江大学等。

572

他未注意。（二）他和老舍说相声，说的是什么，已记不清了，至于我寄他的诗词，他的赞美，我可不用说了，反正是对后生鼓舞之意。匆此即祝

近好

弟周策纵　手上

二〇〇三年九月二十四日

于陌地生市

致孙康宜，2003 年 9 月 26 日

康宜教授如握：

收到你的大作《末代才女的"乱离"诗》，拜读甚谢，使我了解如毕著、王端淑等人的诗。又我在香港《明报月刊》今年二月份读到你《回忆我的大舅陈本江》一文，知道你大舅的一些事情，使人很感动。我不知道你在文后是否记有你写作该文的时间和地点。我常常觉得：佛教徒早期写作往往记出时地。胡适先生早期也喜欢在诗文后面记出时地。我尝觉得这是个好的习惯。但报刊编辑常常删去。西洋人在诗文后不记年月日和地点。我们用不着学他们！我现在已八十七岁了。再过两个多月就要实年八十八了。我是一九一六年一月七日出生的。那是袁世凯做皇帝的时候。说了这些不合时宜的话！真有"强咶"之态！匆匆祝

近好

周策纵　手上

二〇〇三年九月二十六日

于威斯康辛州陌地生市

附寄：1. 罗孚《白头海外说红楼》。

2.《历代律诗精华》序，及先父七律四首，缪钺诗及我的七律四首。

致孙康宜，2003 年 9 月 30 日

康宜教授道席：

记得今年九月二十六日曾寄你一信，说谢谢你的大作《清末才女的"乱离"诗》，使我了解毕著和王端淑的诗作。我的信不知已付邮了么？一时已记忆不起了。又上次似曾寄你毛谷风教授编选的《历代律诗精华》我写的序文，但忘记寄你施蛰存[①]先生的五律一首及七律三首。我记得你曾和施先生通过信，故想寄你他的一些律诗。又近来《明报月刊》载有对他的访问记，想你已见到了。现特将施先生的律诗寄你。匆匆草此，即祝

教安

弟周策纵　手上

二〇〇三年九月三十日

于陌地生市

---

① 施蛰存（1905—2003），原名施德普，笔名施青萍、安华等，浙江杭州人，作家、翻译家，曾任教于云南大学、厦门大学、暨南大学、华东师范大学等。

致心笛，2004 年 7 月 20 日

心笛：

　　收到《纽约楼客》①，很是高兴！可是书内有好些诗，都印脱许多行。我手头一时又找不到原稿，无法找出印脱了什么。真无办法。大抵每首诗我都在末了注出写作时间，有时更连有地点（不是每首都有）。如头两首《咒》和《诗人之死》，末了应有时间。《远誓》应该也有。《海燕》末更不会只有一行。《飞火》后面不知遗落了多少行。《朋友们》亦然。《南洋草不状之余》后面应有时间。《子夜歌》大约也没完？

　　匆匆不尽。真谢谢你费心！又要麻烦你，真不好意思！祝

暑安

策纵　手上

二〇〇四年七月二十日

于陌地生市

《海峡》（十四行）最后一行的"滑头吗"请改作"活溜么"

《书》第二节里第二行末"鈢"字应作"鉢"。字音读作"玺"。

---

① 即《白马社新诗选》。

致心笛,2004年8月23日

心笛诗人及画家道鉴:

我把你又当成了画家,你虽然上次已不肯承认,我还是这样看法。你仍须尊重别人的一些看法才好罢!哈哈!我以为你不妨问问黄伯飞老兄如何?他如果也否定,我才心服。

我的《海燕》遗落了十一行,怎么能算你的错?应该归罪我自己和印刷所罢?吹落了海燕的翅膀,其实也算不了什么。如果印刷所能重印一张纸夹在书中,也就过得去了。

我的旧体诗词,也许香港方面会用电脑打出,倘能经我自己校对一下,免得出错。诗无论新旧,印得错了便遭殃不小。你这次寄来的《海燕》诗,打印得很好,真是万分感谢!将来香港如打印我的旧诗词,如经过我自己校对过,我会寄给你。至于新诗,我觉得丑媳妇恐怕见不得公婆面。德刚笔下快而且好,他的诗,无论新旧,都才华万丈,不可掩抑!至于黄伯飞老兄的诗,我素来喜欢。你必须告诉他,我觉得他的诗都富于哲理,千读不厌!那才可说是才华横溢呢!恕我后台里喝彩。白马社里的诗人真不少啊!你的新诗,真如胡适之先生说的,是将来诗的远景和前途。希望你多写一些,好给我们大家来欣赏!匆匆敬祝
诗安

策纵　手上
二○○四年八月二十三日
于威斯康辛州陌地生市

576

致陈致①，2004 年 10 月 20 日

陈致侄：

你的诗集《序文》②写得很好，我细读过后，仍觉可删改一下。计有：

页一，行 4，第二字："惟"可删。径说"一九一六年诞于祁阳"即可。

同页，倒数行 3："迄今十一年"，可删，盖下页已有"余从游十一年"也。最好不重复。

页二，行 10："出入乎经史"，可删，因同段下文已有"浸淫子史"一句。"必"字仍可接"叶于律吕"。

同页，行 11："得舒、王之横恣"，"舒、王"不知指谁？是否指舒位和王昙？倘如此，应直说"舒位、王昙之横恣"，或另有所指，都应直书全名。

匆祝

道安

周策纵　手肃

二〇〇四年十月二十日

于陌地生市

冰梅和此君均此致意。

---

① 陈致（1964— ）。祖籍上海，生于北京。曾任教于新加坡国立大学、美国威斯康星大学、香港浸会大学、澳门大学。主要研究领域为：《诗经》、金文、古史和清代学术，著有 *From Ritualization to Secularization: The Shaping of the Book of Songs*（《从礼仪化到世俗化：〈诗经〉的形成》，1997）、《诗书礼乐中的传统：陈致自选集》（2012）等。

② 即《弃园周策纵教授幼琴先生诗集序》。

通信人索引